DANS LA MÊME COLLECTION

CONCEVEZ VOTRE SITE WEB AVEC PHP ET MYSQL

MATHIEU NEBRA
ISBN : 978-2-9535278-1-0

REPRENEZ LE CONTRÔLE À L'AIDE DE LINUX

MATHIEU NEBRA
ISBN : 978-2-9535278-2-7

RÉDIGEZ DES DOCUMENTS DE QUALITÉ AVEC LATEX

NOËL-ARNAUD MAGUIS
ISBN : 978-2-9535278-4-1

APPRENEZ À PROGRAMMER EN JAVA

CYRILLE HERBY
ISBN : 978-2-9535278-3-4

PROGRAMMEZ AVEC LE LANGAGE C++

M.NEBRA ET M.SCHALLER
ISBN : 978-2-9535278-5-8

RÉDIGEZ FACILEMENT DES DOCUMENTS AVEC WORD

MICHEL MARTIN
ISBN : 978-2-9535278-7-2

DANS LA MÊME COLLECTION

APPRENEZ À PROGRAMMER EN PYTHON

VINCENT LE GOFF
ISBN : 979-10-90085-03-9

RÉALISEZ VOTRE SITE WEB AVEC HTML5 ET CSS3

MATHIEU NEBRA
ISBN : 978-2-9535278-8-9

DÉBUTEZ DANS LA 3D AVEC BLENDER

ANTOINE VEYRAT
ISBN : 978-2-9535278-9-6

APPRENEZ À PROGRAMMER EN C • 2e ÉDITION

MATHIEU NEBRA
ISBN : 979-10-90085-00-8

APPRENEZ À DÉVELOPPER EN C#

NICOLAS HILAIRE
ISBN : 978-2-9535278-6-5

CRÉEZ DES APPLICATIONS POUR IPHONE, IPAD ET IPOD TOUCH

MICHEL MARTIN
ISBN : 979-10-90085-06-0

SÉBASTIEN DE LA MARCK
JOHANN PARDANAUD

DYNAMISEZ VOS SITES WEB AVEC JAVASCRIPT

PROGRAMMER EN JAVASCRIPT N'A JAMAIS ÉTÉ AUSSI FACILE !

le Livre du Zéro
www.siteduzero.com

Simple IT 2012 - ISBN : 979-10-90085-04-6

Avant-propos

Depuis sa création, le Javascript n'a cessé de croître en popularité. Longtemps relégué au simple rang de « langage de scripts basiques », il est devenu ces dernières années un langage absolument incontournable pour toute personne qui s'intéresse à la création de sites Web. Il est désormais entré dans la cour des grands, aux côtés du HTML5, du CSS3 et du PHP5 !

Le Javascript est donc devenu un acteur majeur dans la création de sites Web. Il a été popularisé par des sites sociaux comme Facebook ou Twitter, qui en font une utilisation massive pour améliorer le confort de navigation des utilisateurs : moins de rechargements de pages, interactivité... Le Javascript a aussi gagné en popularité grâce aux **frameworks** Javascript, comme jQuery et MooTools, les héritiers de Prototype.js. Ces frameworks apportent des fonctionnalités en plus, tout en simplifiant et en accélérant le développement de scripts. Cependant, si l'on veut pouvoir tirer parti de ces frameworks, il faut connaître le langage sur lequel ils s'appuient : le Javascript.

Beaucoup de développeurs apprennent à utiliser jQuery ou MooTools sans connaître le Javascript. C'est comme conduire une voiture sans connaître le code de la route. C'est possible, mais gare aux accidents ! Les frameworks permettent de faire de grandes choses, mais pas tout ! Il faut donc régulièrement sortir des sentiers battus, et mettre les mains dans le Javascript.

Dans ce livre, nous mettons un point d'honneur à vous enseigner le Javascript tel que nous aurions voulu qu'il nous soit enseigné. Nous avons tous deux appris le Javascript à l'époque où les frameworks commençaient à peine à se développer et où les cours de Javascript mettaient en œuvre des pratiques déjà obsolètes. Apprendre le Javascript n'est pas simple ! C'est un langage pourvu d'une logique qui lui est propre et que vous ne retrouverez que dans peu de langages. Mais peu importe, ce langage est formidable et passionnant, et a des capacités de moins en moins limitées, tant et si bien qu'il devient utilisable ailleurs que dans les pages HTML ! En effet, le Javascript peut être utilisé pour réaliser des **userscripts** pour les navigateurs, des extensions, des programmes avec Adobe AIR et même de la programmation pour serveurs, bien que cette dernière n'en soit qu'à ses balbutiements.

Qu'allez-vous apprendre en lisant ce livre ?

Le plan de ce livre a été conçu pour faciliter votre découverte et votre apprentissage de la programmation JavaScript. Voici le chemin que nous allons parcourir :

1. **Les bases du Javascript** : cette partie sera consacrée à l'apprentissage des bases du langage. Nous passerons en revu tout ce qui concerne les particularités du Javascript et reprendrons toutes les notions de programmation afin que les débutants en programmation ne soient pas perdus. À la fin de cette partie, vous serez invités à réaliser une application capable d'afficher un nombre en toutes lettres ; elle réutilisera l'ensemble des notions que vous aurez acquises et mettra votre capacité de réflexion à rude épreuve.
2. **Modeler vos pages Web** : après une première partie consacrée aux bases de tout langage de programmation (variables, conditions, boucles, fonctions...), vous serez ici plongés dans la modélisation de pages web dynamiques. Le dynamisme est une notion importante du Javascript, c'est cela qui permet à l'utilisateur d'interagir avec votre page web. Vous découvrirez ainsi comment modifier le contenu d'une page web, créer et manipuler des événements et modifier le style CSS de vos éléments HTML. Tout comme pour la première partie, vous trouverez de nouveau un TP conçu pour vous faire travailler sur ce que vous aurez appris au cours de votre lecture.
3. **Les objets : conception et utilisation** : une fois que vous aurez acquis les connaissances nécessaires en termes d'interaction avec une page web et les utilisateurs, vous pourrez alors vous investir dans une utilisation un peu plus avancée du Javascript. Vous y découvrirez comment créer des objets évolués et quels sont les objets natifs les plus intéressants à manipuler. Vous serez ainsi initiés au traitement avancé des chaînes de caractères, des nombres et des tableaux, et vous apprendrez à gérer le temps et les images. À tout cela s'ajoute un chapitre abordant deux concepts de programmation très utilisés : les wrappers et les polyfills.
4. **L'échange de données avec l'AJAX** : la notion d'échange de données entre un client et un serveur n'est pas nouvelle au sein du Javascript, nous aborderons ici le concept sous toutes ses formes et étudierons les diverses possibilités qui s'offrent à nous afin de faire communiquer nos scripts avec un serveur sans pour autant recharger la page web. Un point sera aussi fait sur les structures de données afin que vous sachiez sous quelle forme transférer vos données et vous découvrirez comment réaliser un système d'upload de fichiers. La partie se conclura sur la création d'un système d'auto-complétion, chose qui vous resservira probablement un jour où l'autre.
5. **Javascript et HTML5** : vous avez maintenant terminé votre apprentissage sur tout ce qui était essentiel au Javascript, dans cette partie nous irons donc un peu plus loin et explorerons la manière dont le HTML5 permet au Javascript d'aller encore plus loin. Nous ferons avant tout un point sur ce qu'apporte le HTML5 vis-à-vis du Javascript puis nous nous pencherons sur quelques points essentiels, à savoir : la manipulation des balises `<audio>`, `<video>` et `<canvas>` ainsi que la gestion des fichiers et la mise en place d'un système de Drag & Drop.

6. **Annexes** : il est courant de voir dans de nombreux ouvrages des sections réservées à tout ce qui est annexe au cours, celui-ci ne déroge pas à la règle. Vous trouverez donc ici de quoi approfondir vos connaissances en termes de débogage de code et vous serez initiés aux closures qui peuvent paraître complexes mais vous apporteront un confort incontournable dans votre manière de développer. L'ultime chapitre de ce cours vous fera un récapitulatif sur certains points essentiels du Javascript et vous montrera que ce langage peut se rendre très utile même en-dehors des navigateurs web.

Comment lire ce livre ?

Suivez l'ordre des chapitres

Lisez ce livre comme on lit un roman. Il a été conçu pour cela.

Contrairement à beaucoup de livres techniques où il est courant de lire en diagonale et de sauter certains chapitres, il est ici très fortement recommandé de suivre l'ordre du cours, à moins que vous ne soyez déjà un peu expérimentés.

Pratiquez en même temps

Pratiquez régulièrement. N'attendez pas d'avoir fini de lire ce livre pour allumer votre ordinateur et faire vos propres essais.

Utilisez les codes web !

Afin de tirer parti du Site du Zéro dont ce livre est issu, celui-ci vous propose ce qu'on appelle des « codes web ». Ce sont des codes à six chiffres à saisir sur une page du Site du Zéro pour être automatiquement redirigé vers un site web sans avoir à en recopier l'adresse.

Pour utiliser les codes web, rendez-vous sur la page suivante [1] :

`http://www.siteduzero.com/codeweb.html`

Un formulaire vous invite à rentrer votre code web. Faites un premier essai avec le code ci-dessous :

▷ Tester le code web
Code web : 123456

Ces codes web ont deux intérêts :

- ils vous redirigent vers les sites web présentés tout au long du cours, vous permettant ainsi d'obtenir les logiciels dans leur toute dernière version ;
- ils vous permettent de télécharger les codes sources inclus dans ce livre, ce qui vous évitera d'avoir à recopier certains programmes un peu longs.

1. Vous pouvez aussi utiliser le formulaire de recherche du Site du Zéro, section « Code web ».

Ce système de redirection nous permet de tenir à jour le livre que vous avez entre les mains sans que vous ayez besoin d'acheter systématiquement chaque nouvelle édition. Si un site web change d'adresse, nous modifierons la redirection mais le code web à utiliser restera le même. Si un site web disparaît, nous vous redirigerons vers une page du Site du Zéro expliquant ce qui s'est passé et vous proposant une alternative.

En clair, c'est un moyen de nous assurer de la pérennité de cet ouvrage sans que vous ayez à faire quoi que ce soit !

Remerciements

Nous tenons à remercier les personnes qui ont contribué de près ou de loin à l'écriture de ce cours. Ces personnes sans qui ce cours aurait eu du mal à avancer !

Commençons par trois accros du Javascript :

- Yann Logan, alias Golmote, pour ses relectures et ses conseils avisés.
- Xavier Montillet, alias xavierm02, pour ses remarques sur tout ce qui nous semblait négligeable mais importait beaucoup au final !
- Benoît Mariat, alias restimel, qui a activement participé aux débuts quelques peu chaotiques du cours.

Merci encore à vous trois, on se demande toujours ce qu'on aurait fait sans vous !

S'ensuivent certaines personnes de Simple IT :

- Jonathan Baudoin, qui a été capable de supporter nos coups de flemme pendant plus d'un an !
- Pierre Dubuc, pour nous avoir lancés dans ce projet immense et nous avoir aidés à mettre en place les premiers chapitres du cours.
- Mathieu Nebra, sans qui ce cours n'aurait jamais vu le jour puisqu'il est le créateur du Site du Zéro.

Merci aussi à nos familles respectives, qui nous ont encouragés pendant plus d'un an et demi !

Et bien sûr, vous, chers lecteurs. Vous qui avez su nous aider à améliorer ce cours et qui nous témoignez régulièrement votre soutien.

Merci à vous tous !

Sommaire

Première partie

Les bases du Javascript

Chapitre 1

Introduction au Javascript

Difficulté :

Avant d'entrer directement dans le vif du sujet, ce chapitre va vous apprendre ce qu'est le Javascript, ce qu'il permet de faire, quand il peut ou doit être utilisé et comment il a évolué depuis sa création en 1995.

Nous aborderons aussi plusieurs notions de bases telles que les définitions exactes de certains termes.

Qu'est-ce que le Javascript ?

Qu'est-ce que c'est ?

« Le Javascript est un langage de programmation de scripts orienté objet. »

Dans cette description un peu barbare se trouvent plusieurs éléments que nous allons décortiquer.

Un langage de programmation

Tout d'abord, un **langage de programmation** est un langage qui permet aux développeurs d'écrire du **code source** qui sera analysé par l'ordinateur.

Un **développeur**, ou un programmeur, est une personne qui développe des programmes. Ça peut être un professionnel (un ingénieur, un informaticien ou un analyste programmeur) ou bien un amateur.

Le code source est écrit par le développeur. C'est un ensemble d'actions, appelées **instructions**, qui vont permettre de donner des ordres à l'ordinateur afin de faire fonctionner le programme. Le code source est quelque chose de caché, un peu comme un moteur dans une voiture : le moteur est caché, mais il est bien là, et c'est lui qui fait en sorte que la voiture puisse être propulsée. Dans le cas d'un programme, c'est pareil, c'est le code source qui régit le fonctionnement du programme.

En fonction du code source, l'ordinateur exécute différentes actions, comme ouvrir un menu, démarrer une application, effectuer une recherche, enfin bref, tout ce que l'ordinateur est capable de faire. Il existe énormément de langages de programmation.

Programmer des scripts

Le Javascript permet de programmer des **scripts**. Comme dit plus haut, un langage de programmation permet d'écrire du code source qui sera analysé par l'ordinateur. Il existe trois manières d'utiliser du code source :

- **Langage compilé** : le code source est donné à un programme appelé **compilateur** qui va lire le code source et le convertir dans un langage que l'ordinateur sera capable d'interpréter : c'est le langage binaire, fait de 0 et de 1. Les langages comme le C ou le C++ sont des langages dits compilés.
- **Langage précompilé** : ici, le code source est compilé partiellement, généralement dans un code plus simple à lire pour l'ordinateur, mais qui n'est pas encore du binaire. Ce code intermédiaire devra être lu par ce que l'on appelle une « machine virtuelle », qui exécutera ce code. Les langages comme le C# ou le Java sont dits précompilés.
- **Langage interprété** : dans ce cas, il n'y a pas de compilation. Le code source reste tel quel, et si on veut exécuter ce code, on doit le fournir à un interpréteur qui se chargera de le lire et de réaliser les actions demandées.

Les scripts sont majoritairement interprétés. Et quand on dit que le Javascript est un langage de scripts, cela signifie qu'il s'agit d'un langage interprété ! Il est donc nécessaire de posséder un interpréteur pour faire fonctionner du code Javascript, et un interpréteur, vous en utilisez un fréquemment : il est inclus dans votre navigateur Web !

Chaque navigateur possède un interpréteur Javascript, qui diffère selon le navigateur. Si vous utilisez Internet Explorer, son interpréteur Javascript s'appelle **JScript** (l'interpréteur de la version 9 s'appelle **Chakra**), celui de Mozilla Firefox se nomme **SpiderMonkey** et celui de Google Chrome est **V8**.

Langage orienté objet

Il reste un dernier fragment à analyser : **orienté objet**. Ce concept est assez compliqué à définir maintenant et sera approfondi par la suite notamment à la partie 2. Sachez toutefois qu'un langage de programmation orienté objet est un langage qui contient des éléments, appelés **objets**, et que ces différents objets possèdent des caractéristiques spécifiques ainsi que des manières différentes de les utiliser. Le langage fournit des objets de base comme des images, des dates, des chaînes de caractères... mais il est également possible de créer soi-même des objets pour se faciliter la vie et obtenir un code source plus clair (facile à lire) et une manière de programmer beaucoup plus intuitive (logique).

Il est bien probable que vous n'ayez rien compris à ce passage si vous n'avez jamais fait de programmation, mais ne vous en faites pas : vous comprendrez bien assez vite comment tout cela fonctionne.

Le Javascript, le langage de scripts

Le Javascript est à ce jour utilisé majoritairement sur Internet, conjointement avec les pages Web (HTML ou XHTML). Le Javascript s'inclut directement dans la page Web (ou dans un fichier externe) et permet de **dynamiser** une page HTML, en ajoutant des interactions avec l'utilisateur, des animations, de l'aide à la navigation, comme par exemple :

- Afficher/masquer du texte ;
- Faire défiler des images ;
- Créer un diaporama avec un aperçu « en grand » des images ;
- Créer des infobulles.

Le Javascript est un langage dit *client-side*, c'est-à-dire que les scripts sont exécutés par le navigateur chez l'internaute (le **client**). Cela diffère des langages de scripts dits *server-side* qui sont exécutés par le serveur Web. C'est le cas des langages comme le PHP par exemple.

C'est important, car la finalité des scripts *client-side* et *server-side* n'est pas la même. Un script *server-side* va s'occuper de « créer » la page Web qui sera envoyée au navigateur. Ce dernier va alors afficher la page puis exécuter les scripts *client-side* tel que le Javascript. La figure 1.1 reprend ce fonctionnement.

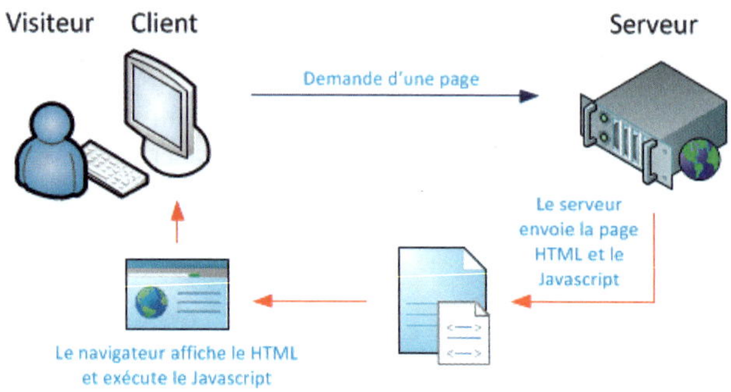

FIGURE 1.1 – Javascript est un langage dit client-side, c'est à dire interprété par le client (le visiteur)

Le Javascript, pas que le Web

Si le Javascript a été conçu pour être utilisé conjointement avec le HTML, le langage a depuis évolué vers d'autres destinées. Le Javascript est régulièrement utilisé pour réaliser des extensions pour différents programmes, un peu comme les scripts codés en Lua ou en Python.

Le Javascript peut aussi être utilisé pour réaliser des applications. Mozilla Firefox est l'exemple le plus connu : l'interface du navigateur est créée avec une sorte de HTML appelé XUL et c'est le Javascript qui est utilisé pour animer l'interface. D'autres logiciels reposent également sur cette technologie, comme TomTom HOME qui sert à gérer votre GPS TomTom via votre PC.

Petit historique du langage

En 1995, Brendan Eich (figure 1.2) travaille chez Netscape Communication Corporation, la société qui éditait le célèbre navigateur Netscape Navigator, alors principal concurrent d'Internet Explorer.

Brendan développe le LiveScript, un langage de script qui s'inspire du langage Java, et qui est destiné à être installé sur les serveurs développés par Netscape. Netscape se met à développer une version client du LiveScript, qui sera renommée JavaScript en hommage au langage Java créé par la société Sun Microsystems. En effet, à cette époque, le langage Java était de plus en plus populaire, et appeler le LiveScript JavaScript était une manière de faire de la publicité, et au Java, et au JavaScript lui-même. Mais attention, au final, **ces deux langages sont radicalement différents** ! N'allez pas confondre le Java et le Javascript car ces deux langages n'ont clairement pas le même fonctionnement.

La graphie de base est **JavaScript**, avec un **S** majuscule. Il est cependant courant de lire **Javascript**, comme ce sera le cas dans ce tutoriel.

FIGURE 1.2 – Brendan Eich, le papa de Javascript

Le Javascript sort en décembre 1995 et est embarqué dans le navigateur Netscape 2. Le langage est alors un succès, si bien que Microsoft développe une version semblable, appelée JScript, qu'il embarque dans Internet Explorer 3, en 1996.

Netscape décide d'envoyer sa version de Javascript à l'ECMA International (**European Computer Manufacturers Association** à l'époque, aujourd'hui **European association for standardizing information and communication systems**) pour que le langage soit standardisé, c'est-à-dire pour qu'une référence du langage soit créée et que le langage puisse ainsi être utilisé par d'autres personnes et embarqué dans d'autres logiciels. L'ECMA International standardise le langage sous le nom d'ECMAScript.

Depuis, les versions de l'ECMAScript ont évolué. La version la plus connue et mondialement utilisée est la version ECMAScript 3, parue en décembre 1999.

L'ECMAScript et ses dérivés

L'ECMAScript est la référence de base. De cette référence découlent des **implémentations**. On peut évidemment citer le Javascript, qui est implémenté dans la plupart des navigateurs, mais aussi :

- **JScript**, qui est l'implémentation embarquée dans Internet Explorer. C'est aussi le nom de l'interpréteur d'Internet Explorer ;
- **JScript.NET**, qui est embarqué dans le framework .NET de Microsoft ;
- **ActionScript**, qui est l'implémentation faite par Adobe au sein de Flash ;
- **EX4**, qui est l'implémentation de la gestion du XML d'ECMAScript au sein de SpiderMonkey, l'interpréteur Javascript de Firefox.

Les versions du Javascript

Les versions du Javascript sont basées sur celles de l'ECMAScript (que nous abrégerons ES). Ainsi, il existe :

- ES 1 et ES 2, qui sont les prémices du langage Javascript ;
- ES 3 (sorti en décembre 1999), qui est fonctionnel sur tous les navigateurs (sauf les vieilles versions d'Internet Explorer) ;
- ES 4, qui a été abandonné en raison de modifications trop importantes qui ne furent pas appréciées ;
- ES 5 (sorti en décembre 2009), qui est la version la plus récemment sortie ;
- ES 6, qui est actuellement en cours de conception.

Ce cours portera sur l'ensemble des versions sorties à ce jour.

Un logo inconnu

Il n'y a pas de logo officiel pour représenter le Javascript. Cependant, le logo présenté à la figure 1.3 est de plus en plus utilisé par la communauté, surtout depuis sa présentation à la JSConf EU de 2011. Vous pourrez le trouver sur github sous différents formats, n'hésitez pas à en abuser en cas de besoin.

FIGURE 1.3 – Ce logo non-officiel est de plus en plus utilisé

▷ Le logo sous github
Code web : 671317

En résumé

- Le Javascript est un langage de programmation interprété, c'est-à-dire qu'il a besoin d'un interpréteur pour pouvoir être exécuté.
- Le Javascript est utilisé majoritairement au sein des pages Web.
- Tout comme le HTML, le Javascript est exécuté par le navigateur de l'internaute : on parle d'un comportement *client-side*, par opposition au *server-side* lorsque le code est exécuté par le serveur.

- Le Javascript est standardisé par l'ECMA International sous le nom d'ECMAScript qui constitue la référence du langage. D'autres langages découlent de l'ECMAScript, comme ActionScript, EX4 ou encore JScript.NET.
- La dernière version standardisée du Javascript est basée sur l'ECMAScript 5, sorti en 2009.

Chapitre 2

Premiers pas en Javascript

Difficulté :

Comme indiqué précédemment, le Javascript est un langage essentiellement utilisé avec le HTML, vous allez donc apprendre dans ce chapitre comment intégrer ce langage à vos pages Web, découvrir sa syntaxe de base[1] et afficher un message sur l'écran de l'utilisateur.

Afin de ne pas vous laisser dans le vague, vous découvrirez aussi à la fin de ce chapitre quelques liens qui pourront probablement vous être utiles durant la lecture de ce cours.

Concernant l'éditeur de texte à utiliser (dans lequel vous allez écrire vos codes Javascript), celui que vous avez l'habitude d'utiliser avec le HTML supporte très probablement le Javascript aussi. Dans le cas contraire, nous vous conseillons l'indémodable Notepad++ pour Windows, l'éternel Vim pour Linux et le performant TextWrangler pour Mac.

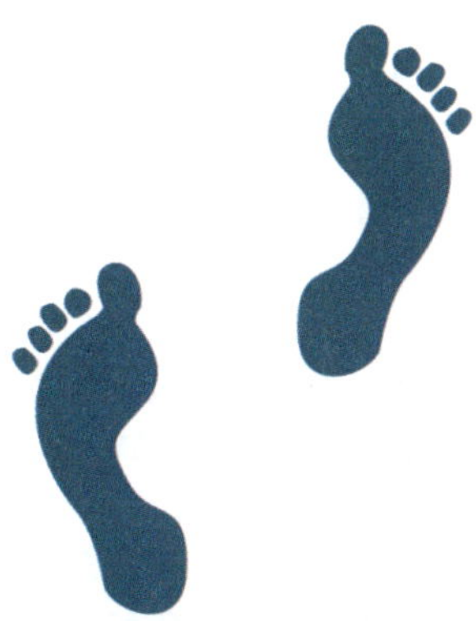

1. La syntaxe est un ensemble de règles qui définissent ce qui constitue un programme valide pour un langage.

Afficher une boîte de dialogue

Le Hello World !

Ne dérogeons pas à la règle traditionnelle qui veut que tous les tutoriels de programmation commencent par afficher le texte « Hello World ! » (« Bonjour le monde ! » en français) à l'utilisateur. Voici un code HTML simple contenant une instruction (nous allons y revenir) Javascript, placée au sein d'un élément <script> :

```
<!DOCTYPE html>
<html>
  <head>
    <title>Hello World!</title>
  </head>

  <body>

    <script>

      alert('Hello world!');

    </script>

  </body>
</html>
```

▷ Essayer ce code
Code web : 207439

Écrivez ce code dans un fichier HTML, et ouvrez ce dernier avec votre navigateur habituel. Une boîte de dialogue s'ouvre, vous présentant le texte « Hello World ! », comme à la figure 2.1. Il s'agit ici de Firefox ; l'apparence de la boîte de dialogue varie en fonction du navigateur utilisé.

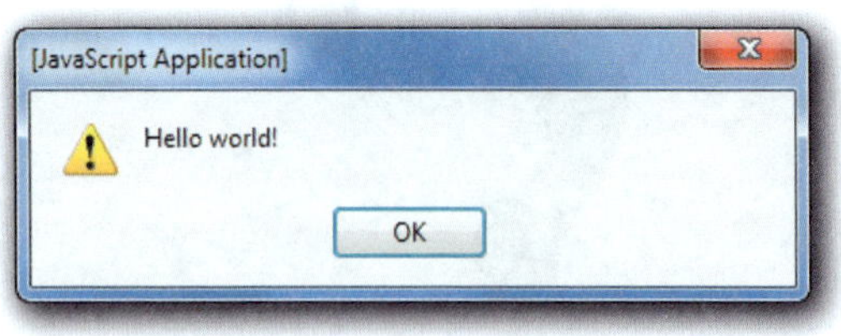

FIGURE 2.1 – Une boîte de dialogue s'ouvre, vous présentant le texte « Hello World ! »

Vous remarquerez que nous vous avons fourni un code web nommé « **Essayer ce code** » afin que vous puissiez tester le code. Vous constaterez rapidement que ce ne sera pas toujours le cas car mettre en ligne tous les codes n'est pas forcément nécessaire surtout quand il s'agit d'afficher une simple phrase. Bref, nous, les auteurs, avons décidé de vous fournir des codes web d'exemples quand le code nécessitera une interaction de la part de l'utilisateur. Ainsi, les codes avec, par exemple, un simple calcul ne demandant aucune action de la part de l'utilisateur ne seront pas mis en ligne. En revanche, à défaut de mettre certains codes en ligne, le résultat de chaque code sera toujours affiché dans les commentaires du code.

Les nouveautés

Dans le code HTML donné précédemment, on remarque quelques nouveautés.

Tout d'abord, un élément `<script>` est présent : c'est lui qui contient le code Javascript que voici :

```
alert('Hello world!');
```

Il s'agit d'une instruction, c'est-à-dire une commande, un ordre, ou plutôt une action que l'ordinateur va devoir réaliser. Les langages de programmation sont constitués d'une suite d'instructions qui, mises bout à bout, permettent d'obtenir un programme ou un script complet.

Dans cet exemple, il n'y a qu'une instruction : l'appel de la fonction `alert()`.

La boîte de dialogue `alert()`

`alert()` est une instruction simple, appelée **fonction**, qui permet d'afficher une boîte de dialogue contenant un message. Ce message est placé entre apostrophes, elles-mêmes placées entre les parenthèses de la fonction `alert()`.

Ne vous en faites pas pour le vocabulaire. Cette notion de fonction sera vue en détail par la suite. Pour l'instant, retenez que l'instruction `alert()` sert juste à afficher une boîte de dialogue.

La syntaxe du Javascript

Les instructions

La syntaxe du Javascript n'est pas compliquée. De manière générale, les instructions doivent être séparées par un point-virgule que l'on place à la fin de chaque instruction :

```
instruction_1;
```

```
instruction_2;
instruction_3;
```

En réalité le point-virgule n'est pas obligatoire si l'instruction qui suit se trouve sur la ligne suivante, comme dans notre exemple. En revanche, si vous écrivez plusieurs instructions sur une même ligne, comme dans l'exemple suivant, le point-virgule est obligatoire. Si le point-virgule n'est pas mis, l'interpréteur ne va pas comprendre qu'il s'agit d'une autre instruction et risque de retourner une erreur.

```
Instruction_1;Instruction_2
Instruction_3
```

Mais attention ! Ne pas mettre les points-virgules est considéré comme une **mauvaise pratique**, c'est quelque chose que les développeurs Javascript évitent de faire, même si le langage le permet. Ainsi, dans ce tutoriel, toutes les instructions seront terminées par un point-virgule.

La compression des scripts

Certains scripts sont disponibles sous une forme dite compressée, c'est-à-dire que tout le code est écrit à la suite, sans retours à la ligne. Cela permet d'alléger considérablement le poids d'un script et ainsi de faire en sorte que la page soit chargée plus rapidement. Des programmes existent pour « compresser » un code Javascript. Mais si vous avez oublié un seul point-virgule, votre code compressé ne fonctionnera plus, puisque les instructions ne seront pas correctement séparées. C'est aussi une des raisons qui fait qu'il faut **toujours** mettre les points-virgules en fin d'instruction.

Les espaces

Le Javascript n'est pas sensible aux espaces. Cela veut dire que vous pouvez aligner des instructions comme vous le voulez, sans que cela ne gêne en rien l'exécution du script. Par exemple, ceci est correct :

```
instruction_1;
    instruction_1_1;
    instruction_1_2;
instruction_2;     instruction_3;
```

Indentation et présentation

L'indentation, en informatique, est une façon de structurer du code pour le rendre plus lisible. Les instructions sont hiérarchisées en plusieurs niveaux et on utilise des espaces ou des tabulations pour les décaler vers la droite et ainsi créer une hiérarchie. Voici un exemple de code **indenté** :

```
function toggle(elemID) {
    var elem = document.getElementById(elemID);

    if (elem.style.display == 'block') {
        elem.style.display = 'none';
    } else {
        elem.style.display = 'block';
    }
}
```

Ce code est indenté de quatre espaces, c'est-à-dire que le décalage est chaque fois un multiple de quatre. Un décalage de quatre espaces est courant, tout comme un décalage de deux. Il est possible d'utiliser des tabulations pour indenter du code. Les tabulations présentent l'avantage d'être affichées différemment suivant l'éditeur utilisé, et de cette façon, si vous donnez votre code à quelqu'un, l'indentation qu'il verra dépendra de son éditeur et il ne sera pas perturbé par une indentation qu'il n'apprécie pas (par exemple, nous n'aimons pas les indentations de deux, nous préférons celles de quatre).

Voici le même code, mais non indenté, pour vous montrer que l'indentation est une aide à la lecture :

```
function toggle(elemID) {
var elem = document.getElementById(elemID);

if (elem.style.display == 'block') {
elem.style.display = 'none';
} else {
elem.style.display = 'block';
}
}
```

La présentation des codes est importante aussi, un peu comme si vous rédigiez une lettre : ça ne se fait pas n'importe comment. Il n'y a pas de règles prédéfinies comme pour l'écriture des lettres, donc il faudra vous arranger pour organiser votre code de façon claire. Dans le code indenté donné précédemment, vous pouvez voir qu'il y a des espaces un peu partout pour aérer le code et qu'il y a une seule instruction par ligne (à l'exception des `if else`, mais nous verrons cela plus tard). Certains développeurs écrivent leur code comme ça :

```
function toggle(elemID){
    var elem=document.getElementById(elemID);
    if(elem.style.display=='block'){
        elem.style.display='none';
    }else{elem.style.display='block';}
}
```

Vous conviendrez comme nous que c'est tout de suite moins lisible non ? Gardez à l'esprit que votre code doit être propre, même si vous êtes le seul à y toucher : vous pouvez laisser le code de côté quelques temps et le reprendre par la suite, et là, bonne chance pour vous y retrouver.

Les commentaires

Les commentaires sont des annotations faites par le développeur pour expliquer le fonctionnement d'un script, d'une instruction ou même d'un groupe d'instructions. Les commentaires ne gênent pas l'exécution d'un script.

Il existe deux types de commentaires : les commentaires de fin de ligne, et les commentaires multilignes.

Commentaires de fin de ligne

Ils servent à commenter une instruction. Un tel commentaire commence par deux slashs :

```
instruction_1; // Ceci est ma première instruction
instruction_2;
// La troisième instruction ci-dessous :
instruction_3;
```

Le texte placé dans un commentaire est ignoré lors de l'exécution du script, ce qui veut dire que vous pouvez mettre ce que bon vous semble en commentaire, même une instruction (qui ne sera évidemment pas exécutée) :

```
instruction_1; // Ceci est ma première instruction
instruction_2;
// La troisième instruction ci-dessous pose problème, je l'annule temporairement
// instruction_3;
```

Commentaires multilignes

Ce type de commentaires permet les retours à la ligne. Un commentaire multiligne commence par /* et se termine par */ :

```
/* Ce script comporte 3 instructions :
      - Instruction 1 qui fait telle chose
      - Instruction 2 qui fait autre chose
      - Instruction 3 qui termine le script
*/
instruction_1;
instruction_2;
instruction_3; // Fin du script
```

Remarquez qu'un commentaire multiligne peut aussi être affiché sur une seule ligne :

```
instruction_1; /* Ceci est ma première instruction */
instruction_2;
```

Les fonctions

Dans l'exemple du `Hello world!`, nous avons utilisé la fonction `alert()`. Nous reviendrons en détail sur le fonctionnement des fonctions, mais pour les chapitres suivants, il sera nécessaire de connaître sommairement leur syntaxe.

Une fonction se compose de deux choses : son nom, suivi d'un couple de parenthèses (une ouvrante et une fermante) :

```
myFunction(); // « function » veut dire « fonction » en anglais
```

Entre les parenthèses se trouvent les **arguments**, que l'on appelle aussi **paramètres**. Ceux-ci contiennent des valeurs qui sont transmises à la fonction. Dans le cas du `Hello world!`, ce sont les mots « Hello world! » qui sont passés en paramètre :

```
alert('Hello world!');
```

Où placer le code dans la page

Les codes Javascript sont insérés au moyen de l'élément `<script>`. Cet élément possède un attribut `type` qui sert à indiquer le type de langage que l'on va utiliser. Dans notre cas, il s'agit de Javascript, mais ça pourrait être autre chose, comme du VBScript, bien que ce soit extrêmement rare.

> En HTML 4 et XHTML 1.x, l'attribut type est obligatoire. En revanche, en HTML5, il ne l'est pas. C'est pourquoi les exemples de ce cours, en HTML5, ne comporteront pas cet attribut.

Si vous n'utilisez pas le HTML5, sachez que l'attribut `type` prend comme valeur `text/javascript`, qui est en fait le type MIME d'un code Javascript.

> Le type MIME est un identifiant qui décrit un format de données. Ici, avec `text/javascript`, il s'agit de données textuelles et c'est du Javascript.

Le Javascript « dans la page »

Pour placer du code Javascript directement dans votre page Web, rien de plus simple, on fait comme dans l'exemple du `Hello world!` : on place le code au sein de l'élément `<script>` :

```
<!DOCTYPE html>
<html>
  <head>
    <title>Hello World!</title>
  </head>
```

```

  <body>

    <script>

      alert('Hello world!');

    </script>

  </body>
</html>
```

L'encadrement des caractères réservés

Si vous utilisez les normes HTML 4.01 et XHTML 1.x, il est souvent nécessaire d'utiliser des **commentaires d'encadrement** pour que votre page soit conforme à ces normes. Si par contre, comme dans ce cours, vous utilisez la norme HTML5, les commentaires d'encadrement sont inutiles.

Les commentaires d'encadrement servent à isoler le code Javascript pour que le validateur du W3C (*World Wide Web Consortium*) ne l'interprète pas. Si par exemple votre code Javascript contient des chevrons $<$ et $>$, le validateur va croire qu'il s'agit de balises HTML mal fermées, et donc va invalider la page. Ce n'est pas grave en soi, mais une page sans erreurs, c'est toujours mieux !

Les commentaires d'encadrement ressemblent à des commentaires HTML et se placent comme ceci (lignes 3 et 7) :

```
1 <body>
2   <script>
3   <!--
4 
5     valeur_1 > valeur_2;
6 
7   //-->
8   </script>
9 </body>
```

Le Javascript externe

Il est possible, et même conseillé, d'écrire le code Javascript dans un fichier externe, portant l'extension `.js`. Ce fichier est ensuite appelé depuis la page Web au moyen de l'élément `<script>` et de son attribut `src` qui contient l'URL du fichier `.js`. Voici tout de suite un petit exemple :

Contenu du fichier `hello.js` :

```
alert('Hello world!');
```

Contenu du fichier HTML :

```
<!DOCTYPE html>
<html>
  <head>
    <title>Hello World!</title>
  </head>

  <body>

    <script src="hello.js"></script>

  </body>
</html>
```

On suppose ici que le fichier **hello.js** se trouve dans le même répertoire que la page Web.

Il vaut mieux privilégier un fichier externe plutôt que d'inclure le code Javascript directement dans la page, pour la simple et bonne raison que le fichier externe est mis en cache par le navigateur, et n'est donc pas rechargé à chaque chargement de page, ce qui accélère l'affichage de la page.

Positionner l'élément `<script>`

La plupart des cours de Javascript, et des exemples donnés un peu partout, montrent qu'il faut placer l'élément `<script>` au sein de l'élément `<head>` quand on l'utilise pour charger un fichier Javascript. C'est correct, oui, mais il y a mieux !

Une page Web est lue par le navigateur de façon linéaire, c'est-à-dire qu'il lit d'abord le `<head>`, puis les éléments de `<body>` les uns à la suite des autres. Si vous appelez un fichier Javascript dès le début du chargement de la page, le navigateur va donc charger ce fichier, et si ce dernier est volumineux, le chargement de la page s'en trouvera ralenti. C'est normal puisque le navigateur va charger le fichier avant de commencer à afficher le contenu de la page.

Pour pallier ce problème, il est conseillé de placer les éléments `<script>` juste avant la fermeture de l'élément `<body>`, comme ceci :

```
<!DOCTYPE html>
<html>
  <head>
    <title>Hello World!</title>
  </head>

  <body>

    <p>
```

```
            <!--

            Contenu de la page Web

            ...

            -->
        </p>

        <script>
            // Un peu de code Javascript...
        </script>

        <script src="hello.js"></script>

    </body>
</html>
```

Il est à noter que certains navigateurs modernes chargent automatiquement les fichiers Javascript en dernier, mais ce n'est pas toujours le cas. C'est pour cela qu'il vaut mieux s'en tenir à cette méthode.

Quelques aides

Les documentations

Pendant la lecture de ce cours, il se peut que vous ayez besoin de plus de renseignements sur diverses choses abordées ; normalement toutes les informations nécessaires sont fournies mais si vous le souhaitez vous pouvez consulter une documentation. Nous vous conseillons Mozilla Developer Network[2].

▷ Mozilla Developer Network
Code web : 188214

Ce site Web est une documentation ; dans le jargon informatique il s'agit d'un espace de documents listant tout ce qui constitue un langage de programmation (instructions, fonctions, etc.). Généralement, tout est trié par catégorie et quelques exemples sont fournis, mais gardez bien à l'esprit que **les documentations n'ont aucun but pédagogique**, elles remplissent leur travail : lister tout ce qui fait un langage sans trop s'étendre sur les explications. Donc si vous recherchez comment utiliser une certaine fonction (comme `alert()`) c'est très bien, mais ne vous attendez pas à apprendre les bases du Javascript grâce à ce genre de sites, c'est possible mais suicidaire si vous débutez en programmation.

2. Il se peut que vous tombiez sur les initiales « MDN », vous saurez désormais de quoi il s'agit.

Tester rapidement certains codes

Au cours de votre lecture, vous trouverez de nombreux exemples de codes, certains d'entre eux sont mis en ligne sur le Site du Zéro et accessibles via des codes web, mais pas tous (il n'est pas possible de tout mettre en ligne, il y a trop d'exemples). Généralement, les exemples mis en ligne sont ceux qui requièrent une action de la part de l'utilisateur, toutefois si vous souhaitez en tester d'autres nous vous conseillons alors l'utilisation du site jsFiddle.

▷ jsFiddle
Code web : 232793

Ce site est très utile car il vous permet de tester des codes en passant directement par votre navigateur web, ainsi vous n'avez pas besoin de créer de fichier sur votre PC pour tester un malheureux code de quelques lignes.

Pour l'utiliser, rien de plus simple : vous copiez le code que vous souhaitez tester puis vous le collez dans la section `Javascript` en bas à gauche de la page. Une fois que vous avez copié le texte, il ne vous reste plus qu'à cliquer sur le bouton `Run` en haut à gauche et votre code sera exécuté immédiatement dans la section `Result` en bas à droite. Essayez donc avec ce code pour voir :

```
alert('Bien, vous savez maintenant utiliser le site jsFiddle !');
```

Voilà tout pour les liens, n'oubliez pas de vous en servir lorsque vous en avez besoin, ils peuvent vous être très utiles !

En résumé

- Les instructions doivent êtres séparées par un point-virgule.
- Un code Javascript bien présenté est plus lisible et plus facilement modifiable.
- Il est possible d'inclure des commentaires au moyen des caractères //, /* et */.
- Les codes Javascript se placent dans un élément `<script>`.
- Il est possible d'inclure un fichier Javascript grâce à l'attribut `src` de l'élément `<script>`.

Chapitre 3

Les variables

Difficulté :

Nous abordons enfin le premier chapitre technique de ce cours ! Tout au long de sa lecture vous allez découvrir l'utilisation des variables, les différents types principaux qu'elles peuvent contenir et surtout comment faire vos premiers calculs. Vous serez aussi initiés à la concaténation et à la conversion des types. Et enfin, un élément important de ce chapitre : vous allez apprendre l'utilisation d'une nouvelle fonction vous permettant d'interagir avec l'utilisateur !

Qu'est-ce qu'une variable ?

Pour faire simple, une variable est un espace de stockage sur votre ordinateur permettant d'enregistrer tout type de donnée, que ce soit une chaîne de caractères, une valeur numérique ou bien des structures un peu plus particulières.

Déclarer une variable

Tout d'abord, qu'est-ce que « déclarer une variable » veut dire ? Il s'agit tout simplement de lui réserver un espace de stockage en mémoire, rien de plus. Une fois la variable déclarée, vous pouvez commencer à y stocker des données sans problème.

Pour déclarer une variable, il vous faut d'abord lui trouver un nom. Il est important de préciser que le nom d'une variable ne peut contenir que des caractères alphanumériques, autrement dit les lettres de A à Z et les chiffres de 0 à 9 ; l'underscore (_) et le dollar ($) sont aussi acceptés. Autre chose : le nom de la variable ne peut pas commencer par un chiffre et ne peut pas être constitué uniquement de mots-clés utilisés par le Javascript. Par exemple, vous ne pouvez pas créer une variable nommée `var` car vous allez constater que ce mot-clé est déjà utilisé, en revanche vous pouvez créer une variable nommée `var_`.

Concernant les mots-clés utilisés par le Javascript, on peut les appeler « les mots réservés », tout simplement parce que vous n'avez pas le droit d'en faire usage en tant que noms de variables. Vous trouverez sur la documentation tous les mots réservés par le Javascript.

▷ Mots-clés réservés
Code web : 484725

Pour déclarer une variable, il vous suffit d'écrire la ligne suivante :

```
var myVariable;
```

Le Javascript étant un langage sensible à la casse, faites bien attention à ne pas vous tromper sur les majuscules et minuscules utilisées car, dans l'exemple suivant, nous avons bel et bien trois variables différentes déclarées :

```
var myVariable;
var myvariable;
var MYVARIABLE;
```

Le mot-clé `var` est présent pour indiquer que vous déclarez une variable. Une fois celle-ci déclarée, il ne vous est plus nécessaire d'utiliser ce mot-clé pour cette variable et vous pouvez y stocker ce que vous souhaitez :

```
var myVariable;
myVariable = 2;
```

Le signe = sert à attribuer une valeur à la variable ; ici nous lui avons attribué le nombre 2. Quand on donne une valeur à une variable, on dit que l'on fait une **affectation**, car on affecte une valeur à la variable.

Il est possible de simplifier ce code en une seule ligne :

```
var myVariable = 5.5; // Comme vous pouvez le constater, les
    nombres à virgule s'écrivent avec un point
```

De même, vous pouvez déclarer et assigner des variables sur une seule et même ligne :

```
var myVariable1, myVariable2 = 4, myVariable3;
```

Ici, nous avons déclaré trois variables en une ligne mais seulement la deuxième s'est vu attribuer une valeur.

Une petite précision ici s'impose : quand vous utilisez une seule fois l'instruction var pour déclarer plusieurs variables, vous devez placer une virgule après chaque variable (et son éventuelle attribution de valeur) et vous ne devez utiliser le point-virgule (qui termine une instruction) qu'à la fin de la déclaration de toutes les variables.

Et enfin une dernière chose qui pourra vous être utile de temps en temps :

```
var myVariable1, myVariable2;
myVariable1 = myVariable2 = 2;
```

Les deux variables contiennent maintenant le même nombre : 2 ! Vous pouvez faire la même chose avec autant de variables que vous le souhaitez.

Les types de variables

Contrairement à de nombreux langages, le Javascript est un langage typé **dynamiquement**. Cela veut dire, généralement, que toute déclaration de variable se fait avec le mot-clé `var` sans distinction du contenu, tandis que dans d'autres langages, comme le C, il est nécessaire de préciser quel type de contenu la variable va devoir contenir.

En Javascript, nos variables sont typées dynamiquement, ce qui veut dire que l'on peut y mettre du texte en premier lieu puis l'effacer et y mettre un nombre quel qu'il soit, et ce, sans contraintes.

Commençons tout d'abord par voir quels sont les trois types principaux en Javascript.

Le type numérique (`number`)

Il représente tout nombre, que ce soit un entier, un négatif, un nombre scientifique, etc. Bref, c'est le type pour les nombres. Pour assigner un type numérique à une variable, il vous suffit juste d'écrire le nombre seul : `var number = 5;` Tout comme de nombreux langages, le Javascript reconnaît plusieurs écritures pour les nombres, comme l'écriture décimale `var number = 5.5;` ou l'écriture scientifique `var number = 3.65e+5;` ou encore l'écriture hexadécimale `var number = 0x391;` Bref, il existe pas mal de façons d'écrire les valeurs numériques !

Les chaînes de caractères (`string`)

Ce type représente n'importe quel texte. On peut l'assigner de deux façons différentes :

```
var text1 = "Mon premier texte";  // Avec des guillemets
var text2 = 'Mon deuxième texte'; // Avec des apostrophes
```

Il est important de préciser que si vous écrivez `var myVariable = '2';` alors le type de cette variable est une chaîne de caractères et non pas un type numérique.

Une autre précision importante, si vous utilisez les apostrophes pour « encadrer » votre texte et que vous souhaitez utiliser des apostrophes dans ce même texte, il vous faudra alors « échapper » vos apostrophes de cette façon :

```
var text = 'Ça c\'est quelque chose !';
```

Pourquoi ? Car si vous n'échappez pas votre apostrophe, le Javascript croira que votre texte s'arrête à l'apostrophe contenue dans le mot « c'est ». À noter que ce problème est identique pour les guillemets. En ce qui nous concerne, nous utilisons généralement les apostrophes mais quand le texte en contient trop alors les guillemets peuvent être bien utiles. C'est à vous de voir comment vous souhaitez présenter vos codes, libre à vous de faire comme vous le souhaitez !

Les booléens (`boolean`)

: les booléens sont un type bien particulier que vous n'étudierez réellement qu'au chapitre suivant. Dans l'immédiat, pour faire simple, un booléen est un type à deux états qui sont les suivants : **vrai** ou **faux**. Ces deux états s'écrivent de la façon suivante :

```
var isTrue = true;
var isFalse = false;
```

Voilà pour les trois principaux types. Il en existe d'autres, mais nous les étudierons lorsque ce sera nécessaire.

Tester l'existence de variables avec `typeof`

Il se peut que vous ayez un jour ou l'autre besoin de tester l'existence d'une variable ou d'en vérifier son type. Dans ce genre de situations, l'instruction `typeof` est très utile, voici comment l'utiliser :

```
var number = 2;
alert(typeof number); // Affiche : « number »

var text = 'Mon texte';
alert(typeof text); // Affiche : « string »
```

```

var aBoolean = false;
alert(typeof aBoolean); // Affiche : « boolean »
```

Simple non ? Et maintenant voici comment tester l'existence d'une variable :

```
alert(typeof nothing); // Affiche : « undefined »
```

Voilà un type de variable très important ! Si l'instruction `typeof` vous renvoie `undefined`, c'est soit que votre variable est inexistante, soit qu'elle est déclarée mais ne contient rien.

Les opérateurs arithmétiques

Maintenant que vous savez déclarer une variable et lui attribuer une valeur, nous pouvons entamer la partie concernant les opérateurs arithmétiques. Vous verrez plus tard qu'il existe plusieurs sortes d'opérateurs mais dans l'immédiat nous voulons faire des calculs, nous allons donc nous intéresser exclusivement aux opérateurs arithmétiques. Ces derniers sont à la base de tout calcul et sont au nombre de cinq.

Opérateur	**Signe**
addition	+
soustraction	-
multiplication	*
division	/
modulo	%

Concernant le dernier opérateur, le modulo est tout simplement le reste d'une division. Par exemple, si vous divisez 5 par 2 alors il vous reste 1 ; c'est le modulo !

Quelques calculs simples

Faire des calculs en programmation est quasiment tout aussi simple que sur une calculatrice, exemple :

```
var result = 3 + 2;
alert(result); // Affiche : « 5 »
```

Alors vous savez faire des calculs avec deux nombres c'est bien, mais avec deux variables contenant elles-mêmes des nombres c'est mieux :

```
var number1 = 3, number2 = 2, result;
result = number1 * number2;
alert(result); // Affiche : « 6 »
```

On peut aller encore plus loin comme ça en écrivant des calculs impliquant plusieurs opérateurs ainsi que des variables :

```
var divisor = 3, result1, result2, result3;

result1 = (16 + 8) / 2 - 2 ; // 10
result2 = result1 / divisor;
result3 = result1 % divisor;

alert(result2); // Résultat de la division : 3,33
alert(result3); // Reste de la division : 1
```

Vous remarquerez que nous avons utilisé des parenthèses pour le calcul de la variable `result1`. Elles s'utilisent comme en maths : grâce à elles le navigateur calcule d'abord 16 + 8 puis divise le résultat par 2.

Simplifier encore plus vos calculs

Par moment vous aurez besoin d'écrire des choses de ce genre :

```
var number = 3;
number = number + 5;
alert(number); // Affiche : « 8 »
```

Ce n'est pas spécialement long ou compliqué à faire, mais cela peut devenir très vite rébarbatif, il existe donc une solution plus simple pour ajouter un nombre à une variable :

```
var number = 3;
number += 5;
alert(number); // Affiche : « 8 »
```

Ce code a exactement le même effet que le précédent mais est plus rapide à écrire.

À noter que ceci ne s'applique pas uniquement aux additions mais fonctionne avec tous les autres opérateurs arithmétiques :

- +=
- -=
- *=
- /=
- %=

Initiation à la concaténation et à la conversion des types

Certains opérateurs ont des particularités cachées. Prenons l'opérateur + ; en plus de faire des additions, il permet de faire ce que l'on appelle des **concaténations** entre des chaînes de caractères.

La concaténation

Une concaténation consiste à ajouter une chaîne de caractères à la fin d'une autre, comme dans cet exemple :

```
var hi = 'Bonjour', name = 'toi', result;
result = hi + name;
alert(result); // Affiche : « Bonjourtoi »
```

Cet exemple va afficher la phrase « Bonjourtoi ». Vous remarquerez qu'il n'y a pas d'espace entre les deux mots, en effet, la concaténation respecte ce que vous avez écrit dans les variables à la lettre près. Si vous voulez une espace, il vous faut ajouter une espace à une des variables, comme ceci : `var hi = 'Bonjour ';`

Autre chose, vous souvenez-vous toujours de l'addition suivante ?

```
var number = 3;
number += 5;
```

Eh bien vous pouvez faire la même chose avec les chaînes de caractères :

```
var text = 'Bonjour ';
text += 'toi';
alert(text); // Affiche « Bonjour toi ».
```

Interagir avec l'utilisateur

La concaténation est le bon moment pour introduire votre toute première interaction avec l'utilisateur grâce à la fonction `prompt()`. Voici comment l'utiliser :

```
var userName = prompt('Entrez votre prénom :');
alert(userName); // Affiche le prénom entré par l'utilisateur
```

▷ Essayer ce code
Code web : 897039

La figure 3.1 représente le résultat de ce code.

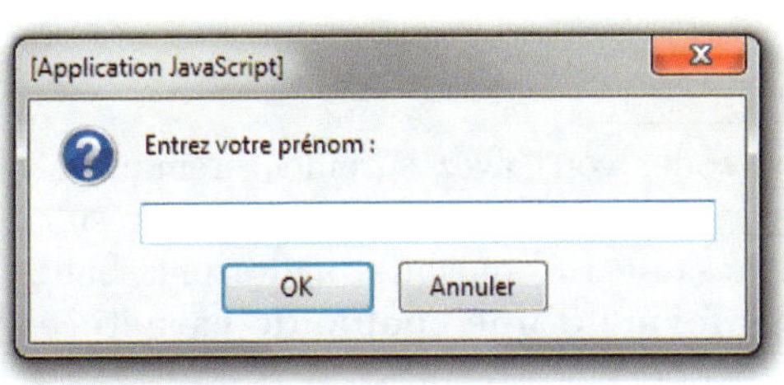

FIGURE 3.1 – Un aperçu de la fonction `prompt()`

La fonction `prompt()` s'utilise comme `alert()` mais a une petite particularité. Elle renvoie ce que l'utilisateur a écrit sous forme d'une chaîne de caractères, voilà pourquoi on écrit de cette manière :

```
var text = prompt('Tapez quelque chose :');
```

Ainsi, le texte tapé par l'utilisateur se retrouvera directement stocké dans la variable `text`.

Maintenant nous pouvons essayer de dire bonjour à nos visiteurs :

```
var start = 'Bonjour ', name, end = ' !', result;

name   = prompt('Quel est votre prénom ?');
result = start + name + end;
alert(result);
```

▷ Essayer ce code
Code web : 521044

À noter que dans notre cas de figure actuel, nous concaténons des chaînes de caractères entre elles, mais sachez que vous pouvez très bien concaténer une chaîne de caractères et un nombre de la même manière :

```
var text = 'Voici un nombre : ', number = 42, result;

result = text + number;
alert(result); // Affiche : « Voici un nombre : 42 »
```

Convertir une chaîne de caractères en nombre

Essayons maintenant de faire une addition avec des nombres fournis par l'utilisateur :

```
var first, second, result;

first  = prompt('Entrez le premier chiffre :');
second = prompt('Entrez le second chiffre :');
result = first + second;

alert(result);
```

▷ Essayer ce code
Code web : 807110

Si vous avez essayé ce code, vous avez sûrement remarqué qu'il y a un problème. Admettons que vous ayez tapé deux fois le chiffre 1, le résultat sera 11... Pourquoi ? Eh bien la raison a déjà été écrite quelques lignes plus haut : « Elle renvoie ce que l'utilisateur a écrit **sous forme d'une chaîne de caractères** [...] »

Voilà le problème, tout ce qui est écrit dans le champ de texte de `prompt()` est récupéré sous forme d'une chaîne de caractères, que ce soit un chiffre ou non. Du coup, si vous utilisez l'opérateur +, vous ne ferez pas une addition mais une concaténation !

C'est là que la conversion des types intervient. Le concept est simple : il suffit de convertir la chaîne de caractères en nombre. Pour cela, vous allez avoir besoin de la fonction `parseInt()` qui s'utilise de cette manière :

```
var text = '1337', number;

number = parseInt(text);
alert(typeof number); // Affiche : « number »
alert(number); // Affiche : « 1337 »
```

Maintenant que vous savez comment vous en servir, on va pouvoir l'adapter à notre code :

```
var first, second, result;

first = prompt('Entrez le premier chiffre :');
second = prompt('Entrez le second chiffre :');
result = parseInt(first) + parseInt(second);
alert(result);
```

▷ Essayer ce code
Code web : 218520

Maintenant, si vous écrivez deux fois le chiffre 1, vous obtiendrez bien 2 comme résultat.

Convertir un nombre en chaîne de caractères

Pour clore ce chapitre, nous allons voir comment convertir un nombre en chaîne de caractères. Il est déjà possible de concaténer un nombre et une chaîne sans conversion, mais pas deux nombres, car ceux-ci s'ajouteraient à cause de l'emploi du +. D'où le besoin de convertir un nombre en chaîne. Voici comment faire :

```
var text, number1 = 4, number2 = 2;
text = number1 + '' + number2;
alert(text); // Affiche : « 42 »
```

Qu'avons-nous fait ? Nous avons juste ajouté une chaîne de caractères vide entre les deux nombres, ce qui aura eu pour effet de les convertir en chaînes de caractères.

Il existe une solution un peu moins archaïque que de rajouter une chaîne vide mais vous la découvrirez plus tard.

En résumé

- Une variable est un moyen pour stocker une valeur.
- On utilise le mot clé `var` pour déclarer une variable, et on utilise = pour affecter une valeur à la variable.
- Les variables sont typées dynamiquement, ce qui veut dire que l'on n'a pas besoin de spécifier le type de contenu que la variable va contenir.
- Grâce à différents opérateurs, on peut faire des opérations entre les variables.
- L'opérateur + permet de concaténer des chaînes de caractères, c'est-à-dire de les mettre bout à bout.
- La fonction `prompt()` permet d'interagir avec l'utilisateur.

Chapitre 4

Les conditions

Difficulté :

Dans le chapitre précédent vous avez appris comment créer et modifier des variables. C'est déjà bien mais malgré tout on se sent encore un peu limité dans nos codes. Dans ce chapitre, vous allez donc découvrir les conditions de tout type et surtout vous rendre compte que les possibilités pour votre code seront déjà bien plus ouvertes car vos conditions vont influer directement sur la façon dont va réagir votre code à certains critères.

En plus des conditions, vous allez aussi pouvoir approfondir vos connaissances sur un fameux type de variable : le booléen !

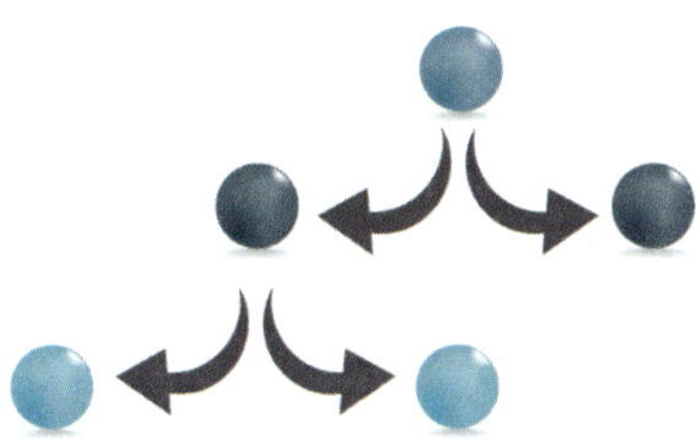

La base de toute condition : les booléens

Dans ce chapitre, nous allons aborder les conditions, mais pour cela il nous faut tout d'abord revenir sur un type de variable dont nous vous avions parlé au chapitre précédent : les booléens.

À quoi vont-ils nous servir ? À obtenir un résultat comme `true` (vrai) ou `false` (faux) lors du test d'une condition.

Pour ceux qui se posent la question, une condition est une sorte de « test » afin de vérifier qu'une variable contient bien une certaine valeur. Bien sûr les comparaisons ne se limitent pas aux variables seules, mais pour le moment nous allons nous contenter de ça, ce sera largement suffisant pour commencer.

Tout d'abord, de quoi sont constituées les conditions ? De valeurs à tester et de deux types d'opérateurs : un logique et un de comparaison.

Les opérateurs de comparaison

Comme leur nom l'indique, ces opérateurs vont permettre de comparer diverses valeurs entre elles. En tout, ils sont au nombre de huit, les voici :

Opérateur	**Signification**
==	égal à
!=	différent de
===	contenu **et** type égal à
!==	contenu **ou** type différent de
>	supérieur à
>=	supérieur ou égal à
<	inférieur à
<=	inférieur ou égal à

Nous n'allons pas vous faire un exemple pour chacun d'entre eux mais nous allons au moins vous montrer comment les utiliser afin que vous puissiez essayer les autres :

```
var number1 = 2, number2 = 2, number3 = 4, result;

result = number1 == number2; // Au lieu d'une seule valeur, on
    en écrit deux avec l'opérateur de comparaison entre elles
alert(result); // Affiche « true », la condition est donc vé
    rifiée car les deux variables contiennent bien la même
    valeur

result = number1 == number3;
alert(result); // Affiche « false », la condition n'est pas vé
    rifiée car 2 est différent de 4

result = number1 < number3;
```

```
alert(result); // Affiche « true », la condition est vérifiée
    car 2 est bien inférieur à 4
```

Comme vous le voyez, le concept n'est pas bien compliqué, il suffit d'écrire deux valeurs avec l'opérateur de comparaison souhaité entre les deux et un booléen est retourné. Si celui-ci est `true` alors la condition est vérifiée, si c'est `false` alors elle ne l'est pas.

Lorsqu'une condition renvoie `true` on dit qu'elle est **vérifiée**.

Sur ces huit opérateurs, deux d'entre eux peuvent être difficiles à comprendre pour un débutant : il s'agit de === et !==. Afin que vous ne soyez pas perdus, voyons leur fonctionnement avec quelques exemples :

```
var number = 4, text = '4', result;

result = number == text;
alert(result); // Affiche  « true » alors que « number » est un
     nombre et « text » une chaîne de caractères

result = number === text;
alert(result); // Affiche « false » car cet opérateur compare
    aussi les types des variables en plus de leurs valeurs
```

Vous comprenez leur principe maintenant ? Les conditions « normales » font des conversions de type pour vérifier les égalités, ce qui fait que si vous voulez différencier le **nombre** 4 d'une **chaîne de caractères contenant le chiffre** 4 il vous faudra alors utiliser le triple égal ===.

Voilà tout pour les opérateurs de comparaison, vous avez tous les outils dont vous avez besoin pour faire quelques expérimentations. Passons maintenant à la suite.

Les opérateurs logiques

Pourquoi ces opérateurs sont-ils nommés comme étant « logiques » ? Car ils fonctionnent sur le même principe qu'une « table de vérité » en électronique. Avant de décrire leur fonctionnement, il nous faut d'abord les lister, ils sont au nombre de trois :

Opérateur	**Type de logique**	**Utilisation**
&&	ET	valeur1 && valeur2
||	OU	valeur1 || valeur2
!	NON	!valeur

L'opérateur ET

Cet opérateur vérifie la condition lorsque toutes les valeurs qui lui sont passées valent `true`. Si une seule d'entre elles vaut `false` alors la condition ne sera pas vérifiée. Exemple :

```
var result = true && true;
alert(result); // Affiche : « true »

result = true && false;
alert(result); // Affiche : « false »

result = false && false;
alert(result); // Affiche : « false »
```

L'opérateur OU

Cet opérateur est plus « souple » car il renvoie `true` si une des valeurs qui lui est soumise contient `true`, qu'importent les autres valeurs. Exemple :

```
var result = true || true;
alert(result); // Affiche : « true »

result = true || false;
alert(result); // Affiche : « true »

result = false || false;
alert(result); // Affiche : « false »
```

L'opérateur NON

Cet opérateur se différencie des deux autres car il ne prend qu'une seule valeur à la fois. S'il se nomme « NON » c'est parce que sa fonction est d'inverser la valeur qui lui est passée, ainsi `true` deviendra `false` et inversement. Exemple :

```
var result = false;

result = !result; // On stocke dans « result » l'inverse de «
    result », c'est parfaitement possible
alert(result); // Affiche « true » car on voulait l'inverse de
    « false »

result = !result;
alert(result); // Affiche « false » car on a inversé de nouveau
    « result », on est donc passé de « true » à « false »
```

Combiner les opérateurs

Bien, nous sommes presque au bout de la partie concernant les booléens, rassurez-vous, ce sera plus simple sur le reste de ce chapitre. Toutefois, avant de passer à la suite, il faudrait s'assurer que vous ayez bien compris que tous les opérateurs que nous venons de découvrir peuvent se combiner entre eux.

Tout d'abord un petit résumé (lisez attentivement) : les opérateurs de comparaison acceptent chacun deux valeurs en entrée et renvoient un booléen, tandis que les opérateurs logiques acceptent plusieurs booléens en entrée et renvoient un booléen. Si vous avez bien lu, vous comprendrez que nous pouvons donc coupler les valeurs de sortie des opérateurs de comparaison avec les valeurs d'entrée des opérateurs logiques. Exemple :

```
var condition1, condition2, result;

condition1 = 2 > 8; // false
condition2 = 8 > 2; // true

result = condition1 && condition2;
alert(result); // Affiche « false »
```

Il est bien entendu possible de raccourcir le code en combinant tout ça sur une seule ligne, dorénavant toutes les conditions seront sur une seule ligne dans ce tutoriel :

```
var result = 2 > 8 && 8 > 2;
alert(result); // Affiche « false »
```

Voilà tout pour les booléens et les opérateurs conditionnels, nous allons enfin pouvoir commencer à utiliser les conditions comme il se doit.

La condition « if else »

Enfin nous abordons les conditions ! Ou, plus exactement, les **structures conditionnelles**, mais nous écrirons dorénavant le mot « condition » qui sera quand même plus rapide à écrire et à lire.

Avant toute chose, précisons qu'il existe trois types de conditions, nous allons commencer par la condition `if else` qui est la plus utilisée.

La structure `if` pour dire « si »

> Mais à quoi sert une condition ? On n'a pas déjà vu les opérateurs conditionnels juste avant qui permettent déjà d'obtenir un résultat ?

Effectivement, nous arrivons à obtenir un résultat sous forme de booléen, mais c'est tout. Maintenant, il serait bien que ce résultat puisse influer sur l'exécution de votre code. Nous allons tout de suite entrer dans le vif du sujet avec un exemple très simple :

```
if (true) {
    alert("Ce message s'est bien affiché.");
}

if (false) {
    alert("Pas la peine d'insister, ce message ne s'affichera
        pas.");
}
```

Tout d'abord, voyons de quoi est constitué une condition :

- De la structure conditionnelle `if` ;
- De parenthèses qui contiennent la condition à analyser, ou plus précisément le booléen retourné par les opérateurs conditionnels ;
- D'accolades qui permettent de définir la portion de code qui sera exécutée si la condition se vérifie. À noter que nous plaçons ici la première accolade à la fin de la première ligne de condition, mais vous pouvez très bien la placer comme vous le souhaitez (en dessous, par exemple).

Comme vous pouvez le constater, le code d'une condition est exécuté si le booléen reçu est `true` alors que `false` empêche l'exécution du code.

Et vu que nos opérateurs conditionnels renvoient des booléens, nous allons donc pouvoir les utiliser directement dans nos conditions :

```
if (2 < 8 && 8 >= 4) { // Cette condition renvoie « true », le
    code est donc exécuté
    alert('La condition est bien vérifiée.');
}

if (2 > 8 || 8 <= 4) { // Cette condition renvoie « false », le
     code n'est donc pas exécuté
    alert("La condition n'est pas vérifiée mais vous ne le
        saurez pas vu que ce code ne s'exécute pas.");
}
```

Comme vous pouvez le constater, avant nous décomposions toutes les étapes d'une condition dans plusieurs variables, dorénavant nous vous conseillons de tout mettre sur une seule et même ligne car ce sera plus rapide à écrire pour vous et plus facile à lire pour tout le monde.

Petit intermède : la fonction `confirm()`

Afin d'aller un petit peu plus loin dans le cours, nous allons apprendre l'utilisation d'une fonction bien pratique : `confirm()` ! Son utilisation est simple : on lui passe en paramètre une chaîne de caractères qui sera affichée à l'écran et elle retourne un booléen en fonction de l'action de l'utilisateur ; vous allez comprendre en essayant :

```
if (confirm('Voulez-vous exécuter le code Javascript de cette
    page ?')) {
```

```
    alert('Le code a bien été exécuté !');
}
```

▷ Essayer ce code
Code web : 209902

La figure 4.1 représente le résultat obtenu.

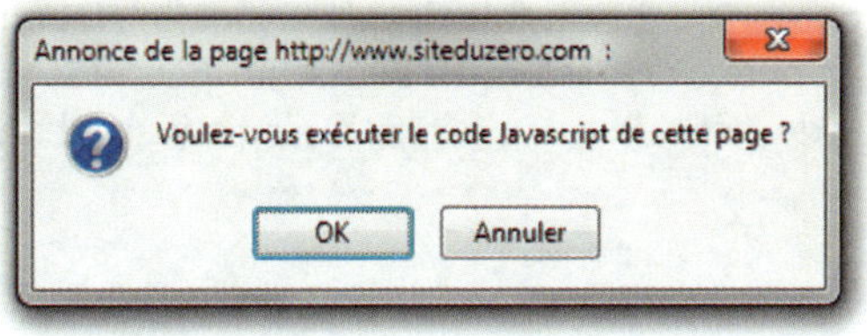

FIGURE 4.1 – Un aperçu de la fonction `confirm()`

Comme vous pouvez le constater, le code s'exécute lorsque vous cliquez sur le bouton `OK` et ne s'exécute pas lorsque vous cliquez sur `Annuler`. En clair : dans le premier cas la fonction renvoie `true` et dans le deuxième cas elle renvoie `false`. Ce qui en fait une fonction très pratique à utiliser avec les conditions.

Après ce petit intermède nous pouvons revenir à nos conditions.

La structure `else` pour dire « sinon »

Admettons maintenant que vous souhaitiez exécuter un code suite à la vérification d'une condition et exécuter un autre code si elle n'est pas vérifiée. Il est possible de le faire avec deux conditions `if` mais il existe une solution beaucoup plus simple, la structure `else` :

```
if (confirm('Pour accéder à ce site vous devez avoir 18 ans ou
    plus, cliquez sur "OK" si c\'est le cas.')) {
    alert('Vous allez être redirigé vers le site.');
}

else {
    alert("Désolé, vous n'avez pas accès à ce site.");
}
```

▷ Essayer ce code
Code web : 381945

Comme vous pouvez le constater, la structure `else` permet d'exécuter un certain code si la condition n'a pas été vérifiée, et vous allez rapidement vous rendre compte qu'elle vous sera très utile à de nombreuses occasions.

Concernant la façon d'indenter vos structures `if else`, il est conseillé de procéder de la façon suivante :

```
if ( /* condition */ ) {
    // Du code...
} else {
    // Du code...
}
```

Ainsi la structure `else` suit directement l'accolade de fermeture de la structure `if`, pas de risque de se tromper quant au fait de savoir quelle structure `else` appartient à quelle structure `if` . Et puis c'est, selon les goûts, un peu plus « propre » à lire. Enfin vous n'êtes pas obligés de faire de cette façon, il s'agit juste d'un conseil.

La structure `else if` pour dire « sinon si »

Bien, vous savez exécuter du code si une condition se vérifie et si elle ne se vérifie pas, mais il serait bien de savoir fonctionner de la façon suivante :

- Une première condition est à tester ;
- Une deuxième condition est présente et sera testée si la première échoue ;
- Et si aucune condition ne se vérifie, la structure `else` fait alors son travail.

Cette espèce de cheminement est bien pratique pour tester plusieurs conditions à la fois et exécuter leur code correspondant. La structure `else if` permet cela, exemple :

```
var floor = parseInt(prompt("Entrez l'étage où l'ascenseur doit
    se rendre (de -2 à 30) :"));

if (floor == 0) {

    alert('Vous vous trouvez déjà au rez-de-chaussée.');

} else if (-2 <= floor && floor <= 30) {

    alert("Direction l'étage n°" + floor + ' !');

} else {

    alert("L'étage spécifié n'existe pas.");

}
```

▷ Essayer ce code
Code web : 701808

À noter que la structure `else if` peut être utilisée plusieurs fois de suite, la seule chose qui lui est nécessaire pour pouvoir fonctionner est d'avoir une condition avec la structure `if` juste avant elle.

La condition `switch`

Nous venons d'étudier le fonctionnement de la condition `if else` qui est très utile dans de nombreux cas, toutefois elle n'est pas très pratique pour faire du cas par cas ; c'est là qu'intervient `switch` !

Prenons un exemple : nous avons un meuble avec quatre tiroirs contenant chacun des objets différents, et il faut que l'utilisateur puisse connaître le contenu du tiroir dont il entre le chiffre. Si nous voulions le faire avec `if else` ce serait assez long et fastidieux :

```
var drawer = parseInt(prompt('Choisissez le tiroir à ouvrir (1
    à 4) :'));

if (drawer == 1) {

    alert('Contient divers outils pour dessiner : du papier,
        des crayons, etc.');

} else if (drawer == 2) {

    alert('Contient du matériel informatique : des câbles, des
        composants, etc.');

} else if (drawer == 3) {

    alert('Ah ? Ce tiroir est fermé à clé ! Dommage !');

} else if (drawer == 4) {

    alert('Contient des vêtements : des chemises, des pantalons
        , etc.');

} else {

    alert("Info du jour : le meuble ne contient que 4 tiroirs
        et, jusqu'à preuve du contraire, les tiroirs négatifs n'
        existent pas.");

}
```

C'est long, non ? Et en plus ce n'est pas très adapté à ce que l'on souhaite faire. Le plus gros problème est de devoir réécrire à chaque fois la condition ; mais avec `switch` c'est un peu plus facile :

```
var drawer = parseInt(prompt('Choisissez le tiroir à ouvrir (1
    à 4) :'));

switch (drawer) {
    case 1:
        alert('Contient divers outils pour dessiner : du papier
            , des crayons, etc.');
```

```
        break;

    case 2:
        alert('Contient du matériel informatique : des câbles,
            des composants, etc.');
    break;

    case 3:
        alert('Ah ? Ce tiroir est fermé à clé ! Dommage !');
    break;

    case 4:
        alert('Contient des vêtements : des chemises, des
            pantalons, etc.');
    break;

    default:
        alert("Info du jour : le meuble ne contient que 4
            tiroirs et, jusqu'à preuve du contraire, les tiroirs
             négatifs n'existent pas.");
}
```

▷ Essayer ce code
Code web : 843092

Comme vous pouvez le constater, le code n'est pas spécialement plus court mais il est déjà mieux organisé et donc plus compréhensible. Détaillons maintenant son fonctionnement :

- On écrit le mot-clé `switch` suivi de la variable à analyser entre parenthèses et d'une paire d'accolades ;
- Dans les accolades se trouvent tous les cas de figure pour notre variable, définis par le mot-clé `case` suivi de la valeur qu'il doit prendre en compte (cela peut être un nombre mais aussi du texte) et de deux points ;
- Tout ce qui suit les deux points d'un `case` sera exécuté si la variable analysée par le `switch` contient la valeur du `case` ;
- À chaque fin d'un `case` on écrit l'instruction `break` pour « casser » le `switch` et ainsi éviter d'exécuter le reste du code qu'il contient ;
- Et enfin on écrit le mot-clé `default` suivi de deux points. Le code qui suit cette instruction sera exécuté si aucun des cas précédents n'a été exécuté. Attention, cette partie est optionnelle, vous n'êtes pas obligés de l'intégrer à votre code.

Dans l'ensemble, vous n'aurez pas de mal à comprendre le fonctionnement du `switch`, en revanche l'instruction `break` vous posera peut-être problème, je vous invite donc à essayer le code sans cette instruction.

Vous commencez à comprendre le problème ? Sans l'instruction `break` vous exécutez tout le code contenu dans le `switch` à partir du `case` que vous avez choisi. Ainsi, si vous choisissez le tiroir n ° 2 c'est comme si vous exécutiez ce code :

```
alert('Contient du matériel informatique : des câbles, des
```

```
composants, etc.');
alert('Ah ? Ce tiroir est fermé à clé ! Dommage !');
alert('Contient des vêtements : des chemises, des pantalons, etc.');
alert("Info du jour : le meuble ne contient que 4 tiroirs et, jusqu'à preuve du contraire, les tiroirs négatifs n'existent pas.");
```

Dans certains cas, ce système peut être pratique mais cela reste extrêmement rare.

Avant de clore cette partie, il est nécessaire de vous faire comprendre un point essentiel : un `switch` permet de faire une action en fonction d'une valeur mais aussi **en fonction du type de la valeur** (comme l'opérateur ===), ce qui veut dire que ce code n'affichera jamais « Bravo ! » :

```
var drawer = prompt('Entrez la valeur 1 :');

switch (drawer) {
    case 1:
        alert('Bravo !');
    break;

    default:
        alert('Perdu !');
}
```

En effet, nous avons retiré la fonction `parseInt()` de notre code, ce qui veut dire que nous passons une chaîne de caractères à notre `switch`. Puisque ce dernier vérifie aussi les types des valeurs, le message « Bravo ! » ne sera jamais affiché.

En revanche, si nous modifions notre premier `case` pour vérifier une chaîne de caractères plutôt qu'un nombre alors nous n'avons aucun problème :

```
var drawer = prompt('Entrez la valeur 1 :');

switch (drawer) {
    case '1':
        alert('Bravo !');
    break;

    default:
        alert('Perdu !');
}
```

Les ternaires

Et voici enfin le dernier type de condition, les **ternaires**. Vous allez voir qu'elles sont très particulières, tout d'abord parce qu'elles sont très rapides à écrire (mais peu lisibles) et surtout parce qu'elles renvoient une valeur.

Pour que vous puissiez bien comprendre dans quel cas de figure vous pouvez utiliser les ternaires, nous allons commencer par un petit exemple avec la condition `if else` :

```
var startMessage = 'Votre catégorie : ',
    endMessage,
    adult = confirm('« tes-vous majeur ?');

if (adult) { // La variable « adult » contient un booléen, on peut donc directement la soumettre à la structure if sans opérateur conditionnel
    endMessage = '18+';
} else {
    endMessage = '-18';
}

alert(startMessage + endMessage);
```

▷ Essayer ce code
Code web : 542758

Comme vous pouvez le constater, le code est plutôt long pour un résultat assez moindre. Avec les ternaires vous pouvez vous permettre de simplifier votre code de façon substantielle :

```
1 var startMessage = 'Votre catégorie : ',
2     endMessage,
3     adult = confirm('« tes-vous majeur ?');
4
5 endMessage = adult ? '18+' : '-18';
6
7 alert(startMessage + endMessage);
```

Alors comment fonctionnent les ternaires ? Pour le comprendre il faut regarder la ligne 5 du code précédent : `endMessage = adult? '18+' : '-18';` Si l'on décompose cette ligne on peut voir :

- La variable `endMessage` qui va accueillir le résultat de la ternaire ;
- La variable `adult` qui va être analysée par la ternaire ;
- Un point d'interrogation suivi d'une valeur (un nombre, du texte, etc.) ;
- Deux points suivis d'une deuxième valeur et enfin le point-virgule marquant la fin de la ligne d'instructions.

Le fonctionnement est simple : si la variable `adult` vaut `true` alors la valeur retournée par la ternaire sera celle écrite juste après le point d'interrogation, si elle vaut `false` alors la valeur retournée sera celle après les deux points.

Pas très compliqué n'est-ce pas ? Les ternaires sont des conditions très simples et rapides à écrire, mais elles ont la mauvaise réputation d'être assez peu lisibles (on ne les remarque pas facilement dans un code de plusieurs lignes). Beaucoup de personnes en déconseillent l'utilisation, pour notre part nous vous conseillons plutôt de vous en servir car elles sont très utiles. Si vous épurez bien votre code les ternaires seront facilement visibles, ce qu'il vous faut éviter ce sont des codes de ce style :

```
alert('Votre catégorie : ' + (confirm('«tes-vous majeur ?') ? '
    18+' : '-18'));
```

Impressionnant n'est-ce pas ? Notre code initial faisait onze lignes et maintenant tout est condensé en une seule ligne. Toutefois, il faut reconnaître que c'est très peu lisible. Les ternaires sont très utiles pour raccourcir des codes mais il ne faut pas pousser leurs capacités à leur paroxysme ou bien vous vous retrouverez avec un code que vous ne saurez plus lire vous-même.

Bref, les ternaires c'est bon, mangez-en ! Mais pas jusqu'à l'indigestion !

Les conditions sur les variables

Le Javascript est un langage assez particulier dans sa syntaxe, vous vous en rendrez compte par la suite si vous connaissez déjà un autre langage plus « conventionnel ». Le cas particulier que nous allons étudier ici concerne le test des variables : il est possible de tester si une variable possède une valeur sans même utiliser l'instruction `typeof` !

Tester l'existence de contenu d'une variable

Pour tester l'existence de contenu d'une variable, il faut tout d'abord savoir que tout se joue au niveau de la conversion des types. Vous savez que les variables peuvent être de plusieurs types : les nombres, les chaînes de caractères, etc. Eh bien ici nous allons découvrir que le type d'une variable (quel qu'il soit) peut être converti en booléen même si à la base on possède un nombre ou une chaîne de caractères.

Voici un exemple simple :

```
var conditionTest = 'Fonctionnera ? Fonctionnera pas ?';

if (conditionTest) {
    alert('Fonctionne !');
} else {
    alert('Ne fonctionne pas !');
}
```

▷ Essayer ce code
Code web : 381045

Le code nous affiche le texte « Fonctionne ! ». Pourquoi ? Tout simplement parce que la variable `conditionTest` a été convertie en booléen et que son contenu est évalué comme étant vrai (`true`).

Qu'est-ce qu'un contenu vrai ou faux ? Eh bien, il suffit simplement de lister les contenus faux pour le savoir : un nombre qui vaut zéro ou bien une chaîne de caractères vide. C'est tout, ces deux cas sont les seuls à être évalués comme étant à `false`. Bon, après il est possible d'évaluer des attributs, des méthodes, des objets, etc. Seulement, vous verrez cela plus tard.

Bien entendu, la valeur `undefined` est aussi évaluée à `false`.

Le cas de l'opérateur OU

Encore un cas à part : l'opérateur OU ! Celui-ci, en plus de sa fonction principale, permet de renvoyer la première variable possédant une valeur évaluée à `true` ! Exemple :

```
var conditionTest1 = '', conditionTest2 = 'Une chaîne de caractères';

alert(conditionTest1 || conditionTest2);
```

▷ Essayer ce code
Code web : 671645

Au final, ce code nous retourne la valeur « Une chaîne de caractères ». Pourquoi ? Eh bien parce que l'opérateur OU va se charger de retourner la valeur de la première variable dont le contenu est évalué à `true`. Ceci est extrêmement pratique ! Tâchez de bien vous en rappeler car nous allons nous en resservir fréquemment !

Un petit exercice pour la forme !

Bien, maintenant que vous avez appris à vous servir des conditions, il serait intéressant de faire un petit exercice pour que vous puissiez vous entraîner.

Présentation de l'exercice

Qu'est-ce que l'on va essayer de faire ? Quelque chose de tout simple : fournir un commentaire selon l'âge de la personne. Vous devez fournir un commentaire sur quatre tranches d'âge différentes qui sont les suivantes :

Tranche d'âge	Exemple de commentaire
1 à 17 ans	« Vous n'êtes pas encore majeur. »
18 à 49 ans	« Vous êtes majeur mais pas encore senior. »
50 à 59 ans	« Vous êtes senior mais pas encore retraité. »
60 à 120 ans	« Vous êtes retraité, profitez de votre temps libre ! »

Le déroulement du code sera le suivant :

- L'utilisateur charge la page Web ;
- Il est ensuite invité à taper son âge dans une fenêtre d'interaction ;
- Une fois l'âge fourni l'utilisateur obtient un petit commentaire.

L'intérêt de cet exercice n'est pas spécialement de sortir un commentaire pour chaque tranche d'âge, mais surtout que vous cherchiez à utiliser la structure conditionnelle la plus adaptée et que vous puissiez préparer votre code à toutes les éventualités.

Correction

Et voici la correction :

```
var age = parseInt(prompt('Quel est votre âge ?')); // Ne pas oublier : il faut "parser" (cela consiste à analyser) la valeur renvoyée par prompt() pour avoir un nombre !

if (age <= 0) { // Il faut bien penser au fait que l'utilisateur peut rentrer un âge négatif

    alert("Oh vraiment ? Vous avez moins d'un an ? C'est pas très crédible =p");

} else if (1 <= age && age < 18) {

    alert("Vous n'êtes pas encore majeur.");

} else if (18 <= age && age < 50) {

    alert('Vous êtes majeur mais pas encore senior.');

} else if (50 <= age && age < 60) {

    alert('Vous êtes senior mais pas encore retraité.');

} else if (60 <= age && age <= 120) {

    alert('Vous êtes retraité, profitez de votre temps libre !');

} else if (age > 120) { // Ne pas oublier les plus de 120 ans, ils n'existent probablement pas mais on le met dans le doute

    alert("Plus de 120 ans ?!! C'est possible ça ?!");

} else { // Si prompt() contient autre chose que les intervalles de nombres ci-dessus alors l'utilisateur a écrit n'importe quoi

    alert("Vous n'avez pas entré d'âge !");

}
```

▷ Copier ce code
Code web : 873873

Alors, est-ce que vous aviez bien pensé à toutes les éventualités ? J'ai un doute pour la condition de la structure `else` ! En effet, l'utilisateur peut choisir de ne pas rentrer un nombre mais un mot ou une phrase quelconque, dans ce cas la fonction `parseInt()` ne va pas réussir à trouver de nombre et va donc renvoyer la valeur `NaN` (évaluée à `false`) qui signifie **Not a Number**. Nos différentes conditions ne se vérifieront donc pas et la structure `else` sera finalement exécutée, avertissant ainsi l'utilisateur qu'il n'a pas entré de nombre.

Pour ceux qui ont choisi d'utiliser les ternaires ou les `switch`, nous vous conseillons de relire un peu ce chapitre car ils ne sont clairement pas adaptés à ce type d'utilisation.

En résumé

- Une condition retourne une valeur booléenne : `true` ou `false`.
- De nombreux opérateurs existent afin de tester des conditions et ils peuvent être combinés entre eux.
- La condition `if else` est la plus utilisée et permet de combiner les conditions.
- Quand il s'agit de tester une égalité entre une multitude de valeurs, la condition `switch` est préférable.
- Les ternaires sont un moyen concis d'écrire des conditions `if else` et ont l'avantage de retourner une valeur.

Chapitre 5

Les boucles

Difficulté :

Les programmeurs sont réputés pour être des gens fainéants, ce qui n'est pas totalement faux puisque le but de la programmation est de faire exécuter des choses à un ordinateur, pour ne pas les faire nous-mêmes. Ce chapitre va mettre en lumière ce comportement intéressant : nous allons en effet voir comment répéter des actions, pour ne pas écrire plusieurs fois les mêmes instructions. Mais avant ça, nous allons aborder le sujet de l'incrémentation.

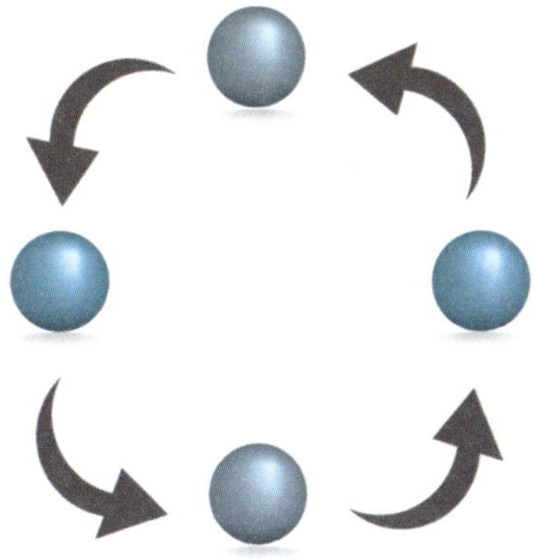

L'incrémentation

Considérons le calcul suivant :

```
var number = 0;

number = number + 1;
```

La variable `number` contient donc la valeur 1. Seulement l'instruction pour ajouter 1 est assez lourde à écrire et souvenez-vous, nous sommes des fainéants. Le Javascript, comme d'autres langages de programmation, permet ce que l'on appelle l'**incrémentation**, ainsi que son contraire, la **décrémentation**.

Le fonctionnement

L'incrémentation permet d'ajouter une unité à un nombre au moyen d'une syntaxe courte. À l'inverse, la décrémentation permet de soustraire une unité.

```
var number = 0;

number++;
alert(number); // Affiche : « 1 »

number--;
alert(number); // Affiche : « 0 »
```

Il s'agit donc d'une méthode assez rapide pour ajouter ou soustraire une unité à une variable (on dit **incrémenter** et **décrémenter**), et cela nous sera particulièrement utile tout au long de ce chapitre.

L'ordre des opérateurs

Il existe deux manières d'utiliser l'incrémentation en fonction de la position de l'opérateur ++ (ou --). On a vu qu'il pouvait se placer après la variable, mais il peut aussi se placer avant. Petit exemple :

```
var number_1 = 0;
var number_2 = 0;

number_1++;
++number_2;

alert(number_1); // Affiche : « 1 »
alert(number_2); // Affiche : « 1 »
```

`number_1` et `number_2` ont tous deux été incrémentés. Quelle est donc la différence entre les deux procédés ?

La différence réside en fait dans la priorité de l'opération, et ça a de l'importance si vous voulez récupérer le résultat de l'incrémentation. Dans l'exemple suivant, `++number` retourne la valeur de `number` incrémentée, c'est-à-dire 1.

```
var number = 0;
var output = ++number;

alert(number); // Affiche : « 1 »
alert(output); // Affiche : « 1 »
```

Maintenant, si on place l'opérateur après la variable à incrémenter, l'opération retourne la valeur de `number` avant qu'elle ne soit incrémentée :

```
var number = 0;
var output = number++;

alert(number); // Affiche : « 1 »
alert(output); // Affiche : « 0 »
```

Ici donc, l'opération `number++` a retourné la valeur de `number` non incrémentée.

La boucle while

Une boucle est une structure analogue aux structures conditionnelles vues dans le chapitre précédent sauf qu'ici il s'agit de répéter une série d'instructions. La répétition se fait jusqu'à ce qu'on dise à la boucle de s'arrêter. À chaque fois que la boucle se répète on parle d'**itération** (qui est en fait un synonyme de répétition). La figure 5.1 représente le fonctionnement de la boucle `while`.

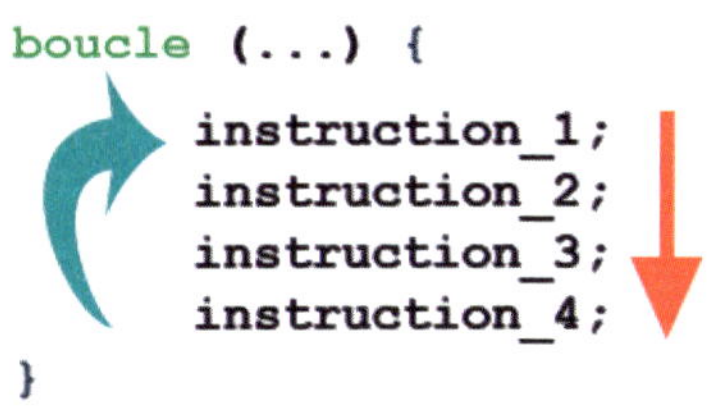

FIGURE 5.1 – Fonctionnement de la boucle `while`

Pour faire fonctionner une boucle, il est nécessaire de définir une condition. Tant que celle-ci est vraie (`true`), la boucle se répète. Dès que la condition est fausse (`false`), la boucle s'arrête.

Voici un exemple de la syntaxe d'une boucle `while` :

```
while (condition) {
    instruction_1;
    instruction_2;
    instruction_3;
```

```
}
```

Répéter tant que...

La boucle `while` se répète tant que la condition est validée. Cela veut donc dire qu'il faut s'arranger, à un moment, pour que la condition ne soit plus vraie, sinon la boucle se répéterait à l'infini, ce qui serait fâcheux.

En guise d'exemple, on va incrémenter un nombre, qui vaut 1, jusqu'à ce qu'il vaille 10 :

```
var number = 1;

while (number < 10) {
    number++;
}

alert(number); // Affiche : « 10 »
```

Au départ, `number` vaut 1. Arrive ensuite la boucle qui va demander si `number` est strictement plus petit que 10. Comme c'est vrai, la boucle est exécutée, et `number` est incrémenté. À chaque fois que les instructions présentes dans la boucle sont exécutées, la condition de la boucle est réévaluée pour savoir s'il faut réexécuter la boucle ou non. Dans cet exemple, la boucle se répète jusqu'à ce que `number` soit égal à 10. Si `number` vaut 10, la condition `number < 10` est fausse, et la boucle s'arrête. Quand la boucle s'arrête, les instructions qui suivent la boucle (la fonction `alert()` dans notre exemple) sont exécutées normalement.

Exemple pratique

Imaginons un petit script qui va demander à l'internaute son prénom, ainsi que les prénoms de ses frères et sœurs. Ce n'est pas compliqué à faire direz-vous, puisqu'il s'agit d'afficher une boîte de dialogue à l'aide de `prompt()` pour chaque prénom. Seulement, comment savoir à l'avance le nombre de frères et sœurs ?

Nous allons utiliser une boucle `while`, qui va demander, à chaque passage dans la boucle, un prénom supplémentaire. La boucle ne s'arrêtera que lorsque l'utilisateur choisira de ne plus entrer de prénom.

```
var nicks = '', nick,
    proceed = true;

while (proceed) {
    nick = prompt('Entrez un prénom :');

    if (nick) {
        nicks += nick + ' '; // Ajoute le nouveau prénom ainsi
            qu'une espace juste après
```

```
    } else {
        proceed = false; // Aucun prénom n'a été entré, donc on
            fait en sorte d'invalider la condition
    }
}

alert(nicks); // Affiche les prénoms à la suite
```

▷ Essayer ce code
Code web : 870958

La variable `proceed` est ce qu'on appelle une **variable témoin**, ou bien une **variable de boucle**. C'est une variable qui n'intervient pas directement dans les instructions de la boucle mais qui sert juste pour tester la condition. Nous avons choisi de la nommer `proceed`, qui veut dire « poursuivre » en anglais.

À chaque passage dans la boucle, un prénom est demandé et sauvé temporairement dans la variable `nick`. On effectue alors un test sur `nick` pour savoir si elle contient quelque chose, et dans ce cas, on ajoute le prénom à la variable `nicks`. Remarquez que j'ajoute aussi une simple espace, pour séparer les prénoms. Si par contre `nick` contient la valeur `null` — ce qui veut dire que l'utilisateur n'a pas entré de prénom ou a cliqué sur `Annuler` — on change la valeur de `proceed` en `false`, ce qui invalidera la condition, et cela empêchera la boucle de refaire une itération.

Quelques améliorations

Utilisation de `break`

Dans l'exemple des prénoms, nous utilisons une variable de boucle pour pouvoir arrêter la boucle. Cependant, il existe un mot-clé pour arrêter la boucle d'un seul coup. Ce mot-clé est `break`, et il s'utilise exactement comme dans la structure conditionnelle `switch`, vue au chapitre précédent. Si l'on reprend l'exemple, voici ce que ça donne avec un `break` :

```
var nicks = '', nick;

while (true) {
    nick = prompt('Entrez un prénom :');

    if (nick) {
        nicks += nick + ' '; // Ajoute le nouveau prénom ainsi
            qu'une espace juste après
    } else {
        break; // On quitte la boucle
    }
}

alert(nicks); // Affiche les prénoms à la suite
```

▷ Essayer ce code
Code web : 972914

Utilisation de `continue`

Cette instruction est plus rare, car les opportunités de l'utiliser ne sont pas toujours fréquentes. `continue`, un peu comme `break`, permet de mettre fin à une itération, mais attention, elle ne provoque pas la fin de la boucle : l'itération en cours est stoppée, et la boucle passe à l'itération suivante.

La boucle do while

La boucle `do while` ressemble très fortement à la boucle `while`, sauf que dans ce cas la boucle est toujours exécutée au moins une fois. Dans le cas d'une boucle `while`, si la condition n'est pas valide, la boucle n'est pas exécutée. Avec `do while`, la boucle est exécutée une première fois, puis la condition est testée pour savoir si la boucle doit continuer.

Voici la syntaxe d'une boucle `do while` :

```
do {
    instruction_1;
    instruction_2;
    instruction_3;
} while (condition);
```

On note donc une différence fondamentale dans l'écriture par rapport à la boucle `while`, ce qui permet de bien faire la différence entre les deux. Cela dit, l'utilisation des boucles `do while` n'est pas très fréquente, et il est fort possible que vous n'en ayez jamais l'utilité car généralement les programmeurs utilisent une boucle `while` normale, avec une condition qui fait que celle-ci est toujours exécutée une fois.

Attention à la syntaxe de la boucle `do while` : il y a un point-virgule après la parenthèse fermante du `while` !

La boucle for

La boucle `for` ressemble dans son fonctionnement à la boucle `while`, mais son architecture paraît compliquée au premier abord. La boucle `for` est en réalité une boucle qui fonctionne assez simplement, mais qui semble très complexe pour les débutants en raison de sa syntaxe. Une fois que cette boucle est maîtrisée, il y a fort à parier que c'est celle-ci que vous utiliserez le plus souvent.

Le schéma d'une boucle `for` est le suivant :

```
for (initialisation; condition; incrémentation) {
    instruction_1;
    instruction_2;
    instruction_3;
}
```

Dans les parenthèses de la boucle ne se trouve plus juste la condition, mais trois blocs : **initialisation**, **condition**, et **incrémentation**. Ces trois blocs sont séparés par un point-virgule ; c'est un peu comme si les parenthèses contenaient trois instructions distinctes.

`for`, la boucle conçue pour l'incrémentation

La boucle `for` possède donc trois blocs qui la définissent. Le troisième est le bloc d'**incrémentation** qu'on va utiliser pour incrémenter une variable à chaque itération de la boucle. De ce fait, la boucle `for` est très pratique pour compter ainsi que pour répéter la boucle un nombre défini de fois.

Dans l'exemple suivant, on va afficher cinq fois une boîte de dialogue à l'aide de `alert()`, qui affichera le numéro de chaque itération :

```
for (var iter = 0; iter < 5; iter++) {
    alert('Itération n°' + iter);
}
```

Dans le premier bloc, l'**initialisation**, on initialise une variable appelée `iter` qui vaut 0 ; le mot-clé `var` est requis, comme pour toute initialisation. On définit dans la **condition** que la boucle continue tant qu'`iter` est strictement inférieure à 5. Enfin, dans le bloc d'**incrémentation**, on indique qu'`iter` sera incrémentée à chaque itération terminée.

Mais il ne m'affiche que « Itération n°4 » à la fin, il n'y a pas d'itération n°5 ?

C'est tout à fait normal, ce pour deux raisons : le premier tour de boucle porte l'indice 0, donc si on compte de 0 à 4, il y a bien 5 tours : 0, 1, 2, 3 et 4. Ensuite, l'incrémentation n'a pas lieu avant chaque itération, mais à la fin de chaque itération. Donc, le tout premier tour de boucle est fait avec `iter` qui vaut 0, avant d'être incrémenté.

Reprenons notre exemple

Avec les quelques points de théorie que nous venons de voir, nous pouvons réécrire notre exemple des prénoms, tout en montrant qu'une boucle `for` peut être utilisée sans le comptage :

```
for (var nicks = '', nick; true;) {
    nick = prompt('Entrez un prénom :');
```

```

    if (nick) {
        nicks += nick + ' ';
    } else {
        break;
    }
}

alert(nicks);
```

▷ Essayer ce code
Code web : 739012

Dans le bloc d'**initialisation** (le premier), on commence par initialiser nos deux variables. Vient alors le bloc avec la **condition** (le deuxième), qui vaut simplement `true`. On termine par le bloc d'**incrémentation** et… il n'y en a pas besoin ici, puisqu'il n'y a pas besoin d'incrémenter. On le fera pour un autre exemple juste après. Ce troisième bloc est vide, mais existe. C'est pour cela que l'on doit quand même mettre le point-virgule après le deuxième bloc (la condition).

Maintenant, modifions la boucle de manière à compter combien de prénoms ont été enregistrés. Pour ce faire, nous allons créer une variable de boucle, nommée `i`, qui sera incrémentée à chaque passage de boucle.

Les variables de boucles `for` sont généralement nommées `i`. Si une boucle se trouve dans une autre boucle, la variable de cette boucle sera nommée `j`, puis `k` et ainsi de suite. C'est une sorte de convention implicite, que l'on retrouve dans la majorité des langages de programmation.

```
for (var i = 0, nicks = '', nick; true; i++) {
    nick = prompt('Entrez un prénom :');

    if (nick) {
        nicks += nick + ' ';
    } else {
        break;
    }
}

alert('Il y a ' + i + ' prénoms :\n\n' + nicks);
```

▷ Essayer ce code
Code web : 990972

La variable de boucle a été ajoutée dans le bloc d'initialisation. Le bloc d'incrémentation a lui aussi été modifié : on indique qu'il faut incrémenter la variable de boucle `i`. Ainsi, à chaque passage dans la boucle, `i` est incrémentée, ce qui va nous permettre de compter assez facilement le nombre de prénoms ajoutés.

Les deux caractères « \n » sont là pour faire des sauts de ligne. Un « \n » permet de faire un saut de ligne, donc dans le code précédent nous faisons deux sauts de ligne.

Portée des variables de boucle

En Javascript, il est déconseillé de déclarer des variables au sein d'une boucle (entre les accolades), pour des soucis de performance (vitesse d'exécution) et de logique : il n'y a en effet pas besoin de déclarer une même variable à chaque passage dans la boucle ! Il est conseillé de déclarer les variables directement dans le bloc d'**initialisation**, comme montré dans les exemples de ce cours. Mais attention : une fois que la boucle est exécutée, la variable existe toujours, ce qui explique que dans l'exemple précédent on puisse récupérer la valeur de `i` une fois la boucle terminée. Ce comportement est différent de celui de nombreux autres langages, dans lesquels une variable déclarée dans une boucle est « détruite » une fois la boucle exécutée.

Priorité d'exécution

Les trois blocs qui constituent la boucle `for` ne sont pas exécutés en même temps :

- **Initialisation** : juste avant que la boucle ne démarre. C'est comme si les instructions d'initialisation avaient été écrites juste avant la boucle, un peu comme pour une boucle `while` ;
- **Condition** : avant chaque passage de boucle, exactement comme la condition d'une boucle `while` ;
- **Incrémentation** : après chaque passage de boucle. Cela veut dire que, si vous faites un `break` dans une boucle `for`, le passage dans la boucle lors du `break` ne sera pas comptabilisé.

La boucle `for` est très utilisée en Javascript, bien plus que la boucle `while`, contrairement à d'autres langages de programmation. Comme nous le verrons par la suite, le fonctionnement même du Javascript fait que la boucle `for` est nécessaire dans la majorité des cas comme la manipulation des tableaux ainsi que des objets. Ce sera vu plus tard. Nous verrons aussi une variante de la boucle `for`, appelée `for in`, mais que nous ne pouvons aborder maintenant car elle ne s'utilise que dans certains cas spécifiques.

En résumé

- L'incrémentation est importante au sein des boucles. Incrémenter ou décrémenter signifie ajouter ou soustraire une unité à une variable. Le comportement d'un opérateur d'incrémentation est différent s'il se place avant ou après la variable.
- La boucle `while` permet de répéter une liste d'instructions tant que la condition est vérifiée.
- La boucle `do while` est une variante de `while` qui sera exécutée au moins une fois, peu importe la condition.

- La boucle `for` est une boucle utilisée pour répéter une liste d'instructions un certain nombre de fois. C'est donc une variante très ciblée de la boucle `while`.

Chapitre 6

Les fonctions

Difficulté :

Voici un chapitre très important, tant par sa longueur que par les connaissances qu'il permet d'acquérir ! Vous allez y découvrir ce que sont exactement les fonctions et comment en créer vous-mêmes. Tout y passera, vous saurez gérer vos variables dans les fonctions, utiliser des arguments, retourner des valeurs, créer des fonctions dites « anonymes », bref, tout ce qu'il vous faut pour faire des fonctions utiles !

Sur ce, nous allons tout de suite commencer, parce qu'il y a du boulot !

Concevoir des fonctions

Dans les chapitres précédents vous avez découvert quatre fonctions : `alert()`, `prompt()`, `confirm()` et `parseInt()`. En les utilisant, vous avez pu constater que chacune de ces fonctions avait pour but de mener à bien une action précise, reconnaissable par un nom explicite (en anglais ça l'est en tous les cas).

Pour faire simple, si l'on devait associer une fonction à un objet de la vie de tous les jours, ce serait le moteur d'une voiture : vous tournez juste la clé pour démarrer le moteur et celui-ci fait déplacer tout son mécanisme pour renvoyer sa force motrice vers les roues. C'est pareil avec une fonction : vous l'appelez en lui passant éventuellement quelques paramètres, elle va ensuite exécuter le code qu'elle contient puis va renvoyer un résultat en sortie.

Le plus gros avantage d'une fonction est que vous pouvez exécuter un code assez long et complexe juste en appelant la fonction le contenant. Cela réduit considérablement votre code et le simplifie d'autant plus ! Seulement, vous êtes bien limités en utilisant seulement les fonctions natives du Javascript. C'est pourquoi il vous est possible de créer vos propres fonctions, c'est ce que nous allons étudier tout au long de ce chapitre.

Quand on parle de fonction ou variable native, il s'agit d'un élément déjà intégré au langage que vous utilisez. Ainsi, l'utilisation des fonctions `alert()`, `prompt()`, `confirm()`, etc. est permise car elles existent déjà de façon native.

Créer sa première fonction

On ne va pas y aller par quatre chemins, voici comment écrire une fonction :

```
function myFunction(arguments) {
    // Le code que la fonction va devoir exécuter
}
```

Décortiquons un peu tout ça et analysons un peu ce que nous pouvons lire dans ce code :

- Le mot-clé `function` est présent à chaque déclaration de fonction. C'est lui qui permet de dire « Voilà, j'écris ici une fonction ! » ;
- Vient ensuite le nom de votre fonction, ici `myFunction` ;
- S'ensuit un couple de parenthèses contenant ce que l'on appelle des **arguments**. Ces arguments servent à fournir des informations à la fonction lors de son exécution. Par exemple, avec la fonction `alert()` quand vous lui passez en paramètre ce que vous voulez afficher à l'écran ;
- Et vient enfin un couple d'accolades contenant le code que votre fonction devra exécuter.

Il est important de préciser que tout code écrit dans une fonction ne s'exécutera que si vous **appelez** cette dernière (« appeler une fonction » signifie « exécuter »). Sans ça, le code qu'elle contient ne s'exécutera jamais.

Bien entendu, tout comme les variables, les noms de fonctions sont limités aux caractères alphanumériques (dont les chiffres) et aux deux caractères suivants : _ et $.

Bien, maintenant que vous connaissez un peu le principe d'une fonction, voici un petit exemple :

```
function showMsg() {
    alert('Et une première fonction, une !');
}

showMsg(); // On exécute ici le code contenu dans la fonction
```

Dans ce code nous pouvons voir la déclaration d'une fonction `showMsg()` qui exécute elle-même une autre fonction qui n'est autre que `alert()` avec un message prédéfini. Bien sûr, tout code écrit dans une fonction ne s'exécute pas immédiatement, sinon l'intérêt serait nul. C'est pourquoi à la fin du code on appelle la fonction afin de l'exécuter, ce qui nous affiche le message souhaité.

Un exemple concret

Comme nous le disions plus haut, l'intérêt d'une fonction réside notamment dans le fait de ne pas avoir à réécrire plusieurs fois le même code. Nous allons ici étudier un cas intéressant où l'utilisation d'une fonction va se révéler utile :

```
var result;

result = parseInt(prompt('Donnez le nombre à multiplier par 2 :
    '));
alert(result * 2);

result = parseInt(prompt('Donnez le nombre à multiplier par 2 :
    '));
alert(result * 2);
```

Comme vous pouvez le constater, nous avons écrit ici exactement deux fois le même code, ce qui nous donne un résultat peu efficace. Nous pouvons envisager d'utiliser une boucle mais si nous voulons afficher un texte entre les deux opérations comme ceci alors la boucle devient inutilisable :

```
var result;

result = parseInt(prompt('Donnez le nombre à multiplier par 2 :
    '));
alert(result * 2);

alert('Vous en êtes à la moitié !');

result = parseInt(prompt('Donnez le nombre à multiplier par 2 :
    '));
```

```
alert(result * 2);
```

Notre solution, ici, est donc de faire appel au système des fonctions de cette façon :

```
function byTwo() {
    var result = parseInt(prompt('Donnez le nombre à multiplier
        par 2 :'));
    alert(result * 2);
}

byTwo();

alert('Vous en êtes à la moitié !');

byTwo();
```

Concrètement, qu'est-ce qui a changé ? Eh bien, tout d'abord, nous avons créé une fonction qui contient le code à exécuter deux fois (ou autant de fois qu'on le souhaite). Ensuite, nous faisons la déclaration de notre variable `result` directement dans notre fonction (oui, c'est possible, vous allez obtenir de plus amples explications d'ici peu) et surtout nous appelons deux fois notre fonction plutôt que de réécrire le code qu'elle contient.

Voilà l'utilité basique des fonctions : éviter la répétition d'un code. Mais leur utilisation peut être largement plus poussée, continuons donc sur notre lancée !

La portée des variables

Bien, vous savez créer une fonction basique mais pour le moment vous ne pouvez rien faire de bien transcendant. Pour commencer à faire des fonctions vraiment utiles il vous faut apprendre à utiliser les arguments et les valeurs de retour mais nous allons tout d'abord devoir passer par une étude barbante des fonctions :

La portée des variables

Derrière ce titre se cache un concept assez simple à comprendre mais pas forcément simple à mettre en pratique car il est facile d'être induit en erreur si on ne fait pas attention. Tout d'abord, nous allons commencer par faire un constat assez flagrant à l'aide de deux exemples :

```
var ohai = 'Hello world !';

function sayHello() {
    alert(ohai);
}

sayHello();
```

Ici, pas de problème, on déclare une variable dans laquelle on stocke du texte puis on crée une fonction qui se charge de l'afficher à l'écran et enfin on exécute cette dernière. Maintenant, nous allons légèrement modifier l'ordre des instructions mais l'effet devrait normalement rester le même :

```
function sayHello() {
    var ohai = 'Hello world !';
}

sayHello();

alert(ohai);
```

Alors ? Aucun résultat ? Ce n'est pas surprenant ! Il s'est produit ce que l'on appelle une erreur : en clair, le code s'est arrêté car il n'est pas capable d'exécuter ce que vous lui avez demandé. L'erreur en question (nous allons revenir sur l'affichage de cette erreur dans un instant) nous indique que la variable `ohai` n'existe pas au moment de son affichage avec la fonction `alert()` alors que nous avons pourtant bien déclaré cette variable dans la fonction `sayHello()`.

Et si je déclare la variable `ohai` en-dehors de la fonction ?

Là, ça fonctionnera ! Voilà tout le concept de la portée des variables : **toute variable déclarée dans une fonction n'est utilisable que dans cette même fonction** ! Ces variables spécifiques à une seule fonction ont un nom : les **variables locales**.

Comme je vous le disais, une erreur s'est déclenchée, mais comment avons-nous pu le savoir ? Nous avons en fait utilisé ce qui s'appelle un débogueur ! Un chapitre est consacré à cela dans la partie annexe de ce livre, à la page 459. Il est vivement conseillé de le lire.

Les variables globales

À l'inverse des variables locales, celles déclarées en-dehors d'une fonction sont nommées les **variables globales** car elles sont accessibles partout dans votre code, y compris à l'intérieur de vos fonctions.

À ce propos, qu'est-ce qui se produirait si je créais une variable globale nommée `message` et une variable locale du même nom ? Essayons !

```
var message = 'Ici la variable globale !';

function showMsg() {
    var message = 'Ici la variable locale !';
    alert(message);
}
```

```

showMsg();

alert(message);
```

Comme vous pouvez le constater, quand on exécute la fonction, la variable locale prend le dessus sur la variable globale de même nom pendant tout le temps de l'exécution de la fonction. Mais une fois la fonction terminée (et donc, la variable locale détruite) c'est la variable globale qui reprend ses droits. Il existe une solution pour utiliser la variable globale dans une fonction malgré la création d'une variable locale de même nom, mais nous étudierons cela bien plus tard car ce n'est actuellement pas de votre niveau.

À noter que, dans l'ensemble, il est plutôt déconseillé de créer des variables globales et locales de même nom, cela est souvent source de confusion.

Les variables globales ? Avec modération !

Maintenant que vous savez faire la différence entre les variables globales et locales, il vous faut savoir quand est-ce qu'il est bon d'utiliser l'une ou l'autre. Car malgré le sens pratique des variables globales (vu qu'elles sont accessibles partout) elles sont parfois à proscrire car elles peuvent rapidement vous perdre dans votre code (et engendrer des problèmes si vous souhaitez partager votre code, mais vous découvrirez cela par vous-même). Voici un exemple de ce qu'il ne faut pas faire :

```
var var1 = 2, var2 = 3;

function calculate() {
    alert(var1 * var2); // Affiche : « 6 » (sans blague ?!)
}

calculate();
```

Dans ce code, vous pouvez voir que les variables `var1` et `var2` ne sont utilisées que pour la fonction `calculate()` et pour rien d'autre, or ce sont ici des variables globales. Par principe, cette façon de faire est stupide : vu que ces variables ne servent qu'à la fonction `calculate()`, autant les déclarer dans la fonction de la manière suivante :

```
function calculate() {
    var var1 = 2, var2 = 3;
    alert(var1 * var2);
}

calculate();
```

Ainsi, ces variables n'iront pas interférer avec d'autres fonctions qui peuvent utiliser des variables de même nom. Et surtout, cela reste quand même plus logique !

Juste un petit avertissement : beaucoup de personnes râlent sous prétexte que certains codes contiennent des variables globales. Les variables globales **ne sont pas** un mal, elles peuvent être utiles dans certains cas, il suffit juste de savoir s'en servir à bon escient. Et pour que vous arriviez à vous en servir correctement, il vous faut pratiquer.

Bien, vous avez terminé la partie concernant la portée des variables. Faites bien attention ! Cela peut vous paraître simple au premier abord mais il est facile de se faire piéger, je vous conseille de faire tous les tests qui vous passent par la tête afin de bien explorer toutes les possibilités et les éventuels pièges.

Les arguments et les valeurs de retour

Maintenant que vous connaissez le concept de la portée des variables, nous allons pouvoir aborder les arguments et les valeurs de retour. Ils permettent de faire communiquer vos fonctions avec le reste de votre code. Ainsi, les arguments permettent d'envoyer des informations à votre fonction tandis que les valeurs de retour représentent tout ce qui est retourné par votre fonction une fois que celle-ci a fini de travailler.

Les arguments

Créer et utiliser un argument

Comme nous venons de le dire, les arguments sont des informations envoyées à une fonction. Ces informations peuvent servir à beaucoup de choses, libre à vous de les utiliser comme vous le souhaitez. D'ailleurs, il vous est déjà arrivé d'envoyer des arguments à certaines fonctions, par exemple avec la fonction `alert()` :

```
// Voici la fonction alert sans argument, elle n'affiche rien :
    alert();

 // Et avec un argument, elle affiche ce que vous lui envoyez :
    alert('Mon message à afficher');
```

Selon les fonctions, vous n'aurez parfois pas besoin de spécifier d'arguments, parfois il vous faudra en spécifier un, voire plusieurs. Il existe aussi des arguments facultatifs que vous n'êtes pas obligés de spécifier.

Pour créer une fonction avec un argument, il vous suffit d'écrire de la façon suivante :

```
function myFunction (arg) { // Vous pouvez mettre une espace
    entre le nom de la fonction et la parenthèse ouvrante si
    vous le souhaitez, la syntaxe est libre !
    // Votre code...
}
```

Ainsi, si vous passez un argument à cette même fonction, vous retrouverez dans la variable `arg` ce qui a été passé en paramètre. Exemple :

```
function myFunction(arg) { // Notre argument est la variable « arg »
    // Une fois que l'argument a été passé à la fonction, vous allez le retrouver dans la variable « arg »
    alert('Votre argument : ' + arg);
}

myFunction('En voilà un beau test !');
```

Encore mieux ! Puisqu'un argument n'est qu'une simple variable, vous pouvez très bien lui passer ce que vous souhaitez, tel que le texte écrit par un utilisateur :

```
function myFunction(arg) {
    alert('Votre argument : ' + arg);
}

myFunction(prompt('Que souhaitez-vous passer en argument à la fonction ?'));
```

Certains d'entre vous seront peut-être étonnés de voir la fonction `prompt()` s'exécuter avant la fonction `myFunction()`. Ceci est parfaitement normal, faisons un récapitulatif de l'ordre d'exécution de ce code :

- La fonction `myFunction()` est déclarée, son code est donc enregistré en mémoire mais ne s'exécute pas tant qu'on ne l'appelle pas ;
- À la dernière ligne, nous faisons appel à `myFunction()` mais en lui passant un argument, la fonction va donc attendre de recevoir tous les arguments avant de s'exécuter ;
- La fonction `prompt()` s'exécute puis renvoie la valeur entrée par l'utilisateur, ce n'est qu'une fois cette valeur renvoyée que la fonction `myFunction()` va pouvoir s'exécuter car tous les arguments auront enfin été reçus ;
- Enfin, `myFunction()` s'exécute !

Vous l'aurez peut-être constaté mais il nous arrive de dire que nous passons des valeurs en paramètres d'une fonction. Cela veut dire que ces valeurs deviennent les arguments d'une fonction, tout simplement. Ces deux manières de désigner les choses sont couramment utilisées, mieux vaut donc savoir ce qu'elles signifient.

La portée des arguments

Si nous avons étudié dans la partie précédente la portée des variables ce n'est pas pour rien : cette portée s'applique aussi aux arguments. Ainsi, lorsqu'une fonction reçoit un argument, celui-ci est stocké dans une variable dont vous avez choisi le nom lors de la déclaration de la fonction. Voici, en gros, ce qui se passe quand un argument est reçu dans la fonction :

```
function scope(arg) {
```

```
    // Au début de la fonction, la variable « arg » est créée
       avec le contenu de l'argument qui a été passé à la
       fonction

    alert(arg); // Nous pouvons maintenant utiliser l'argument
       comme souhaité : l'afficher, le modifier, etc.

    // Une fois l'exécution de la fonction terminée, toutes les
        variables contenant les arguments sont détruites
}
```

Ce fonctionnement est exactement le même que lorsque vous créez vous-mêmes une variable dans la fonction : elle ne sera accessible **que** dans cette fonction et nulle part ailleurs. Les arguments sont propres à leur fonction, ils ne serviront à aucune autre fonction.

Les arguments multiples

Si votre fonction a besoin de plusieurs arguments pour fonctionner il faudra les écrire de la façon suivante :

```
function moar(first, second) {
    // On peut maintenant utiliser les variables « first » et «
        second » comme on le souhaite :
    alert('Votre premier argument : ' + first);
    alert('Votre deuxième argument : ' + second);
}
```

Comme vous pouvez le constater, les différents arguments sont séparés par une virgule, comme lorsque vous voulez déclarer plusieurs variables avec un seul mot-clé `var` ! Maintenant, pour exécuter notre fonction, il ne nous reste plus qu'à passer les arguments souhaités à notre fonction, de cette manière :

```
moar('Un !', 'Deux !');
```

Bien sûr, nous pouvons toujours faire interagir l'utilisateur sans problème :

```
moar(prompt('Entrez votre premier argument :'), prompt('Entrez
    votre deuxième argument :'));
```

Vous remarquerez d'ailleurs que la lisibilité de la ligne de ce code n'est pas très bonne, nous vous conseillons de modifier la présentation quand le besoin s'en fait ressentir. Pour notre part, nous aurions plutôt tendance à écrire cette ligne de cette manière :

```
moar(
    prompt('Entrez votre premier argument :'),
    prompt('Entrez votre deuxième argument :')
);
```

C'est plus propre, non ?

Les arguments facultatifs

Maintenant, admettons que nous créions une fonction basique pouvant accueillir un argument mais que l'on ne le spécifie pas à l'appel de la fonction, que se passera-t-il ?

```
function optional(arg) {
    alert(arg); // On affiche l'argument non spécifié pour voir ce qu'il contient
}

optional();
```

`undefined`, voilà ce que l'on obtient, et c'est parfaitement normal ! La variable `arg` a été déclarée par la fonction mais pas initialisée car vous ne lui avez pas passé d'argument. Le contenu de cette variable est donc indéfini.

Mais, dans le fond, à quoi peut bien servir un argument facultatif ?

Prenons un exemple concret : imaginez que l'on décide de créer une fonction qui affiche à l'écran une fenêtre demandant d'inscrire quelque chose (comme la fonction `prompt()`). La fonction possède deux arguments : le premier doit contenir le texte à afficher dans la fenêtre, et le deuxième (qui est un booléen) autorise ou non l'utilisateur à quitter la fenêtre sans entrer de texte. Voici la base de la fonction :

```
function prompt2(text, allowCancel) {

    // Le code... que l'on ne créera pas
}
```

L'argument `text` est évidemment obligatoire vu qu'il existe une multitude de possibilités. En revanche, l'argument `allowCancel` est un booléen, il n'y a donc que deux possibilités :

- À `true`, l'utilisateur peut fermer la fenêtre sans entrer de texte ;
- À `false`, l'utilisateur est obligé d'écrire quelque chose avant de pouvoir fermer la fenêtre.

Comme la plupart des développeurs souhaitent généralement que l'utilisateur entre une valeur, on peut considérer que la valeur la plus utilisée sera `false`.

Et c'est là que l'argument facultatif entre en scène ! Un argument facultatif est évidemment facultatif (eh oui !) mais doit généralement posséder une valeur par défaut dans le cas où l'argument n'a pas été rempli, dans notre cas ce sera `false`. Ainsi, on peut donc améliorer notre fonction de la façon suivante :

```
function prompt2(text, allowCancel) {

    if (typeof allowCancel === 'undefined') { // Souvenez-vous de typeof, pour vérifier le type d'une variable
```

```
        allowCancel = false;
    }

    // Le code... que l'on ne créera pas =p
}

prompt2('Entrez quelque chose :'); // On exécute la fonction
    seulement avec le premier argument, pas besoin du deuxième
```

De cette façon, si l'argument n'a pas été spécifié pour la variable `allowCancel` (comme dans cet exemple) on attribue alors la valeur `false` à cette dernière. Bien sûr, les arguments facultatifs ne possèdent pas obligatoirement une valeur par défaut, mais au moins vous saurez comment faire si vous en avez besoin.

Petit piège à éviter : inversons le positionnement des arguments de notre fonction. Le second argument passe en premier et vice-versa. On se retrouve ainsi avec l'argument facultatif en premier et celui obligatoire en second, la première ligne de notre code est donc modifiée de cette façon :

```
function prompt2(allowCancel, text) {
```

Imaginons maintenant que l'utilisateur de votre fonction ne souhaite remplir que l'argument obligatoire, il va donc écrire ceci :

```
prompt2('Le texte');
```

Oui, mais le problème c'est qu'au final son texte va se retrouver dans la variable `allowCancel` au lieu de la variable `text` !

Alors quelle solution existe-t-il donc pour résoudre ce problème ? Aucune ! Vous devez **impérativement** mettre les arguments facultatifs de votre fonction en dernière position, vous n'avez pas le choix.

Les valeurs de retour

Comme leur nom l'indique, nous allons parler ici des valeurs que l'on peut retourner avec une fonction. Souvenez-vous pour les fonctions `prompt()`, `confirm()` et `parseInt()`, chacune d'entre elles renvoyait une valeur que l'on stockait généralement dans une variable. Nous allons donc apprendre à faire exactement la même chose ici mais pour nos propres fonctions.

> Il est tout d'abord important de préciser que les fonctions ne peuvent retourner qu'une seule et unique valeur chacune, pas plus ! Il est possible de contourner légèrement le problème en renvoyant un tableau ou un objet, mais vous étudierez le fonctionnement de ces deux éléments dans les chapitres suivants, nous n'allons pas nous y attarder dans l'immédiat.

Pour faire retourner une valeur à notre fonction, rien de plus simple, il suffit d'utiliser l'instruction `return` suivie de la valeur à retourner. Exemple :

```
function sayHello() {
    return 'Bonjour !'; // L'instruction « return » suivie d'
        une valeur, cette dernière est donc renvoyée par la
        fonction
}

alert(sayHello()); // Ici on affiche la valeur retournée par la
    fonction sayHello()
```

Maintenant essayons d'ajouter une ligne de code après la ligne contenant notre `return` :

```
function sayHello() {
    return 'Bonjour !';
    alert('Attention ! Le texte arrive !');
}

alert(sayHello());
```

Comme vous pouvez le constater, notre premier `alert()` ne s'est pas affiché ! Cela s'explique par la présence du `return` : cette instruction met fin à la fonction, puis retourne la valeur. Pour ceux qui n'ont pas compris, la fin d'une fonction est tout simplement l'arrêt de la fonction à un point donné (dans notre cas, à la ligne du `return`) avec, éventuellement, le renvoi d'une valeur.

Ce fonctionnement explique d'ailleurs pourquoi on ne peut pas faire plusieurs renvois de valeurs pour une même fonction : si on écrit deux `return` à la suite, seul le premier sera exécuté puisque le premier `return` aura déjà mis un terme à l'exécution de la fonction.

Voilà tout pour les valeurs de retour. Leur utilisation est bien plus simple que pour les arguments mais reste vaste quand même, je vous conseille de vous entraîner à vous en servir car elles sont très utiles !

Les fonctions anonymes

Après les fonctions, voici les fonctions anonymes ! Ces fonctions particulières sont extrêmement importantes en Javascript ! Elles vous serviront pour énormément de choses : les objets, les évènements, les variables statiques, les closures, etc. Bref, des trucs que vous apprendrez plus tard. Non, vous n'allez pas en avoir l'utilité immédiatement, il vous faudra lire encore quelques chapitres supplémentaires pour commencer à vous en servir réellement. Toujours est-il qu'il vaut mieux commencer à apprendre à vous en servir tout de suite.

Les fonctions anonymes : les bases

Comme leur nom l'indique, ces fonctions spéciales sont anonymes car elles ne possèdent pas de nom ! Voilà la seule et unique différence avec une fonction traditionnelle, ni plus, ni moins. Pour déclarer une fonction anonyme, il vous suffit de faire comme pour une fonction classique mais sans indiquer de nom :

```
function (arguments) {
  // Le code de votre fonction anonyme
}
```

C'est bien joli, mais du coup comment fait-on pour exécuter cette fonction si elle ne possède pas de nom ?

Eh bien il existe de très nombreuses façons de faire ! Cependant, dans l'état actuel de vos connaissances, nous devons nous limiter à une seule solution : assigner notre fonction à une variable. Nous verrons les autres solutions au fil des chapitres suivants (nous vous avions bien dit que vous ne sauriez pas encore exploiter tout le potentiel de ces fonctions).

Pour assigner une fonction anonyme à une variable, rien de plus simple :

```
var sayHello = function() {
    alert('Bonjour !');
};
```

Ainsi, il ne nous reste plus qu'à appeler notre fonction par le biais du nom de la variable à laquelle nous l'avons affectée :

```
sayHello(); // Affiche : « Bonjour ! »
```

On peut dire, en quelque sorte, que la variable `sayHello` est devenue une fonction ! En réalité, ce n'est pas le cas, nous devrions plutôt parler de **référence**, mais nous nous pencherons sur ce concept plus tard.

Retour sur l'utilisation des points-virgules

Certains d'entre vous auront sûrement noté le point-virgule après l'accolade fermante de la fonction dans le deuxième code, pourtant il s'agit d'une fonction, on ne devrait normalement pas en avoir besoin ! Eh bien si !

En Javascript, il faut savoir distinguer dans son code les structures et les instructions. Ainsi, les fonctions, les conditions, les boucles, etc. sont des **structures**, tandis que tout le reste (assignation de variable, exécution de fonction, etc.) sont des **instructions**.

Bref, si nous écrivons :

```
function structure() {
    // Du code...
}
```

il s'agit d'une structure seule, pas besoin de point-virgule. Tandis que si j'écris :

```
var instruction = 1234;
```

il s'agit d'une instruction permettant d'assigner une valeur à une variable, le point-virgule est nécessaire. Maintenant, si j'écris de cette manière :

```
var instruction = function() {
    // Du code...
};
```

il s'agit alors d'une instruction assignant une structure à une variable, le point virgule est donc toujours nécessaire car, malgré la présence d'une structure, l'action globale reste bien une instruction.

Les fonctions anonymes : isoler son code

Une utilisation intéressante des fonctions anonymes concerne l'isolement d'une partie de votre code, le but étant d'éviter qu'une partie de votre code n'affecte tout le reste.

Ce principe peut s'apparenter au système de *sandbox* mais en beaucoup moins poussé. Ainsi, il est possible de créer une zone de code isolée permettant la création de variables sans aucune influence sur le reste du code. L'accès au code en-dehors de la zone isolée reste toujours partiellement possible (ce qui fait donc que l'on ne peut pas réellement parler de **sandbox**). Mais, même si cet accès reste possible, ce système peut s'avérer très utile. Découvrons tout cela au travers de quelques exemples !

Commençons donc par découvrir comment créer une première zone isolée :

```
// Code externe

(function() {

    // Code isolé

})();

// Code externe
```

Hou là, une syntaxe bizarre ! Il est vrai que ce code peut dérouter un petit peu au premier abord, nous allons donc vous expliquer ça pas à pas.

Tout d'abord, nous distinguons une fonction anonyme :

```
function() {
    // Code isolé
}
```

Viennent ensuite deux paires de parenthèses, une première paire encadrant la fonction et une deuxième paire suivant la première :

```
(function() {
    // Code isolé
})()
```

Pourquoi ces parenthèses ? Eh bien pour une raison simple : une fonction, lorsqu'elle est déclarée, n'exécute pas immédiatement le code qu'elle contient, elle attend d'être appelée. Or, nous, nous souhaitons exécuter ce code immédiatement ! La solution est donc d'utiliser ce couple de parenthèses.

Pour expliquer simplement, prenons l'exemple d'une fonction nommée :

```
function test() {
    // Du code...
}

test();
```

Comme vous pouvez le constater, pour exécuter la fonction `test()` immédiatement après sa déclaration, nous avons dû l'appeler par la suite, mais il est possible de supprimer cette étape en utilisant le même couple de parenthèses que pour les fonctions anonymes :

```
(function test() {
  // Code.
})();
```

Le premier couple de parenthèses permet de dire « je désigne cette fonction » pour que l'on puisse ensuite indiquer, avec le deuxième couple de parenthèses, que l'on souhaite l'exécuter. Le code évolue donc de cette manière :

```
// Ce code :

    (function test() {

    })();

  // Devient :

    (test)();

  // Qui devient :

    test();
```

Alors, pour une fonction nommée, la solution sans ces deux couples de parenthèses est plus propre, mais pour une fonction anonyme il n'y a pas le choix : on ne peut plus appeler une fonction anonyme une fois déclarée (sauf si elle a été assignée à une variable), c'est pourquoi on doit utiliser ces parenthèses.

À titre d'information, sachez que ces fonctions immédiatement exécutées se nomment des **Immediately Executed Functions**, abrégées IEF. Nous utiliserons cette abréviation dorénavant.

Une fois les parenthèses ajoutées, la fonction (qui est une structure) est exécutée, ce qui fait que l'on obtient une instruction, il faut donc ajouter un point-virgule :

```
(function() {
    // Code isolé
})();
```

Et voilà enfin notre code isolé !

Je vois juste une IEF pour ma part... En quoi mon code est isolé ?

Notre fonction anonyme fonctionne exactement comme une fonction classique, sauf qu'elle ne possède pas de nom et qu'elle est exécutée immédiatement, ce sont les deux seules différences. Ainsi donc, la règle de la portée des variables s'applique aussi à cette fonction anonyme.

Bref, l'intérêt de cet « isolement de code » concerne la portée des variables : vous pouvez créer autant de variables que vous le souhaitez dans cette fonction avec les noms que vous souhaitez, tout sera détruit une fois que votre fonction aura fini de s'exécuter. Exemple (lisez bien les commentaires) :

```
var test = 'noir'; // On crée une variable « test » contenant le mot « noir »

(function() { // Début de la zone isolée

    var test = 'blanc'; // On crée une variable du même nom avec le contenu « blanc » dans la zone isolée

    alert('Dans la zone isolée, la couleur est : ' + test);

})(); // Fin de la zone isolée. Les variables créées dans cette zone sont détruites.

alert('Dans la zone non-isolée, la couleur est : ' + test); // Le texte final contient bien le mot « noir » vu que la « zone isolée » n'a aucune influence sur le reste du code
```

Allez, une dernière chose avant de finir ce chapitre !

Les zones isolées sont pratiques (vous découvrirez bien vite pourquoi) mais parfois on aimerait bien enregistrer dans le code global une des valeurs générées dans une zone isolée. Pour cela il vous suffit de procéder de la même façon qu'avec une fonction classique, c'est-à-dire comme ceci :

```
var sayHello = (function() {

    return 'Yop !';

})();

alert(sayHello); // Affiche : « Yop ! »
```

Et voilà tout ! Le chapitre des fonctions est enfin terminé ! Il est très important, je vous conseille de le relire un autre jour si vous n'avez pas encore tout compris. Et pensez bien à vous exercer entre temps !

En résumé

- Il existe des fonctions natives, mais il est aussi possible d'en créer, avec le mot-clé `function`.
- Les variables déclarées avec `var` au sein d'une fonction ne sont accessibles que dans cette fonction.
- Il faut éviter le plus possible d'avoir recours aux variables globales.
- Une fonction peut recevoir un nombre défini ou indéfini de paramètres. Elle peut aussi retourner une valeur ou ne rien retourner du tout.
- Des fonctions qui ne portent pas de nom sont des fonctions anonymes et servent à isoler une partie du code.

Chapitre 7

Les objets et les tableaux

Difficulté :

Les objets sont une notion fondamentale en Javascript. Dans ce chapitre, nous verrons comment les utiliser, ce qui nous permettra d'introduire l'utilisation des tableaux, un type d'objet bien particulier et très courant en Javascript. Nous verrons comment créer des objets simples et des **objets littéraux**, qui vont se révéler rapidement indispensables.

Il s'agit ici du dernier gros chapitre de la première partie de ce cours, accrochez-vous !

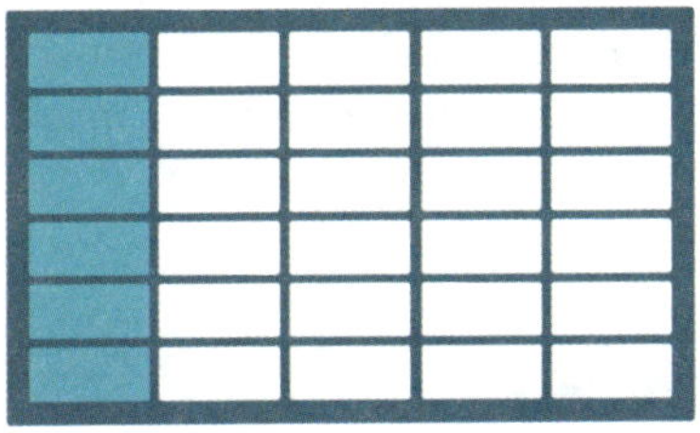

Introduction aux objets

Il a été dit précédemment que le Javascript est un langage **orienté objet**. Cela veut dire que le langage dispose **d'objets**.

Un objet est un concept, une idée ou une chose. Un objet possède une structure qui lui permet de pouvoir fonctionner et d'interagir avec d'autres objets. Le Javascript met à notre disposition des objets natifs, c'est-à-dire des objets directement utilisables. Vous avez déjà manipulé de tels objets sans le savoir : un nombre, une chaîne de caractères ou même un booléen.

Ce ne sont pas des variables ?

Si, mais en réalité, une variable contient surtout un objet. Par exemple, si nous créons une chaîne de caractères, comme ceci :

```
var myString = 'Ceci est une chaîne de caractères';
```

la variable `myString` contient un objet, et cet objet représente une chaîne de caractères. C'est la raison pour laquelle on dit que le Javascript n'est pas un langage typé, car les variables contiennent toujours la même chose : un objet. Mais cet objet peut être de nature différente (un nombre, un booléen...).

Outre les objets natifs, le Javascript nous permet de fabriquer nos propres objets. Ceci fera toutefois partie d'un chapitre à part, car la création d'objets est plus compliquée que l'utilisation des objets natifs.

Toutefois, attention, le Javascript n'est pas un langage orienté objet du même style que le C++, le C# ou le Java. Le Javascript est un langage **orienté objet par prototype**. Si vous avez déjà des notions de programmation orientée objet, vous verrez quelques différences, mais les principales viendront par la suite, lors de la création d'objets.

Que contiennent les objets ?

Les objets contiennent trois choses distinctes :

- Un constructeur ;
- Des propriétés ;
- Des méthodes.

Le constructeur

Le constructeur est un code qui est exécuté quand on utilise un nouvel objet. Il permet d'effectuer des actions comme définir diverses variables au sein même de l'objet (comme le nombre de caractères d'une chaîne de caractères). Tout cela est fait automatiquement pour les objets natifs, nous en reparlerons quand nous aborderons l'orienté objet.

Les propriétés

Toute valeur va être placée dans une variable au sein de l'objet : c'est ce que l'on appelle une **propriété**. Une propriété est une variable contenue dans l'objet, elle contient des informations nécessaires au fonctionnement de l'objet.

Les méthodes

Enfin, il est possible de modifier l'objet. Cela se fait par l'intermédiaire des **méthodes**. Les méthodes sont des fonctions contenues dans l'objet, et qui permettent de réaliser des opérations sur le contenu de l'objet. Par exemple, dans le cas d'une chaîne de caractères, il existe une méthode qui permet de mettre la chaîne de caractères en majuscules.

Exemple d'utilisation

Nous allons créer une chaîne de caractères, pour ensuite afficher son nombre de caractères et la transformer en majuscules. Soit la mise en pratique de la partie théorique que nous venons de voir.

```
var myString = 'Ceci est une chaîne de caractères'; // On crée
    un objet String

alert(myString.length); // On affiche le nombre de caractères,
    au moyen de la propriété « length »

alert(myString.toUpperCase()); // On récupère la chaîne en
    majuscules, avec la méthode toUpperCase()
```

▷ Essayer ce code
Code web : 685751

On remarque quelque chose de nouveau dans ce code : la présence d'un point. Ce dernier permet d'accéder aux propriétés et aux méthodes d'un objet. Ainsi, quand nous écrivons `myString.length`, nous demandons au Javascript de fournir le nombre de caractères contenus dans `myString`. La propriété `length` contient ce nombre, qui a été défini quand nous avons créé l'objet. Ce nombre est également mis à jour quand on modifie la chaîne de caractères :

```
var myString = 'Test';
alert(myString.length); // Affiche : « 4 »

myString = 'Test 2';
alert(myString.length); // Affiche : « 6 » (l'espace est aussi
    un caractère)
```

C'est pareil pour les méthodes : avec `myString.toUpperCase()`, je demande au Javascript de changer la casse de la chaîne, ici, tout mettre en majuscules. À l'inverse, la méthode `toLowerCase()` permet de tout mettre en minuscules.

Objets natifs déjà rencontrés

Nous en avons déjà rencontré trois :

1. `Number` : l'objet qui gère les nombres ;
2. `Boolean` : l'objet qui gère les booléens ;
3. `String` : l'objet qui gère les chaînes de caractères.

Nous allons maintenant découvrir l'objet `Array` qui, comme son nom l'indique, gère les tableaux[1] !

Les tableaux

Souvenez-vous : dans le chapitre sur les boucles, il était question de demander à l'utilisateur les prénoms de ses frères et sœurs. Les prénoms étaient concaténés dans une chaîne de caractères, puis affichés. À cause de cette méthode de stockage, à part réafficher les prénoms tels quels, on ne sait pas faire grand-chose.

C'est dans un tel cas que les tableaux entrent en jeu. Un tableau, ou plutôt un **array** en anglais, est une variable qui contient plusieurs valeurs, appelées **items**. Chaque item est accessible au moyen d'un **indice** (**index** en anglais) et dont la numérotation commence à partir de 0. Voici un schéma représentant un tableau, qui stocke cinq items :

Indice	0	1	2	3	4
Donnée	Valeur 1	Valeur 2	Valeur 3	Valeur 4	Valeur 5

Les indices

Comme vous le voyez dans le tableau, la numérotation des items commence à 0 ! C'est très important, car il y aura toujours un décalage d'une unité : l'item numéro 1 porte l'indice 0, et donc le cinquième item porte l'indice 4. Vous devrez donc faire très attention à ne pas vous emmêler les pinceaux, et à toujours garder cela en tête, sinon ça vous posera problème.

Déclarer un tableau

On utilise bien évidemment `var` pour déclarer un tableau, mais la syntaxe pour définir les valeurs est spécifique :

1. **array** signifie « tableau » en français.

```
var myArray = ['Sébastien', 'Laurence', 'Ludovic', 'Pauline', '
    Guillaume'];
```

Le contenu du tableau se définit entre crochets, et chaque valeur est séparée par une virgule. Les valeurs sont introduites comme pour des variables simples, c'est-à-dire qu'il faut des guillemets ou des apostrophes pour définir les chaînes de caractères :

```
var myArray_a = [42, 12, 6, 3];
var myArray_b = [42, 'Sébastien', 12, 'Laurence'];
```

On peut schématiser le contenu du tableau `myArray` ainsi :

Indice	0	1	2	3	4
Donnée	Sébastien	Laurence	Ludovic	Pauline	Guillaume

L'index numéro `0` contient « Sébastien », tandis que le `2` contient « Ludovic ».

La déclaration par le biais de crochets est la syntaxe courte. Il se peut que vous rencontriez un jour une syntaxe plus longue qui est vouée à disparaître. Voici à quoi ressemble cette syntaxe :

```
var myArray = new Array('Sébastien', 'Laurence', 'Ludovic', '
    Pauline', 'Guillaume');
```

Le mot-clé `new` de cette syntaxe demande au Javascript de définir un nouvel array dont le contenu se trouve en paramètre (un peu comme une fonction). Vous verrez l'utilisation de ce mot-clé plus tard. En attendant il faut que vous sachiez que cette syntaxe est dépréciée et qu'il est conseillé d'utiliser celle avec les crochets.

Récupérer et modifier des valeurs

Comment faire pour récupérer la valeur de l'index 1 de mon tableau ? Rien de plus simple, il suffit de spécifier l'index voulu, entre crochets, comme ceci :

```
var myArray = ['Sébastien', 'Laurence', 'Ludovic', 'Pauline', '
    Guillaume'];

alert(myArray[1]); // Affiche : « Laurence »
```

Sachant cela, il est facile de modifier le contenu d'un item du tableau :

```
var myArray = ['Sébastien', 'Laurence', 'Ludovic', 'Pauline', '
    Guillaume'];

myArray[1] = 'Clarisse';

alert(myArray[1]); // Affiche : « Clarisse »
```

Opérations sur les tableaux

Ajouter et supprimer des items

La méthode push() permet d'ajouter un ou plusieurs items à un tableau :

```
var myArray = ['Sébastien', 'Laurence'];

myArray.push('Ludovic'); // Ajoute « Ludovic » à la fin du
    tableau
myArray.push('Pauline', 'Guillaume'); // Ajoute « Pauline » et
    « Guillaume » à la fin du tableau
```

Comme dit dans la partie théorique sur les objets, les méthodes sont des fonctions, et peuvent donc recevoir des paramètres. Ici, push() peut recevoir un nombre illimité de paramètres, et chaque paramètre représente un item à ajouter à la fin du tableau.

La méthode unshift() fonctionne comme push(), excepté que les items sont ajoutés au début du tableau. Cette méthode n'est pas très fréquente mais peut être utile.

Les méthodes shift() et pop() retirent respectivement le premier et le dernier élément du tableau.

```
var myArray = ['Sébastien', 'Laurence', 'Ludovic', 'Pauline', '
    Guillaume'];

myArray.shift(); // Retire « Sébastien »
myArray.pop(); // Retire « Guillaume »

alert(myArray); // Affiche « Laurence,Ludovic,Pauline »
```

Chaînes de caractères et tableaux

Les chaînes de caractères possèdent une méthode split() qui permet de les découper en un tableau, en fonction d'un séparateur. Prenons l'exemple suivant :

```
var cousinsString = 'Pauline Guillaume Clarisse',
    cousinsArray  = cousinsString.split(' ');

alert(cousinsString);
alert(cousinsArray);
```

La méthode split() va couper la chaîne de caractères à chaque fois qu'elle va rencontrer une espace. Les portions ainsi découpées sont placées dans un tableau, ici cousinsArray.

Remarquez que quand vous affichez un array via `alert()` les éléments sont séparés par des virgules et il n'y a pas d'apostrophes ou de guillemets. C'est dû à `alert()` qui, pour afficher un objet (un tableau, un booléen, un nombre...), le transforme en une chaîne de caractères grâce à une méthode nommée `toString()`.

L'inverse de `split()`, c'est-à-dire créer une chaîne de caractères depuis un tableau, se nomme `join()` :

```
var cousinsString_2 = cousinsArray.join('-');

alert(cousinsString_2);
```

Ici, une chaîne de caractères va être créée, et les valeurs de chaque item seront séparées par un tiret. Si vous ne spécifiez rien comme séparateur, les chaînes de caractères seront collées les unes aux autres.

Comme vous pouvez le constater, une méthode peut très bien retourner une valeur, tout comme le ferait une fonction indépendante d'un objet. D'ailleurs, on constate que `split()` et `join()` retournent toutes les deux le résultat de leur exécution, elles ne l'appliquent pas directement à l'objet.

Parcourir un tableau

Soyez attentifs, il s'agit ici d'un gros morceau ! Parcourir un tableau est quelque chose que vous allez faire très fréquemment en Javascript, surtout plus tard, quand nous verrons comment interagir avec les éléments HTML.

« Parcourir un tableau » signifie passer en revue chaque item du tableau pour, par exemple, afficher les items un à un, leur faire subir des modifications ou exécuter des actions en fonction de leur contenu.

Dans le chapitre sur les boucles nous avons étudié la boucle `for`. Celle-ci va nous servir à parcourir les tableaux. La boucle `while` peut aussi être utilisée, mais `for` est la plus adaptée pour cela. Nous allons voir aussi une variante de `for` : la boucle `for in`.

Parcourir avec `for`

Reprenons le tableau avec les prénoms :

```
var myArray = ['Sébastien', 'Laurence', 'Ludovic', 'Pauline', '
    Guillaume'];
```

Le principe pour parcourir un tableau est simple : il faut faire autant d'itérations qu'il y a d'items. Le nombre d'items d'un tableau se récupère avec la propriété `length`, exactement comme pour le nombre de caractères d'une chaîne de caractères. À chaque itération, on va avancer d'un item dans le tableau, en utilisant la variable de boucle `i` : à chaque itération, elle s'incrémente, ce qui permet d'avancer dans le tableau item par item. Voici un exemple :

```
for (var i = 0; i < myArray.length; i++) {

    alert(myArray[i]);

}
```

On commence par définir la variable de boucle `i`. Ensuite, on règle la condition pour que la boucle s'exécute tant que l'on n'a pas atteint le nombre d'items. `myArray.length` représente le nombre d'items du tableau, c'est-à-dire cinq.

Le nombre d'items est différent des indices. S'il y a cinq items, comme ici, les indices vont de 0 à 4. Autrement dit, le dernier item possède l'indice 4, et non 5. C'est très important pour la condition, car on pourrait croire à tort que le nombre d'items est égal à l'indice du dernier item.

Attention à la condition

Nous avons volontairement mal rédigé le code précédent. En effet, dans le chapitre sur les boucles, nous avons dit que le deuxième bloc d'une boucle `for`, le bloc de condition, était exécuté à chaque itération. Ici ça veut donc dire que `myArray.length` est utilisé à chaque itération, ce qui, à part ralentir la boucle, n'a que peu d'intérêt puisque le nombre d'items du tableau ne change normalement pas (dans le cas contraire, n'utilisez pas la solution qui suit).

L'astuce est de définir une seconde variable, dans le bloc d'initialisation, qui contiendra la valeur de `length`. On utilisera cette variable pour la condition :

```
for (var i = 0, c = myArray.length; i < c; i++) {

    alert(myArray[i]);

}
```

Nous utilisons c comme nom de variable, qui signifie **count** (compter), mais vous pouvez utiliser ce que vous voulez.

Les objets littéraux

S'il est possible d'accéder aux items d'un tableau *via* leur indice, il peut être pratique d'y accéder au moyen d'un identifiant. Par exemple, dans le tableau des prénoms, l'item appelé `sister` pourrait retourner la valeur « Laurence ».

Pour ce faire, nous allons créer nous-mêmes un tableau sous la forme d'un objet littéral. Voici un exemple :

```
var family = {
    self:      'Sébastien',
    sister:    'Laurence',
    brother:   'Ludovic',
    cousin_1:  'Pauline',
    cousin_2:  'Guillaume'
};
```

Cette déclaration va créer un objet analogue à un tableau, excepté le fait que chaque item sera accessible au moyen d'un identifiant, ce qui donne schématiquement ceci :

Identifiant	self	sister	brother	cousin_1	cousin_2
Donnée	Sébastien	Laurence	Ludovic	Pauline	Guillaume

La syntaxe d'un objet

Quelques petites explications s'imposent sur les objets, et tout particulièrement sur leur syntaxe. Précédemment dans ce chapitre vous avez vu que pour créer un array vide il suffisait d'écrire :

```
var myArray = [];
```

Pour les objets c'est à peu près similaire sauf que l'on met des accolades à la place des crochets :

```
var myObject = {};
```

Pour définir dès l'initialisation les items à ajouter à l'objet, il suffit d'écrire :

```
var myObject = {
    item1 : 'Texte 1',
    item2 : 'Texte 2'
};
```

Comme l'indique ce code, il suffit de taper l'identifiant souhaité suivi de deux points et de la valeur à lui attribuer. La séparation des items se fait comme pour un tableau, avec une virgule.

Accès aux items

Revenons à notre objet littéral : ce que nous avons créé est un objet, et les identifiants sont en réalité des **propriétés**, exactement comme la propriété `length` d'un tableau ou d'une chaîne de caractères. Donc, pour récupérer le nom de ma sœur, il suffit de faire :

```
family.sister;
```

Il existe une autre manière, semblable à celle qui permet d'accéder aux items d'un tableau en connaissant l'indice, sauf qu'ici on va simplement spécifier le nom de la propriété :

```
family['sister'];
```

Cela va nous être particulièrement utile si l'identifiant est contenu dans une variable, comme ce sera le cas avec la boucle que nous allons voir après. Exemple :

```
var id = 'sister';

alert(family[id]); // Affiche : « Laurence »
```

Cette façon de faire convient également aux propriétés de tout objet. Ainsi, si mon tableau se nomme `myArray`, je peux faire `myArray['length']` pour récupérer le nombre d'items.

Ajouter des items

Ici, pas de méthode `push()` car elle n'existe tout simplement pas dans un objet vide, il faudrait pour cela un tableau. En revanche, il est possible d'ajouter un item en spécifiant un identifiant qui n'est pas encore présent. Par exemple, si nous voulons ajouter un oncle dans le tableau :

```
family['uncle'] = 'Didier'; // « Didier » est ajouté et est
    accessible via l'identifiant « uncle »
```

Ou bien sous cette forme :

```
family.uncle = 'Didier'; // Même opération mais d'une autre
    manière
```

Parcourir un objet avec `for in`

Il n'est pas possible de parcourir un objet littéral avec une boucle `for`. Normal, puisqu'une boucle `for` est surtout capable d'incrémenter une variable numérique, ce qui ne nous est d'aucune utilité dans le cas d'un objet littéral puisque nous devons posséder un identifiant. En revanche, la boucle `for in` se révèle très intéressante !

La boucle `for in` est l'équivalent de la boucle `foreach` du PHP : elle est très simple et ne sert qu'à une seule chose : parcourir un objet.

Le fonctionnement est quasiment le même que pour un tableau, excepté qu'ici il suffit de fournir une « variable clé » qui reçoit un identifiant (au lieu d'un index) et de spécifier l'objet à parcourir :

```
for (var id in family) { // On stocke l'identifiant dans « id » pour parcourir l'objet « family »

    alert(family[id]);

}
```

Pourquoi ne pas appliquer le `for in` sur les tableaux avec index ?

Parce que les tableaux se voient souvent attribuer des méthodes supplémentaires par certains navigateurs ou certains scripts tiers utilisés dans la page, ce qui fait que la boucle `for in` va vous les énumérer en même temps que les items du tableau.

Il y a aussi un autre facteur important à prendre en compte : la boucle `for in` est plus gourmande qu'une boucle `for` classique.

Utilisation des objets littéraux

Les objets littéraux ne sont pas souvent utilisés mais peuvent se révéler très utiles pour ordonner un code. On les utilise aussi dans les fonctions : les fonctions, avec `return`, ne savent retourner qu'une seule variable. Si on veut retourner plusieurs variables, il faut les placer dans un tableau et retourner ce dernier. Mais il est plus commode d'utiliser un objet littéral.

L'exemple classique est la fonction qui calcule des coordonnées d'un élément HTML sur une page Web. Il faut ici retourner les coordonnées `x` et `y`.

```
function getCoords() {
    /* Script incomplet, juste pour l'exemple */

    return { x: 12, y: 21 };
}

var coords = getCoords();

alert(coords.x); // 12
alert(coords.y); // 21
```

La valeur de retour de la fonction `getCoords()` est mise dans la variable `coords`, et l'accès à `x` et `y` en est simplifié.

Exercice récapitulatif

Le chapitre suivant contient un TP, c'est-à-dire un travail pratique. Cela dit, avant de le commencer, nous vous proposons un petit exercice qui reprend de manière simple ce que nous avons vu dans ce chapitre.

Énoncé

Dans le chapitre sur les boucles, nous avions utilisé un script pour demander à l'utilisateur les prénoms de ses frères et sœurs. Les prénoms étaient alors stockés dans une chaîne de caractères. Pour rappel, voici ce code :

```
var nicks = '', nick;

while (true) {
    nick = prompt('Entrez un prénom :');

    if (nick) {
        nicks += nick + ' '; // Ajoute le nouveau prénom ainsi
            qu'une espace juste après
    } else {
        break; // On quitte la boucle
    }
}

alert(nicks); // Affiche les prénoms à la suite
```

Ce que nous vous demandons ici, c'est de stocker les prénoms dans un tableau. Pensez à la méthode `push()`. À la fin, il faudra afficher le contenu du tableau, avec `alert()`, seulement si le tableau contient des prénoms ; en effet, ça ne sert à rien de l'afficher s'il ne contient rien. Pour l'affichage, séparez chaque prénom par une espace. Si le tableau ne contient rien, faites-le savoir à l'utilisateur, toujours avec `alert()`.

Correction

```
var nicks = [], // Création du tableau vide
    nick;

while (nick = prompt('Entrez un prénom :')) { // Si la valeur
    assignée à la variable « nick » est valide (différente de «
    null ») alors la boucle s'exécute
    nicks.push(nick); // Ajoute le nouveau prénom au tableau
}

if (nicks.length > 0) { // On regarde le nombre d'items
    alert(nicks.join(' ')); // Affiche les prénoms à la suite
} else {
    alert('Il n\'y a aucun prénom en mémoire !');
```

```
}
```

▷ Essayer ce code
Code web : 734328

Nous avons donc repris le code donné dans l'énoncé, et l'avons modifié pour y faire intervenir un tableau : `nicks`. À la fin, nous vérifions si le tableau contient des items, avec la condition `nicks.length > 0`. Le contenu du tableau est alors affiché avec la méthode `join()`, qui permet de spécifier le séparateur. Car en effet, si nous avions fait `alert(nicks)`, les prénoms auraient été séparés par une virgule.

En résumé

- Un objet contient un constructeur, des propriétés et des méthodes.
- Les tableaux sont des variables qui contiennent plusieurs valeurs, chacune étant accessible au moyen d'un indice.
- Les indices d'un tableau sont toujours numérotés à partir de 0. Ainsi, la première valeur porte l'indice 0.
- Des opérations peuvent être réalisées sur les tableaux, comme ajouter des items ou en supprimer.
- Pour parcourir un tableau, on utilise généralement une boucle `for`, puisqu'on connaît, grâce à la propriété `length`, le nombre d'items du tableau.
- Les objets littéraux sont une variante des tableaux où chaque item est accessible via un identifiant et non un indice.

Chapitre 8

TP : convertir un nombre en toutes lettres

Difficulté :

Nous arrivons enfin au premier TP de ce cours ! Celui-ci a pour but de vous faire réviser et mettre en pratique l'essentiel de ce que vous avez appris dans les chapitres précédents, nous vous conseillons donc fortement de le lire et d'essayer de faire l'exercice proposé.

Dans les grandes lignes, ce TP vous permettra de réviser l'utilisation des variables, conditions, boucles, fonctions et tableaux. Il vous permettra aussi d'approfondir vos connaissances sur l'identification et la conversion des nombres.

> Ce TP est assez long et complexe (mais faisable, évidemment) ! C'est pourquoi vous risquez d'avoir quelques problèmes si vous ne savez pas comment détecter et corriger les erreurs dans vos codes source. Nous vous conseillons donc de lire le chapitre concernant le débogage dans la partie annexe de ce cours (page 459) avant de vous lancer.

Présentation de l'exercice

Ce TP sera consacré à un exercice bien particulier : la conversion d'un nombre en toutes lettres. Ainsi, si l'utilisateur entre le nombre « 41 », le script devra retourner ce nombre en toutes lettres : « quarante-et-un ». Ne vous inquiétez pas : vous en êtes parfaitement capables, et nous allons même vous aider un peu avant de vous donner le corrigé !

La marche à suivre

Pour mener à bien votre exercice, voici quelles sont les étapes que votre script devra suivre (vous n'êtes pas obligés de faire comme ça, mais c'est conseillé) :

- L'utilisateur est invité à entrer un nombre entre 0 et 999.
- Ce nombre doit être envoyé à une fonction qui se charge de le convertir en toutes lettres.
- Cette même fonction doit contenir un système permettant de séparer les centaines, les dizaines et les unités. Ainsi, la fonction doit être capable de voir que dans le nombre 365 il y a trois centaines, six dizaines et cinq unités. Pour obtenir ce résultat, pensez bien à utiliser le modulo. Exemple : **365 % 10 = 5**.
- Une fois le nombre découpé en trois chiffres, il ne reste plus qu'à convertir ces derniers en toutes lettres.
- Lorsque la fonction a fini de s'exécuter, elle renvoie le nombre en toutes lettres.
- Une fois le résultat de la fonction obtenu, il est affiché à l'utilisateur.
- Lorsque l'affichage du nombre en toutes lettres est terminé, on redemande un nouveau nombre à l'utilisateur.

L'orthographe des nombres

Dans le cas de notre exercice, nous allons employer l'écriture des nombres « à la française », c'est-à-dire la version la plus compliquée... Nous vous conseillons de faire de même, cela vous entraînera plus qu'en utilisant l'écriture belge ou suisse. D'ailleurs, puisque l'écriture des nombres en français est assez tordue, nous vous conseillons de vous remémorer les bases.

▷ Se remémorer les bases
Code web : 133805

Pour information, nous allons employer les règles orthographiques de 1990 (oui, vous lisez bien un cours de programmation !), nous écrirons donc les nombres de la manière suivante : **cinq-cent-cinquante-cinq**. Et non pas comme ça : **cinq cent cinquante-cinq**.

Vu que nous avons déjà reçu pas mal de reproches sur cette manière d'écrire, nous préférons maintenant vous prévenir afin de vous éviter des commentaires inutiles.

À noter que vous n'êtes pas obligés de respecter toutes ces règles orthographiques, ce qui compte c'est que votre code puisse afficher les nombres en toutes lettres, les fautes orthographiques sont secondaires.

Tester et convertir les nombres

Afin que vous puissiez avancer sans trop de problèmes dans la lecture de votre code, il va falloir étudier l'utilisation des fonctions `parseInt()` et `isNaN()`.

Retour sur la fonction `parseInt()`

Concernant `parseInt()`, il s'agit juste d'un approfondissement de son utilisation étant donné que vous savez déjà vous en servir. Cette fonction possède en réalité non pas un mais deux arguments. Le deuxième est très utile dans certains cas, comme celui-ci par exemple :

```
alert(parseInt('010')); // Affiche : « 8 »
```

Et là vous constatez que le chiffre affiché n'est pas 10 comme souhaité mais 8 ! Pourquoi ? Tout simplement parce que la fonction `parseInt()` supporte plusieurs bases arithmétiques, ainsi on peut lui dire que le premier argument est en binaire. La fonction nous retournera alors le nombre en base 10 (notre propre base de calcul, le système décimal) après avoir fait la conversion **base 2 (système binaire) → base 10 (système décimal)**. Donc, si nous écrivons :

```
alert(parseInt('100', 2)); // Affiche : « 4 »
```

nous obtenons bien le nombre 4 à partir de la base 2, c'est bon !

Mais tout à l'heure le deuxième argument n'était pas spécifié et pourtant on a eu une conversion aberrante, pourquoi ?

Tout simplement parce que si le deuxième argument n'est pas spécifié, la fonction `parseInt()` va tenter de trouver elle-même la base arithmétique du nombre que vous avez passé en premier argument. Ce comportement est stupide vu que la fonction se trompe très facilement, la preuve : notre premier exemple sans le deuxième argument a interprété notre nombre comme étant en base 8 (système octal) simplement parce que la chaîne de caractères commence par un 0.

Bref, pour convertir correctement notre premier nombre, il nous faut indiquer à `parseInt()` que ce dernier est en base 10, comme ceci :

```
alert(parseInt('010', 10)); // Affiche « 10 »
```

Maintenant nous obtenons bien le nombre 10 ! Rappelez-vous bien ce deuxième argument, il vous servira pour le TP et, à n'en pas douter, dans une multitude de problèmes futurs !

La fonction isNaN()

Jusqu'à présent, pour tester si une variable était un nombre, vous utilisiez l'instruction `typeof`, sauf qu'elle pose problème :

```
var test = parseInt('test'); // Contient au final la valeur « NaN »

alert(typeof test); // Affiche « number »
```

Voilà le problème : notre variable contient la valeur `NaN` qui signifie **Not a Number** et pourtant l'instruction `typeof` nous renvoie « number » en guise de type, c'est assez contradictoire non ? En fait, `typeof` est limité pour tester les nombres, à la place mieux vaut utiliser la fonction `isNaN()` (**is Not a Number**) :

```
var test = parseInt('test'); // Contient au final la valeur « NaN »

alert(isNaN(test)); // Affiche « true »
```

Pourquoi `true` ? Tout simplement parce que `isNaN()` renvoie `true` quand la variable **n'est pas** un nombre, et `false` dans le cas contraire.

Il est temps de se lancer !

Vous voilà maintenant prêts à vous lancer dans l'écriture de votre code. Nous précisons de nouveau que les nombres à convertir vont de 0 à 999, mais rien ne vous empêche de faire plus si le cœur vous en dit. Évitez de faire moins, vous manqueriez une belle occasion de vous entraîner correctement.

Bon courage !

Correction

Allez hop ! C'est fini ! Nous espérons que vous avez réussi à faire quelque chose d'intéressant, normalement vous en êtes parfaitement capables ! Le sujet est certes un peu tordu, mais vous avez largement assez de connaissances pour pouvoir le réaliser.

Toutefois, si vous avez bloqué alors que vous connaissiez très bien ce que l'on a appris dans les chapitres précédents, ne vous inquiétez pas : la programmation est un domaine où la logique règne en maîtresse (bon, d'accord, pas tout le temps !), il faut donc de l'expérience pour en arriver à développer de façon logique. Ce que nous voulons dire, c'est que si vous n'avez pas réussi à coder l'exercice aujourd'hui, ce n'est pas un drame ! Faites une pause, essayez de faire des exercices plus simples et revenez ensuite sur celui-ci. De toute manière, c'est bien simple, si vous arrivez à lire **et comprendre** le corrigé que nous fournissons, alors vous êtes capables de réaliser cet exercice tout aussi bien que nous, voire même mieux !

Le corrigé complet

Voici donc la correction. Précisons que ce code n'est pas universel ! Il existe de nombreuses autres façons de coder cet exercice, et cette version n'est pas forcément la meilleure. Donc, si vous cherchez à recoder cet exercice après avoir lu le corrigé, ne refaites pas exactement la même chose ! Inventez votre propre solution, innovez selon vos propres idées ! Après tout, on dit qu'il existe autant d'algorithmes que de personnes dans le monde, car chacun possède sa propre façon de penser ; vous devriez donc être capables de réaliser une version de ce code en réfléchissant par vous-mêmes !

```
function num2Letters(number) {

    if (isNaN(number) || number < 0 || 999 < number) {
        return 'Veuillez entrer un nombre entier compris entre
           0 et 999.';
    }

    var units2Letters = ['', 'un', 'deux', 'trois', 'quatre', '
       cinq', 'six', 'sept', 'huit', 'neuf', 'dix', 'onze', '
       douze', 'treize', 'quatorze', 'quinze', 'seize', 'dix-
       sept', 'dix-huit', 'dix-neuf'],
        tens2Letters  = ['', 'dix', 'vingt', 'trente', '
           quarante', 'cinquante', 'soixante', 'soixante', '
           quatre-vingt', 'quatre-vingt'];

    var units    = number % 10,
        tens     = (number % 100 - units) / 10,
        hundreds = (number % 1000 - number % 100) / 100;

    var unitsOut, tensOut, hundredsOut;

    if (number === 0) {

        return 'zéro';

    } else {

        // Traitement des unités
```

```

        unitsOut = (units === 1 && tens > 0 && tens !== 8 ? 'et-' : '') + units2Letters[units];

        // Traitement des dizaines

        if (tens === 1 && units > 0) {

            tensOut = units2Letters[10 + units];
            unitsOut = '';

        } else if (tens === 7 || tens === 9) {

            tensOut = tens2Letters[tens] +'-'+ (tens === 7 && units === 1 ? 'et-' : '') + units2Letters[10 + units];
            unitsOut = '';

        } else {

            tensOut = tens2Letters[tens];

        }

        tensOut += (units === 0 && tens === 8 ? 's' : '');

        // Traitement des centaines

        hundredsOut = (hundreds > 1 ? units2Letters[hundreds] + '-' : '') + (hundreds > 0 ? 'cent' : '') + (hundreds > 1 && tens == 0 && units == 0 ? 's' : '');

        // Retour du total

        return hundredsOut + (hundredsOut && tensOut ? '-': '') + tensOut + (hundredsOut && unitsOut || tensOut && unitsOut ? '-': '') + unitsOut;
    }

}

var userEntry;

while (userEntry = prompt('Indiquez le nombre à écrire en toutes lettres (entre 0 et 999) :')) {

    alert(num2Letters(parseInt(userEntry, 10)));

}
```

▷ Essayer ce code
Code web : 899938

Les explications

Vous avez le code, bien ! Mais maintenant il vous faut le comprendre, et on commence tout de suite !

Le « squelette » du code

Un code doit toujours posséder ce qui peut être appelé un « squelette » autour duquel il peut s'articuler, c'est-à-dire un code de base contenant les principales structures de votre script (comme un objet, une boucle, une fonction, etc.) que l'on va pouvoir étoffer au fur et à mesure de l'avancée du code. Dans notre cas, nous avons besoin d'une fonction qui fera la conversion des nombres, ainsi que d'une boucle pour demander à l'utilisateur d'entrer un nouveau nombre sans jamais s'arrêter (sauf si l'utilisateur le demande). Voici ce que ça donne :

```
function num2Letters(number) { // « num2Letters » se lit « number to letters », le « 2 » est une abréviation souvent utilisée en programmation
    // Notre fonction qui s'occupera de la conversion du nombre. Elle possède un argument lui permettant de recevoir les nombres en question.
}

var userEntry; // Contient le texte entré par l'utilisateur

while (userEntry = prompt('Indiquez le nombre à écrire en toutes lettres (entre 0 et 999) :')) {
    /*
      Dans la condition de la boucle, on stocke le texte de l'utilisateur dans la variable « userEntry ».
      Ce qui fait que si l'utilisateur n'a rien entré (valeur nulle, donc équivalente à false) la condition ne sera pas validée.
      Donc la boucle while ne s'exécutera pas et dans le cas contraire la boucle s'exécutera.
    */
}
```

L'appel de la fonction de conversion

Notre boucle fonctionne ainsi : on demande un nombre à l'utilisateur qu'on envoie à la fonction de conversion. Voici comment procéder :

```
while (userEntry = prompt('Indiquez le nombre à écrire en toutes lettres (entre 0 et 999) :')) {
```

```

    /*
      On « parse » (en base 10) la chaîne de caractères de l'
          utilisateur pour l'envoyer ensuite
      à notre fonction de conversion qui renverra le résultat à
          la fonction alert().
    */

    alert(num2Letters(parseInt(userEntry, 10)));
}
```

Initialisation de la fonction de conversion

Le squelette de notre code est prêt et la boucle est complète, il ne nous reste plus qu'à faire la fonction, le plus gros du travail en fait ! Pour vous expliquer son fonctionnement, nous allons la découper en plusieurs parties. Ici nous allons voir l'initialisation qui concerne la vérification de l'argument `number` et la déclaration des variables nécessaires au bon fonctionnement de notre fonction.

Tout d'abord, nous devons vérifier l'argument reçu :

```
function num2Letters(number) {

    if (isNaN(number) || number < 0 || 999 < number) { // Si l'
        argument n'est pas un nombre (isNaN), ou si le nombre
        est inférieur à 0, ou s'il est supérieur à 999
        return 'Veuillez entrer un nombre entier compris entre
            0 et 999.'; // Alors on retourne un message d'
            avertissement
    }

}
```

Puis nous déclarons les variables nécessaires à la bonne exécution de notre fonction :

```
function num2Letters(number) {

    // Code de vérification de l'argument [...]

    /*
      Ci-dessous on déclare deux tableaux contenant les nombres
          en toutes lettres, un tableau pour les unités et un
          autre pour les dizaines. Le tableau des
      unités va du chiffre 1 à 19 afin de simplifier quelques
          opérations lors de la conversion du nombre en lettres.
          Vous comprendrez ce système par la suite.
    */

    var units2Letters = ['', 'un', 'deux', 'trois', 'quatre', '
        cinq', 'six', 'sept', 'huit', 'neuf', 'dix', 'onze', '
```

```
        douze', 'treize', 'quatorze', 'quinze', 'seize', 'dix-sept', 'dix-huit', 'dix-neuf'],
        tens2Letters = ['', 'dix', 'vingt', 'trente', 'quarante', 'cinquante', 'soixante', 'soixante', 'quatre-vingt', 'quatre-vingt'];

    /*
      Ci-dessous on calcule le nombre d'unités, de dizaines et de centaines à l'aide du modulo.
      Le principe est simple : si on prend 365 % 10 on obtient le reste de la division par 10 qui est : 5. Voilà les unités.
      Ensuite, sur 365 % 100 on obtient 65, on soustrait les unités à ce nombre 65 - 5 = 60, et on divise par 10 pour obtenir 6, voilà les dizaines !
      Le principe est le même pour les centaines sauf que l'on ne soustrait pas seulement les unités mais aussi les dizaines.
    */

    var units     = number % 10,
        tens      = (number % 100 - units) / 10,
        hundreds = (number % 1000 - number % 100) / 100;

    // Et enfin on crée les trois variables qui contiendront les unités, les dizaines et les centaines en toutes lettres.

    var unitsOut, tensOut, hundredsOut;

}
```

Vous remarquerez que nous avons réduit le code de vérification de l'argument écrit précédemment à un simple commentaire. Nous préférons faire ça afin que vous puissiez vous focaliser directement sur le code actuellement étudié, donc ne vous étonnez pas de voir des commentaires de ce genre.

Conversion du nombre en toutes lettres

Maintenant que notre fonction est entièrement initialisée, il ne nous reste plus qu'à attaquer le cœur de notre script : la conversion. Comment allons nous procéder ? Eh bien nous avons les unités, dizaines et centaines dans trois variables séparées ainsi que deux tableaux contenant les nombres en toutes lettres. Toutes ces variables vont nous permettre de nous simplifier la vie dans notre code. Par exemple, si l'on souhaite obtenir les unités en toutes lettres, il ne nous reste qu'à faire ça :

```
unitsOut = units2Letters[units];
```

Si ça paraît aussi simple c'est parce que notre code a été bien pensé dès le début et organisé de façon à pouvoir travailler le plus facilement possible. Il y a sûrement moyen de faire mieux, mais ce code simplifie quand même grandement les choses, non ? Maintenant notre plus grande difficulté va être de se plier à toutes les règles orthographiques de la langue française.

Bref, continuons !

Vous remarquerez que dans nos tableaux il n'y a pas le nombre « zéro ». Nous allons l'ajouter nous-mêmes à l'aide d'une condition :

```
function num2Letters(number) {

  // Code de vérification de l'argument [...]

  // Code d'initialisation [...]

    if (number === 0) {

        return 'zéro'; // Tout simplement ! Si le nombre vaut « 0 » alors on retourne « zéro », normal !

    }
}
```

Maintenant nous devons nous occuper des unités :

```
function num2Letters(number) {

    // Code de vérification de l'argument [...]

    // Code d'initialisation [...]


    if (number === 0) {

        return 'zéro'; // Tout simplement ! Si le nombre vaut « 0 » alors on retourne « zéro », normal !

    } else { // Si « number » est différent de « 0 » alors on lance la conversion complète du nombre

        /*
            Ci-dessous on calcule les unités. La dernière partie du code (après le +) ne doit normalement pas vous poser de problèmes. Mais pour la
            condition ternaire je pense que vous voyez assez peu son utilité. En fait, elle va permettre d' ajouter « et- » à l'unité quand cette dernière
            vaudra 1 et que les dizaines seront supérieures à 0 et différentes de 8. Pourquoi ? Tout simplement parce que l'on ne dit pas « vingt-un »
```

```
            mais « vingt-et-un », cette règle s'applique à toutes les dizaines sauf à « quatre-vingt-un » (d'où le « tens !== 8 »).
        */

        unitsOut = (units === 1 && tens > 0 && tens !== 8 ? 'et-' : '') + units2Letters[units];

    }
}
```

Afin de vous simplifier la lecture du code, nous avons mis toutes les ternaires entre parenthèses, même si en temps normal cela n'est pas vraiment nécessaire.

Viennent ensuite les dizaines. Attention, ça se corse pas mal !

```
function num2Letters(number) {

    // Code de vérification de l'argument [...]

    // Code d'initialisation [...]

    if (number === 0) {

        return 'zéro'; // Tout simplement ! Si le nombre vaut « 0 » alors on retourne « zéro », normal !

    } else { // Si « number » est différent de « 0 » alors on lance la conversion complète du nombre

        // Conversion des unités [...]

        /*
            La condition qui suit se charge de convertir les nombres allant de 11 à 19. Pourquoi cette tranche de nombres ?
            Parce qu'ils ne peuvent pas se décomposer (essayez de décomposer en toutes lettres le nombre « treize », vous nous
            en direz des nouvelles), ils nécessitent donc d'être mis un peu à part. Bref, leur conversion en lettres
            s'effectue donc dans la partie concernant les dizaines. Ainsi donc on va se retrouver avec, par exemple,
            « tensOut = 'treize'; » donc au final on va effacer la variable « unitsOut » vu qu'elle ne servira à rien.
        */
```

```

        if (tens === 1 && units > 0) {

            tensOut = units2Letters[10 + units]; // Avec « 10 + units » on obtient le nombre souhaité entre 11 et 19
            unitsOut = ''; // Cette variable ne sert plus à rien, on la vide

        }

        /*
            La condition suivante va s'occuper des dizaines égales à 7 ou 9. Pourquoi ? Eh bien un peu pour la même raison que la
            précédente condition : on retrouve les nombres allant de 11 à 19. En effet, on dit bien « soixante-treize » et
           « quatre-vingt-treize » et non pas « soixante-dix-trois » ou autre bêtise du genre. Bref, cette condition est donc chargée,
            elle aussi, de convertir les dizaines et les unités. Elle est aussi chargée d'ajouter la conjonction « et- » si l'unité
            vaut 1, car on dit « soixante-et-onze » et non pas « soixante-onze ».
        */

        else if (tens === 7 || tens === 9) {

            tensOut = tens2Letters[tens] +'-'+ (tens === 7 && units === 1 ? 'et-' : '') + units2Letters[10 + units];
            unitsOut = ''; // Cette variable ne sert plus à rien ici non plus, on la vide

        }

        // Et enfin la condition « else » s'occupe des dizaines que l'on peut qualifier de « normales ».

        else {

            tensOut = tens2Letters[tens];

        }

        // Dernière étape, « quatre-vingt » sans unité prend un « s » à la fin : « quatre-vingts »

```

```
            tensOut += (units === 0 && tens === 8 ? 's' : '');

        }
}
```

Un peu tordu tout ça, n'est-ce pas ? Rassurez-vous, vous venez de terminer le passage le plus difficile. Nous nous attaquons maintenant aux centaines, qui sont plus simples :

```
function num2Letters(number) {

    // Code de vérification de l'argument [...]

    // Code d'initialisation [...]

    if (number === 0) {

        return 'zéro'; // Tout simplement ! Si le nombre vaut « 0 » alors on retourne « zéro », normal !

    } else { // Si « number » est différent de « 0 » alors on lance la conversion complète du nombre

        // Conversion des unités [...]

        // Conversion des dizaines [...]

        /*
            La conversion des centaines se fait en une ligne et trois ternaires. Ces trois ternaires se chargent d'afficher un
            chiffre si nécessaire avant d'écrire « cent » (exemple : « trois-cents »), d'afficher ou non la chaîne « cent » (si il
            n'y a pas de centaines, on ne l'affiche pas, normal), et enfin d'ajouter un « s » à la chaîne « cent » si il n'y a ni
            dizaines, ni unités et que les centaines sont supérieures à 1.
        */

        hundredsOut = (hundreds > 1 ? units2Letters[hundreds] + '-' : '') + (hundreds > 0 ? 'cent' : '') + (hundreds > 1 && tens == 0 && units == 0 ? 's' : '');
    }
}
```

Retour de la valeur finale

Et voilà ! Le système de conversion est maintenant terminé ! Il ne nous reste plus qu'à retourner toutes ces valeurs concaténées les unes aux autres avec un tiret.

```
function num2Letters(number) {

    // Code de vérification de l'argument [...]

    // Code d'initialisation [...]

    if (number === 0) {

        return 'zéro'; // Tout simplement ! Si le nombre vaut «
            0 » alors on retourne « zéro », normal !

    } else { // Si « number » est différent de « 0 » alors on
        lance la conversion complète du nombre

        // Conversion des unités [...]

        // Conversion des dizaines [...]

        // Conversion des centaines [...]

        /*
            Cette ligne de code retourne toutes les valeurs
                converties en les concaténant les unes aux
                autres avec un tiret. Pourquoi y a-t-il
            besoin de ternaires ? Parce que si on n'en met pas
                alors on risque de retourner des valeurs du
                genre « -quatre-vingt- » juste parce
            qu'il n'y avait pas de centaines et d'unités.
        */

        return hundredsOut + (hundredsOut && tensOut ? '-': '')
            + tensOut + (hundredsOut && unitsOut || tensOut &&
           unitsOut ? '-': '') + unitsOut;
    }
}
```

Conclusion

La correction et les explications de l'exercice sont enfin terminées ! Si vous avez trouvé ça dur, rassurez-vous : ça l'était. Bon, certes, il existe des codes beaucoup plus évolués et compliqués que ça, mais pour quelqu'un qui débute c'est déjà beaucoup que de faire ça ! Si vous n'avez toujours pas tout compris, je ne peux que vous encourager à relire les explications ou bien refaire l'exercice par vous-mêmes. Si, malgré tout, vous n'y arrivez pas, n'oubliez pas que le Site du Zéro possède une rubrique consacrée au Javascript dans le forum, vous y trouverez facilement de l'aide pour peu que vous expliquiez correctement votre problème.

▷ Forum JS du Site du Zéro
Code web : 731936

Deuxième partie

Modeler vos pages web

Chapitre 9

Manipuler le code HTML (partie 1/2)

Difficulté :

Dans ce premier chapitre consacré à la manipulation du code HTML, nous allons voir le concept du DOM [1]. Nous étudierons tout d'abord comment naviguer entre les différents nœuds qui composent une page HTML puis nous aborderons l'édition du contenu d'une page en ajoutant, modifiant et supprimant des nœuds.

Vous allez rapidement constater qu'il est plutôt aisé de manipuler le contenu d'une page web et que cela va vous devenir indispensable par la suite.

1. Document Object Model

Le Document Object Model

Le **Document Object Model** (abrégé **DOM**) est une interface de programmation pour les documents XML et HTML.

> Une interface de programmation, qu'on appelle aussi une **API** (pour *Application Programming Interface*), est un ensemble d'outils qui permettent de faire communiquer entre eux plusieurs programmes ou, dans le cas présent, différents langages. Le terme API reviendra souvent, quel que soit le langage de programmation que vous apprendrez.

Le DOM est donc une API qui s'utilise avec les documents XML et HTML, et qui va nous permettre, via le Javascript, d'accéder au code XML et/ou HTML d'un document. C'est grâce au DOM que nous allons pouvoir modifier des éléments HTML (afficher ou masquer un `<div>` par exemple), en ajouter, en déplacer ou même en supprimer.

> Petite note de vocabulaire : dans un cours sur le HTML, on parlera de balises HTML (une paire de balises en réalité : une balise ouvrante et une balise fermante). Ici, en Javascript, on parlera d'**élément HTML**, pour la simple raison que chaque paire de balises (ouvrante et fermante) est vue comme un objet. Par commodité, et pour ne pas confondre, on parle donc d'élément HTML.

Petit historique

À l'origine, quand le Javascript a été intégré dans les premiers navigateurs (Internet Explorer et Netscape Navigator), le DOM n'était pas unifié, c'est-à-dire que les deux navigateurs possédaient un DOM différent. Et donc, pour accéder à un élément HTML, la manière de faire différait d'un navigateur à l'autre, ce qui obligeait les développeurs Web à coder différemment en fonction du navigateur. En bref, c'était un peu la jungle.

Le W3C a mis de l'ordre dans tout ça, et a publié une nouvelle spécification que nous appellerons « DOM-1 » (pour DOM Level 1). Cette nouvelle spécification définit clairement ce qu'est le DOM, et surtout comment un document HTML ou XML est schématisé. Depuis lors, un document HTML ou XML est représenté sous la forme d'un arbre, ou plutôt hiérarchiquement. Ainsi, l'élément `<html>` contient deux éléments enfants : `<head>` et `<body>`, qui à leur tour contiennent d'autres éléments enfants.

Ensuite, la spécification DOM-2 a été publiée. La grande nouveauté de cette version 2 est l'introduction de la méthode `getElementById()` qui permet de récupérer un élément HTML ou XML en connaissant son ID.

L'objet `window`

Avant de véritablement parler du document, c'est-à-dire de la page Web, nous allons parler de l'objet `window`. L'objet `window` est ce qu'on appelle un objet global qui représente **la fenêtre du navigateur**. C'est à partir de cet objet que le Javascript est exécuté.

Si nous reprenons notre « Hello World ! » du début, nous avons :

```
<!DOCTYPE html>
<html>
  <head>
    <title>Hello World!</title>
  </head>

  <body>

    <script>

      alert('Hello world!');

    </script>

  </body>
</html>
```

Contrairement à ce qui a été dit dans ce cours, `alert()` n'est pas vraiment une fonction. Il s'agit en réalité d'une méthode appartenant à l'objet `window`. Mais l'objet `window` est dit **implicite**, c'est-à-dire qu'il n'y a généralement pas besoin de le spécifier. Ainsi, ces deux instructions produisent le même effet, à savoir ouvrir une boîte de dialogue :

```
window.alert('Hello world!');
alert('Hello world!');
```

Puisqu'il n'est pas nécessaire de spécifier l'objet `window`, on ne le fait généralement pas sauf si cela est nécessaire, par exemple si on manipule des **frames** (nous verrons plus loin de quoi il s'agit).

Ne faites pas de généralisation hâtive : si `alert()` est une méthode de l'objet `window`, toutes les fonctions ne font pas nécessairement partie de l'objet `window`. Ainsi, les fonctions comme `isNaN()`, `parseInt()` ou encore `parseFloat()` ne dépendent pas d'un objet. Ce sont des **fonctions globales**. Ces dernières sont, cependant, extrêmement rares. Les quelques fonctions citées dans ce paragraphe représentent près de la moitié des fonctions dites « globales », ce qui prouve clairement qu'elles ne sont pas bien nombreuses.

De même, lorsque vous déclarez une variable dans le contexte global de votre script, cette variable deviendra en vérité une propriété de l'objet `window`. Afin de vous démontrer facilement la chose, regardez donc ceci :

```
var text = 'Variable globale !';

(function() { // On utilise une IEF pour « isoler » du code

    var text = 'Variable locale !';

    alert(text); // Forcément, la variable locale prend le dessus

    alert(window.text); // Mais il est toujours possible d'accéder à la variable globale grâce à l'objet « window »

})();
```

Si vous tentez d'exécuter cet exemple **via** le site jsfiddle.net vous risquez alors d'obtenir un résultat erroné. Il peut arriver que ce genre de site ne permette pas l'exécution de tous les types de codes, en particulier lorsque vous touchez à `window`.

Une dernière chose importante qu'il vous faut mémoriser : toute variable non déclarée (donc utilisée sans jamais écrire le mot-clé `var`) deviendra immédiatement une propriété de l'objet `window`, et ce, quel que soit l'endroit où vous utilisez cette variable ! Prenons un exemple simple :

```
(function() { // On utilise une IEF pour « isoler » du code

    text = 'Variable accessible !'; // Cette variable n'a jamais été déclarée et pourtant on lui attribue une valeur

})();

alert(text); // Affiche : « Variable accessible ! »
```

Notre variable a été utilisée pour la première fois dans une IEF et pourtant nous y avons accès depuis l'espace global ! Alors pourquoi cela fonctionne-t-il de cette manière ? Tout simplement parce que le Javascript va chercher à résoudre le problème que nous lui avons donné : on lui demande d'attribuer une valeur à la variable `text`, il va donc chercher cette variable mais ne la trouve pas, la seule solution pour résoudre le problème qui lui est donné est alors d'utiliser l'objet `window`. Ce qui veut dire qu'en écrivant :

```
text = 'Variable accessible !';
```

le code sera alors interprété de cette manière si aucune variable accessible n'existe avec ce nom :

```
window.text = 'Variable accessible !';
```

Si nous vous montrons cette particularité du Javascript c'est pour vous conseiller de ne pas vous en servir ! Si vous n'utilisez jamais le mot-clé `var` alors vous allez très vite arriver à de grandes confusions dans votre code (et à de nombreux bugs). Si vous souhaitez déclarer une variable dans l'espace global alors que vous vous trouvez actuellement dans un autre espace (une IEF, par exemple), spécifiez donc explicitement l'objet `window`. Le reste du temps, pensez bien à écrire le mot-clé `var`.

Le `document`

L'objet `document` est un sous-objet de `window`, l'un des plus utilisés. Et pour cause, il représente la **page Web** et plus précisément la balise `<html>`. C'est grâce à cet élément-là que nous allons pouvoir accéder aux éléments HTML et les modifier. Voyons donc, dans la sous-partie suivante, comment naviguer dans le document.

Naviguer dans le document

La structure DOM

Comme il a été dit précédemment, le DOM pose comme concept que la page Web est vue comme un arbre, comme une hiérarchie d'éléments. La figure 9.1 représente le schéma d'une page Web simple.

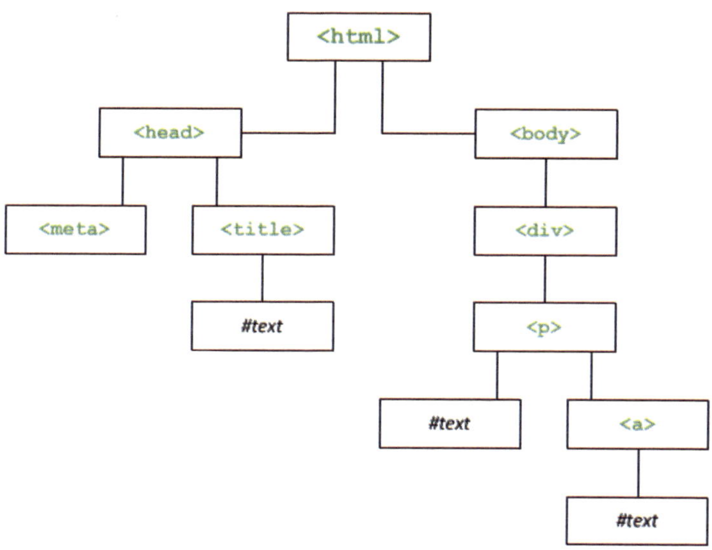

FIGURE 9.1 – Une page Web peut être vue comme un arbre

Voici le code source de la page :

```
<!doctype html>
<html>
  <head>
```

```
    <meta charset="utf-8" />
    <title>Le titre de la page</title>
  </head>

  <body>
    <div>
      <p>Un peu de texte <a>et un lien</a></p>
    </div>
  </body>
</html>
```

Le schéma est plutôt simple : l'élément `<html>` contient deux éléments, appelés **enfants** : `<head>` et `<body>`. Pour ces deux enfants, `<html>` est l'élément **parent**. Chaque élément est appelé **nœud** (**node** en anglais). L'élément `<head>` contient lui aussi deux enfants : `<meta>` et `<title>`. `<meta>` ne contient pas d'enfant tandis que `<title>` en contient un, qui s'appelle `#text`. Comme son nom l'indique, `#text` est un élément qui contient du texte.

Il est important de bien saisir cette notion : le texte présent dans une page Web est vu par le DOM comme un nœud de type `#text`. Dans le schéma précédent, l'exemple du paragraphe qui contient du texte et un lien illustre bien cela :

```
<p>
    Un peu de texte
    <a>et un lien</a>
</p>
```

Si on va à la ligne après chaque nœud, on remarque clairement que l'élément `<p>` contient deux enfants : `#text` qui contient « Un peu de texte » et `<a>`, qui lui-même contient un enfant `#text` représentant « et un lien ».

Accéder aux éléments

L'accès aux éléments HTML via le DOM est assez simple mais demeure actuellement plutôt limité. L'objet `document` possède trois méthodes principales : `getElementById()`, `getElementsByTagName()` et `getElementsByName()`.

getElementById()

Cette méthode permet d'accéder à un élément en connaissant son ID qui est simplement l'attribut `id` de l'élément. Cela fonctionne de cette manière :

```
<div id="myDiv">
  <p>Un peu de texte <a>et un lien</a></p>
</div>

<script>
  var div = document.getElementById('myDiv');

```

```
    alert(div);
</script>
```

▷ Essayer ce code
Code web : 937546

En exécutant ce code, le navigateur affiche la figure 9.2.

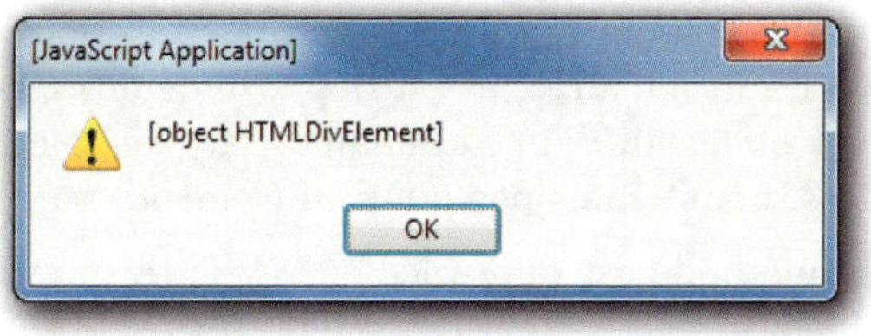

FIGURE 9.2 – Notre `div` est bien un objet de type `HTMLDivElement`

Il nous dit que `div` est un objet de type `HTMLDivElement`. En clair, c'est un élément HTML qui se trouve être un `<div>`, ce qui nous montre que le script fonctionne correctement.

getElementsByTagName()

Faites très attention dans le nom de cette méthode : il y a un « s » à `Elements`. C'est une source fréquente d'erreurs.

Cette méthode permet de récupérer, sous la forme d'un tableau, tous les éléments de la famille. Si, dans une page, on veut récupérer tous les `<div>`, il suffit de faire comme ceci :

```
var divs = document.getElementsByTagName('div');

for (var i = 0, c = divs.length ; i < c ; i++) {
    alert('Element n° ' + (i + 1) + ' : ' + divs[i]);
}
```

▷ Essayer ce code
Code web : 698410

La méthode retourne une collection d'éléments (utilisable de la même manière qu'un tableau). Pour accéder à chaque élément, il est nécessaire de parcourir le tableau avec une petite boucle.

Deux petites astuces :

1. Cette méthode est accessible sur n'importe quel élément HTML et pas seulement sur l'objet `document`.

2. En paramètre de cette méthode vous pouvez mettre une chaîne de caractères contenant un astérisque * qui récupérera **tous** les éléments HTML contenus dans l'élément ciblé.

`getElementsByName()`

Cette méthode est semblable à `getElementsByTagName()` et permet de ne récupérer que les éléments qui possèdent un attribut `name` que vous spécifiez. L'attribut `name` n'est utilisé qu'au sein des formulaires, et est déprécié depuis la spécification HTML5 dans tout autre élément que celui d'un formulaire. Par exemple, vous pouvez vous en servir pour un élément `<input>` mais pas pour un élément `<map>`.

Sachez aussi que cette méthode est dépréciée en XHTML mais est maintenant standardisée pour l'HTML5.

Accéder aux éléments grâce aux technologies récentes

Ces dernières années, le Javascript a beaucoup évolué pour faciliter le développement Web. Les deux méthodes que nous allons étudier sont récentes et ne sont pas supportées par les vieilles versions des navigateurs, attendez-vous donc à ne pas pouvoir vous en servir aussi souvent que vous le souhaiteriez malgré leur côté pratique. Vous pouvez consulter le tableau des compatibilités sur le MDN [2].

▷ Tableau des compatibilités
Code web : 843227

Ces deux méthodes sont `querySelector()` et `querySelectorAll()` et ont pour particularité de grandement simplifier la sélection d'éléments dans l'arbre DOM grâce à leur mode de fonctionnement. Ces deux méthodes prennent pour paramètre un seul argument : une chaîne de caractères !

Cette chaîne de caractères doit être un sélecteur CSS comme ceux que vous utilisez dans vos feuilles de style. Exemple :

```
#menu .item span
```

Ce sélecteur CSS stipule que l'on souhaite sélectionner les balises de type `<span>` contenues dans les classes `.item` elles-mêmes contenues dans un élément dont l'identifiant est `#menu`.

Le principe est plutôt simple mais très efficace. Sachez que ces deux méthodes supportent aussi les sélecteurs CSS 3, bien plus complets ! Vous pouvez consulter leur liste sur la spécification du W3C.

▷ Spécification du W3C
Code web : 789308

Voyons maintenant les particularités de ces deux méthodes. `querySelector()` renvoie le premier élément trouvé correspondant au sélecteur CSS et `querySelectorAll()`

2. Nous l'avons déjà vu, il s'agit du Mozilla Developer Network.

renvoie *tous* les éléments (sous forme de tableau) correspondant au sélecteur CSS fourni. Prenons un exemple simple :

```
<div id="menu">

  <div class="item">
    <span>Élément 1</span>
    <span>Élément 2</span>
  </div>

  <div class="publicite">
    <span>Élément 3</span>
    <span>Élément 4</span>
  </div>

</div>

<div id="contenu">
  <span>Introduction au contenu de la page...</span>
</div>
```

Maintenant, essayons le sélecteur CSS présenté plus haut : `#menu .item span`

Dans le code suivant, nous utilisons une nouvelle propriété nommée `innerHTML`, nous l'étudierons plus tard dans ce chapitre. Dans l'immédiat, sachez seulement qu'elle permet d'accéder au contenu d'un élément HTML.

```
var query = document.querySelector('#menu .item span'),
    queryAll = document.querySelectorAll('#menu .item span');

alert(query.innerHTML); // Affiche : "Élément 1"

alert(queryAll.length); // Affiche : "2"
alert(queryAll[0].innerHTML + ' - ' + queryAll[1].innerHTML);
    // Affiche : "Élément 1 - Élément 2"
```

Nous obtenons bien les résultats escomptés ! Nous vous conseillons de bien vous rappeler ces deux méthodes. Elles sont déjà utiles sur des projets voués à tourner sur des navigateurs récents, et d'ici à quelques années elles pourraient bien devenir habituelles (le temps que les vieilles versions des navigateurs disparaissent pour de bon).

L'héritage des propriétés et des méthodes

Le Javascript voit les éléments HTML comme étant des objets, cela veut donc dire que chaque élément HTML possède des propriétés et des méthodes. Cependant faites bien attention parce que tous ne possèdent pas les mêmes propriétés et méthodes. Certaines sont néanmoins communes à tous les éléments HTML, car tous les éléments HTML sont d'un même type : le type `Node`, qui signifie « nœud » en anglais.

Notion d'héritage

Nous avons vu qu'un élément `<div>` est un objet `HTMLDivElement`, mais un objet, en Javascript, peut appartenir à différents groupes. Ainsi, notre `<div>` est un `HTMLDivElement`, qui est un sous-objet d'`HTMLElement` qui est lui-même un sous-objet d'`Element`. `Element` est enfin un sous-objet de `Node`. Le schéma représentée à la figure 9.3 est plus parlant.

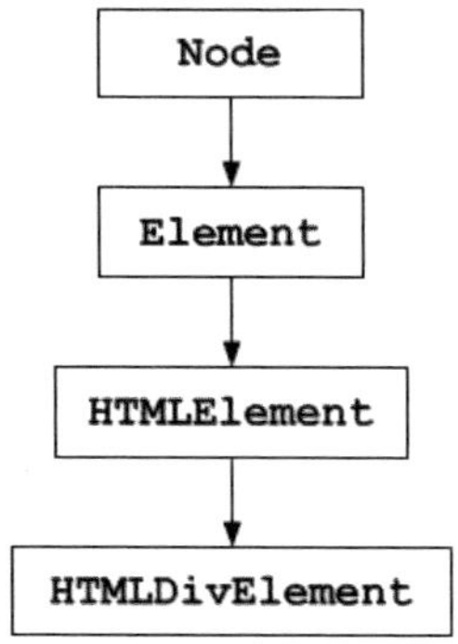

FIGURE 9.3 – En Javascript, un objet peut appartenir à plusieurs groupes

L'objet `Node` apporte un certain nombre de propriétés et de méthodes qui pourront être utilisées depuis un de ses sous-objets. En clair, les sous-objets **héritent** des propriétés et méthodes de leurs objets parents. Voilà donc ce que l'on appelle l'**héritage**.

Éditer les éléments HTML

Maintenant que nous avons vu comment accéder à un élément, nous allons voir comment l'éditer. Les éléments HTML sont souvent composés d'attributs (l'attribut `href` d'un `<a>` par exemple), et d'un contenu, qui est de type `#text`. Le contenu peut aussi être un autre élément HTML.

Comme dit précédemment, un élément HTML est un objet qui appartient à plusieurs objets, et de ce fait, qui hérite des propriétés et méthodes de ses objets parents.

Les attributs

Via l'objet `Element`

Pour interagir avec les attributs, l'objet `Element` fournit deux méthodes, `getAttribute()` et `setAttribute()` permettant respectivement de récupérer et d'éditer un attribut. Le premier paramètre est le nom de l'attribut, et le deuxième, dans le cas de `setAttribute()` uniquement, est la nouvelle valeur à donner à l'attribut. Petit exemple :

```
<body>
```

```
  <a id="myLink" href="http://www.un_lien_quelconque.com">Un lien modifié dynamiquement</a>

  <script>
    var link = document.getElementById('myLink');
    var href = link.getAttribute('href'); // On récupère l'attribut « href »

    alert(href);

    link.setAttribute('href', 'http://www.siteduzero.com'); // On édite l'attribut « href »
  </script>
</body>
```

On commence par récupérer l'élément `myLink`, et on lit via `getAttribute()` son attribut `href`. Ensuite on modifie la valeur de l'attribut `href` avec `setAttribute()`. Le lien pointe maintenant vers `http://www.siteduzero.com`.

Les attributs accessibles

En fait, pour la plupart des éléments courants comme `<a>`, il est possible d'accéder à un attribut via une propriété. Ainsi, si on veut modifier la destination d'un lien, on peut utiliser la propriété `href`, comme ceci :

```
<body>
  <a id="myLink" href="http://www.un_lien_quelconque.com">Un lien modifié dynamiquement</a>

  <script>
    var link = document.getElementById('myLink');
    var href = link.href;

    alert(href);

    link.href = 'http://www.siteduzero.com';
  </script>
</body>
```

▷ Essayer ce code
Code web : 181978

C'est cette façon de faire que l'on utilisera majoritairement pour les formulaires : pour récupérer ou modifier la valeur d'un champ, on utilisera la propriété `value`.

La classe

On peut penser que pour modifier l'attribut `class` d'un élément HTML, il suffit d'utiliser `element.class`. Ce n'est pas possible, car le mot-clé `class` est réservé en Javascript, bien qu'il n'ait aucune utilité. À la place de `class`, il faudra utiliser `className`.

```
<!doctype html>
<html>
  <head>
    <meta charset="utf-8" />
    <title>Le titre de la page</title>
    <style type="text/css">
      .blue {
        background: blue;
        color: white;
      }
    </style>
  </head>

  <body>
    <div id="myColoredDiv">
      <p>Un peu de texte <a>et un lien</a></p>
    </div>

    <script>
      document.getElementById('myColoredDiv').className = 'blue';
    </script>
  </body>
</html>
```

Dans cet exemple, on définit la classe CSS `.blue` à l'élément `myColoredDiv`, ce qui fait que cet élément sera affiché avec un arrière-plan bleu et un texte blanc.

Toujours dans le même cas, le nom `for` est réservé lui aussi en Javascript (pour les boucles). Vous ne pouvez donc pas modifier l'attribut HTML `for` d'un `<label>` en écrivant `element.for`, il faudra utiliser `element.htmlFor` à la place.

Faites attention : si votre élément comporte plusieurs classes (exemple : `<a class="ext red u">`) et que vous récupérez la classe avec `className`, cette propriété ne retournera pas un tableau avec les différentes classes, mais bien la chaîne « ext red u », ce qui n'est pas vraiment le comportement souhaité. Il vous faudra alors couper cette chaîne avec la méthode `split()` pour obtenir un tableau, comme ceci :

```
var classes    = document.getElementById('myLink').className;
var classesNew = [];
classes = classes.split(' ');

for (var i = 0, c = classes.length; i < c; i++) {
```

```
        if (classes[i]) {
            classesNew.push(classes[i]);
        }
}

alert(classesNew);
```

Là, on récupère les classes, on découpe la chaîne, mais comme il se peut que plusieurs espaces soient présentes entre chaque nom de classe, on vérifie chaque élément pour voir s'il contient quelque chose (s'il n'est pas vide). On en profite pour créer un nouveau tableau, `classesNew`, qui contiendra les noms des classes, sans « parasites ».

Le contenu : `innerHTML`

La propriété `innerHTML` est spéciale et demande une petite introduction. Elle a été créée par Microsoft pour les besoins d'Internet Explorer et vient tout juste d'être normalisée au sein du HTML5. Bien que non normalisée pendant des années, elle est devenue un standard parce que tous les navigateurs supportaient déjà cette propriété, et pas l'inverse comme c'est généralement le cas.

Récupérer du HTML

`innerHTML` permet de récupérer le code HTML enfant d'un élément sous forme de texte. Ainsi, si des balises sont présentes, `innerHTML` les retournera sous forme de texte :

```
<body>
  <div id="myDiv">
    <p>Un peu de texte <a>et un lien</a></p>
  </div>

  <script>
    var div = document.getElementById('myDiv');

    alert(div.innerHTML);
  </script>
</body>
```

Nous avons donc bien une boîte de dialogue qui affiche le contenu de `myDiv`, sous forme de texte (voir figure 9.4).

Ajouter ou éditer du HTML

Pour éditer ou ajouter du contenu HTML, il suffit de faire l'inverse, c'est-à-dire de définir un nouveau contenu :

```
document.getElementById('myDiv').innerHTML = '<blockquote>Je
    mets une citation à la place du paragraphe</blockquote>';
```

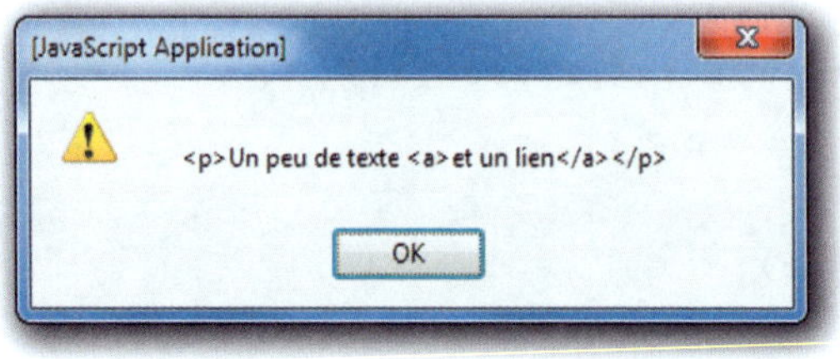

FIGURE 9.4 – Le contenu de `myDiv` est bien affiché

Si vous voulez ajouter du contenu, et ne pas modifier le contenu déjà en place, il suffit d'utiliser += à la place de l'opérateur d'affectation :

```
document.getElementById('myDiv').innerHTML += ' et <strong>une
    portion mise en emphase</strong>.';
```

Toutefois, une petite mise en garde : il ne faut pas utiliser le += dans une boucle ! En effet, `innerHTML` ralentit considérablement l'exécution du code si l'on opère de cette manière, il vaut donc mieux concaténer son texte dans une variable pour ensuite ajouter le tout via `innerHTML`. Exemple :

```
var text = '';

while( /* condition */ ) {
  text += 'votre_texte'; // On concatène dans la variable «
      text »
}

element.innerHTML = text; // Une fois la concaténation terminée
    , on ajoute le tout à « element » via innerHTML
```

Attention ! Si un jour il vous prend l'envie d'ajouter une balise `<script>` à votre page par le biais de la propriété `innerHTML`, sachez que ceci ne fonctionne pas ! Il est toutefois possible de créer cette balise par le biais de la méthode `createElement()` que nous étudierons au prochain chapitre.

`innerText` et `textContent`

Penchons-nous maintenant sur deux propriétés analogues à `innerHTML` : `innerText` pour Internet Explorer et `textContent` pour les autres navigateurs.

`innerText`

La propriété `innerText` a aussi été introduite dans Internet Explorer, mais à la différence de sa propriété sœur `innerHTML`, elle n'a jamais été standardisée et n'est pas supportée par tous les navigateurs. Internet Explorer (pour toute version antérieure à la neuvième) ne supporte que cette propriété et non pas la version standardisée que nous verrons par la suite.

Le fonctionnement d'`innerText` est le même qu'`innerHTML` excepté le fait que seul le texte est récupéré, et non les balises. C'est pratique pour récupérer du contenu sans le balisage, petit exemple :

```
<body>
  <div id="myDiv">
    <p>Un peu de texte <a>et un lien</a></p>
  </div>

  <script>
    var div = document.getElementById('myDiv');

    alert(div.innerText);
  </script>
</body>
```

Ce qui nous donne bien « Un peu de texte et un lien », sans les balises, comme à la figure 9.5.

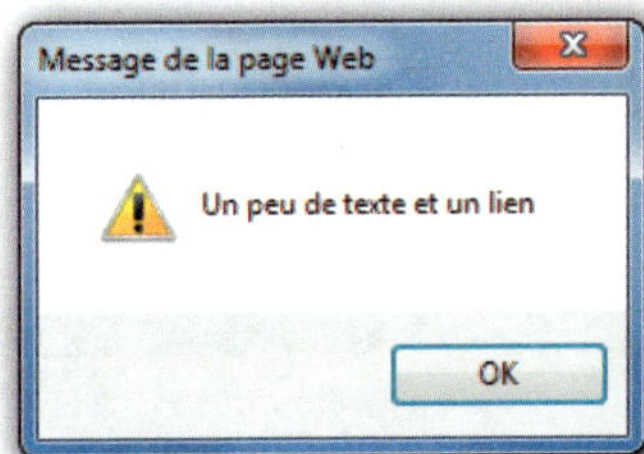

FIGURE 9.5 – Le texte est affiché sans les balises HTML

`textContent`

La propriété `textContent` est la version standardisée d'`innerText` ; elle est reconnue par tous les navigateurs à l'exception d'Internet Explorer, bien que la version 9 la prenne aussi en charge. Le fonctionnement est évidemment le même. Maintenant une question se pose : comment faire un script qui fonctionne à la fois pour Internet Explorer et les autres navigateurs ? C'est ce que nous allons voir !

Tester le navigateur

Il est possible via une simple condition de tester si le navigateur prend en charge telle ou telle méthode ou propriété.

```
<body>
  <div id="myDiv">
    <p>Un peu de texte <a>et un lien</a></p>
  </div>

  <script>
      var div = document.getElementById('myDiv');
      var txt = '';

      if (div.textContent) { // « textContent » existe ? Alors on s'en sert !
          txt = div.textContent;
      } else if(div.innerText) { // « innerText » existe ? Alors on doit être sous IE.
          txt = div.innerText + ' [via Internet Explorer]';
      } else { // Si aucun des deux n'existe, cela est sûrement dû au fait qu'il n'y a pas de texte
          txt = ''; // On met une chaîne de caractères vide
      }

      alert(txt);
  </script>
</body>
```

Il suffit donc de tester par le biais d'une condition si l'instruction fonctionne. Si `textContent` ne fonctionne pas, pas de soucis, on prend `innerText` (voir figure 9.6).

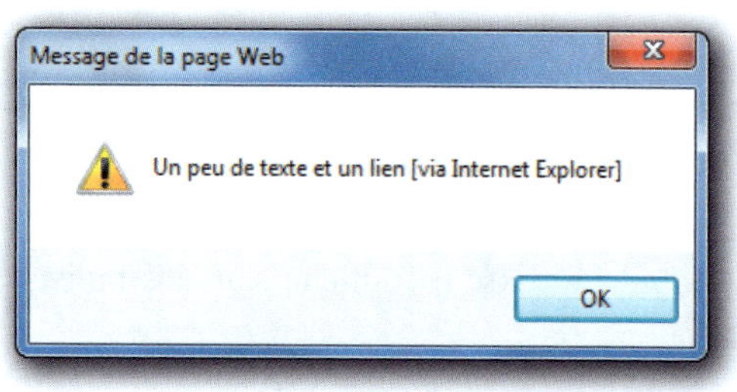

FIGURE 9.6 – La fenêtre s'affiche avec Internet Explorer

Cela dit, ce code est quand même très long et redondant. Il est possible de le raccourcir de manière considérable :

```
txt = div.textContent || div.innerText || '';
```

En résumé

- Le DOM va servir à accéder aux éléments HTML présents dans un document afin de les modifier et d'interagir avec eux.

- L'objet `window` est un objet global qui représente la fenêtre du navigateur. `document`, quant à lui, est un sous-objet de `window` et représente la page Web. C'est grâce à lui que l'on va pouvoir accéder aux éléments HTML de la page Web.
- Les éléments de la page sont structurés comme un arbre généalogique, avec l'élément `<html>` comme élément fondateur.
- Différentes méthodes comme `getElementById()` et `getElementsByTagName()` ou encore `querySelector()` et `querySelectorAll()` sont disponibles pour accéder aux éléments.
- Les attributs peuvent tous être modifiés grâce à `setAttribute()`. Certains éléments possèdent des propriétés qui permettent de modifier ces attributs.
- La propriété `innerHTML` permet de récupérer ou de définir le code HTML présent à l'intérieur d'un élément.
- De leur côté, `textContent` et `innerHTML` ne sont capables que de définir ou récupérer du texte brut, sans aucunes balises HTML.

Chapitre 10

Manipuler le code HTML (partie 2/2)

Difficulté :

La propriété `innerHTML` a comme principale qualité d'être facile et rapide à utiliser et c'est la raison pour laquelle elle est généralement privilégiée par les débutants, et même par de nombreux développeurs expérimentés. `innerHTML` a longtemps été une propriété non standardisée, mais depuis le HTML5 elle est reconnue par le W3C et peut donc être utilisée sans trop se poser de questions.

Dans ce deuxième chapitre consacré à la manipulation du contenu, nous allons aborder la modification du document via le DOM. Nous l'avons déjà fait dans le premier chapitre, notamment avec `setAttribute()`. Mais ici il va s'agir de créer, supprimer et déplacer des éléments HTML. C'est un gros morceau du Javascript, pas toujours facile à assimiler. Vous allez me dire, si `innerHTML` suffit, pourquoi devoir s'embêter avec le DOM ? Tout simplement parce que le DOM est plus puissant et est nécessaire pour traiter du XML.

Naviguer entre les nœuds

Nous avons vu précédemment qu'on utilisait les méthodes `getElementsByTagName()` et `getElementById()` pour accéder aux éléments HTML. Une fois que l'on a atteint un élément, il est possible de se déplacer de façon un peu plus précise, avec toute une série de méthodes et de propriétés que nous allons étudier ici.

La propriété `parentNode`

La propriété `parentNode` permet d'accéder à l'élément parent d'un élément. Regardez ce code :

```
<blockquote>
  <p id="myP">Ceci est un paragraphe !</p>
</blockquote>
```

Admettons qu'on doive accéder à `myP`, et que pour une autre raison on doive accéder à l'élément `<blockquote>`, qui est le parent de `myP`. Il suffit d'accéder à `myP` puis à son parent, avec `parentNode` :

```
var paragraph = document.getElementById('myP');
var blockquote = paragraph.parentNode;
```

`nodeType` et `nodeName`

`nodeType` et `nodeName` servent respectivement à vérifier le **type** d'un nœud et le **nom** d'un nœud. `nodeType` retourne un nombre, qui correspond à un type de nœud. Voici un tableau qui liste les types possibles, ainsi que leurs numéros (les types courants sont mis en gras) :

Numéro	Type de nœud
1	**Nœud élément**
2	**Nœud attribut**
3	**Nœud texte**
4	Nœud pour passage CDATA (relatif au XML)
5	Nœud pour référence d'entité
6	Nœud pour entité
7	Nœud pour instruction de traitement
8	**Nœud pour commentaire**
9	Nœud document
10	Nœud type de document
11	Nœud de fragment de document
12	Nœud pour notation

`nodeName`, quant à lui, retourne simplement le nom de l'élément, en majuscule. Il est toutefois conseillé d'utiliser `toLowerCase()` (ou `toUpperCase()`) pour forcer un format de casse et ainsi éviter les mauvaises surprises.

```
var paragraph = document.getElementById('myP');
alert(paragraph.nodeType + '\n\n' + paragraph.nodeName.toLowerCase());
```

Lister et parcourir des nœuds enfants

`firstChild` et `lastChild`

Comme leur nom le laisse présager, `firstChild` et `lastChild` servent respectivement à accéder au premier et au dernier enfant d'un nœud.

```
<!doctype html>
<html>
  <head>
    <meta charset="utf-8" />
    <title>Le titre de la page</title>
  </head>

  <body>
    <div>
      <p id="myP">Un peu de texte, <a>un lien</a> et <strong>une portion en emphase</strong></p>
    </div>

    <script>
      var paragraph = document.getElementById('myP');
      var first = paragraph.firstChild;
      var last  = paragraph.lastChild;

      alert(first.nodeName.toLowerCase());
      alert(last.nodeName.toLowerCase());
    </script>
  </body>
</html>
```

▷ Essayer ce code
Code web : 597640

En schématisant l'élément `myP` précédent, on obtient la figure 10.1.

Le premier enfant de `<p>` est un nœud textuel, alors que le dernier enfant est un élément `<strong>`.

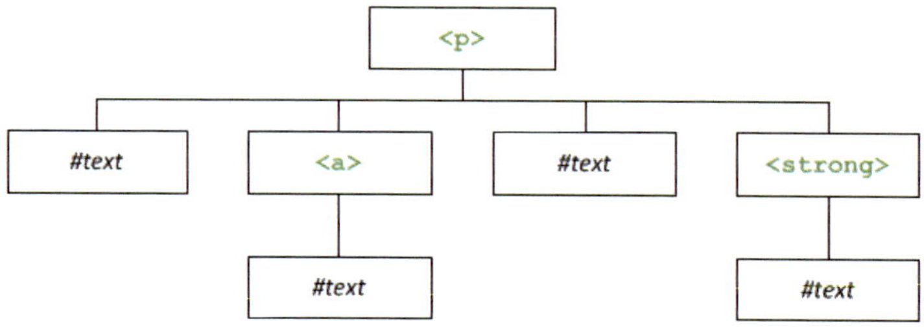

FIGURE 10.1 – Schéma de l'élément `myP`

Dans le cas où vous ne souhaiteriez récupérer que les enfants qui sont considérés comme des éléments HTML (et donc éviter les nœuds **#text** par exemple), sachez qu'il existe les propriétés `firstElementChild` et `lastElementChild`. Ainsi, dans l'exemple précédent, la propriété `firstElementChild` renverrait l'élément <a>. Malheureusement, il s'agit là de deux propriétés récentes, leur utilisation est donc limitée aux versions récentes des navigateurs (à partir de la version 9 concernant Internet Explorer).

`nodeValue` et `data`

Changeons de problème : il faut récupérer le texte du premier enfant, et le texte contenu dans l'élément `<strong>`, mais comment faire ?

Il faut soit utiliser la propriété `nodeValue` soit la propriété `data`. Si on recode le script précédent, nous obtenons ceci :

```
var paragraph = document.getElementById('myP');
var first = paragraph.firstChild;
var last  = paragraph.lastChild;

alert(first.nodeValue);
alert(last.firstChild.data);
```

`first` contient le premier nœud, un nœud textuel. Il suffit de lui appliquer la propriété `nodeValue` (ou `data`) pour récupérer son contenu ; pas de difficulté ici. En revanche, il y a une petite différence avec notre élément `<strong>` : vu que les propriétés `nodeValue` et `data` ne s'appliquent **que** sur des nœuds textuels, il nous faut d'abord accéder au nœud textuel que contient notre élément, c'est-à-dire son nœud enfant. Pour cela, on utilise `firstChild` (et non pas `firstElementChild`), et ensuite on récupère le contenu avec `nodeValue` ou `data`.

`childNodes`

La propriété `childNodes` retourne un tableau contenant la liste des enfants d'un élément. L'exemple suivant illustre le fonctionnement de cette propriété, de manière à récupérer le contenu des éléments enfants :

```
<body>
  <div>
    <p id="myP">Un peu de texte <a>et un lien</a></p>
  </div>

  <script>
    var paragraph = document.getElementById('myP');
    var children  = paragraph.childNodes;

    for (var i = 0, c = children.length; i < c; i++) {

      if (children[i].nodeType === 1) { // C'est un élément
          HTML
        alert(children[i].firstChild.data);
      } else { // C'est certainement un nœud textuel
        alert(children[i].data);
      }

    }
  </script>
</body>
```

▷ Essayer ce code
Code web : 936257

`nextSibling` et `previousSibling`

`nextSibling` et `previousSibling` sont deux attributs qui permettent d'accéder respectivement au nœud suivant et au nœud précédent.

```
<body>
  <div>
    <p id="myP">Un peu de texte, <a>un lien</a> et <strong>une
        portion en emphase</strong></p>
  </div>

  <script>
    var paragraph = document.getElementById('myP');
    var first = paragraph.firstChild;
    var next  = first.nextSibling;

    alert(next.firstChild.data); // Affiche « un lien »
  </script>
</body>
```

▷ Essayer ce code
Code web : 880093

Dans cet exemple, on récupère le premier enfant de `myP`, et sur ce premier enfant on utilise `nextSibling`, qui permet de récupérer l'élément `<a>`. Avec ça, il est même possible de parcourir les enfants d'un élément, en utilisant une boucle `while` :

```
<body>
  <div>
    <p id="myP">Un peu de texte <a>et un lien</a></p>
  </div>

  <script>
    var paragraph = document.getElementById('myP');
    var child = paragraph.lastChild; // On prend le dernier
        enfant

    while (child) {

      if (child.nodeType === 1) { // C'est un élément HTML
        alert(child.firstChild.data);
      } else { // C'est certainement un nœud textuel
        alert(child.data);
      }

      child = child.previousSibling; // À chaque tour de boucle
          , on prend l'enfant précédent

    }
  </script>
</body>
```

▷ Essayer ce code
Code web : 804905

Pour changer un peu, la boucle tourne « à l'envers », car on commence par récupérer le dernier enfant et on chemine à reculons.

Tout comme pour `firstChild` et `lastChild`, sachez qu'il existe les propriétés `nextElementSibling` et `previousElementSibling` qui permettent, elles aussi, de ne récupérer que les éléments HTML. Ces deux propriétés ont les mêmes problèmes de compatibilité que `firstElementChild` et `lastElementChild`.

Attention aux nœuds vides

En considérant le code HTML suivant, on peut penser que l'élément `<div>` ne contient que trois enfants `<p>` :

```
<div>
  <p>Paragraphe 1</p>
  <p>Paragraphe 2</p>
```

```
    <p>Paragraphe 3</p>
</div>
```

Mais attention, car ce code est radicalement différent de celui-ci :

```
<div><p>Paragraphe 1</p><p>Paragraphe 2</p><p>Paragraphe 3</p
    ></div>
```

En fait, les espaces entre les éléments tout comme les retours à la ligne sont considérés comme des nœuds textuels (enfin, cela dépend des navigateurs) ! Ainsi donc, si l'on schématise le premier code, on obtient la figure 10.2.

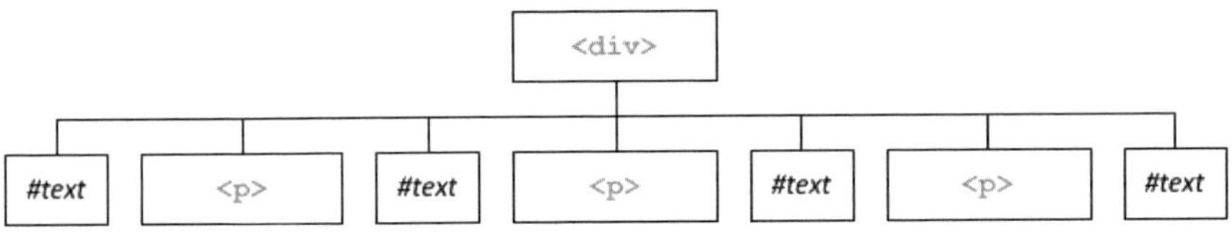

FIGURE 10.2 – Schéma de notre premier code

Alors que le deuxième code peut être schématisé comme à la figure 10.3.

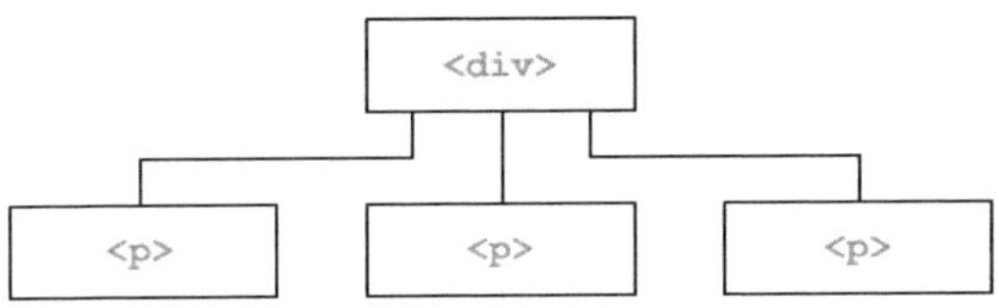

FIGURE 10.3 – Schéma de notre deuxième code

Heureusement, il existe une solution à ce problème ! Les attributs `firstElementChild`, `lastElementChild`, `nextElementSibling` et `previousElementSibling` ne retournent que des éléments HTML et permettent donc d'ignorer les nœuds textuels. Ils s'utilisent exactement de la même manière que les attributs de base (`firstChild`, `lastChild`, etc.). Cependant, ces attributs ne sont pas supportés par Internet Explorer 8 et ses versions antérieures et il n'existe pas d'autre possibilité.

Créer et insérer des éléments

Ajouter des éléments HTML

Avec le DOM, l'ajout d'un élément HTML se fait en trois temps :

1. On crée l'élément ;
2. On lui affecte des attributs ;
3. On l'insère dans le document, et ce n'est qu'à ce moment-là qu'il sera « ajouté ».

Création de l'élément

La création d'un élément se fait avec la méthode `createElement()`, un sous-objet de l'objet racine, c'est-à-dire `document` dans la majorité des cas :

```
var newLink = document.createElement('a');
```

On crée ici un nouvel élément <a>. Cet élément est créé, mais n'est **pas** inséré dans le document, il n'est donc pas visible. Cela dit, on peut déjà travailler dessus, en lui ajoutant des attributs ou même des événements (que nous verrons dans le chapitre suivant).

> Si vous travaillez dans une page Web, l'élément racine sera toujours document, sauf dans le cas des frames. La création d'éléments au sein de fichiers XML sera abordée plus tard.

Affectation des attributs

Ici, c'est comme nous avons vu précédemment : on définit les attributs, soit avec `setAttribute()`, soit directement avec les propriétés adéquates.

```
newLink.id    = 'sdz_link';
newLink.href  = 'http://www.siteduzero.com';
newLink.title = 'Découvrez le Site du Zéro !';
newLink.setAttribute('tabindex', '10');
```

Insertion de l'élément

On utilise la méthode `appendChild()` pour insérer l'élément. **Append child** signifie « ajouter un enfant », ce qui signifie qu'il nous faut connaître l'élément auquel on va ajouter l'élément créé. Considérons donc le code suivant :

```
<!doctype html>
<html>
  <head>
    <meta charset="utf-8" />
    <title>Le titre de la page</title>
  </head>

  <body>
    <div>
      <p id="myP">Un peu de texte <a>et un lien</a></p>
    </div>
  </body>
</html>
```

On va ajouter notre élément <a> dans l'élément <p> portant l'ID `myP`. Pour ce faire, il suffit de récupérer cet élément, et d'ajouter notre élément <a> via `appendChild()` :

```
document.getElementById('myP').appendChild(newLink);
```

Une petite explication s'impose ! Avant d'insérer notre élément `<a>`, la structure DOM du document ressemble à la figure 10.4.

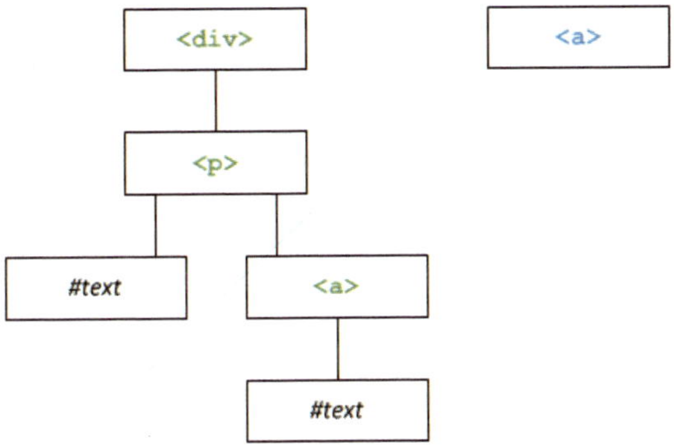

FIGURE 10.4 – La structure DOM du document ressemble à ça avant d'insérer notre élément `<a>`

On voit que l'élément `<a>` existe, mais n'est pas lié. Un peu comme s'il était libre dans le document : il n'est pas encore placé. Le but est de le placer comme enfant de l'élément `myP`. La méthode `appendChild()` va alors déplacer notre `<a>` pour le placer en tant que dernier enfant de `myP` (voir figure 10.5).

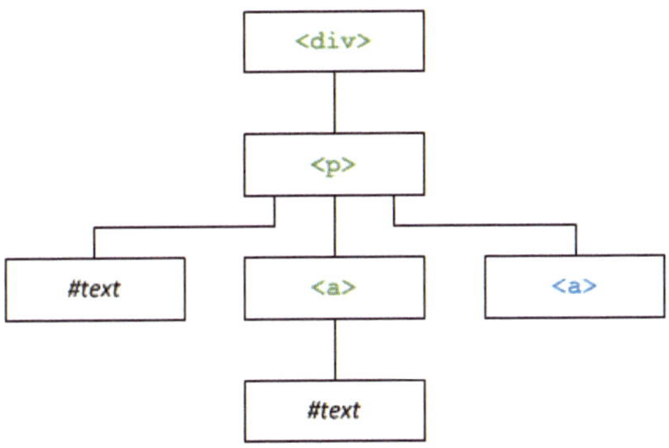

FIGURE 10.5 – L'élément est placé en tant que dernier enfant

Cela veut dire qu'`appendChild()` insérera toujours l'élément en tant que dernier enfant, ce qui n'est pas toujours très pratique. Nous verrons plus tard comment insérer un élément avant ou après un enfant donné.

Ajouter des nœuds textuels

L'élément a été inséré, seulement il manque quelque chose : le contenu textuel ! La méthode `createTextNode()` sert à créer un nœud textuel (de type `#text`) qu'il nous suffira d'ajouter à notre élément fraîchement inséré, comme ceci :

```
var newLinkText = document.createTextNode("Le Site du Zéro");

newLink.appendChild(newLinkText);
```

L'insertion se fait ici aussi avec `appendChild()`, sur l'élément `newLink`. Afin d'y voir plus clair, résumons le code :

```
<body>
  <div>
    <p id="myP">Un peu de texte <a>et un lien</a></p>
  </div>

  <script>
    var newLink = document.createElement('a');

    newLink.id    = 'sdz_link';
    newLink.href  = 'http://www.siteduzero.com';
    newLink.title = 'Découvrez le Site du Zéro !';
    newLink.setAttribute('tabindex', '10');

    document.getElementById('myP').appendChild(newLink);

    var newLinkText = document.createTextNode("Le Site du Zéro");

    newLink.appendChild(newLinkText);
  </script>
</body>
```

▷ Essayer ce code
Code web : 184238

La figure 10.6 représente ce qu'on obtient, sous forme schématisée.

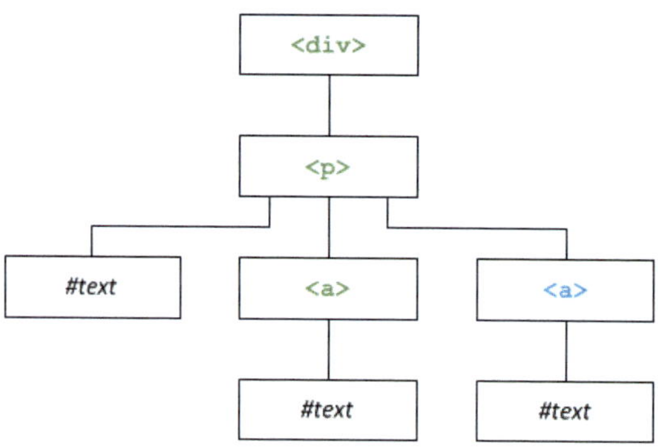

FIGURE 10.6 – Le résultat obtenu

Il y a quelque chose à savoir : le fait d'insérer via `appendChild()` n'a aucune incidence sur l'ordre d'exécution des instructions. Cela veut donc dire que l'on peut travailler sur les éléments HTML et les nœuds textuels sans qu'ils soient au préalable insérés dans le document. Par exemple, on pourrait ordonner le code comme ceci :

```
var newLink = document.createElement('a');
var newLinkText = document.createTextNode("Le Site du Zéro");

newLink.id    = 'sdz_link';
newLink.href  = 'http://www.siteduzero.com';
newLink.title = 'Découvrez le Site du Zéro !';
newLink.setAttribute('tabindex', '10');

newLink.appendChild(newLinkText);

document.getElementById('myP').appendChild(newLink);
```

Ici, on commence par créer les deux éléments (le lien et le nœud de texte), puis on affecte les variables au lien et on lui ajoute le nœud textuel. À ce stade-ci, l'élément HTML contient le nœud textuel, mais cet élément n'est pas encore inséré dans le document (voir figure 10.7).

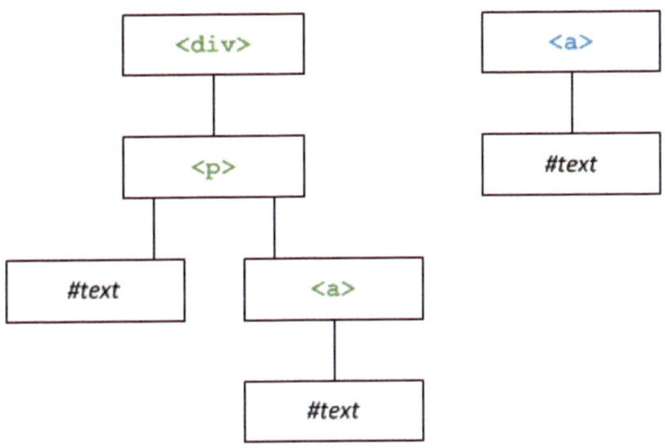

FIGURE 10.7 – L'élément HTML contient le nœud textuel, mais cet élément n'est pas encore inséré dans le document

La dernière instruction insère alors le tout.

Nous vous conseillons d'organiser votre code comme le dernier exemple, c'est-à-dire avec la création de tous les éléments au début, puis les différentes opérations d'affection. Enfin, l'insertion des éléments les uns dans les autres et, pour terminer, l'insertion dans le document. Au moins comme ça c'est structuré, clair et surtout bien plus performant !

`appendChild()` retourne une **référence** (voir plus loin pour plus de détails) pointant sur l'objet qui vient d'être inséré. Cela peut servir dans le cas où vous n'avez pas déclaré de variable intermédiaire lors du processus de création de votre élément. Par exemple, le code suivant ne pose pas de problème :

```
var span = document.createElement('span');
document.body.appendChild(span);

span.innerHTML = 'Du texte en plus !';
```

En revanche, si vous retirez l'étape intermédiaire (la première ligne) pour gagner une ligne de code alors vous allez être embêté pour modifier le contenu :

```
document.body.appendChild(document.createElement('span'));

span.innerHTML = 'Du texte en plus !'; // La variable « span »
    n'existe plus... Le code plante.
```

La solution à ce problème est d'utiliser la référence retournée par `appendChild()` de la façon suivante :

```
var span = document.body.appendChild(document.createElement('
    span'));

span.innerHTML = 'Du texte en plus !'; // Là, tout fonctionne !
```

Notions sur les références

En Javascript et comme dans beaucoup de langages, le contenu des variables est « passé par valeur ». Cela veut donc dire que si une variable `nick1` contient le prénom « Clarisse » et qu'on affecte cette valeur à une autre variable, la valeur est **copiée** dans la nouvelle. On obtient alors deux variables distinctes, contenant la même valeur :

```
var nick1 = 'Clarisse';
var nick2 = nick1;
```

Si on modifie la valeur de `nick2`, la valeur de `nick1` reste inchangée : normal, les deux variables sont bien distinctes.

Les références

Outre le « passage par valeur », le Javascript possède un « passage par référence ». En fait, quand une variable est créée, sa valeur est mise en mémoire par l'ordinateur. Pour pouvoir retrouver cette valeur, elle est associée à une adresse que seul l'ordinateur connaît et manipule (on ne s'en occupe pas).

Quand on passe une valeur par référence, on transmet l'adresse de la valeur, ce qui va permettre d'avoir deux variables qui **pointent** sur une même valeur ! Malheureusement, un exemple théorique d'un passage par référence n'est pas vraiment envisageable à ce stade du tutoriel, il faudra attendre d'aborder le chapitre sur la création d'objets. Cela dit, quand on manipule une page Web avec le DOM, on est confronté à des références, tout comme dans le chapitre suivant sur les événements.

Les références avec le DOM

Schématiser le concept de référence avec le DOM est assez simple : deux variables peuvent accéder au même élément. Regardez cet exemple :

```
var newLink     = document.createElement('a');
var newLinkText = document.createTextNode('Le Site du Zéro');

newLink.id   = 'sdz_link';
newLink.href = 'http://www.siteduzero.com';

newLink.appendChild(newLinkText);

document.getElementById('myP').appendChild(newLink);

// On récupère, via son ID, l'élément fraîchement inséré
var sdzLink = document.getElementById('sdz_link');

sdzLink.href = 'http://www.siteduzero.com/forum.html';

// newLink.href affiche bien la nouvelle URL :
alert(newLink.href);
```

La variable `newLink` contient en réalité une référence vers l'élément `<a>` qui a été créé. `newLink` ne contient pas l'élément, il contient une adresse qui pointe vers ce fameux `<a>`. Une fois que l'élément HTML est inséré dans la page, on peut y accéder de nombreuses autres façons, comme avec `getElementById()`. Quand on accède à un élément via `getElementById()`, on le fait aussi au moyen d'une référence.

Ce qu'il faut retenir de tout ça, c'est que les objets du DOM sont **toujours** accessibles par référence, et c'est la raison pour laquelle ce code ne fonctionne pas :

```
var newDiv1 = document.createElement('div');
var newDiv2 = newDiv1; // On tente de copier le <div>
```

Eh oui, si vous avez tout suivi, `newDiv2` contient une référence qui pointe vers le même `<div>` que `newDiv1`. Mais comment dupliquer un élément alors ? Eh bien il faut le cloner, et c'est ce que nous allons voir maintenant !

Cloner, remplacer, supprimer...

Cloner un élément

Pour cloner un élément, rien de plus simple : `cloneNode()`. Cette méthode requiert un paramètre booléen (`true` ou `false`) : si vous désirez cloner le nœud avec (`true`) ou sans (`false`) ses enfants et ses différents attributs.

Petit exemple très simple : on crée un élément `<hr />`, et on en veut un deuxième, donc on clone le premier :

```
// On va cloner un élément créé :
var hr1 = document.createElement('hr');
var hr2 = hr1.cloneNode(false); // Il n'a pas d'enfants...

// Ici, on clone un élément existant :
var paragraph1 = document.getElementById('myP');
var paragraph2 = paragraph1.cloneNode(true);

// Et attention, l'élément est cloné, mais pas « inséré » tant que l'on n'a pas appelé appendChild() :
paragraph1.parentNode.appendChild(paragraph2);
```

▷ Essayer ce code
Code web : 422520

Une chose très importante à retenir, bien qu'elle ne vous concernera qu'au chapitre suivant, est que la méthode `cloneNode()` ne copie malheureusement pas les événements associés et créés avec le DOM (avec `addEventListener()`), même avec un paramètre à `true`. Pensez bien à cela !

Remplacer un élément par un autre

Pour remplacer un élément par un autre, rien de plus simple, il y a `replaceChild()`. Cette méthode accepte deux paramètres : le premier est le nouvel élément, et le deuxième est l'élément à remplacer. Tout comme `cloneNode()`, cette méthode s'utilise sur tous les types de nœuds (éléments, nœuds textuels, etc.).

Dans l'exemple suivant, le contenu textuel (pour rappel, il s'agit du premier enfant de <a>) du lien va être remplacé par un autre. La méthode `replaceChild()` est exécutée sur l'élément <a>, c'est-à-dire le nœud parent du nœud à remplacer.

```
<body>
  <div>
    <p id="myP">Un peu de texte <a>et un lien</a></p>
  </div>

  <script>
    var link = document.getElementsByTagName('a')[0];
    var newLabel= document.createTextNode('et un hyperlien');

    link.replaceChild(newLabel, link.firstChild);
  </script>
</body>
```

▷ Essayer ce code
Code web : 393635

Supprimer un élément

Pour insérer un élément, on utilise `appendChild()`, et pour en supprimer un, on utilise `removeChild()`. Cette méthode prend en paramètre le nœud enfant à retirer. Si on se calque sur le code HTML de l'exemple précédent, le script ressemble à ceci :

```
var link = document.getElementsByTagName('a')[0];

link.parentNode.removeChild(link);
```

Il n'y a pas besoin de récupérer `myP` (l'élément parent) avec `getElementById()`, autant le faire directement avec `parentNode`.

À noter que la méthode `removeChild()` retourne l'élément supprimé, ce qui veut dire qu'il est parfaitement possible de supprimer un élément HTML pour ensuite le réintégrer où on le souhaite dans le DOM :

```
var link = document.getElementsByTagName('a')[0];

var oldLink = link.parentNode.removeChild(link); // On supprime l'élément et on le garde en stock

document.body.appendChild(oldLink); // On réintègre ensuite l'élément supprimé où on veut et quand on veut
```

Autres actions

Vérifier la présence d'éléments enfants

Rien de plus facile pour vérifier la présence d'éléments enfants : `hasChildNodes()`. Il suffit d'utiliser cette méthode sur l'élément de votre choix ; si cet élément possède au moins un enfant, la méthode renverra `true` :

```
<div>
  <p id="myP">Un peu de texte <a>et un lien</a></p>
</div>

<script>
  var paragraph = document.getElementsByTagName('p')[0];

  alert(paragraph.hasChildNodes()); // Affiche true
</script>
```

Insérer à la bonne place : `insertBefore()`

La méthode `insertBefore()` permet d'insérer un élément avant un autre. Elle reçoit deux paramètres : le premier est l'élément à insérer, tandis que le deuxième est l'élément avant lequel l'élément va être inséré. Exemple :

```
<p id="myP">Un peu de texte <a>et un lien</a></p>

<script>
  var paragraph    = document.getElementsByTagName('p')[0];
  var emphasis     = document.createElement('em'),
      emphasisText = document.createTextNode(' en emphase légère ');

      emphasis.appendChild(emphasisText);

  paragraph.insertBefore(emphasis, paragraph.lastChild);
</script>
```

▷ Essayer ce code
Code web : 873472

Comme pour `appendChild()`, cette méthode s'applique sur l'élément parent.

Une bonne astuce : `insertAfter()`

Le Javascript met à disposition `insertBefore()`, mais pas `insertAfter()`. C'est dommage car, bien que l'on puisse s'en passer, cela est parfois assez utile. Qu'à cela ne tienne, créons donc une telle fonction.

Malheureusement, il ne nous est pas possible, à ce stade-ci du cours, de créer une méthode, qui s'appliquerait comme ceci :

```
element.insertAfter(newElement, afterElement)
```

Non, il va falloir nous contenter d'une « simple » fonction :

```
insertAfter(newElement, afterElement)
```

Algorithme

Pour insérer après un élément, on va d'abord récupérer l'élément parent. C'est logique, puisque l'insertion de l'élément va se faire soit via `appendChild()`, soit via `insertBefore()` : si on veut ajouter notre élément après le dernier enfant, c'est simple, il suffit d'appliquer `appendChild()`. Par contre, si l'élément après lequel on veut insérer notre élément n'est pas le dernier, on va utiliser `insertBefore()` en ciblant l'enfant suivant, avec `nextSibling` :

```
function insertAfter(newElement, afterElement) {
    var parent = afterElement.parentNode;

    if (parent.lastChild === afterElement) { // Si le dernier élément est le même que l'élément après lequel on veut insérer, il suffit de faire appendChild()
        parent.appendChild(newElement);
    } else { // Dans le cas contraire, on fait un insertBefore() sur l'élément suivant
        parent.insertBefore(newElement, afterElement.nextSibling);
    }
}
```

Mini-TP : recréer une structure DOM

Afin de s'entraîner à jouer avec le DOM, voici quatre petits exercices. Pour chacun d'eux, une structure DOM sous forme de code HTML vous est donnée, et il vous est demandé de recréer cette structure en utilisant le DOM.

Notez que la correction donnée est une solution possible, et qu'il en existe d'autres. Chaque codeur a un style de code, une façon de réfléchir, d'organiser et de présenter son code, surtout ici, où les possibilités sont nombreuses.

Premier exercice

Énoncé

Pour ce premier exercice, nous vous proposons de recréer « du texte » mélangé à divers éléments tels des `<a>` et des `<strong>`. C'est assez simple, mais pensez bien à ne pas vous emmêler les pinceaux avec tous les nœuds textuels !

```
<div id="divTP1">
  Le <strong>World Wide Web Consortium</strong>, abrégé par le sigle <strong>W3C</strong>, est un
  <a href="http://fr.wikipedia.org/wiki/Organisme_de_normalisation" title="Organisme de normalisation">organisme de standardisation</a>
  à but non-lucratif chargé de promouvoir la compatibilité des technologies du <a href="http://fr.wikipedia.org/wiki/World_Wide_Web" title="World Wide Web">World Wide Web</a>.
</div>
```

Corrigé

La figure 10.8 représente le schéma du DOM du premier exercice.

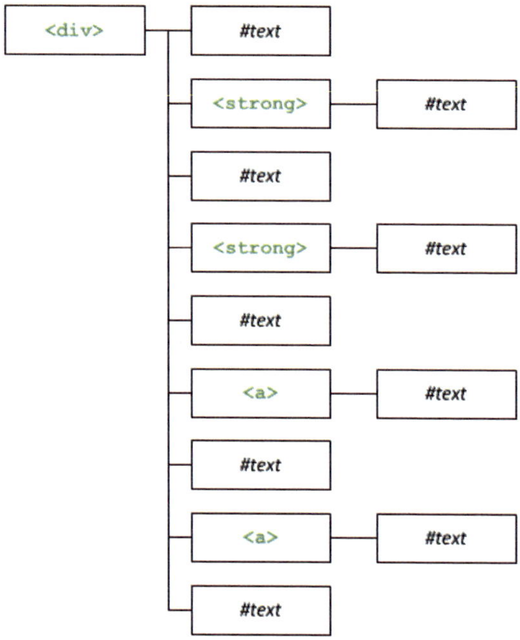

FIGURE 10.8 – Le schéma du DOM du premier exercice

```
// On crée l'élément conteneur
var mainDiv = document.createElement('div');
    mainDiv.id = 'divTP1';

// On crée tous les nœuds textuels, pour plus de facilité
var textNodes = [
    document.createTextNode('Le '),
    document.createTextNode('World Wide Web Consortium'),
    document.createTextNode(', abrégé par le sigle '),
    document.createTextNode('W3C'),
    document.createTextNode(', est un '),
    document.createTextNode('organisme de standardisation'),
    document.createTextNode(' à but non-lucratif chargé de
        promouvoir la compatibilité des technologies du '),
    document.createTextNode('World Wide Web'),
    document.createTextNode('.')
];

// On crée les deux <strong> et les deux <a>
var w3cStrong1 = document.createElement('strong');
var w3cStrong2 = document.createElement('strong');
```

```

w3cStrong1.appendChild(textNodes[1]);
w3cStrong2.appendChild(textNodes[3]);

var orgLink = document.createElement('a');
var wwwLink = document.createElement('a');

orgLink.href  = 'http://fr.wikipedia.org/wiki/
    Organisme_de_normalisation';
orgLink.title = 'Organisme de normalisation';
orgLink.appendChild(textNodes[5]);

wwwLink.href  = 'http://fr.wikipedia.org/wiki/World_Wide_Web';
wwwLink.title = 'World Wide Web';
wwwLink.appendChild(textNodes[7]);

// On insère le tout dans mainDiv
mainDiv.appendChild(textNodes[0]);
mainDiv.appendChild(w3cStrong1);
mainDiv.appendChild(textNodes[2]);
mainDiv.appendChild(w3cStrong2);
mainDiv.appendChild(textNodes[4]);
mainDiv.appendChild(orgLink);
mainDiv.appendChild(textNodes[6]);
mainDiv.appendChild(wwwLink);
mainDiv.appendChild(textNodes[8]);

// On insère mainDiv dans le <body>
document.body.appendChild(mainDiv);
```

▷ Essayer ce code
Code web : 966097

Par mesure de facilité, tous les nœuds textuels sont contenus dans le tableau `textNodes`, ça évite de faire 250 variables différentes. Une fois les nœuds textuels créés, on crée les éléments <a> et <strong>. Une fois que tout cela est fait, on insère le tout, un élément après l'autre, dans le `div` conteneur.

Deuxième exercice

Énoncé

```
<div id="divTP2">
  <p>Langages basés sur ECMAScript :</p>

  <ul>
    <li>JavaScript</li>
    <li>JScript</li>
    <li>ActionScript</li>
```

```
    <li>EX4</li>
  </ul>
</div>
```

On ne va tout de même pas créer quatre éléments `<li>` « à la main »... Utilisez une boucle `for` ! Et souvenez-vous, utilisez un tableau pour définir les éléments textuels.

Corrigé

La figure 10.9 représente le schéma du DOM du deuxième exercice.

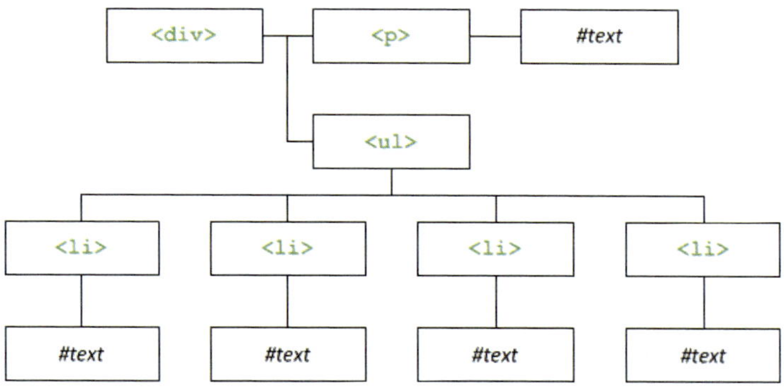

Figure 10.9 – Le schéma du DOM du deuxième exercice

```
// On crée l'élément conteneur
var mainDiv = document.createElement('div');
    mainDiv.id = 'divTP2';

// On crée tous les nœuds textuels, pour plus de facilité
var languages = [
    document.createTextNode('JavaScript'),
    document.createTextNode('JScript'),
    document.createTextNode('ActionScript'),
    document.createTextNode('EX4')
];

// On crée le paragraphe
var paragraph     = document.createElement('p');
var paragraphText = document.createTextNode('Langages basés sur
     ECMAScript :');
paragraph.appendChild(paragraphText);

// On crée la liste, et on boucle pour ajouter chaque item
var uList = document.createElement('ul'),
    uItem;

for (var i = 0, c=languages.length; i < c; i++) {
    uItem = document.createElement('li');

```

```
    uItem.appendChild(languages[i]);
    uList.appendChild(uItem);
}

// On insère le tout dans mainDiv
mainDiv.appendChild(paragraph);
mainDiv.appendChild(uList);

// On insère mainDiv dans le <body>
document.body.appendChild(mainDiv);
```

▷ Essayer ce code
Code web : 703290

Les nœuds textuels de la liste à puces sont créés par le biais du tableau `languages`, et pour créer chaque élément `<li>`, il suffit de boucler sur le nombre d'items du tableau.

Troisième exercice

Énoncé

Voici une version légèrement plus complexe de l'exercice précédent. Le schéma de fonctionnement est le même, mais ici le tableau `languages` contiendra des objets littéraux (si vous avez un trou, rendez-vous page 85), et chacun de ces objets contiendra deux propriétés : le nœud du `<dt>` et le noeud du `<dd>`.

```
<div id="divTP3">
  <p>Langages basés sur ECMAScript :</p>

  <dl>
    <dt>JavaScript</dt>
    <dd>JavaScript est un langage de programmation de scripts
       principalement utilisé dans les pages web interactives
       mais aussi coté serveur.</dd>

    <dt>JScript</dt>
    <dd>JScript est le nom générique de plusieurs implé
       mentations d'ECMAScript 3 créées par Microsoft.</dd>

    <dt>ActionScript</dt>
    <dd>ActionScript est le langage de programmation utilisé au
        sein d'applications clientes (Adobe Flash, Adobe Flex)
       et serveur (Flash media server, JRun, Macromedia
       Generator).</dd>

    <dt>EX4</dt>
    <dd>ECMAScript for XML (E4X) est une extension XML au
       langage ECMAScript.</dd>
  </dl>
</div>
```

Corrigé

La figure 10.10 représente le schéma du DOM du troisième exercice.

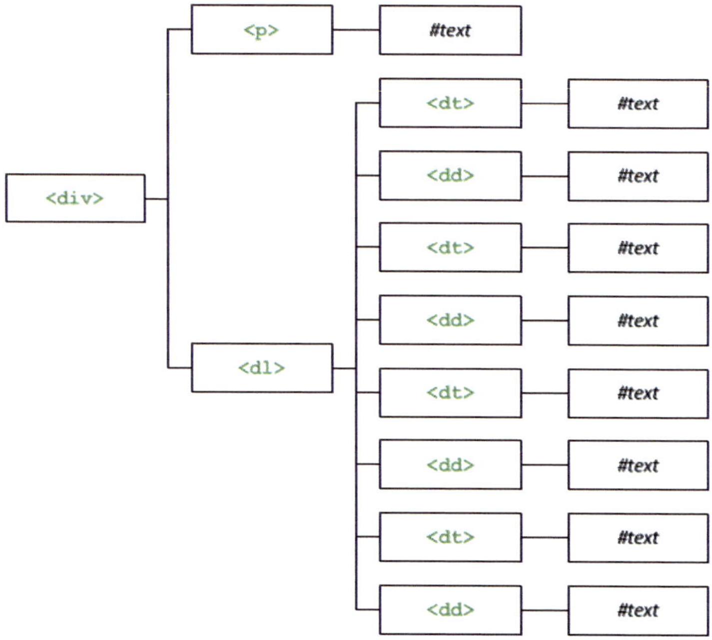

FIGURE 10.10 – Le schéma du DOM du troisième exercice

```
// On crée l'élément conteneur
var mainDiv = document.createElement('div');
    mainDiv.id = 'divTP3';

// On place le texte dans des objets, eux-mêmes placés dans un
   tableau
// Par facilité, la création des nœuds textuels se fera dans la
    boucle
var languages = [
    { t: 'JavaScript',
      d: 'JavaScript est un langage de programmation de scripts
          principalement utilisé dans les pages web
         interactives mais aussi coté serveur.' },
    { t: 'JScript',
      d: 'JScript est le nom générique de plusieurs implé
         mentations d\'ECMAScript 3 créées par Microsoft.' },
    { t: 'ActionScript',
      d: 'ActionScript est le langage de programmation utilisé
         au sein d\'applications clientes (Adobe Flash, Adobe
         Flex) et serveur (Flash media server, JRun, Macromedia
          Generator).' },
```

```
    { t: 'EX4',
      d: 'ECMAScript for XML (E4X) est une extension XML au
          langage ECMAScript.' }
];

// On crée le paragraphe
var paragraph     = document.createElement('p');
var paragraphText = document.createTextNode('Langages basés sur
    ECMAScript :');
paragraph.appendChild(paragraphText);

// On crée la liste, et on boucle pour ajouter chaque item
var defList = document.createElement('dl'),
    defTerm, defTermText,
    defDefn, defDefnText;

for (var i = 0, c=languages.length; i < c; i++) {
    defTerm = document.createElement('dt');
    defDefn = document.createElement('dd');

    defTermText = document.createTextNode(languages[i].t);
    defDefnText = document.createTextNode(languages[i].d);

    defTerm.appendChild(defTermText);
    defDefn.appendChild(defDefnText);

    defList.appendChild(defTerm);
    defList.appendChild(defDefn);
}

// On insère le tout dans mainDiv
mainDiv.appendChild(paragraph);
mainDiv.appendChild(defList);

// On insère mainDiv dans le <body>
document.body.appendChild(mainDiv);
```

Le tableau contient des objets comme ceci :

```
{
    t: 'Terme',
    d: 'Définition'}
```

▷ Essayer ce code
Code web : 191516

Créer une liste de définitions (`<dl>`) n'est pas plus compliqué qu'une liste à puces normale, la seule chose qui diffère est que `<dt>` et `<dd>` sont ajoutés conjointement au sein de la boucle.

Quatrième exercice

Énoncé

Un rien plus corsé… quoique. Ici, la difficulté réside dans le nombre important d'éléments à imbriquer les uns dans les autres. Si vous procédez méthodiquement, vous avez peu de chance de vous planter.

```
<div id="divTP4">
  <form enctype="multipart/form-data" method="post" action="
      upload.php">
    <fieldset>
      <legend>Uploader une image</legend>

      <div style="text-align: center">
        <label for="inputUpload">Image à uploader :</label>
        <input type="file" name="inputUpload" id="inputUpload"
            />
        <br /><br />
        <input type="submit" value="Envoyer" />
      </div>
    </fieldset>
  </form>
</div>
```

Corrigé

La figure 10.11 représente le schéma du DOM du quatrième exercice.

```
// On crée l'élément conteneur
var mainDiv = document.createElement('div');
    mainDiv.id = 'divTP4';

// Création de la structure du formulaire
var form        = document.createElement('form');
var fieldset    = document.createElement('fieldset');
var legend      = document.createElement('legend'),
    legendText  = document.createTextNode('Uploader une image');
var center      = document.createElement('div');

form.action   = 'upload.php';
form.enctype  = 'multipart/form-data';
form.method   = 'post';

center.setAttribute('style', 'text-align: center');

legend.appendChild(legendText);

fieldset.appendChild(legend);
fieldset.appendChild(center);
```

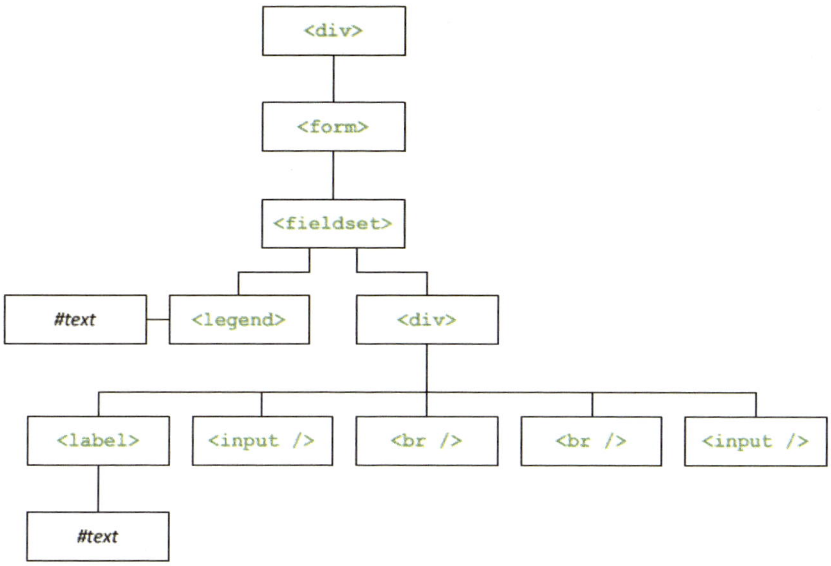

FIGURE 10.11 – Le schéma du DOM du quatrième exercice

```

form.appendChild(fieldset);

// Création des champs
var label =     document.createElement('label'),
    labelText = document.createTextNode('Image à uploader :');
var input =     document.createElement('input');
var br =        document.createElement('br');
var submit =    document.createElement('input');

input.type = 'file';
input.id   = 'inputUpload';
input.name = input.id;

submit.type  = 'submit';
submit.value = 'Envoyer';

label.htmlFor = 'inputUpload';
label.appendChild(labelText);

center.appendChild(label);
center.appendChild(input);
center.appendChild(br);
center.appendChild(br.cloneNode(false)); // On clone, pour mettre un deuxième <br />
center.appendChild(submit);

```

```
// On insère le formulaire dans mainDiv
mainDiv.appendChild(form);

// On insère mainDiv dans le <body>
document.body.appendChild(mainDiv);
```

▷ Essayer ce code
Code web : 495195

Comme il y a beaucoup d'éléments à créer, pourquoi ne pas diviser le script en deux : la structure du formulaire, et les champs. C'est plus propre, et on s'y retrouve mieux.

Conclusion des TP

Il est très probable que vous n'ayez pas organisé votre code comme dans les corrections, ou que vous n'ayez pas utilisé les mêmes idées, comme utiliser un tableau, ou même un tableau d'objets. Votre code est certainement bon, mais retenez une chose : essayez d'avoir un code clair et propre, tout en étant facile à comprendre, cela vous simplifiera la tâche !

En résumé

- Une fois qu'on a accédé à un élément, on peut naviguer vers d'autres éléments avec `parentNode`, `previousSibling` et `nextSibling`, ainsi que récupérer des informations sur le nom des éléments et leur contenu.
- Pour ajouter un élément, il faut d'abord le créer, puis lui adjoindre des attributs et enfin l'insérer à l'endroit voulu au sein du document.
- Outre le « passage par valeur », le Javascript possède un « passage par référence » qui est fréquent lorsqu'on manipule le DOM. C'est cette histoire de référence qui nous oblige à utiliser une méthode telle que `cloneNode()` pour dupliquer un élément. En effet, copier la variable qui pointe vers cet élément ne sert à rien.
- Si `appendChild()` est particulièrement pratique, `insertBefore()` l'est tout autant pour insérer un élément avant un autre. Créer une fonction `insertAfter()` est assez simple et peut faire gagner du temps.

Chapitre 11

Les événements

Difficulté :

Après l'introduction au DOM, il est temps d'approfondir ce domaine en abordant les événements en Javascript. Au cours de ce chapitre, nous étudierons l'utilisation des événements sans le DOM, avec le DOM-0 (inventé par Netscape) puis avec le DOM-2. Nous verrons comment mettre en place ces événements, les utiliser, modifier leur comportement, etc.

Après ce chapitre, vous pourrez d'ores-et-déjà commencer à interagir avec l'utilisateur, vous permettant ainsi de créer des pages web interactives capables de réagir à diverses actions effectuées soit par le visiteur, soit par le navigateur.

Que sont les événements ?

Les événements permettent de déclencher une fonction selon qu'une action s'est produite ou non. Par exemple, on peut faire apparaître une fenêtre `alert()` lorsque l'utilisateur survole une zone d'une page Web.

« Zone » est un terme un peu vague, il vaut mieux parler d'élément (HTML dans la plupart des cas). Ainsi, vous pouvez très bien ajouter un événement à un élément de votre page Web (par exemple, une balise `<div>`) pour faire en sorte de déclencher un code Javascript lorsque l'utilisateur fera une action sur l'élément en question.

La théorie

Liste des événements

Il existe de nombreux événements, tous plus ou moins utiles. Voici la liste des événements principaux, ainsi que les actions à effectuer pour qu'ils se déclenchent :

Nom de l'événement	Action pour le déclencher
`click`	Cliquer (appuyer puis relâcher) sur l'élément
`dblclick`	Double-cliquer sur l'élément
`mouseover`	Faire entrer le curseur sur l'élément
`mouseout`	Faire sortir le curseur de l'élément
`mousedown`	Appuyer (sans relâcher) sur le bouton gauche de la souris sur l'élément
`mouseup`	Relâcher le bouton gauche de la souris sur l'élément
`mousemove`	Faire déplacer le curseur sur l'élément
`keydown`	Appuyer (sans relâcher) sur une touche de clavier sur l'élément
`keyup`	Relâcher une touche de clavier sur l'élément
`keypress`	Frapper (appuyer puis relâcher) une touche de clavier sur l'élément
`focus`	« Cibler » l'élément
`blur`	Annuler le « ciblage » de l'élément
`change`	Changer la valeur d'un élément spécifique aux formulaires (`input`, `checkbox`, etc.)
`select`	Sélectionner le contenu d'un champ de texte (`input`, `textarea`, etc.)

Il a été dit précédemment que les événements `mousedown` et `mouseup` se déclenchaient avec le bouton gauche de la souris. Ceci n'est pas tout à fait exact, ces deux événements peuvent se déclencher avec d'autres boutons de la souris comme le clic de la molette ou le bouton droit. Cependant, cela ne fonctionne pas avec tous les navigateurs comme Firefox qui a choisi de bloquer cette possibilité. L'utilisation de ces deux événements se limite donc généralement au bouton gauche de la souris.

Toutefois, ce n'est pas tout, il existe aussi deux événements spécifiques à l'élément `<form>`, que voici :

Nom de l'événement	Action pour le déclencher
`submit`	Envoyer le formulaire
`reset`	Réinitialiser le formulaire

Tout cela est pour le moment très théorique, nous ne faisons que vous lister quelques événements existants, mais nous allons rapidement apprendre à les utiliser après un dernier petit passage concernant ce qu'on appelle le **focus**.

Retour sur le focus

Le focus définit ce qui peut être appelé le « ciblage » d'un élément. Lorsqu'un élément est ciblé, il va recevoir tous les événements de votre clavier. Un exemple simple est d'utiliser un `<input>` de type `text` : si vous cliquez dessus alors l'`input` possède le focus. Autrement dit : il est ciblé, et si vous tapez des caractères sur votre clavier vous allez les voir s'afficher **dans** l'`input` en question.

Le focus peut s'appliquer à de nombreux éléments, ainsi, si vous tapez sur la touche `Tabulation` de votre clavier alors que vous êtes sur une page Web, vous allez avoir un élément de ciblé ou de sélectionné qui recevra alors tout ce que vous tapez sur votre clavier. Par exemple, si vous avez un lien de ciblé et que vous tapez sur la touche `Entrée` de votre clavier alors vous serez redirigé vers l'URL contenue dans ce lien.

La pratique

Utiliser les événements

Bien, maintenant que vous avez vu le côté théorique (et barbant) des événements, nous allons pouvoir passer un peu à la pratique. Toutefois, dans un premier temps, il n'est que question de vous faire découvrir à quoi sert tel ou tel événement et comment il réagit, nous allons donc voir comment les utiliser sans le DOM, ce qui est considérablement plus limité.

Bien, commençons par l'événement `click` sur un simple `<span>` :

```
<span onclick="alert('Hello !');">Cliquez-moi !</span>
```

Comme vous pouvez le constater, il suffit de cliquer sur le texte pour que la boîte de dialogue s'affiche. Afin d'obtenir ce résultat nous avons ajouté à notre `<span>` un attribut contenant les deux lettres « on » et le nom de notre événement « click » ; nous obtenons donc « onclick ».

Cet attribut possède une valeur qui est un code Javascript, vous pouvez y écrire quasiment tout ce que vous souhaitez, mais tout doit tenir entre les guillemets de l'attribut.

Le mot-clé `this`

Ce mot-clé n'est, normalement, pas censé vous servir dès maintenant, cependant il est toujours bon de le connaître pour les événements. Il s'agit d'une propriété pointant sur l'objet actuellement en cours d'utilisation. Donc, si vous faites appel à ce mot-clé lorsqu'un événement est déclenché, l'objet pointé sera l'élément qui a déclenché l'événement. Exemple :

```
<span onclick="alert('Voici le contenu de l\'élément que vous
    avez cliqué :\n\n' + this.innerHTML);">Cliquez-moi !</span>
```

Ce mot-clé ne vous servira, dans l'immédiat, que pour l'utilisation des événements sans le DOM ou avec le DOM-1. Si vous tentez de vous en servir avec le DOM-2 vous risquez alors d'avoir quelques problèmes avec Internet Explorer ! Nous étudierons une solution plus loin.

Retour sur le focus

Afin de bien vous montrer ce qu'est le focus, voici un exemple qui vous montrera ce que ça donne sur un `input` classique et un lien :

```
<input id="input" type="text" size="50" value="Cliquez ici !"
    onfocus="this.value='Appuyez maintenant sur votre touche de
    tabulation.';" onblur="this.value='Cliquez ici !';"/>
<br />
<a href="#" onfocus="document.getElementById('input').value = '
    Vous avez maintenant le focus sur le lien, bravo !';">Un
    lien bidon</a>
```

▷ Essayer ce code
Code web : 180110

Comme vous pouvez le constater, lorsque vous cliquez sur l'`input`, celui-ci « possède » le focus : il exécute donc l'événement et affiche alors un texte différent vous demandant d'appuyer sur votre touche de tabulation. L'appui sur la touche de tabulation permet de faire passer le focus à l'élément suivant. En clair, en appuyant sur cette touche vous faites perdre le focus à l'`input`, ce qui déclenche l'événement `blur` (qui désigne la perte du focus) et fait passer le focus sur le lien qui affiche alors son message grâce à son événement `focus`.

Bloquer l'action par défaut de certains événements

Passons maintenant à un petit problème : quand vous souhaitez appliquer un événement `click` sur un lien, que se passe-t-il ? Regardez donc par vous-mêmes :

```
<a href="http://www.siteduzero.com" onclick="alert('Vous avez
    cliqué !');">Cliquez-moi !</a>
```

Si vous avez essayé le code, vous avez sûrement remarqué que la fonction `alert()` a bien fonctionné, mais qu'après vous avez été redirigé vers le Site du Zéro, or on souhaite bloquer cette redirection. Pour cela, il suffit juste d'ajouter le code `return false;` dans notre événement `click` :

```
<a href="http://www.siteduzero.com" onclick="alert('Vous avez
    cliqué !'); return false;">Cliquez-moi !</a>
```

Ici, le `return false;` sert juste à bloquer l'action par défaut de l'événement qui le déclenche.

À noter que l'utilisation de `return true;` permet de faire fonctionner l'événement comme si de rien n'était. En clair, comme si on n'utilisait pas de `return false;` Cela peut avoir son utilité si vous utilisez, par exemple, la fonction `confirm()` dans votre événement.

L'utilisation de `javascript:` dans les liens, une technique prohibée

Dans certains cas, vous allez devoir créer des liens juste pour leur attribuer un événement `click` et non pas pour leur fournir un lien vers lequel rediriger. Dans ce genre de cas, il est courant de voir ce type de code :

```
<a href="javascript: alert('Vous avez cliqué !');">Cliquez-moi
    !</a>
```

Nous vous déconseillons fortement de faire cela ! Si vous le faites quand même, ne venez pas dire que vous avez appris le Javascript grâce à ce cours, ce serait la honte pour nous ! :p

Plus sérieusement, il s'agit d'une vieille méthode qui permet d'insérer du Javascript directement dans l'attribut `href` de votre lien juste en ajoutant `javascript:` au début de l'attribut. Cette technique est maintenant obsolète et nous serions déçus de vous voir l'utiliser, nous vous en déconseillons donc très fortement l'utilisation et vous proposons même une méthode alternative :

```
<a href="#" onclick="alert('Vous avez cliqué !'); return false;
    ">Cliquez-moi !</a>
```

Concrètement, qu'est-ce qui change ? On a tout d'abord remplacé l'immonde `javascript:` par un dièse (#) puis on a mis notre code Javascript dans l'événement approprié (`click`). Par ailleurs, on libère l'attribut `href`, ce qui nous permet, si besoin, de laisser un lien pour ceux qui n'activent pas le Javascript ou bien encore pour ceux qui aiment bien ouvrir leurs liens dans de nouveaux onglets.

OK, j'ai compris, mais pourquoi un `return false;` ?

Tout simplement parce que le dièse redirige tout en haut de la page Web, ce qui n'est pas ce que l'on souhaite. On bloque donc cette redirection avec notre petit bout de code.

Vous savez maintenant que l'utilisation de `javascript:` dans les liens est prohibée et c'est déjà une bonne chose. Cependant, gardez bien à l'esprit que l'utilisation d'un lien uniquement pour le déclenchement d'un événement `click` n'est pas une bonne chose, préférez plutôt l'utilisation d'une balise `<button>` à laquelle vous aurez retiré le style CSS. La balise `<a>`, elle, est conçue pour rediriger vers une page Web et non pas pour servir exclusivement de déclencheur !

Les événements au travers du DOM

Bien, maintenant que nous avons vu l'utilisation des événements sans le DOM, nous allons passer à leur utilisation au travers de l'interface implémentée par Netscape que l'on appelle le DOM-0 puis au standard de base actuel : le DOM-2.

Le DOM-0

Cette interface est vieille mais n'est pas forcément dénuée d'intérêt. Elle reste très pratique pour créer des événements et peut parfois être préférée au DOM-2.

Commençons par créer un simple code avec un événement `click` :

```
<span id="clickme">Cliquez-moi !</span>

<script>

  var element = document.getElementById('clickme');

  element.onclick = function() {
      alert("Vous m'avez cliqué !");
  };

</script>
```

Alors, voyons par étapes ce que nous avons fait dans ce code :

- On récupère tout d'abord l'élément HTML dont l'ID est `clickme` ;
- On accède ensuite à la propriété `onclick` à laquelle on assigne une fonction anonyme ;
- Dans cette même fonction, on fait un appel à la fonction `alert()` avec un texte en paramètre.

Comme vous le voyez, on définit maintenant les événements non plus dans le code HTML mais directement en Javascript. Chaque événement standard possède donc une propriété dont le nom est, à nouveau, précédé par les deux lettres « on ». Cette propriété ne prend plus pour valeur un code Javascript brut, mais soit le nom d'une fonction, soit une fonction anonyme. Bref, dans tous les cas, il faut lui fournir une fonction qui contiendra le code à exécuter en cas de déclenchement de l'événement.

Concernant la suppression d'un événement avec le DOM-0, il suffit tout simplement de lui attribuer une fonction anonyme vide :

```
element.onclick = function() {};
```

Voilà tout pour les événements DOM-0, nous pouvons maintenant passer au cœur des événements : le DOM-2 et l'objet `Event`.

Le DOM-2

Nous y voici enfin ! Alors, tout d'abord, pourquoi le DOM-2 et non pas le DOM-0 voire pas de DOM du tout ? Concernant la méthode sans le DOM, c'est simple : on ne peut pas y utiliser l'objet `Event` qui est pourtant une mine d'informations sur l'événement déclenché. Il est donc conseillé de mettre cette méthode de côté dès maintenant (nous l'avons enseignée juste pour que vous sachiez la reconnaître). En ce qui concerne le DOM-0, il a deux problèmes majeurs : il est vieux, et il ne permet pas de créer plusieurs fois le même événement.

Le DOM-2, lui, permet la création multiple d'un même événement et gère aussi l'objet `Event`. Autrement dit, le DOM-2 c'est bien, mangez-en !

En clair, il faut constamment utiliser le DOM-2 ?

Non, pas vraiment. Autant la technique sans le DOM est à bannir, autant l'utilisation du DOM-0 est largement possible, tout dépend de votre code. D'ailleurs, dans la majorité des cas, vous choisirez le DOM-0 pour sa simplicité d'utilisation et sa rapidité de mise en place. Ce n'est, généralement, que lorsque vous aurez besoin de créer plusieurs événements d'un même type (`click`, par exemple) que vous utiliserez le DOM-2.

Cependant, attention ! S'il y a bien une situation où nous conseillons de toujours utiliser le DOM-2, c'est lorsque vous créez un script Javascript que vous souhaitez distribuer. Pourquoi ? Eh bien admettons que votre script ajoute (avec le DOM-0) un événement `click` à l'élément <body>, si la personne qui décide d'ajouter votre script à sa page a déjà créé cet événement (avec le DOM-0 bien sûr) alors il va y avoir une réécriture puisque cette version du DOM n'accepte qu'un seul événement d'un même type !

Le DOM-2 selon les standards du Web

Comme pour les autres interfaces événementielles, voici un exemple avec l'événement `click` :

```
<span id="clickme">Cliquez-moi !</span>

<script>

  var element = document.getElementById('clickme');

  element.addEventListener('click', function() {
      alert("Vous m'avez cliqué !");
  }, false);

</script>
```

Concrètement, qu'est-ce qui change par rapport au DOM-0 ? Alors tout d'abord nous n'utilisons plus une propriété mais une méthode nommée `addEventListener()` (qui ne fonctionne pas sous IE8 et antérieur, mais nous en reparlerons par la suite), et qui prend trois paramètres :

- Le nom de l'événement (sans les lettres « on ») ;
- La fonction à exécuter ;
- Un booléen pour spécifier si l'on souhaite utiliser la phase de capture ou bien celle de bouillonnement. Nous expliquerons ce concept un peu plus tard dans ce chapitre. Sachez simplement que l'on utilise généralement la valeur `false` pour ce paramètre.

Une petite explication s'impose pour ceux qui n'arriveraient éventuellement pas à comprendre le code précédent : nous avons bel et bien utilisé la méthode `addEventListener()`, elle est simplement écrite sur trois lignes :

- La première ligne contient l'appel à la méthode `addEventListener()`, le premier paramètre, et l'initialisation de la fonction anonyme pour le deuxième paramètre ;
- La deuxième ligne contient le code de la fonction anonyme ;
- La troisième ligne contient l'accolade fermante de la fonction anonyme, puis le troisième paramètre.

Ce code revient à écrire le code suivant, de façon plus rapide :

```
var element = document.getElementById('clickme');

```

```
var myFunction = function() {
    alert("Vous m'avez cliqué !");
};

element.addEventListener('click', myFunction, false);
```

Comme indiqué plus haut, le DOM-2 permet la création multiple d'événements identiques pour un même élément, ainsi, vous pouvez très bien faire ceci :

```
<span id="clickme">Cliquez-moi !</span>

<script>

  var element = document.getElementById('clickme');

  // Premier événement click
  element.addEventListener('click', function() {
      alert("Et de un !");
  }, false);

  // Deuxième événement click
  element.addEventListener('click', function() {
      alert("Et de deux !");
  }, false);

</script>
```

Si vous avez exécuté ce code, vous avez peut-être eu les événements déclenchés dans l'ordre de création, cependant ce ne sera pas forcément le cas à chaque essai. En effet, l'ordre de déclenchement est un peu aléatoire...

Venons-en maintenant à la suppression des événements ! Celle-ci s'opère avec la méthode `removeEventListener()` et se fait de manière très simple :

```
element.addEventListener('click', myFunction, false); // On cré
    e l'événement

element.removeEventListener('click', myFunction, false); // On
    supprime l'événement en lui repassant les mêmes paramètres
```

Toute suppression d'événement avec le DOM-2 se fait avec les mêmes paramètres utilisés lors de sa création ! Cependant, cela ne fonctionne pas aussi facilement avec les fonctions anonymes ! Tout événement DOM-2 créé avec une fonction anonyme est particulièrement complexe à supprimer, car il faut posséder une référence vers la fonction concernée, ce qui n'est généralement pas le cas avec une fonction anonyme.

Le DOM-2 selon Internet Explorer

Ah ! Le fameux Internet Explorer ! Jusqu'à présent nous n'avions quasiment aucun problème avec lui, il respectait les standards, mais cela ne pouvait pas durer éternellement.

Et voilà que les méthodes `addEventListener()` et `removeEventListener()` ne fonctionnent pas ! Alors que faut-il utiliser du coup ? Eh bien les méthodes `attachEvent()` et `detachEvent()` ! Celles-ci s'utilisent de la même manière que les méthodes standards sauf que le troisième paramètre n'existe pas et que l'événement doit être préfixé par « on » (encore, oui...). Exemple :

```
// On crée l'événement
element.attachEvent('onclick', function() {
    alert('Tadaaaam !');
});

// On supprime l'événement en lui repassant les mêmes paramètres
element.detachEvent('onclick', function() {
    alert('Tadaaaam !');
});
```

Internet Explorer, à partir de sa neuvième version, supporte les méthodes standards. En revanche, pour les versions antérieures il vous faudra jongler entre les méthodes standards et les méthodes de IE. Généralement, on utilise un code de ce genre pour gérer la compatibilité entre navigateurs :

```
function addEvent(element, event, func) {

    if (element.addEventListener) { // Si notre élément possède la méthode addEventListener()
        element.addEventListener(event, func, false);
    } else { // Si notre élément ne possède pas la méthode addEventListener()
        element.attachEvent('on' + event, func);
    }

}

addEvent(element, 'click', function() {
    // Votre code
});
```

Les phases de capture et de bouillonnement

Du côté de la théorie

Vous souvenez-vous que notre méthode `addEventListener()` prend trois paramètres ? Nous vous avions dit que nous allions revenir sur l'utilisation de son troisième paramètre plus tard. Eh bien ce « plus tard » est arrivé !

Capture ? Bouillonnement ? De quoi parle-t-on ?

Ces deux phases sont deux étapes distinctes de l'exécution d'un événement. La première, la **capture** (**capture** en anglais), s'exécute avant le déclenchement de l'événement, tandis que la deuxième, le **bouillonnement** (**bubbling** en anglais), s'exécute après que l'événement a été déclenché. Toutes deux permettent de définir le sens de propagation des événements.

Mais qu'est-ce que la propagation d'un événement ? Pour expliquer cela, prenons un exemple avec ces deux éléments HTML :

```
<div>
  <span>Du texte !</span>
</div>
```

Si nous attribuons une fonction à l'événement `click` de chacun de ces deux éléments et que l'on clique sur le texte, quel événement va se déclencher en premier à votre avis ? Bonne question n'est-ce pas ?

Notre réponse se trouve dans les phases de capture et de bouillonnement. Si vous décidez d'utiliser la capture, alors l'événement du `<div>` se déclenchera en premier puis viendra ensuite l'événement du `<span>`. En revanche, si vous utilisez le bouillonnement, ce sera d'abord l'événement du `<span>` qui se déclenchera, puis viendra par la suite celui du `<div>`.

Voici un petit code qui met en pratique l'utilisation de ces deux phases :

```
<div id="capt1">
  <span id="capt2">Cliquez-moi pour la phase de capture.</span>
</div>

<div id="boul1">
  <span id="boul2">Cliquez-moi pour la phase de bouillonnement
      .</span>
</div>

<script>
    var capt1 = document.getElementById('capt1'),
        capt2 = document.getElementById('capt2'),
        boul1 = document.getElementById('boul1'),
        boul2 = document.getElementById('boul2');

    capt1.addEventListener('click', function() {
        alert("L'événement du div vient de se déclencher.");
    }, true);

    capt2.addEventListener('click', function() {
        alert("L'événement du span vient de se déclencher.");
    }, true);

    boul1.addEventListener('click', function() {
        alert("L'événement du div vient de se déclencher.");
    }, false);

```

```
    boul2.addEventListener('click', function() {
        alert("L'événement du span vient de se déclencher.");
    }, false);
</script>
```

▷ Essayer ce code
Code web : 849071

Et pour finir, un lien vers la spécification du W3C concernant ces phases si vous avez envie d'aller plus loin. Il est conseillé de regarder ce lien ne serait-ce que pour voir le schéma fourni qui explique bien le concept de ces phases.

▷ La spécification du W3C
Code web : 731641

Du côté de la pratique

Bien, vous savez maintenant à quoi servent ces deux phases et pourtant, même si en théorie ce système se révèle utile, en pratique vous ne vous en servirez quasiment jamais pour la simple et bonne raison que la méthode `attachEvent()` d'Internet Explorer ne gère que la phase de bouillonnement, ce qui explique que l'on mette généralement le dernier paramètre de `addEventListener()` à `false`.

Autre chose, les événements sans le DOM ou avec le DOM-0 ne gèrent, eux aussi, que la phase de bouillonnement.

Cela dit, ne vous en faites pas, vous n'avez pas appris ça en vain. Il est toujours bon de savoir cela, à la fois pour la connaissance globale du Javascript, mais aussi pour comprendre ce que vous faites quand vous codez.

L'objet `Event`

Maintenant que nous avons vu comment créer et supprimer des événements, nous pouvons passer à l'objet Event !

Généralités sur l'objet `Event`

Tout d'abord, à quoi sert cet objet ? À vous fournir une multitude d'informations sur l'événement actuellement déclenché. Par exemple, vous pouvez récupérer quelles sont les touches actuellement enfoncées, les coordonnées du curseur, l'élément qui a déclenché l'événement... Les possibilités sont nombreuses !

Cet objet est bien particulier dans le sens où il n'est accessible que lorsqu'un événement est déclenché. Son accès ne peut se faire que dans une fonction exécutée par un événement, cela se fait de la manière suivante avec le DOM-0 :

```
element.onclick = function(e) { // L'argument « e » va récupérer une référence vers l'objet « Event »
```

```
    alert(e.type); // Ceci affiche le type de l'événement (
        click, mouseover, etc.)
};
```

Et de cette façon là avec le DOM-2 :

```
element.addEventListener('click', function(e) { // L'argument «
        e » va récupérer une référence vers l'objet « Event »
    alert(e.type); // Ceci affiche le type de l'événement (
        click, mouseover, etc.)
}, false);
```

> Quand on transmet un objet Event en paramètre, on le nomme généralement e.

Il est important de préciser que l'objet `Event` peut se récupérer dans un argument autre que `e` ! Vous pouvez très bien le récupérer dans un argument nommé `test`, `hello`, ou autre... Après tout, l'objet `Event` est tout simplement passé en référence à l'argument de votre fonction, ce qui vous permet de choisir le nom que vous souhaitez.

> Concernant Internet Explorer (dans toutes ses versions antérieures à la neuvième), si vous souhaitez utiliser le DOM-0 vous constaterez que l'objet Event n'est accessible qu'en utilisant `window.event`, ce qui signifie qu'il n'est pas nécessaire (pour IE bien entendu) d'utiliser un argument dans la fonction exécutée par l'événement. **A contrario**, si vous utilisez le DOM-2, vous n'êtes pas obligés d'utiliser `window.event`. Afin de garder la compatibilité avec les autres navigateurs, on utilisera généralement ce code dans la fonction exécutée par l'événement : `e = e || window.event;`.

Les fonctionnalités de l'objet `Event`

Vous avez déjà découvert la propriété `type` qui permet de savoir quel type d'événement s'est déclenché. Passons maintenant à la découverte des autres propriétés et méthodes que possède cet objet (attention, tout n'est pas présenté, seulement l'essentiel) :

Récupérer l'élément de l'événement actuellement déclenché

Une des plus importantes propriétés de notre objet se nomme `target`. Celle-ci permet de récupérer une référence vers l'élément dont l'événement a été déclenché (exactement comme le `this` pour les événements sans le DOM ou avec DOM-0), ainsi vous pouvez très bien modifier le contenu d'un élément qui a été cliqué :

```
<span id="clickme">Cliquez-moi !</span>

<script>
```

```
    var clickme = document.getElementById('clickme');

    clickme.addEventListener('click', function(e) {
        e.target.innerHTML = 'Vous avez cliqué !';
    }, false);
</script>
```

Comme il y a toujours un problème quelque part, voilà qu'Internet Explorer (versions antérieures à la version 9) ne supporte pas cette propriété. Ou plutôt, il la supporte à sa manière avec la propriété `srcElement`. Voici le même code que précédemment mais compatible avec tous les navigateurs (dont IE) :

```
<span id="clickme">Cliquez-moi !</span>

<script>
    function addEvent(element, event, func) { // On réutilise notre fonction de compatibilité pour les événements DOM-2
        if (element.addEventListener) {
            element.addEventListener(event, func, false);
        } else {
            element.attachEvent('on' + event, func);
        }
    }

    var clickme = document.getElementById('clickme');

    addEvent(clickme, 'click', function(e) {
        var target = e.target || e.srcElement; // Si vous avez oublié cette spécificité de l'opérateur OU, allez voir le chapitre des conditions
        target.innerHTML = 'Vous avez cliqué !';
    });
</script>
```

▷ Essayer ce code
Code web : 759224

À noter qu'ici nous avons fait un code compatible pour Internet Explorer parce que le but était de gérer la compatibilité, mais pour le reste des autres codes nous ne le ferons que si cela s'avère nécessaire. Il vaut donc mieux avoir un navigateur à jour pour pouvoir tester tous les codes de ce cours.

Récupérer l'élément à l'origine du déclenchement de l'événement

Hum, ce n'est pas un peu la même chose ?

Eh bien non ! Pour expliquer cela de façon simple, certains événements appliqués à un élément parent peuvent se propager d'eux-mêmes aux éléments enfants ; c'est le cas des événements `mouseover`, `mouseout`, `mousemove`, `click`... ainsi que d'autres événements moins utilisés. Regardez donc cet exemple pour mieux comprendre :

```
<p id="result"></p>

<div id="parent1">
  Parent
  <div id="child1">Enfant N°1</div>
  <div id="child2">Enfant N°2</div>
</div>

<script>
    var parent1 = document.getElementById('parent1'),
        result = document.getElementById('result');

    parent1.addEventListener('mouseover', function(e) {
        result.innerHTML = "L'élément déclencheur de l'événement \"mouseover\" possède l'ID : " + e.target.id;
    }, false);
</script>
```

▷ Essayer ce code
Code web : 631540

En testant cet exemple, vous avez sûrement remarqué que la propriété `target` renvoyait toujours l'élément déclencheur de l'événement, or nous souhaitons obtenir l'élément sur lequel a été appliqué l'événement. Autrement dit, on veut connaître l'élément à l'origine de cet événement, et non pas ses enfants.

La solution est simple : utiliser la propriété `currentTarget` au lieu de `target`. Essayez donc par vous-mêmes après modification de cette seule ligne, l'ID affiché ne changera jamais :

```
result.innerHTML = "L'élément déclencheur de l'événement \"mouseover\" possède l'ID : " + e.currentTarget.id;
```

▷ Essayer le code complet
Code web : 514715

Bien que cette propriété semble intéressante pour certains cas d'application, il est assez difficile de la mettre en pratique car Internet Explorer (versions antérieures à la version 9) ne la supporte pas et il n'y a pas d'autre possibilité correcte (mis à part avec l'utilisation du mot-clé `this` avec le DOM-0 ou sans le DOM).

Récupérer la position du curseur

La position du curseur est une information très importante, beaucoup de monde s'en sert pour de nombreux scripts comme le *drag & drop*. Généralement, on récupère la position du curseur par rapport au coin supérieur gauche de la page Web, cela dit il est aussi possible de récupérer sa position par rapport au coin supérieur gauche de l'écran. Toutefois, dans ce tutoriel, nous allons nous limiter à la page Web. Regardez la documentation de l'objet `Event` si vous souhaitez en apprendre plus.

Pour récupérer la position de notre curseur, il existe deux propriétés : `clientX` pour la position horizontale et `clientY` pour la position verticale. Étant donné que la position du curseur change à chaque déplacement de la souris, il est donc logique de dire que l'événement le plus adapté à la majorité des cas est `mousemove`.

Il est très fortement déconseillé d'essayer d'exécuter la fonction `alert()` dans un événement `mousemove` ou bien vous allez rapidement être submergés de fenêtres !

Comme d'habitude, voici un petit exemple pour que vous compreniez bien :

```
<div id="position"></div>

<script>
    var position = document.getElementById('position');

    document.addEventListener('mousemove', function(e) {
        position.innerHTML = 'Position X : ' + e.clientX + 'px<br />Position Y : ' + e.clientY + 'px';
    }, false);
</script>
```

▷ Essayer ce code
Code web : 185032

Pas très compliqué, n'est-ce pas ? Bon, il est possible que vous trouviez l'intérêt de ce code assez limité, mais quand vous saurez manipuler les propriétés CSS des éléments vous pourrez, par exemple, faire en sorte que des éléments HTML suivent votre curseur. Ce sera déjà bien plus sympathique !

Récupérer l'élément en relation avec un événement de souris

Cette fois nous allons étudier une propriété un peu plus « exotique » assez peu utilisée mais qui peut pourtant se révéler très utile ! Il s'agit de `relatedTarget` et elle ne s'utilise qu'avec les événements `mouseover` et `mouseout`. Cette propriété remplit deux fonctions différentes selon l'événement utilisé. Avec l'événement `mouseout`, elle vous fournira l'objet de l'élément sur lequel le curseur vient d'entrer ; avec l'événement `mouseover`, elle vous fournira l'objet de l'élément dont le curseur vient de sortir.

Voici un exemple qui illustre son fonctionnement :

```
<p id="result"></p>

<div id="parent1">
  Parent N°1<br />
  Mouseover sur l'enfant
  <div id="child1">Enfant N°1</div>
</div>

<div id="parent2">
  Parent N°2<br />
  Mouseout sur l'enfant
  <div id="child2">Enfant N°2</div>
</div>

<script>
    var child1 = document.getElementById('child1'),
        child2 = document.getElementById('child2'),
        result = document.getElementById('result');

    child1.addEventListener('mouseover', function(e) {
        result.innerHTML = "L'élément quitté juste avant que le
            curseur n'entre sur l'enfant n°1 est : " + e.
            relatedTarget.id;
    }, false);

    child2.addEventListener('mouseout', function(e) {
        result.innerHTML = "L'élément survolé juste après que
            le curseur ait quitté l'enfant n°2 est : " + e.
            relatedTarget.id;
    }, false);
</script>
```

▷ Essayer ce code
Code web : 558115

Concernant Internet Explorer (toutes versions antérieures à la neuvième), il vous faut utiliser les propriétés `fromElement` et `toElement` de la façon suivante :

```
child1.attachEvent('onmouseover', function(e) {
    result.innerHTML = "L'élément quitté juste avant que le
```

```
        curseur n'entre sur l'enfant n°1 est : " + e.fromElement
        .id;
});

child2.attachEvent('onmouseout', function(e) {
    result.innerHTML = "L'élément survolé juste après que le
        curseur ait quitté l'enfant n°2 est : " + e.toElement.id
        ;
});
```

Récupérer les touches frappées par l'utilisateur

La récupération des touches frappées se fait par le biais de trois événements différents. Dit comme ça, cela laisse sur un sentiment de complexité, mais vous allez voir qu'au final tout est beaucoup plus simple qu'il n'y paraît.

Les événements `keyup` et `keydown` sont conçus pour capter toutes les frappes de touches. Ainsi, il est parfaitement possible de détecter l'appui sur la touche `A` voire même sur la touche `Ctrl`. La différence entre ces deux événements se situe dans l'ordre de déclenchement : `keyup` se déclenche lorsque vous relâchez une touche, tandis que `keydown` se déclenche au moment de l'appui sur la touche (comme `mousedown`). Cependant, faites bien attention avec ces deux événements : toutes les touches retournant un caractère retournerons un caractère **majuscule**, que la touche `Maj` soit pressée ou non.

L'événement `keypress`, lui, est d'une toute autre utilité : il sert uniquement à capter les touches qui écrivent un caractère, oubliez donc les `Ctrl`, `Alt` et autres touches de ce genre qui n'affichent pas de caractère. Alors, forcément, vous vous demandez probablement à quoi peut bien servir cet événement au final ? Eh bien son avantage réside dans sa capacité à détecter les combinaisons de touches ! Ainsi, si vous faites la combinaison `Maj` + `A`, l'événement `keypress` détectera bien un A majuscule là où les événements `keyup` et `keydown` se déclencheront deux fois, une fois pour la touche `Maj` et une deuxième fois pour la touche `A`.

Et j'utilise quelle propriété pour récupérer mon caractère, du coup ?

Si nous devions énumérer toutes les propriétés capables de vous fournir une valeur, il y en aurait trois : `keyCode`, `charCode` et `which`. Ces propriétés renvoient chacune un code ASCII correspondant à la touche pressée.

▷ Code ASCII
Code web : 586618

Cependant, la propriété `keyCode` est amplement suffisante dans tous les cas, comme vous pouvez le constater dans l'exemple qui suit :

```
<p>
```

```
    <input id="field" type="text" />
</p>

<table>
    <tr>
        <td>keydown</td>
        <td id="down"></td>
    </tr>
    <tr>
        <td>keypress</td>
        <td id="press"></td>
    </tr>
    <tr>
        <td>keyup</td>
        <td id="up"></td>
    </tr>
</table>

<script>
    var field = document.getElementById('field'),
        down = document.getElementById('down'),
        press  = document.getElementById('press'),
        up   = document.getElementById('up');

    document.addEventListener('keydown', function(e) {
        down.innerHTML = e.keyCode;
    }, false);

    document.addEventListener('keypress', function(e) {
        press.innerHTML = e.keyCode;
    }, false);

    document.addEventListener('keyup', function(e) {
        up.innerHTML = e.keyCode;
    }, false);
</script>
```

▷ Essayer ce code
Code web : 879339

Je ne veux pas obtenir un code, mais le caractère !

Dans ce cas, il n'existe qu'une seule solution : la méthode `fromCharCode()`. Elle prend en paramètre une infinité d'arguments. Cependant, pour des raisons un peu particulières qui ne seront abordées que plus tard dans ce cours, sachez que cette méthode s'utilise avec le préfixe `String.`, comme suit :

```
String.fromCharCode(/* valeur */);
```

Cette méthode est donc conçue pour convertir les valeurs ASCII vers des caractères lisibles. Faites donc bien attention à n'utiliser cette méthode qu'avec un événement `keypress` afin d'éviter d'afficher, par exemple, le caractère d'un code correspondant à la touche `Ctrl`, cela ne fonctionnera pas !

Pour terminer, voici un court exemple :

```
String.fromCharCode(84, 101, 115, 116); // Affiche : Test
```

Bloquer l'action par défaut de certains événements

Eh oui, nous y revenons ! Nous avons vu qu'il est possible de bloquer l'action par défaut de certains événements, comme la redirection d'un lien vers une page Web. Sans le DOM-2, cette opération était très simple vu qu'il suffisait d'écrire `return false;`. Avec l'objet `Event`, c'est quasiment tout aussi simple vu qu'il suffit juste d'appeler la méthode `preventDefault()` !

Reprenons l'exemple que nous avions utilisé pour les événements sans le DOM et utilisons donc cette méthode :

```
<a id="link" href="http://www.siteduzero.com">Cliquez-moi !</a>

<script>
    var link = document.getElementById('link');

    link.addEventListener('click', function(e) {
        e.preventDefault(); // On bloque l'action par défaut de
            cet événement
        alert('Vous avez cliqué !');
    }, false);
</script>
```

▷ Essayer ce code
Code web : 899578

C'est simple comme bonjour et ça fonctionne sans problème avec tous les navigateurs, que demander de plus ? Enfin, tous les navigateurs sauf les versions d'Internet Explorer antérieures à la neuvième (c'est pénible, hein ?). Pour IE, il va vous falloir utiliser la propriété `returnValue` et lui attribuer la valeur `false` pour bloquer l'action par défaut :

```
e.returnValue = false;
```

Pour avoir un code compatible avec tous les navigateurs, utilisez donc ceci :

```
e.returnValue = false;

if (e.preventDefault) {
    e.preventDefault();
}
```

Résoudre les problèmes d'héritage des événements

En Javascript, il existe un problème fréquent que nous vous proposons d'étudier et de résoudre afin de vous éviter bien des peines lorsque cela vous arrivera.

Le problème

Plutôt que de vous expliquer le problème, nous allons vous le faire constater. Prenez donc ce code HTML ainsi que ce code CSS :

```html
<div id="myDiv">
  <div>Texte 1</div>
  <div>Texte 2</div>
  <div>Texte 3</div>
  <div>Texte 4</div>
</div>

<div id="results"></div>
```

```css
#myDiv, #results {
  margin: 50px;
}

#myDiv {
  padding: 10px;
  width: 200px;
  text-align: center;
  background-color: #000;
}

#myDiv div {
  margin: 10px;
  background-color: #555;
}
```

Maintenant, voyons ce que nous souhaitons obtenir. Notre but ici est de faire en sorte de détecter quand le curseur entre sur notre élément `#myDiv` et quand il en ressort. Vous allez donc penser qu'il n'y a rien de plus facile et vous lancer dans un code de ce genre :

```javascript
var myDiv = document.getElementById('myDiv'),
    results = document.getElementById('results');

myDiv.onmouseover = function() {
    results.innerHTML += "Le curseur vient d'entrer.";
};

myDiv.onmouseout = function() {
    results.innerHTML += "Le curseur vient de sortir.";
};
```

▷ Essayer ce code
Code web : 997060

Alors ? Avez-vous essayé de faire passer votre curseur sur toute la surface du `<div>` `#myDiv` ? Il y a effectivement quelques lignes en trop qui s'affichent dans nos résultats...

Je ne vois absolument pas d'où ça peut venir...

Si cela peut vous rassurer, personne ne voit bien d'où cela peut venir au premier coup d'œil. En fait, le souci est tout bête et a déjà été fortement évoqué au travers de ce chapitre, relisez donc ceci :

« Certains événements appliqués à un élément parent peuvent se propager d'eux-mêmes aux éléments enfants, c'est le cas des événements `mouseover`, `mouseout`, `mousemove`, `click`... ainsi que d'autres événements moins utilisés. »

Voici notre problème : les enfants héritent des propriétés des événements susnommés appliqués aux éléments parents. Ainsi, lorsque vous déplacez votre curseur depuis le `<div>` `#myDiv` jusqu'à un `<div>` enfant, vous allez déclencher l'événement `mouseout` sur `#myDiv` et l'événement `mouseover` sur le `<div>` enfant.

La solution

Afin de pallier ce problème, il existe une solution assez tordue. Vous souvenez-vous de la propriété `relatedTarget` abordée dans ce chapitre ? Son but va être de détecter quel est l'élément vers lequel le curseur se dirige ou de quel élément il provient.

Ainsi, nous avons deux cas de figure :

- Dans le cas de l'événement `mouseover`, nous devons détecter la **provenance** du curseur. Si le curseur vient d'un enfant de `#myDiv` alors le code de l'événement ne devra pas être exécuté. S'il provient d'un élément extérieur à `#myDiv` alors l'exécution du code peut s'effectuer.
- Dans le cas de `mouseout`, le principe est similaire, si ce n'est que là nous devons détecter la **destination** du curseur. Dans le cas où la destination du curseur est un enfant de `#myDiv` alors le code de l'événement n'est pas exécuté, sinon il s'exécutera sans problème.

Mettons cela en pratique avec l'événement `mouseover` pour commencer. Voici le code d'origine :

```
myDiv.onmouseover = function() {
    results.innerHTML += "Le curseur vient d'entrer.";
};
```

Il nous faut maintenant obtenir l'élément de provenance. Puisque `relatedTarget` n'est pas supporté par les vieilles versions d'Internet Explorer, nous allons devoir ruser un peu :

```
myDiv.onmouseover = function(e) {

    e = e || window.event; // Compatibilité IE
    var relatedTarget = e.relatedTarget || e.fromElement; // Idem

    results.innerHTML += "Le curseur vient d'entrer.";

};
```

Maintenant, il nous faut savoir si l'élément en question est un enfant direct de `myDiv` ou non. La solution consiste à remonter tout le long de ses éléments parents jusqu'à tomber soit sur `myDiv`, soit sur l'élément `<body>` qui désigne l'élément HTML le plus haut dans notre document. Il va donc nous falloir une boucle `while` :

```
myDiv.onmouseover = function(e) {

    e = e || window.event; // Compatibilité IE
    var relatedTarget = e.relatedTarget || e.fromElement; // Idem

    while (relatedTarget != myDiv && relatedTarget.nodeName != 'BODY') {
        relatedTarget = relatedTarget.parentNode;
    }

    results.innerHTML += "Le curseur vient d'entrer.";

};
```

Ainsi, nous retrouverons dans notre variable `relatedTarget` le premier élément trouvé qui correspond à nos critères, donc soit `myDiv`, soit `<body>`. Il nous suffit alors d'insérer une condition qui exécutera le code de notre événement uniquement dans le cas où la variable `relatedTarget` ne pointe pas sur l'élément `myDiv` :

```
myDiv.onmouseover = function(e) {

    e = e || window.event; // Compatibilité IE
    var relatedTarget = e.relatedTarget || e.fromElement; // Idem

    while (relatedTarget != myDiv && relatedTarget.nodeName != 'BODY') {
        relatedTarget = relatedTarget.parentNode;
    }

    if (relatedTarget != myDiv) {
        results.innerHTML += "Le curseur vient d'entrer.";
    }

};
```

Cependant, il reste encore un petit cas de figure qui n'a pas été géré et qui peut être source de problèmes ! Comme vous le savez, la balise `<body>` ne couvre pas forcément la page Web complète de votre navigateur, ce qui fait que votre curseur peut provenir d'un élément situé encore plus haut que la balise `<body>`. Cet élément correspond à la balise `<html>` — soit l'élément `document` en Javascript —, il nous faut donc faire une petite modification afin de bien préciser que si le curseur provient de `document` il ne peut forcément pas provenir de `myDiv` :

```
myDiv.onmouseover = function(e) {

    e = e || window.event; // Compatibilité IE
    var relatedTarget = e.relatedTarget || e.fromElement; //
        Idem

    while (relatedTarget != myDiv && relatedTarget.nodeName !=
        'BODY' && relatedTarget != document) {
        relatedTarget = relatedTarget.parentNode;
    }

    if (relatedTarget != myDiv) {
        results.innerHTML += "Le curseur vient d'entrer.";
    }

};
```

Voilà ! Maintenant, notre événement `mouseover` fonctionne comme nous le souhaitions ! Rassurez-vous, vous avez fait le plus gros, il ne nous reste plus qu'à adapter un peu le code pour l'événement `mouseout`. Cet événement va utiliser le même code que celui de `mouseover` à deux choses près :

- Le texte à afficher n'est pas le même ;
- Nous n'utilisons plus `fromElement` mais `toElement`, car nous souhaitons l'élément de destination.

Ce qui nous donc ceci :

```
myDiv.onmouseout = function(e) {

    e = e || window.event; // Compatibilité IE
    var relatedTarget = e.relatedTarget || e.toElement; // Idem

    while (relatedTarget != myDiv && relatedTarget.nodeName !=
        'BODY' && relatedTarget != document) {
        relatedTarget = relatedTarget.parentNode;
    }

    if (relatedTarget != myDiv) {
        results.innerHTML += "Le curseur vient de sortir.<br />
            ";
    }

```

```
};
```

Enfin, nous avons terminé !

▷ Essayer le code complet
Code web : 671909

L'étude de ce problème était quelque peu avancée par rapport à vos connaissances actuelles, sachez que vous n'êtes pas obligés de retenir la solution. Retenez cependant qu'elle existe et que vous pouvez la trouver ici, dans ce chapitre, car ce genre de soucis peut être très embêtant dans certains cas, notamment quand il s'agit de faire des animations.

En résumé

- Les événements sont utilisés pour appeler une fonction à partir d'une action produite ou non par l'utilisateur.
- Différents événements existent pour détecter certaines actions comme le clic, le survol, la frappe au clavier et le contrôle des champs de formulaires.
- Le DOM-0 est l'ancienne manière de capturer des événements. Le DOM-2 introduit l'objet `Event` et la fameuse méthode `addEventListener()`. Il faudra faire attention, car Internet Explorer ne reconnaît que la méthode `attachEvent()`.
- L'objet `Event` permet de récolter toutes sortes d'informations se rapportant à l'événement déclenché : son type, depuis quel élément il a été déclenché, la position du curseur, les touches frappées... Il est aussi possible de bloquer l'action d'un événement avec `preventDefault()`.
- Parfois, un événement appliqué sur un parent se propage à ses enfants. Cet héritage des événements peut provoquer des comportements inattendus.

Chapitre 12

Les formulaires

Difficulté :

Après l'étude des événements, il est temps de passer aux formulaires ! Ici commence l'interaction avec l'utilisateur grâce aux nombreuses propriétés et méthodes dont sont dotés les éléments HTML utilisés dans les formulaires.

Il s'agit cette fois d'un très court chapitre, cela vous changera un peu du bourrage de crâne habituel !

Les propriétés

Les formulaires sont simples à utiliser, cependant il faut d'abord mémoriser quelques propriétés de base. Comme vous le savez déjà, il est possible d'accéder à n'importe quelle propriété d'un élément HTML juste en tapant son nom, il en va donc de même pour des propriétés spécifiques aux éléments d'un formulaire comme `value`, `disabled`, `checked`, etc. Nous allons voir ici comment utiliser ces propriétés spécifiques aux formulaires.

Une propriété classique : `value`

Commençons par la propriété la plus connue et la plus utilisée : `value` ! Pour ceux qui ne se souviennent pas, cette propriété permet de définir une valeur pour différents éléments d'un formulaire comme les `<input>`, les `<button>`, etc. Son fonctionnement est simple comme bonjour, on lui assigne une valeur (une chaîne de caractères ou un nombre qui sera alors converti implicitement) et elle est immédiatement affichée sur votre élément HTML. Exemple :

```
<input id="text" type="text" size="60" value="Vous n'avez pas le focus !" />

<script>
  var text = document.getElementById('text');

  text.addEventListener('focus', function(e) {
      e.target.value = "Vous avez le focus !";
  }, true);

  text.addEventListener('blur', function(e) {
      e.target.value = "Vous n'avez pas le focus !";
  }, true);
</script>
```

▷ Essayer ce code
Code web : 521417

Alors par contre, une petite précision ! Cette propriété s'utilise aussi avec un élément `<textarea>` ! En effet, en HTML, on prend souvent l'habitude de mettre du texte dans un `<textarea>` en écrivant :

```
<textarea>Et voilà du texte !</textarea>
```

Du coup, en Javascript, on est souvent tenté d'utiliser `innerHTML` pour récupérer le contenu de notre `<textarea>`, cependant cela ne fonctionne pas : il faut bien utiliser `value` à la place !

Les booléens avec disabled, checked et readonly

Contrairement à la propriété `value`, les trois propriétés `disabled`, `checked` et `readonly` ne s'utilisent pas de la même manière qu'en HTML où il vous suffit d'écrire, par exemple, `<input type="text" disabled="disabled" />` pour désactiver un champ de texte. En Javascript, ces trois propriétés deviennent booléennes. Ainsi, il vous suffit de faire comme ceci pour désactiver un champ de texte :

```
<input id="text" type="text" />

<script>
  var text = document.getElementById('text');

  text.disabled = true;
</script>
```

Il n'est probablement pas nécessaire de vous expliquer comment fonctionne la propriété `checked` avec une checkbox, il suffit d'opérer de la même manière qu'avec la propriété `disabled`. En revanche, mieux vaut détailler son utilisation avec les boutons de type radio. Chaque bouton radio coché se verra attribuer la valeur `true` à sa propriété `checked`, il va donc nous falloir utiliser une boucle `for` pour vérifier quel bouton radio a été sélectionné :

```
<label><input type="radio" name="check" value="1" /> Case n°1</
    label><br />
<label><input type="radio" name="check" value="2" /> Case n°2</
    label><br />
<label><input type="radio" name="check" value="3" /> Case n°3</
    label><br />
<label><input type="radio" name="check" value="4" /> Case n°4</
    label>
<br /><br />
<input type="button" value="Afficher la case cochée" onclick="
    check();" />

<script>
  function check() {
      var inputs = document.getElementsByTagName('input'),
          inputsLength = inputs.length;

      for (var i = 0 ; i < inputsLength ; i++) {
          if (inputs[i].type == 'radio' && inputs[i].checked) {
              alert('La case cochée est la n°'+ inputs[i].value
                  );
          }
      }
  }
</script>
```

▷ Essayer ce code
Code web : 742116

Voilà donc pour les boutons radio, le principe est simple, il suffit juste d'y penser !

Les listes déroulantes avec `selectedIndex` et `options`

Les listes déroulantes possèdent elles aussi leurs propres propriétés. Nous allons en retenir seulement deux parmi toutes celles qui existent : `selectedIndex`, qui nous donne l'index (l'identifiant) de la valeur sélectionnée, et `options` qui liste dans un tableau les éléments `<option>` de notre liste déroulante. Leur principe de fonctionnement est on ne peut plus classique :

```
<select id="list">
  <option>Sélectionnez votre sexe</option>
  <option>Homme</option>
  <option>Femme</option>
</select>

<script>
  var list = document.getElementById('list');

  list.addEventListener('change', function() {

   // On affiche le contenu de l'élément <option> ciblé par la
       propriété selectedIndex
      alert(list.options[list.selectedIndex].innerHTML);

  }, true);
</script>
```

Dans le cadre d'un `<select>` multiple, la propriété `selectedIndex` retourne l'index du premier élément sélectionné.

Les méthodes et un retour sur quelques événements

Les formulaires ne possèdent pas uniquement des propriétés, ils possèdent également des méthodes dont certaines sont bien pratiques ! Tout en abordant leur utilisation, nous en profiterons pour revenir sur certains événements étudiés au chapitre précédent.

Les méthodes spécifiques à l'élément `<form>`

Un formulaire, ou plus exactement l'élément `<form>`, possède deux méthodes intéressantes. La première, `submit()`, permet d'effectuer l'envoi d'un formulaire sans l'intervention de l'utilisateur. La deuxième, `reset()`, permet de réinitialiser tous les champs d'un formulaire. Si vous êtes un habitué des formulaires HTML, vous aurez deviné que ces deux méthodes ont le même rôle que les éléments `<input>` de type `submit` ou `reset`.

L'utilisation de ces deux méthodes est simple comme bonjour, il vous suffit juste de les appeler sans aucun paramètre (elles n'en ont pas) et c'est fini :

```
var element = document.getElementById('un_id_de_formulaire');

element.submit(); // Le formulaire est expédié
element.reset();  // Le formulaire est réinitialisé
```

Maintenant revenons sur deux événements : `submit` et `reset`, encore les mêmes noms ! Il n'y a sûrement pas besoin de vous expliquer quand est-ce que l'un et l'autre se déclenchent, cela paraît évident. Cependant, il est important de préciser une chose : envoyer un formulaire avec la méthode `submit()` du Javascript ne déclenchera jamais l'événement `submit` ! Mais dans le doute, voici un exemple complet dans le cas où vous n'auriez pas tout compris :

```
<form id="myForm">
  <input type="text" value="Entrez un texte" />
  <br /><br />
  <input type="submit" value="Submit !" />
  <input type="reset" value="Reset !" />
</form>

<script>
  var myForm = document.getElementById('myForm');

  myForm.addEventListener('submit', function(e) {
      alert('Vous avez envoyé le formulaire !\n\nMais celui-ci
         a été bloqué pour que vous ne changiez pas de page.');
      e.preventDefault();
  }, true);

  myForm.addEventListener('reset', function(e) {
      alert('Vous avez réinitialisé le formulaire !');
  }, true);
</script>
```

▷ Essayer ce code
Code web : 169280

La gestion du focus et de la sélection

Vous vous souvenez des événements pour détecter l'activation ou la désactivation du focus sur un élément ? Eh bien il existe aussi deux méthodes, `focus()` et `blur()`, permettant respectivement de donner et retirer le focus à un élément. Leur utilisation est très simple :

```
<input id="text" type="text" value="Entrez un texte" />
```

```
<br /><br />
<input type="button" value="Donner le focus" onclick="document.
    getElementById('text').focus();" /><br />
<input type="button" value="Retirer le focus" onclick="document
    .getElementById('text').blur();" />
```

Dans le même genre, il existe la méthode `select()` qui, en plus de donner le focus à l'élément, sélectionne le texte de celui-ci si cela est possible :

```
<input id="text" type="text" value="Entrez un texte" />
<br /><br />
<input type="button" value="Sélectionner le texte" onclick="
    document.getElementById('text').select();" />
```

Bien sûr, cette méthode ne fonctionne que sur des champs de texte comme un `<input>` de type `text` ou bien un `<textarea>`.

Explications sur l'événement `change`

Il est important de revenir sur cet événement afin de clarifier quelques petits problèmes que vous pourrez rencontrer en l'utilisant. Tout d'abord, il est bon de savoir que cet événement attend que l'élément auquel il est attaché perde le focus avant de se déclencher (s'il y a eu modification du contenu de l'élément). Donc, si vous souhaitez vérifier l'état d'un `input` à chacune de ses modifications sans attendre la perte de focus, il vous faudra plutôt utiliser d'autres événements du style `keyup` (et ses variantes) ou `click`, cela dépend du type d'élément vérifié. Et, deuxième et dernier point, cet événement est bien entendu utilisable sur n'importe quel `input` dont l'état peut changer, par exemple une `checkbox` ou un `<input type="file" />`, n'allez surtout pas croire que cet événement est réservé seulement aux champs de texte !

En résumé

- La propriété `value` s'emploie sur la plupart des éléments de formulaire pour en récupérer la valeur.
- Les listes déroulantes fonctionnent différemment, puisqu'il faut d'abord récupérer l'index de l'élément sélectionné avec `selectedIndex`.
- Les méthodes `focus()` et `blur()` permettent de donner ou de retirer le focus à un élément de formulaire.
- Attention à l'événement `onchange`, car il ne fonctionne pas toujours comme son nom le suggère, en particulier pour les champs de texte.

Chapitre 13

Manipuler le CSS

Difficulté :

Le Javascript est un langage permettant de rendre une page Web dynamique du côté du client. Seulement, quand on pense à « dynamique », on pense aussi à « animations ». Or, pour faire des animations, il faut savoir accéder au CSS et le modifier. C'est ce que nous allons étudier dans ce chapitre.

Au programme, l'édition du CSS et son analyse. Pour terminer le chapitre, nous étudierons comment réaliser un petit système de drag & drop : un sujet intéressant !

Éditer les propriétés CSS

Avant de s'attaquer à la manipulation du CSS, rafraîchissons-nous un peu la mémoire :

Quelques rappels sur le CSS

CSS est l'abréviation de **Cascading Style Sheets**, c'est un langage qui permet d'éditer l'aspect graphique des éléments HTML et XML. Il est possible d'éditer le CSS d'un seul élément comme nous le ferions en HTML de la manière suivante :

```
<div style="color:red;">Le CSS de cet élément a été modifié
    avec l'attribut STYLE. Il n'y a donc que lui qui possède un
    texte de couleur rouge.</div>
```

Mais on peut tout aussi bien éditer les feuilles de style qui se présentent de la manière suivante :

```
div {
  color: red; /* Ici on modifie la couleur du texte de tous les
      éléments <div> */
}
```

Il est de bon ton de vous le rappeler : les propriétés CSS de l'attribut `style` sont prioritaires sur les propriétés d'une feuille de style ! Ainsi, dans le code d'exemple suivant, le texte n'est pas rouge mais bleu :

```
<style type="text/css">
  div {
    color: red;
  }
</style>

<div style="color:blue;">I'm blue ! DABADIDABADA !</div>
```

Voilà tout pour les rappels sur le CSS. Oui, c'était très rapide, mais il suffisait simplement d'insister sur cette histoire de priorité des styles CSS, parce que ça va vous servir !

Éditer les styles CSS d'un élément

Comme nous venons de le voir, il y a deux manières de modifier le CSS d'un élément HTML, nous allons ici aborder la méthode la plus simple et la plus utilisée : l'utilisation de la propriété `style`. L'édition des feuilles de style ne sera pas abordée, car elle est profondément inutile en plus d'être mal gérée par de nombreux navigateurs.

Alors comment accéder à la propriété `style` de notre élément ? Eh bien de la même manière que pour accéder à n'importe quelle propriété de notre élément :

```
element.style; // On accède à la propriété « style » de l'élé
    ment « element »
```

Une fois que l'on a accédé à notre propriété, comment modifier les styles CSS ? Eh bien tout simplement en écrivant leur nom et en leur attribuant une valeur, `width` (pour la largeur) par exemple :

```
element.style.width = '150px'; // On modifie la largeur de notre élément à 150px
```

Pensez bien à écrire l'unité de votre valeur, il est fréquent de l'oublier et généralement cela pose de nombreux problèmes dans un code !

Maintenant, une petite question pour vous : comment accède-t-on à une propriété CSS qui possède un nom composé ? En Javascript, les tirets sont interdits dans les noms des propriétés, ce qui fait que ce code ne fonctionne pas :

```
element.style.background-color = 'blue'; // Ce code ne fonctionne pas, les tirets sont interdits
```

La solution est simple : supprimer les tirets et chaque mot suivant normalement un tiret voit sa première lettre devenir une majuscule. Ainsi, notre code précédent doit s'écrire de la manière suivante pour fonctionner correctement :

```
element.style.backgroundColor = 'blue'; // Après avoir supprimé le tiret et ajouté une majuscule au deuxième mot, le code fonctionne !
```

Comme vous pouvez le constater, l'édition du CSS d'un élément n'est pas bien compliquée. Cependant, il y a une limitation de taille : la **lecture** des propriétés CSS !

Prenons un exemple :

```
<style type="text/css">
  #myDiv {
    background-color: orange;
  }
</style>

<div id="myDiv">Je possède un fond orange.</div>

<script>
  var myDiv = document.getElementById('myDiv');

  alert('Selon le Javascript, la couleur de fond de ce <div> est : ' + myDiv.style.backgroundColor); // On affiche la couleur de fond
</script>
```

▷ Essayer ce code
Code web : 147088

Et on n'obtient rien ! Pourquoi ? Parce que notre code va lire uniquement les valeurs contenues dans la propriété `style`. C'est-à-dire, rien du tout dans notre exemple, car nous avons modifié les styles CSS depuis une feuille de style, et non pas depuis l'attribut `style`.

En revanche, en modifiant le CSS avec l'attribut `style`, on retrouve sans problème la couleur de notre fond :

```
<div id="myDiv" style="background-color: orange">Je possède un fond orange.</div>

<script>
  var myDiv = document.getElementById('myDiv');

  alert('Selon le Javascript, la couleur de fond de ce DIV est : ' + myDiv.style.backgroundColor); // On affiche la couleur de fond
</script>
```

C'est gênant n'est-ce pas ? Malheureusement, on ne peut pas y faire grand-chose à partir de la propriété `style`. Nous allons devoir utiliser la méthode `getComputedStyle()` !

Récupérer les propriétés CSS

La fonction `getComputedStyle()`

Comme vous avez pu le constater, il n'est pas possible de récupérer les valeurs des propriétés CSS d'un élément par le biais de la propriété `style` vu que celle-ci n'intègre pas les propriétés CSS des feuilles de style, ce qui nous limite énormément dans nos possibilités d'analyse... Heureusement, il existe une fonction permettant de remédier à ce problème : `getComputedStyle()` !

Cette fonction va se charger de récupérer, à notre place, la valeur de n'importe quel style CSS ! Qu'il soit déclaré dans la propriété `style`, une feuille de style ou bien même encore calculé automatiquement, cela importe peu : `getComputedStyle()` la récupérera sans problème.

Son fonctionnement est très simple et se fait de cette manière :

```
<style type="text/css">
  #text {
    color: red;
  }
</style>

<span id="text"></span>

<script>
  var text = document.getElementById('text'),
      color = getComputedStyle(text, null).color;

  alert(color);
```

```
</script>
```

À quoi sert ce deuxième argument que vous avez mis à `null` ?

Il s'agit en fait d'un argument facultatif qui permet de spécifier une pseudo-classe à notre élément, nous n'allons cependant pas nous y attarder plus longtemps car nous ne nous en servirons pas. En effet, Internet Explorer (versions antérieures à la version 9) ne supporte pas l'utilisation de la fonction `getComputedStyle()` et utilise à la place la propriété `currentStyle` qui, elle, ne supporte pas l'utilisation des pseudo-classes.

N'y, a-t-il rien qui vous choque dans le précédent paragraphe ? Il a été dit qu'il s'agissait d'un argument facultatif alors que pourtant on l'a spécifié ! Il ne s'agit pas d'une erreur de notre part, mais c'est tout simplement parce que cette fois c'est Firefox qui nous embête : il considère cet argument comme étant obligatoire. Ce comportement perdure jusqu'à la version 4 de Firefox.

La solution `currentStyle` pour Internet Explorer 8 et antérieures

Pour Internet Explorer, il existe encore une différence car la fonction `getComputedStyle()` n'existe pas ! À la place nous allons donc nous servir de `currentStyle` :

```
<style type="text/css">
  #text {
    color: red;
  }
</style>

<span id="text"></span>

<script>
  var text = document.getElementById('text'),
      color = text.currentStyle.color;

  alert(color);
</script>
```

Pas bien compliqué n'est-ce pas ?

Toutes les valeurs obtenues par le biais de `getComputedStyle()` ou `currentStyle` sont en lecture seule !

Les propriétés de type `offset`

Certaines valeurs de positionnement ou de taille des éléments ne pourront pas être obtenues de façon simple avec `getComputedStyle()`, pour pallier ce problème il existe les propriétés `offset` qui sont, dans notre cas, au nombre de cinq :

Nom de l'attribut	Contient...
`offsetWidth`	Contient la largeur complète (`width` + `padding` + `border`) de l'élément.
`offsetHeight`	Contient la hauteur complète (`height` + `padding` + `border`) de l'élément.
`offsetLeft`	Surtout utile pour les éléments en position absolue. Contient la position de l'élément par rapport au bord gauche de son élément parent.
`offsetTop`	Surtout utile pour les éléments en position absolue. Contient la position de l'élément par rapport au bord supérieur de son élément parent.
`offsetParent`	Utile que pour un élément en position absolue ou relative ! Contient l'objet de l'élément parent par rapport auquel est positionné l'élément actuel.

Leur utilisation ne se fait pas de la même manière que n'importe quel style CSS, tout d'abord parce que ce ne sont pas des styles CSS ! Ce sont juste des propriétés (en lecture seule) mises à jour dynamiquement qui concernent certains états physiques d'un élément. Pour les utiliser, on oublie la propriété `style` vu qu'il ne s'agit pas de styles CSS et on les lit directement sur l'objet de notre élément HTML :

```
alert(el.offsetHeight); // On affiche la hauteur complète de
    notre élément HTML
```

Faites bien attention : les valeurs contenues dans ces propriétés (à part `offsetParent`) sont exprimées en pixels et sont donc de type `Number`, pas comme les styles CSS qui sont de type `String` et pour lesquelles les unités sont explicitement spécifiées (px, cm, em, etc.).

La propriété `offsetParent`

Concernant la propriété `offsetParent`, elle contient l'objet de l'élément parent par rapport auquel est positionné votre élément actuel. C'est bien, mais qu'est-ce que ça veut dire ?

Ce que nous allons vous expliquer concerne des connaissances en HTML et en CSS et non pas en Javascript ! Seulement, il est fort possible que certains d'entre vous ne connaissent pas ce fonctionnement particulier du positionnement absolu, nous préférons donc vous le rappeler.

Lorsque vous décidez de mettre un de vos éléments HTML en positionnement absolu, celui-ci est sorti du positionnement par défaut des éléments HTML et va aller se placer tout en haut à gauche de votre page Web, par-dessus tous les autres éléments. Seulement, ce principe n'est applicable que lorsque votre élément n'est pas déjà lui-même placé **dans** un élément en positionnement absolu. Si cela arrive, alors votre élément se positionnera non plus par rapport au coin supérieur gauche de la page Web, mais par rapport au coin supérieur gauche **du précédent élément placé en positionnement absolu, relatif ou fixe**.

Ce système de positionnement est clair ? Bon, nous pouvons alors revenir à notre propriété `offsetParent` ! Si elle existe, c'est parce que les propriétés `offsetTop` et `offsetLeft` contiennent le positionnement de votre élément **par rapport à son précédent élément parent** et non pas par rapport à la page ! Si nous voulons obtenir son positionnement par rapport à la page, il faudra alors aussi ajouter les valeurs de positionnement de son (ses) élément(s) parent(s).

Voici le problème mis en pratique ainsi que sa solution :

```
<style type="text/css">
  #parent, #child {
    position: absolute;
    top: 50px; left: 100px;
  }

  #parent {
    width: 200px; height: 200px;
    background-color: blue;
  }

  #child {
    width: 50px; height: 50px;
    background-color: red;
  }
</style>

<div id="parent">
  <div id="child"></div>
</div>

<script>
  var parent = document.getElementById('parent');
  var child = document.getElementById('child');

  alert("Sans la fonction de calcul, la position de l'élément
      enfant est : \n\n" +
        'offsetTop : ' + child.offsetTop + 'px\n' +
        'offsetLeft : ' + child.offsetLeft + 'px');



  function getOffset(element) { // Notre fonction qui calcule
```

```
        le positionnement complet
        var top = 0, left = 0;

        do {
            top += element.offsetTop;
            left += element.offsetLeft;
        } while (element = element.offsetParent); // Tant que «
            element » reçoit un « offsetParent » valide alors on
            additionne les valeurs des offsets

        return { // On retourne un objet, cela nous permet de
            retourner les deux valeurs calculées
            top: top,
            left: left
        };
    }



    alert("Avec la fonction de calcul, la position de l'élément
        enfant est : \n\n" +
          'offsetTop : ' + getOffset(child).top + 'px\n' +
          'offsetLeft : ' + getOffset(child).left + 'px');
</script>
```

▷ Essayer ce code
Code web : 326652

Comme vous pouvez le constater, les valeurs seules de positionnement de notre élément enfant ne sont pas correctes si nous souhaitons connaître son positionnement par rapport à la page et non pas par rapport à l'élément parent. Nous sommes finalement obligés de créer une fonction pour calculer le positionnement par rapport à la page.

Concernant cette fonction, nous allons insister sur la boucle qu'elle contient car il est probable que le principe ne soit pas clair pour vous :

```
do {
    top  += element.offsetTop;
    left += element.offsetLeft;
} while (element = element.offsetParent);
```

Si on utilise ce code HTML :

```
<body>
  <div id="parent" style="position:absolute; top:200px; left
      :200px;">
    <div id="child" style="position:absolute; top:100px; left
        :100px;"></div>
  </div>
</body>
```

son schéma de fonctionnement sera le suivant pour le calcul des valeurs de positionnement de l'élément `#child` :

- La boucle s'exécute une première fois en ajoutant les valeurs de positionnement de l'élément `#child` à nos deux variables `top` et `left`. Le calcul effectué est donc :

```
top = 0 + 100;  // 100
left = 0 + 100; // 100
```

- Ligne 4, on attribue à `element` l'objet de l'élément parent de `#child`. En gros, on monte d'un cran dans l'arbre DOM. L'opération est donc la suivante :

```
element = child.offsetParent; // Le nouvel élément est «
    parent »
```

- Toujours ligne 4, `element` possède une référence vers un objet valide (qui est l'élément `#parent`), la condition est donc vérifiée (l'objet est évalué à `true`) et la boucle s'exécute de nouveau.
- La boucle se répète en ajoutant cette fois les valeurs de positionnement de l'élément `#parent` à nos variables `top` et `left`. Le calcul effectué est donc :

```
top = 100 + 200;  // 300
left = 100 + 200; // 300
```

- Ligne 4, cette fois l'objet parent de `#parent` est l'élément `<body>`. La boucle va donc se répéter avec `<body>` qui est un objet valide. Comme nous n'avons pas touché à ses styles CSS il ne possède pas de valeurs de positionnement, le calcul effectué est donc :

```
top = 300 + 0;  // 300
left = 300 + 0; // 300
```

- Ligne 4, `<body>` a une propriété `offsetParent` qui est à `undefined`, la boucle s'arrête donc.

Voilà tout pour cette boucle ! Son fonctionnement n'est pas bien compliqué mais peut en dérouter certains, c'est pourquoi il valait mieux vous l'expliquer en détail.

> Avant de terminer : pourquoi avoir écrit « hauteur complète (`width` + `padding` + `border`) » dans le tableau ? Qu'est-ce que ça veut dire ?

Il faut savoir qu'en HTML, la largeur (ou hauteur) **complète** d'un élément correspond à la valeur de width + celle du padding + celle des bordures.

Par exemple, sur ce code :

```
<style type="text/css">
  #offsetTest {
    width: 100px; height: 100px;
    padding: 10px;
    border: 2px solid black;
  }
</style>
```

```

<div id="offsetTest"></div>
```

la largeur complète de notre élément `<div>` vaut : 100 (`width`) + 10 (`padding-left`) + 10 (`padding-right`) + 2 (`border-left`) + 2 (`border-right`) = **124px**.

Et il s'agit bien de la valeur retournée par `offsetWidth` :

```
var offsetTest = document.getElementById('offsetTest');
alert(offsetTest.offsetWidth);
```

Votre premier script interactif !

Soyons francs : les exercices que nous avons fait précédemment n'étaient quand même pas très utiles sans une réelle interaction avec l'utilisateur. Les `alert()`, `confirm()` et `prompt()` c'est sympa un moment, mais on en a vite fait le tour ! Il est donc temps de passer à quelque chose de plus intéressant : un système de drag & drop ! Enfin... une version très simple !

Il s'agit ici d'un mini-TP, ce qui veut dire qu'il n'est pas très long à réaliser, mais il demande quand même un peu de réflexion. Ce TP vous fera utiliser les événements et les manipulations CSS. Tant que nous y sommes, si vous vous sentez motivés vous pouvez essayer de faire en sorte que votre script fonctionne aussi sous Internet Explorer (si vous avez bien suivi le cours, vous n'aurez aucun mal).

Présentation de l'exercice

Tout d'abord, qu'est-ce que le drag & drop ? Il s'agit d'un système permettant le déplacement d'éléments par un simple déplacement de souris. Pour faire simple, c'est comme lorsque vous avez un fichier dans un dossier et que vous le déplacez dans un autre dossier en le faisant glisser avec votre souris.

Et je suis vraiment capable de faire ça ?

Bien évidemment ! Bon, il faut avoir suivi attentivement le cours et se démener un peu, mais c'est parfaitement possible, vous en êtes capables !

Avant de se lancer dans le code, listons les étapes de fonctionnement d'un système de drag & drop :

- L'utilisateur enfonce (et ne relâche pas) le bouton gauche de sa souris sur un élément. Le drag & drop s'initialise alors en sachant qu'il va devoir gérer le déplacement de cet élément. Pour information, l'événement à utiliser ici est `mousedown`.
- L'utilisateur, tout en laissant le bouton de sa souris enfoncé, commence à déplacer son curseur, l'élément ciblé suit alors ses mouvements à la trace. L'événement à

utiliser est `mousemove` et nous vous conseillons de l'appliquer à l'élément `document`, nous vous expliquerons pourquoi dans la correction.
- L'utilisateur relâche le bouton de sa souris. Le drag & drop prend alors fin et l'élément ne suit plus le curseur de la souris. L'événement utilisé est `mouseup`.

Alors ? Ça n'a pas l'air si tordu que ça, n'est-ce pas ?

Maintenant que vous savez à peu près ce qu'il faut faire, nous allons vous fournir le code HTML de base ainsi que le CSS, vous éviterez ainsi de vous embêter à faire cela vous-mêmes :

```html
<div class="draggableBox">1</div>
<div class="draggableBox">2</div>
<div class="draggableBox">3</div>
```

```css
.draggableBox {
  position: absolute;
  width: 80px; height: 60px;
  padding-top: 10px;
  text-align: center;
  font-size: 40px;
  background-color: #222;
  color: #CCC;
  cursor: move;
}
```

Juste deux dernières petites choses. Il serait bien :

1. Que vous utilisiez une IEF dans laquelle vous allez placer toutes les fonctions et variables nécessaires au bon fonctionnement de votre code, ce sera bien plus propre. Ainsi, votre script n'ira pas polluer l'espace global avec ses propres variables et fonctions ;
2. Que votre code ne s'applique pas à tous les `<div>` existants mais uniquement à ceux qui possèdent la classe `.draggableBox`.

Sur ce, bon courage !

Correction

Vous avez terminé l'exercice ? Nous espérons que vous l'avez réussi, mais si ce n'est pas le cas ce n'est pas grave ! Regardez attentivement la correction, et tout devrait être plus clair.

```javascript
(function() { // On utilise une IEF pour ne pas polluer l'espace global

    var storage = {}; // Contient l'objet du div en cours de déplacement


```

```
    function addEvent(element, event, func) { // Une fonction pour gérer les événements sous tous les navigateurs
        if (element.attachEvent) {
            element.attachEvent('on' + event, func);
        } else {
            element.addEventListener(event, func, true);
        }
    }


    function init() { // La fonction d'initialisation
        var elements = document.getElementsByTagName('div'),
            elementsLength = elements.length;

        for (var i = 0 ; i < elementsLength ; i++) {
            if (elements[i].className === 'draggableBox') {

                addEvent(elements[i], 'mousedown', function(e) { // Initialise le drag & drop
                    var s = storage;
                    s.target = e.target || event.srcElement;
                    s.offsetX = e.clientX - s.target.offsetLeft;
                    s.offsetY = e.clientY - s.target.offsetTop;
                });

                addEvent(elements[i], 'mouseup', function() { // Termine le drag & drop
                    storage = {};
                });
            }
        }

        addEvent(document, 'mousemove', function(e) { // Permet le suivi du drag & drop
            var target = storage.target;

            if (target) {
                target.style.top = e.clientY - storage.offsetY + 'px';
                target.style.left = e.clientX - storage.offsetX + 'px';
            }
        });
    }

    init(); // On initialise le code avec notre fonction toute prête

})();
```

▷ Essayer le code complet
Code web : 838042

Pour la fonction `addEvent()`, pas besoin de vous expliquer comment elle fonctionne, vous avez déjà vu ça au chapitre sur les événements, vous pouvez le relire au besoin. Maintenant, votre seul problème dans ce code doit être la fonction `init()`. Quant à la variable `storage`, il ne s'agit que d'un espace de stockage dont nous allons vous expliquer le fonctionnement au cours de l'étude de la fonction `init()`.

Commençons !

L'exploration du code HTML

Notre fonction `init()` commence par le code suivant :

```
var elements = document.getElementsByTagName('div'),
    elementsLength = elements.length;

for (var i = 0 ; i < elementsLength ; i++) {
    if (elements[i].className == 'draggableBox') {

        // Code...

    }
}
```

Dans ce code, nous avons volontairement caché les codes d'ajout d'événements, car ce qui nous intéresse c'est cette boucle et la condition. Cette boucle couplée à la méthode `getElementsByTagName()`, vous l'avez déjà vue dans le chapitre sur la manipulation du code HTML, elle permet de parcourir tous les éléments HTML d'un type donné. Dans notre cas, nous parcourons tous les éléments `<div>`.

À chaque élément `<div>` trouvé, on vérifie que sa classe correspond bien à `.draggableBox`. Pourquoi faire cela ? Parce que si vous ajoutez d'autres éléments `<div>` ils ne seront pas pris en compte sauf si vous leur attribuez la bonne classe, ainsi vous pouvez utiliser des `<div>` sans qu'ils soient forcément déplaçables.

L'ajout des événements mousedown et mouseup

Dans notre boucle qui parcourt le code HTML, nous avons deux ajouts d'événements que voici :

```
addEvent(elements[i], 'mousedown', function(e) { // Initialise
    le drag & drop
    var s = storage;
    s['target'] = e.target || event.srcElement;
    s['offsetX'] = e.clientX - s['target'].offsetLeft;
    s['offsetY'] = e.clientY - s['target'].offsetTop;
});

```

```
addEvent(elements[i], 'mouseup', function() { // Termine le drag & drop
    storage = {};
});
```

Comme vous pouvez le voir, ces deux événements ne font qu'accéder à la variable `storage`. À quoi nous sert donc cette variable ? Il s'agit tout simplement d'un objet qui nous sert d'espace de stockage, il permet de mémoriser l'élément actuellement en cours de déplacement ainsi que la position du curseur **par rapport à notre élément** (nous reviendrons sur ce dernier point plus tard).

Bref, dans notre événement `mousedown` (qui initialise le drag & drop), nous ajoutons l'événement ciblé dans la propriété `storage['target']` puis les positions du curseur par rapport à notre élément dans `storage['offsetX']` et `storage['offsetY']`.

En ce qui concerne notre événement `mouseup` (qui termine le drag & drop), on attribue juste un objet vide à notre variable `storage`, comme ça tout est vidé !

La gestion du déplacement de notre élément

Jusqu'à présent, notre code ne fait qu'enregistrer dans la variable `storage` l'élément ciblé pour notre drag & drop. Cependant, notre but c'est de faire bouger cet élément. Voilà pourquoi notre événement `mousemove` intervient !

```
addEvent(document, 'mousemove', function(e) { // Permet le suivi du drag & drop
    var target = storage['target'];

    if (target) { // Si « target » n'existe pas alors la condition va renvoyer « undefined », ce qui n'exécutera pas les deux lignes suivantes :
        target.style.top = e.clientY - storage['offsetY'] + 'px';
        target.style.left = e.clientX - storage['offsetX'] + 'px';
    }
});
```

Pourquoi notre événement est-il appliqué à l'élément document ?

Réfléchissons ! Si nous appliquons cet événement à l'élément ciblé, que va-t-il se passer ? Dès que l'on bougera la souris, l'événement se déclenchera et tout se passera comme on le souhaite, mais si je me mets à bouger la souris trop rapidement, le curseur va alors sortir de notre élément avant que celui-ci n'ait eu le temps de se déplacer, ce qui fait que l'événement ne se déclenchera plus tant que l'on ne replacera pas notre curseur sur l'élément. La probabilité pour que cela se produise est plus élevée que l'on ne le pense, autant prendre toutes les précautions nécessaires.

Un autre problème peut aussi surgir : dans notre code actuel, nous ne gérons pas le style CSS `z-index`, ce qui fait que lorsqu'on déplace le premier élément et que l'on place notre curseur sur un des deux autres éléments, le premier élément se retrouve alors en dessous d'eux. En quoi est-ce un problème ? Eh bien si on a appliqué le `mousemove` sur notre élément au lieu du `document` alors cet événement ne se déclenchera pas vu que l'on bouge notre curseur sur un des deux autres éléments et non pas sur notre élément en cours de déplacement.

La solution est donc de mettre l'événement `mousemove` sur notre `document`. Vu que cet événement se propage aux enfants, nous sommes sûrs qu'il se déclenchera à n'importe quel déplacement du curseur sur la page.

Le reste du code n'est pas bien sorcier :

- On utilise une condition qui vérifie qu'il existe bien un indice `target` dans notre espace de stockage. Si il n'y en a pas c'est qu'il n'y a aucun drag & drop en cours d'exécution.
- On assigne à notre élément cible (`target`) ses nouvelles coordonnées par rapport au curseur.

Alors revenons sur un point important du précédent code : il nous a fallu enregistrer la position du curseur par rapport au coin supérieur gauche de notre élément dès l'initialisation du drag & drop (voir figure 13.1).

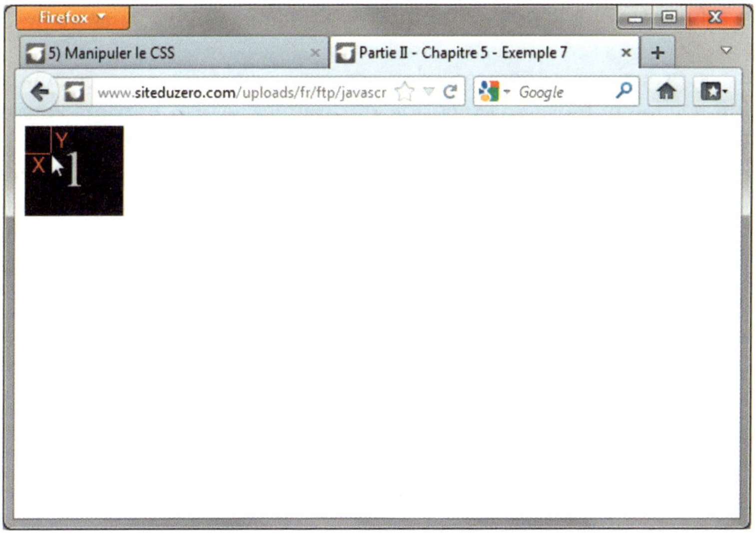

FIGURE 13.1 – La valeur X désigne le décalage (en pixels) entre les bordures gauche de l'élément et du curseur, la valeur Y fait de même entre les bordures supérieures

Pourquoi ? Car si vous ne le faites pas, à chaque fois que vous déplacerez votre élément, celui-ci placera son bord supérieur gauche sous votre curseur et ce n'est clairement pas ce que l'on souhaite.

Essayez donc par vous-mêmes pour vérifier !

Empêcher la sélection du contenu des éléments déplaçables

Comme vous l'avez peut-être constaté, il est possible que l'utilisateur sélectionne le texte contenu dans vos éléments déplaçables, cela est un peu aléatoire. Heureusement, il est possible de résoudre simplement ce problème avec quelques propriétés CSS appliquées aux éléments déplaçables :

```
user-select: none; /* L'utilisateur ne pourra plus sélectionner
    le texte de l'élément qui possède cette propriété CSS */
-moz-user-select: none;
-khtml-user-select: none;
-webkit-user-select: none;
```

▷ Essayer une adaptation de ce code
Code web : 251381

Et voilà pour ce mini-TP, nous espérons qu'il vous a plu !

En résumé

- Pour modifier les styles CSS d'un élément, il suffit d'utiliser la propriété `style`. Il ne reste plus qu'à accéder à la bonne propriété CSS, par exemple : `element.style.height = '300px'`.
- Le nom des propriétés composées doit s'écrire sans tiret et avec une majuscule pour débuter chaque mot, à l'exception du premier. Ainsi, `border-radius` devient `borderRadius`.
- La fonction `getComputedStyle()` récupère la valeur de n'importe quelle propriété CSS. C'est utile, car la propriété `style` n'accède pas aux propriétés définies dans la feuille de style.
- Les propriétés de type `offset`, au nombre de cinq, permettent de récupérer des valeurs liées à la taille et au positionnement.
- Le positionnement absolu peut poser des problèmes. Voilà pourquoi il faut savoir utiliser la propriété `offsetParent`, combinée aux autres propriétés `offset`.

Chapitre 14

TP : un formulaire interactif

Difficulté :

Nous sommes presque au bout de cette deuxième partie du cours ! Cette dernière aura été très volumineuse et il se peut que vous ayez oublié pas mal de choses depuis votre lecture, ce TP va donc se charger de vous rappeler l'essentiel de ce que nous avons appris ensemble.

Le sujet va porter sur la création d'un formulaire dynamique. Qu'est-ce nous entendons par formulaire dynamique ? Eh bien, un formulaire dont une partie des vérifications est effectuée par le Javascript, côté client. On peut par exemple vérifier que l'utilisateur a bien complété tous les champs, ou bien qu'ils contiennent des valeurs valides (si le champ « âge » ne contient pas des lettres au lieu de chiffres par exemple).

Bien, nous pouvons maintenant commencer !

Une vérification des informations côté client ne dispensera **jamais** de faire cette même vérification côté serveur. Le Javascript est un langage qui s'exécute côté client, or le client peut très bien modifier son comportement ou bien carrément le désactiver, ce qui annulera les vérifications. Bref, continuez à faire comme vous l'avez toujours fait sans le Javascript : faites des vérifications côté serveur !

Présentation de l'exercice

Faire un formulaire c'est bien, mais encore faut-il savoir quoi demander à l'utilisateur. Dans notre cas, nous allons faire simple et classique : un formulaire d'inscription. Notre formulaire d'inscription aura besoin de quelques informations concernant l'utilisateur, cela nous permettra d'utiliser un peu tous les éléments HTML spécifiques aux formulaires que nous avons vus jusqu'à présent. Voici les informations à récupérer ainsi que les types d'éléments HTML :

Information à relever	Type d'élément à utiliser
Sexe	<input type="radio" />
Nom	<input type="text" />
Prénom	<input type="text" />
Âge	<input type="text" />
Pseudo	<input type="text" />
Mot de passe	<input type="password" />
Mot de passe (confirmation)	<input type="password" />
Pays	<select>
Si l'utilisateur souhaite recevoir des mails	<input type="checkbox" />

Bien sûr, chacune de ces informations devra être traitée afin que l'on sache si le contenu est bon. Par exemple, si l'utilisateur a bien spécifié son sexe ou bien s'il n'a pas entré de chiffres dans son prénom, etc. Dans notre cas, nos vérifications de contenu ne seront pas très poussées pour la simple et bonne raison que nous n'avons pas encore étudié les « Expression régulières » à ce stade du cours, nous nous limiterons donc à la vérification de la longueur de la chaîne ou bien à la présence de certains caractères. Bref, rien d'incroyable, mais cela suffira amplement car le but de ce TP n'est pas vraiment de vous faire analyser le contenu mais plutôt de gérer les événements et le CSS de votre formulaire.

Le tableau qui suit indique les conditions à respecter pour chaque information.

Nous avons choisi de limiter les noms et prénoms à deux caractères minimum, même s'il en existe avec un seul caractère. Il s'agit ici d'un exemple, libre à vous de définir vos propres conditions.

Concrètement, l'utilisateur n'est pas censé connaître toutes ces conditions quand il

Information à relever	Condition à respecter
Sexe	Un sexe doit être sélectionné
Nom	Pas moins de 2 caractères
Prénom	Pas moins de 2 caractères
Âge	Un nombre compris entre 5 et 140
Pseudo	Pas moins de 4 caractères
Mot de passe	Pas moins de 6 caractères
Mot de passe (confirmation)	Doit être identique au premier mot de passe
Pays	Un pays doit être sélectionné
Si l'utilisateur souhaite recevoir des mails	Pas de condition

arrive sur votre formulaire, il faudra donc les lui indiquer avant même qu'il ne commence à entrer ses informations, comme ça il ne perdra pas de temps à corriger ses fautes. Pour cela, il va vous falloir afficher chaque condition d'un champ de texte quand l'utilisateur fera une erreur. Pourquoi parlons-nous ici uniquement des champs de texte ? Tout simplement parce que nous n'allons pas dire à l'utilisateur « Sélectionnez votre sexe » alors qu'il n'a qu'une case à cocher, cela paraît évident.

Autre chose, il faudra aussi faire une vérification complète du formulaire lorsque l'utilisateur aura cliqué sur le bouton de soumission. À ce moment-là, si l'utilisateur n'a pas coché de case pour son sexe on pourra lui dire qu'il manque une information, pareil s'il n'a pas sélectionné de pays.

Vous voilà avec toutes les informations nécessaires pour vous lancer dans ce TP. Nous vous laissons concevoir votre propre code HTML, mais vous pouvez très bien utiliser celui de la correction si vous le souhaitez.

Correction

Bien, vous avez probablement terminé si vous lisez cette phrase. Ou bien vous n'avez pas réussi à aller jusqu'au bout, ce qui peut arriver !

Le corrigé au grand complet : HTML, CSS et Javascript

Nous pouvons maintenant passer à la correction. Pour ce TP, il vous fallait créer la structure HTML de votre page en plus du code Javascript ; voici le code que nous avons réalisé pour ce TP :

```
<!DOCTYPE html>
<html>
  <head>
    <meta charset="utf-8" />
    <title>TP : Un formulaire interactif</title>
  </head>
```

```

  <body>

    <form id="myForm">

      <span class="form_col">Sexe :</span>
      <label><input name="sex" type="radio" value="H" />Homme</label>
      <label><input name="sex" type="radio" value="F" />Femme</label>
      <span class="tooltip">Vous devez sélectionnez votre sexe</span>
      <br /><br />

      <label class="form_col" for="lastName">Nom :</label>
      <input name="lastName" id="lastName" type="text" />
      <span class="tooltip">Un nom ne peut pas faire moins de 2 caractères</span>
      <br /><br />

      <label class="form_col" for="firstName">Prénom :</label>
      <input name="firstName" id="firstName" type="text" />

      <span class="tooltip">Un prénom ne peut pas faire moins de 2 caractères</span>
      <br /><br />

      <label class="form_col" for="age">Âge :</label>
      <input name="age" id="age" type="text" />
      <span class="tooltip">L'âge doit être compris entre 5 et 140</span>
      <br /><br />

      <label class="form_col" for="login">Pseudo :</label>
      <input name="login" id="login" type="text" />
      <span class="tooltip">Le pseudo ne peut pas faire moins de 4 caractères</span>
      <br /><br />

      <label class="form_col" for="pwd1">Mot de passe :</label>
      <input name="pwd1" id="pwd1" type="password" />
      <span class="tooltip">Le mot de passe ne doit pas faire moins de 6 caractères</span>

      <br /><br />

      <label class="form_col" for="pwd2">Mot de passe (confirmation) :</label>
      <input name="pwd2" id="pwd2" type="password" />
```

```
        <span class="tooltip">Le mot de passe de confirmation doit être identique à celui d'origine</span>
        <br /><br />

        <label class="form_col" for="country">Pays :</label>

        <select name="country" id="country">
          <option value="none">Sélectionnez votre pays de résidence</option>
          <option value="en">Angleterre</option>
          <option value="us">États-Unis</option>
          <option value="fr">France</option>
        </select>
        <span class="tooltip">Vous devez sélectionner votre pays de résidence</span>

        <br /><br />

        <span class="form_col"></span>
        <label><input name="news" type="checkbox" /> Je désire recevoir la newsletter chaque mois.</label>
        <br /><br />

        <span class="form_col"></span>
        <input type="submit" value="M'inscrire" /> <input type="reset" value="Réinitialiser le formulaire" />

      </form>

    </body>
  </html>
```

Vous remarquerez que de nombreuses balises <span> possèdent une classe nommée `.tooltip`. Elles contiennent le texte à afficher lorsque le contenu du champ les concernant ne correspond pas à ce qui est souhaité.

Nous allons maintenant passer au CSS. D'habitude nous ne vous le fournissons pas directement, mais cette fois il fait partie intégrante de ce TP, donc le voici :

```
body {
 padding-top: 50px;
}

.form_col {
  display: inline-block;
  margin-right: 15px;
  padding: 3px 0px;
  width: 200px;
  min-height: 1px;
  text-align: right;
}
```

```

input {
  padding: 2px;
  border: 1px solid #CCC;
  -moz-border-radius: 2px;
  -webkit-border-radius: 2px;
  border-radius: 2px;
  outline: none; /* Retire la bordure orange appliquée par
      certains navigateurs (Chrome notamment) lors du focus des
      éléments <input> */
}

input:focus {
  border-color: rgba(82, 168, 236, 0.75);
  -moz-box-shadow: 0 0 8px rgba(82, 168, 236, 0.5);
  -webkit-box-shadow: 0 0 8px rgba(82, 168, 236, 0.5);
  box-shadow: 0 0 8px rgba(82, 168, 236, 0.5);
}

.correct {
  border-color: rgba(68, 191, 68, 0.75);
}

.correct:focus {
  border-color: rgba(68, 191, 68, 0.75);
  -moz-box-shadow: 0 0 8px rgba(68, 191, 68, 0.5);
  -webkit-box-shadow: 0 0 8px rgba(68, 191, 68, 0.5);
  box-shadow: 0 0 8px rgba(68, 191, 68, 0.5);
}

.incorrect {
  border-color: rgba(191, 68, 68, 0.75);
}

.incorrect:focus {
  border-color: rgba(191, 68, 68, 0.75);
  -moz-box-shadow: 0 0 8px rgba(191, 68, 68, 0.5);
  -webkit-box-shadow: 0 0 8px rgba(191, 68, 68, 0.5);
  box-shadow: 0 0 8px rgba(191, 68, 68, 0.5);
}

.tooltip {
  display: inline-block;
  margin-left: 20px;
  padding: 2px 4px;
  border: 1px solid #555;
  background-color: #CCC;
  -moz-border-radius: 4px;
  -webkit-border-radius: 4px;
  border-radius: 4px;
```

```
}
```

Notez bien les deux classes `.correct` et `.incorrect` : elles seront appliquées aux `<input>` de type `text` et `password` afin de bien montrer si un champ est correctement rempli ou non.

Nous pouvons maintenant passer au plus compliqué, le code Javascript :

```
(function() { // On utilise une IEF pour ne pas polluer l'
    espace global

    // Fonction de désactivation de l'affichage des « tooltips
        »

    function deactivateTooltips() {

        var spans = document.getElementsByTagName('span'),
        spansLength = spans.length;

        for (var i = 0 ; i < spansLength ; i++) {
            if (spans[i].className == 'tooltip') {
                spans[i].style.display = 'none';
            }
        }

    }


    // La fonction ci-dessous permet de récupérer la « tooltip
        » qui correspond à notre input

    function getTooltip(element) {

        while (element = element.nextSibling) {
            if (element.className === 'tooltip') {
                return element;
            }
        }

        return false;

    }


    // Fonctions de vérification du formulaire, elles renvoient
        « true » si tout est OK

    var check = {}; // On met toutes nos fonctions dans un
        objet littéral

    check['sex'] = function() {
```

```

        var sex = document.getElementsByName('sex'),
            tooltipStyle = getTooltip(sex[1].parentNode).style;

        if (sex[0].checked || sex[1].checked) {
            tooltipStyle.display = 'none';
            return true;
        } else {
            tooltipStyle.display = 'inline-block';
            return false;
        }

    };

    check['lastName'] = function(id) {

        var name = document.getElementById(id),
            tooltipStyle = getTooltip(name).style;

        if (name.value.length >= 2) {
            name.className = 'correct';
            tooltipStyle.display = 'none';
            return true;
        } else {
            name.className = 'incorrect';
            tooltipStyle.display = 'inline-block';
            return false;
        }

    };

    check['firstName'] = check['lastName']; // La fonction pour
        le prénom est la même que celle du nom

    check['age'] = function() {

        var age = document.getElementById('age'),
            tooltipStyle = getTooltip(age).style,
            ageValue = parseInt(age.value);

        if (!isNaN(ageValue) && ageValue >= 5 && ageValue <=
            140) {
            age.className = 'correct';
            tooltipStyle.display = 'none';
            return true;
        } else {
            age.className = 'incorrect';
            tooltipStyle.display = 'inline-block';
            return false;
        }
```

```
    };

    check['login'] = function() {

        var login = document.getElementById('login'),
            tooltipStyle = getTooltip(login).style;

        if (login.value.length >= 4) {
            login.className = 'correct';
            tooltipStyle.display = 'none';
            return true;
        } else {
            login.className = 'incorrect';
            tooltipStyle.display = 'inline-block';
            return false;
        }

    };

    check['pwd1'] = function() {

        var pwd1 = document.getElementById('pwd1'),
            tooltipStyle = getTooltip(pwd1).style;

        if (pwd1.value.length >= 6) {
            pwd1.className = 'correct';
            tooltipStyle.display = 'none';
            return true;
        } else {
            pwd1.className = 'incorrect';
            tooltipStyle.display = 'inline-block';
            return false;
        }

    };

    check['pwd2'] = function() {

        var pwd1 = document.getElementById('pwd1'),
            pwd2 = document.getElementById('pwd2'),
            tooltipStyle = getTooltip(pwd2).style;

        if (pwd1.value == pwd2.value && pwd2.value != '') {
            pwd2.className = 'correct';
            tooltipStyle.display = 'none';
            return true;
        } else {
            pwd2.className = 'incorrect';
            tooltipStyle.display = 'inline-block';
```

```
                return false;
            }

        };

        check['country'] = function() {

            var country = document.getElementById('country'),
                tooltipStyle = getTooltip(country).style;

            if (country.options[country.selectedIndex].value != '
                none') {
                tooltipStyle.display = 'none';
                return true;
            } else {
                tooltipStyle.display = 'inline-block';
                return false;
            }

        };


        // Mise en place des événements

        (function() { // Utilisation d'une fonction anonyme pour é
            viter les variables globales.

            var myForm = document.getElementById('myForm'),
                inputs = document.getElementsByTagName('input'),
                inputsLength = inputs.length;

            for (var i = 0 ; i < inputsLength ; i++) {
                if (inputs[i].type == 'text' || inputs[i].type == '
                    password') {

                    inputs[i].onkeyup = function() {
                        check[this.id](this.id); // « this » repré
                            sente l'input actuellement modifié
                    };

                }
            }

            myForm.onsubmit = function() {

                var result = true;

                for (var i in check) {
                    result = check[i](i) && result;
                }
```

```
            if (result) {
                alert('Le formulaire est bien rempli.');
            }

            return false;

        };

        myForm.onreset = function() {

            for (var i = 0 ; i < inputsLength ; i++) {
                if (inputs[i].type == 'text' || inputs[i].type
                    == 'password') {
                    inputs[i].className = '';
                }
            }

            deactivateTooltips();

        };

    })();


    // Maintenant que tout est initialisé, on peut désactiver
       les « tooltips »

    deactivateTooltips();

})();
```

▷ Essayer le code complet
Code web : 897025

Les explications

Les explications vont essentiellement porter sur le code Javascript qui est, mine de rien, plutôt long (plus de deux cents lignes de code, ça commence à faire pas mal).

La désactivation des bulles d'aide

Dans notre code HTML nous avons créé des balises `<span>` avec la classe `.tooltip`. Ce sont des balises qui vont nous permettre d'afficher des bulles d'aide, pour que l'utilisateur sache quoi entrer comme contenu. Seulement, elles sont affichées par défaut et il nous faut donc les cacher par le biais du Javascript.

Et pourquoi ne pas les cacher par défaut puis les afficher grâce au Javascript ?

Si vous faites cela, vous prenez le risque qu'un utilisateur ayant désactivé le Javascript ne puisse pas voir les bulles d'aide, ce qui serait plutôt fâcheux, non ? Après tout, afficher les bulles d'aide par défaut et les cacher avec le Javascript ne coûte pas grand-chose, autant le faire… De plus, nous allons avoir besoin de cette fonction plus tard quand l'utilisateur voudra réinitialiser son formulaire.

Venons-en donc au code :

```
1  function deactivateTooltips() {
2
3      var spans = document.getElementsByTagName('span'),
4          spansLength = spans.length;
5
6      for (var i = 0 ; i < spansLength ; i++) {
7          if (spans[i].className == 'tooltip') {
8              spans[i].style.display = 'none';
9          }
10     }
11
12 }
```

Est-il vraiment nécessaire de vous expliquer ce code en détail ? Il ne s'agit que d'un simple parcours de balises comme vous en avez déjà vu. Il est juste important de préciser qu'il y a une condition à la ligne 7 qui permet de ne sélectionner que les balises `<span>` qui ont une classe `.tooltip`.

Récupérer la bulle d'aide correspondant à un `<input>`

Il est facile de parcourir toutes les bulles d'aide, mais il est un peu plus délicat de récupérer celle correspondant à un `<input>` que l'on est actuellement en train de traiter. Si nous regardons bien la structure de notre document HTML, nous constatons que les bulles d'aide sont toujours placées après l'`<input>` auquel elles correspondent, nous allons donc partir du principe qu'il suffit de chercher la bulle d'aide la plus « proche » après l'`<input>` que nous sommes actuellement en train de traiter. Voici le code :

```
function getTooltip(element) {

    while (element = element.nextSibling) {
        if (element.className === 'tooltip') {
            return element;
        }
    }

    return false;

}
```

Notre fonction prend en argument l'<input> actuellement en cours de traitement. Notre boucle `while` se charge alors de vérifier tous les éléments suivants notre <input> (d'où l'utilisation du `nextSibling`). Une fois qu'un élément avec la classe `.tooltip` a été trouvé, il ne reste plus qu'à le retourner.

Analyser chaque valeur entrée par l'utilisateur

Nous allons enfin entrer dans le vif du sujet : l'analyse des valeurs et la modification du style du formulaire en conséquence. Tout d'abord, quelles valeurs faut-il analyser ? Toutes, sauf la case à cocher pour l'inscription à la newsletter. Maintenant que cela est clair, passons à la toute première ligne de code :

```
var check = {};
```

Alors oui, au premier abord, cette ligne de code ne sert vraiment pas à grand-chose, mais en vérité elle a une très grande utilité : l'objet créé va nous permettre d'y stocker toutes les fonctions permettant de « checker » (d'où le nom de l'objet) chaque valeur entrée par l'utilisateur. L'intérêt de cet objet est triple :

- Nous allons pouvoir exécuter la fonction correspondant à un champ de cette manière : `check['id_du_champ']();`. Cela va grandement simplifier notre code lors de la mise en place des événements.
- Il sera possible d'exécuter toutes les fonctions de « check » juste en parcourant l'objet, ce sera très pratique lorsque l'utilisateur cliquera sur le bouton d'inscription et qu'il faudra alors revérifier tout le formulaire.
- L'ajout d'un champ de texte et de sa fonction d'analyse devient très simple si on concentre tout dans cet objet, vous comprendrez très rapidement pourquoi !

Nous n'allons pas étudier toutes les fonctions d'analyse, elles se ressemblent beaucoup, nous allons donc uniquement étudier deux fonctions afin de mettre les choses au clair :

```
check['login'] = function() {

    var login = document.getElementById('login'),
        tooltipStyle = getTooltip(login).style;

    if (login.value.length >= 4) {
        login.className = 'correct';
        tooltipStyle.display = 'none';
        return true;
    } else {
        login.className = 'incorrect';
        tooltipStyle.display = 'inline-block';
        return false;
    }

}
```

Il est très important que vous constatiez que notre fonction est contenue dans l'index `login` de l'objet `check`, l'index n'est rien d'autre que l'identifiant du champ de texte auquel la fonction appartient. Le code n'est pas bien compliqué : on récupère l'`<input>` et la propriété `style` de la bulle d'aide qui correspondent à notre fonction et on passe à l'analyse du contenu.

Si le contenu remplit bien la condition, alors on attribue à notre `<input>` la classe `.correct`, on désactive l'affichage de la bulle d'aide et on retourne `true`. Si le contenu ne remplit pas la condition, notre `<input>` se voit alors attribuer la classe `.incorrect` et la bulle d'aide est affichée. En plus de cela, on renvoie la valeur `false`.

Passons maintenant à une deuxième fonction que nous tenions à aborder :

```
check['lastName'] = function(id) {

    var name = document.getElementById(id),
        tooltipStyle = getTooltip(name).style;

    if (name.value.length >= 2) {
        name.className = 'correct';
        tooltipStyle.display = 'none';
        return true;
    } else {
        name.className = 'incorrect';
        tooltipStyle.display = 'inline-block';
        return false;
    }

};
```

Cette fonction diffère de la précédente sur un seul point : elle possède un argument `id` ! Cet argument sert à récupérer l'identifiant de l'`<input>` à analyser. Pourquoi ? Tout simplement parce qu'elle va nous servir à analyser deux champs de texte différents : celui du nom et celui du prénom. Puisqu'ils ont tous les deux la même condition, il aurait été stupide de créer deux fois la même fonction.

Donc, au lieu de faire appel à cette fonction sans aucun argument, il faut lui passer l'identifiant du champ de texte à analyser, ce qui donne deux possibilités :

```
check['lastName']('lastName');
check['lastName']('firstName');
```

Cependant, ce fonctionnement pose un problème, car nous étions partis du principe que nous allions faire appel à nos fonctions d'analyse selon le principe suivant :

```
check['id_du_champ']();
```

Or, si nous faisons ça, cela veut dire que nous ferons également appel à la fonction `check['firstName']()` qui n'existe pas... Nous n'allons pas créer cette fonction sinon nous perdrons l'intérêt de notre système d'argument sur la fonction `check['lastName']`. La solution est donc de faire une référence de la manière suivante :

```
check['firstName'] = check['lastName'];
```

Ainsi, lorsque nous appellerons la fonction `check['firstName']()`, implicitement ce sera la fonction `check['lastName']()` qui sera appelée. Si vous n'avez pas encore tout à fait compris l'utilité de ce système, vous allez voir que tout cela va se montrer redoutablement efficace dans la suite du code.

La mise en place des événements : partie 1

La mise en place des événements se décompose en deux parties : les événements à appliquer aux champs de texte et les événements à appliquer aux deux boutons en bas de page pour envoyer ou réinitialiser le formulaire.

Nous allons commencer par les champs de texte. Tout d'abord, voici le code :

```
1  var inputs = document.getElementsByTagName('input'),
2      inputsLength = inputs.length;
3
4  for (var i = 0 ; i < inputsLength ; i++) {
5      if (inputs[i].type == 'text' || inputs[i].type == 'password') {
6
7          inputs[i].onkeyup = function() {
8              check[this.id](this.id); // « this » représente l'input actuellement modifié
9          };
10
11     }
12 }
```

Comme nous l'avons déjà fait plus haut, nous n'allons pas prendre la peine de vous expliquer le fonctionnement de cette boucle et de la condition qu'elle contient, il ne s'agit que de parcourir les `<input>` et d'agir seulement sur ceux qui sont de type `text` ou `password`.

En revanche, il va falloir des explications sur les lignes 7 à 9. Les lignes 7 et 9 permettent d'assigner une fonction anonyme à l'événement `keyup` de l'`<input>` actuellement traité. Quant à la ligne 8, elle fait appel à la fonction d'analyse qui correspond à l'`<input>` qui a exécuté l'événement. Ainsi, si l'`<input>` `#login` déclenche son événement, il appellera alors la fonction `check['login']()`.

Cependant, un argument est passé à chaque fonction d'analyse que l'on exécute. Pourquoi ? Eh bien il s'agit de l'argument nécessaire à la fonction `check['lastName']()`, ainsi lorsque les `<input>` `#lastName` et `#firstName` déclencheront leur événement, ils exécuteront alors respectivement les lignes de codes suivantes :

```
check['lastName']('lastName');
```

et

```
check['firstName']('firstName');
```

Mais là on passe l'argument à **toutes** les fonctions d'analyse, cela ne pose pas de problème normalement ?

Pourquoi cela en poserait-il un ? Imaginons que l'`<input>` `#login` déclenche son événement, il exécutera alors la ligne de code suivante :

```
check['login']('login');
```

Cela fera passer un argument inutile dont la fonction ne tiendra pas compte, c'est tout.

La mise en place des événements : partie 2

Nous pouvons maintenant aborder l'attribution des événements sur les boutons en bas de page :

```
(function() { // Utilisation d'une fonction anonyme pour éviter
    les variables globales.

var myForm = document.getElementById('myForm'),
    inputs = document.getElementsByTagName('input'),
    inputsLength = inputs.length;

for (var i = 0 ; i < inputsLength ; i++) {
    if (inputs[i].type == 'text' || inputs[i].type == 'password
        ') {

        inputs[i].onkeyup = function() {
            check[this.id](this.id); // « this » représente l'
                input actuellement modifié
        };

    }
}

myForm.onsubmit = function() {

    var result = true;

    for (var i in check) {
        result = check[i](i) && result;
    }

    if (result) {
        alert('Le formulaire est bien rempli.');
    }

    return false;

};
```

```

myForm.onreset = function() {

    for (var i = 0 ; i < inputsLength ; i++) {
        if (inputs[i].type == 'text' || inputs[i].type == 'password') {
            inputs[i].className = '';
        }
    }

    deactivateTooltips();

};

})();
```

Comme vous pouvez le constater, nous n'avons pas appliqué d'événements `click` sur les boutons mais avons directement appliqué `submit` et `reset` sur le formulaire, ce qui est bien plus pratique dans notre cas.

Alors concernant notre événement `submit`, celui-ci va parcourir notre tableau `check` et exécuter toutes les fonctions qu'il contient (y compris celles qui ne sont pas associées à un champ de texte comme `check['sex']()` et `check['country']()`). Chaque valeur retournée par ces fonctions est « ajoutée » à la variable `result`, ce qui fait que si une des fonctions a renvoyé `false` alors `result` sera aussi à `false` et l'exécution de la fonction `alert()` ne se fera pas.

Concernant notre événement `reset`, c'est très simple : on parcourt les champs de texte, on retire leur classe et ensuite on désactive toutes les bulles d'aide grâce à notre fonction `deactivateTooltips()`.

Voilà, ce TP est maintenant terminé.

Troisième partie

Les objets : conception et utilisation

Chapitre 15

Les objets

Difficulté :

Nous avons vu dans la première partie du cours un chapitre sur les objets et les tableaux. Ce chapitre en est la suite et permet de mettre les pieds dans l'univers de la création et de la modification d'objets en Javascript.

Au programme, vous découvrirez comment créer un objet de A à Z en lui définissant un constructeur, des propriétés et des méthodes ; vous saurez aussi comment modifier un objet natif. S'en suivra alors une manière d'exploiter les objets pour les utiliser en tant que namespaces et, pour terminer, nous étudierons la modification du contexte d'exécution d'une méthode.

Petite problématique

Le Javascript possède des objets natifs, comme `String`, `Boolean` et `Array`, mais nous permet aussi de créer nos propres objets, avec leurs propres méthodes et propriétés.

Mais quel est l'intérêt ?

L'intérêt est généralement une propreté de code ainsi qu'une facilité de développement. Les objets sont là pour nous faciliter la vie, mais leur création peut prendre du temps.

Rappelez-vous l'exemple des tableaux avec les prénoms :

```
var myArray = ['Sébastien', 'Laurence', 'Ludovic', 'Pauline', '
    Guillaume'];
```

Ce tableau sert juste à stocker les prénoms, rien de plus. Imaginons qu'il faille faire un tableau contenant énormément de données, et ce pour chaque personne. Par exemple, pour chaque personne, on aurait les données suivantes : prénom, âge, sexe, parenté, travail... Comment structurer tout cela ?

Avec une très grosse dose de motivation, il est possible de réaliser quelque chose comme ceci :

```
var myArray = [
    {
        nick: 'Sébastien',
        age: 23,
        sex: 'm',
        parent: 'aîné',
        work: 'Javascripteur'
    },
    {
        nick: 'Laurence',
        age: 19,
        sex: 'f',
        parent: 'soeur',
        work: 'Sous-officier'
    },

    // et ainsi de suite...

];
```

Ce n'est pas encore trop compliqué car les données restent relativement simples. Maintenant, pour chaque personne, nous allons ajouter un tableau qui contiendra ses amis, et pour chaque ami, les mêmes données. Là, c'est déjà plus compliqué... Profitons de cette problématique pour étudier les objets !

Objet constructeur

Nous avons vu que le Javascript nous permettait de créer des objets littéraux et nous allons voir maintenant comment créer de véritables objets qui possèdent des propriétés et des méthodes tout comme les objets natifs.

Un objet représente quelque chose, une idée ou un concept. Ici, suite à l'exemple de la famille, nous allons créer un objet appelé `Person` qui contiendra des données, à savoir le prénom, l'âge, le sexe, le lien de parenté, le travail et la liste des amis (qui sera un tableau).

L'utilisation de tels objets se fait en deux temps :

1. On définit l'objet via un constructeur, cette étape permet de définir un objet qui pourra être réutilisé par la suite. Cet objet ne sera pas directement utilisé car nous en utiliserons une « copie » : on parle alors d'**instance**.
2. À chaque fois que l'on a besoin d'utiliser notre objet, on crée une instance de celui-ci, c'est-à-dire qu'on le « copie ».

Définition via un constructeur

Le constructeur (ou **objet constructeur** ou **constructeur d'objet**) va contenir la structure de base de notre objet. Si vous avez déjà fait de la programmation orientée objet dans des langages tels que le C++, le C# ou le Java, sachez que ce constructeur ressemble, sur le principe, à une classe.

La syntaxe d'un constructeur est la même que celle d'une fonction :

```
function Person() {
    // Code du constructeur
}
```

De manière générale on met une majuscule à la première lettre d'un constructeur. Cela permet de mieux le différencier d'une fonction « normale » et le fait ressembler aux noms des objets natifs qui portent tous une majuscule (`Array`, `Date`, `String`...).

Le code du constructeur va contenir une petite particularité : le mot-clé `this`. Ce mot-clé fait référence à l'objet dans lequel il est exécuté, c'est-à-dire ici le constructeur `Person`. Si on utilise `this` au sein du constructeur `Person`, `this` pointe vers `Person`. Grâce à `this`, nous allons pouvoir définir les propriétés de l'objet `Person` :

```
function Person(nick, age, sex, parent, work, friends) {
    this.nick = nick;
    this.age  = age;
    this.sex  = sex;
    this.parent = parent;
    this.work = work;
```

```
    this.friends = friends;
}
```

Les paramètres de notre constructeur (les paramètres de la fonction si vous préférez) vont être détruits à la fin de l'exécution de ce dernier, alors que les propriétés définies par le biais de `this` vont rester présentes. Autrement dit, `this.nick` affecte une propriété `nick` à notre objet, tandis que le paramètre `nick` n'est qu'une simple variable qui sera détruite à la fin de l'exécution du constructeur.

Utilisation de l'objet

L'objet `Person` a été défini grâce au constructeur qu'il ne nous reste plus qu'à utiliser :

```
// Définition de l'objet Person via un constructeur
function Person(nick, age, sex, parent, work, friends) {
    this.nick = nick;
    this.age  = age;
    this.sex  = sex;
    this.parent = parent;
    this.work = work;
    this.friends = friends;
}

// On crée des variables qui vont contenir une instance de l'objet Person :
var seb = new Person('Sébastien', 23, 'm', 'aîné', 'Javascripteur', []);
var lau = new Person('Laurence', 19, 'f', 'soeur', 'Sous-officier', []);

alert(seb.nick); // Affiche : « Sébastien »
alert(lau.nick); // Affiche : « Laurence »
```

Que s'est-il passé ici ? L'objet `Person` a été défini comme nous l'avons vu plus haut. Pour pouvoir utiliser cet objet, on définit une variable qui va contenir une instance de l'objet `Person`, c'est-à-dire une copie. Pour indiquer au Javascript qu'il faut utiliser une instance, on utilise le mot-clé `new`.

Retenez bien que ce mot-clé `new` ne signifie pas « créer un nouvel objet », mais signifie « créer une nouvelle instance de l'objet », ce qui est très différent puisque dans le deuxième cas on ne fait que créer une instance, une copie, de l'objet initial, ce qui nous permet de conserver l'objet en question.

Il est possible de faire un test pour savoir si la variable `seb` est une instance de `Person`. Pour ce faire, il convient d'utiliser le mot-clé `instanceof`, comme ceci :

```
alert(seb instanceof Person); // Affiche true
```

Dans les paramètres de l'objet, on transmet les différentes informations pour la personne. Ainsi donc, en transmettant `'Sébastien'` comme premier paramètre, celui-ci ira s'enregistrer dans la propriété `this.nick`, et il sera possible de le récupérer en faisant `seb.nick`.

Modifier les données

Une fois la variable définie, on peut modifier les propriétés, exactement comme s'il s'agissait d'un simple objet littéral comme vu dans la première partie du cours :

```
var seb = new Person('Sébastien', 23, 'm', 'aîné', '
    Javascripteur', []);

seb.nick = 'Bastien'; // On change le prénom
seb.age  = 18;         // On change l'âge

alert(seb.nick + ' a ' + seb.age + 'ans'); // Affiche : «
    Bastien a 18 ans »
```

Au final, si on reprend la problématique du début de ce chapitre, on peut réécrire `myArray` comme contenant des éléments de type `Person` :

```
var myArray = [
    new Person('Sébastien', 23, 'm', 'aîné', 'Javascripteur',
        []),
    new Person('Laurence', 19, 'f', 'soeur', 'Sous-officier',
        []),
    new Person('Ludovic', 9, 'm', 'frère', 'Etudiant', []),
    new Person('Pauline', 16, 'f', 'cousine', 'Etudiante', []),
    new Person('Guillaume', 16, 'm', 'cousin', 'Dessinateur',
        []),
];
```

Il sera ainsi possible d'accéder aux différents membres de la famille de cette manière pour récupérer le travail : `myArray[i].work`.

Ajouter des méthodes

L'objet vu précédemment est simple. Il y a moyen de l'améliorer en lui ajoutant des méthodes. Les méthodes, vous savez ce que c'est car vous en avez déjà croisé dans les chapitres sur les tableaux. Si nous reprenons l'exemple précédent et que l'on souhaite ajouter un ami, il faut faire comme ceci :

```
var seb = new Person('Sébastien', 23, 'm', 'aîné', '
    Javascripteur', []);

// On ajoute un ami dans le tableau « friends »
seb.friends.push(new Person('Johann', 19, 'm', 'aîné', '
    Javascripteur aussi', []));

alert(seb.friends[0].nick); // Affiche : « Johann »
```

Avec ça, on peut aussi ajouter un ami à Johann :

```
seb.friends[0].friends.push(new Person('Victor', 19, 'm', 'aîné', 'Internet Hero', []));
```

Les possibilités sont infinies...

Mais tout cela reste long à écrire. Pourquoi ne pas ajouter une méthode `addFriend()` à l'objet `Person` de manière à pouvoir ajouter un ami comme ceci :

```
seb.addFriend('Johann', 19, 'm', 'aîné', 'Javascripteur aussi', []);
```

Ajouter une méthode

Il y a deux manières de définir une méthode pour un objet : dans le constructeur ou via prototype. Définir les méthodes directement dans le constructeur est facile puisque c'est nous qui créons le constructeur. La définition de méthodes via prototype est utile surtout si on n'a pas créé le constructeur : ce sera alors utile pour ajouter des méthodes à des objets natifs, comme `String` ou `Array`.

Définir une méthode dans le constructeur

Pour cela, rien de plus simple, on procède comme pour les propriétés, sauf qu'il s'agit d'une fonction :

```
function Person(nick, age, sex, parent, work, friends) {
    this.nick = nick;
    this.age  = age;
    this.sex  = sex;
    this.parent = parent;
    this.work = work;
    this.friends = friends;

    this.addFriend = function(nick, age, sex, parent, work, friends) {
        this.friends.push(new Person(nick, age, sex, parent, work, friends));
    };
}
```

Le code de cette méthode est simple : il ajoute un objet `Person` dans le tableau des amis.

> N'aurions-nous pas pu utiliser `new this(/* ... */)` à la place de `new Person(/* ... */)` ?

Non, car, comme nous l'avons vu plus haut, `this` fait référence à l'objet dans lequel il est appelé, c'est-à-dire le constructeur `Person`. Si nous avions fait `new this(/* ...`

`*/`) cela aurait équivalu à insérer le constructeur dans lui-même. Mais de toute façon, en tentant de faire ça, vous obtenez une erreur du type « `this` n'est pas un constructeur », donc l'interpréteur Javascript ne plante heureusement pas.

Ajouter une méthode via prototype

Lorsque vous définissez un objet, il possède automatiquement un sous-objet appelé `prototype`.

> ⚠ `prototype` est un objet, mais c'est aussi le nom d'une bibliothèque Javascript : Prototype. Faites donc attention si vous faites des recherches avec les mots-clés « Javascript » et « prototype », car vous risquez de tomber sur des pages de cette bibliothèque.

Cet objet `prototype` va nous permettre d'ajouter des méthodes à un objet. Voici comment ajouter une méthode `addFriend()` à notre objet `Person` :

```
Person.prototype.addFriend = function(nick, age, sex, parent,
    work, friends) {
    this.friends.push(new Person(nick, age, sex, parent, work,
        friends));
}
```

Le `this` fait ici aussi référence à l'objet dans lequel il s'exécute, c'est-à-dire l'objet `Person`.

L'ajout de méthodes par `prototype` a l'avantage d'être indépendant de l'objet, c'est-à-dire que vous pouvez définir votre objet dans un fichier, et ajouter des méthodes dans un autre fichier (pour autant que les deux fichiers soient inclus dans la même page Web).

> ℹ En réalité, l'ajout de méthodes par `prototype` est particulier, car les méthodes ajoutées ne seront pas copiées dans les instances de votre objet. Autrement dit, en ajoutant la méthode `addFriend()` par `prototype`, une instance comme `seb` ne possèdera pas la méthode directement dans son propre objet, elle sera obligée d'aller la chercher au sein de son objet constructeur, ici `Person`. Cela veut dire que si vous faites une modification sur une méthode contenue dans un `prototype` alors vous affecterez toutes les instances de votre objet (y compris celles qui sont déjà créées), cette solution est donc à privilégier.

Ajouter des méthodes aux objets natifs

Une grosse particularité du Javascript est qu'il est **orienté objet par prototype** ce qui le dote de certaines caractéristiques que d'autres langages orientés objet ne possèdent pas. Avec le Javascript, il est possible de modifier les objets natifs, comme c'est le cas en C# par exemple. En fait, les objets natifs possèdent eux aussi un objet `prototype` autorisant donc la modification de leurs méthodes !

Ajout de méthodes

Ce n'est parfois pas facile de visualiser le contenu d'un tableau avec `alert()`. Pourquoi ne pas créer une méthode qui afficherait le contenu d'un objet littéral via `alert()`, mais de façon plus élégante (un peu comme la fonction `var_dump()` du PHP si vous connaissez) ?

Voici le type d'objet à afficher proprement :

```
var family = {
    self:     'Sébastien',
    sister:   'Laurence',
    brother:  'Ludovic',
    cousin_1: 'Pauline',
    cousin_2: 'Guillaume'
};

family.debug(); // Nous allons créer cette méthode debug()
```

La méthode `debug()` affichera la figure 15.1.

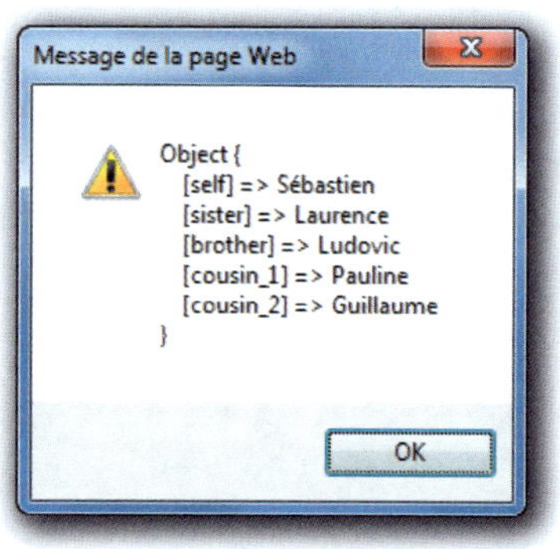

FIGURE 15.1 – Notre méthode devra afficher quelque chose de semblable

Comme il s'agit d'un objet, le type natif est `Object`. Comme vu précédemment, nous allons utiliser son sous-objet `prototype` pour lui ajouter la méthode voulue :

```
// Testons si cette méthode n'existe pas déjà !
if (!Object.prototype.debug) {

    // Créons la méthode
    Object.prototype.debug = function() {
        var text = 'Object {\n';

```

```
        for (var i in this) {
            if (i !== 'debug') {
                text += '    [' + i + '] => ' + this[i] + '\n';
            }
        }

        alert(text + '}');
    }

}
```

Mais pourquoi tester si `i` est différent de `'debug'` ?

Parce qu'en ajoutant la méthode `debug()` aux objets, elle s'ajoute même aux objets littéraux : autrement dit, `debug()` va se lister elle-même ce qui n'a pas beaucoup d'intérêt. Regardez donc le résultat à la figure 15.2, en enlevant cette condition.

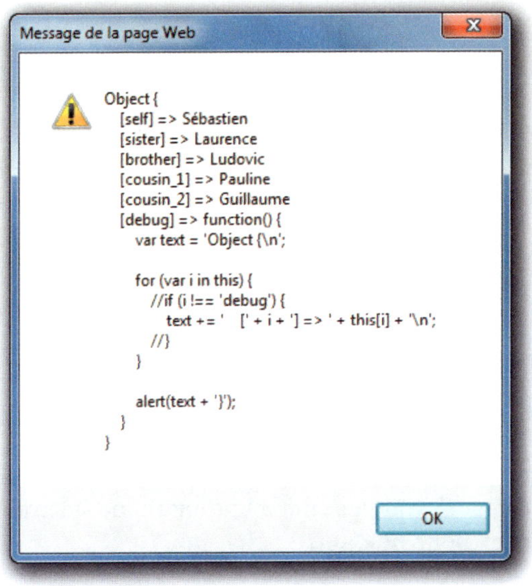

FIGURE 15.2 – Le code de la méthode `debug()` est affiché

Nous avons ajouté une méthode à `Object`. Nous l'avons fait pour l'exemple, mais ceci ne doit **jamais** être reproduit dans vos scripts pour une raison très simple : après ajout d'une méthode ou d'une propriété à `Object`, celle-ci sera listée à chaque fois que vous utiliserez un `for in`. Par exemple, le code suivant ne devrait même pas afficher une seule alerte :

```
var myObject = {};
```

```

for (var i in myObject) {
  alert(i);
}
```

Et pourtant, après l'ajout d'une méthode comme `debug()`, votre boucle affichera cette méthode pour tout objet parcouru, ce qui n'est clairement pas conseillé. Cependant, notez bien que cette restriction s'applique uniquement à l'objet natif `Object`, les autres objets comme `Array`, `String`, etc. ne sont pas concernés.

Remplacer des méthodes

Comme vous avez dû le constater, quand nous utilisons `prototype`, nous affectons une fonction. Cela veut donc dire qu'il est possible de modifier les méthodes natives des objets en leur affectant une nouvelle méthode. Cela peut se révéler très utile dans certains cas, mais nous verrons cela plus tard dans le chapitre qui aborde l'usage des polyfills.

Limitations

Dans Internet Explorer

En théorie, chaque objet peut se voir attribuer des méthodes via prototype. Mais en pratique, si cela fonctionne avec les objets natifs génériques comme `String`, `Date`, `Array`, `Object`, `Number`, `Boolean` et de nombreux autres, cela fonctionne moins bien avec les objets natifs liés au DOM comme `Node`, `Element` ou encore `HTMLElement`, en particulier dans Internet Explorer.

Chez les éditeurs

Sachez également que si vos scripts sont destinés à être utilisés sous la forme d'extensions pour Firefox et que vous soumettez votre extension sur le site de Mozilla Addons, celle-ci sera refusée car Mozilla trouve qu'il est dangereux de modifier les objets natifs. C'est un peu vrai puisque si vous modifiez une méthode native, elle risque de ne pas fonctionner correctement pour une autre extension...

Les namespaces

En informatique, un **namespace**, ou « espace de nom » en français, est un ensemble fictif qui contient des informations, généralement des propriétés et des méthodes, ainsi que des sous-namespaces. Le but d'un namespace est de s'assurer de l'unicité des informations qu'il contient.

Par exemple, Sébastien et Johann habitent tous deux au numéro 42. Sébastien dans la rue de Belgique et Johann dans la rue de France. Les numéros de leurs maisons peuvent être confondus, puisqu'il s'agit du même. Ainsi, si Johann dit « J'habite au numéro 42 », c'est ambigu, car Sébastien aussi. Alors, pour différencier les deux numéros, nous allons toujours donner le nom de la rue. Ce nom de rue peut être vu comme un namespace : il permet de différencier deux données identiques.

En programmation, quelque chose d'analogue peut se produire : imaginez que vous développiez une fonction `myBestFunction()`, et vous trouvez un script tout fait pour réaliser un effet quelconque. Vous ajoutez alors ce script au vôtre. Problème : dans ce script tout fait, une fonction `myBestFunction()` est aussi présente... Votre fonction se retrouve écrasée par l'autre, et votre script ne fonctionnera plus correctement.

Pour éviter ce genre de désagrément, nous allons utiliser un namespace !

Le Javascript, au contraire de langages comme le C# ou le Java, ne propose pas de vrai système de namespace. Ce que l'on étudie ici est un système pour reproduire plus ou moins correctement un tel système.

Définir un namespace

Un namespace est une sorte de catégorie : vous allez vous créer un namespace, et, au sein de celui-ci, vous allez placer vos fonctions. De cette manière, vos fonctions seront en quelque sorte préservées d'éventuels écrasements. Comme le Javascript ne gère pas nativement les namespaces (comprenez : il n'y a pas de structure consacrée à cela), nous allons devoir nous débrouiller seuls, et utiliser un simple objet littéral. Premier exemple :

```
var myNamespace = {
    myBestFunction: function() {
        alert('Ma meilleure fonction !');
    }
};

// On exécute la fonction :
myNamespace.myBestFunction();
```

On commence par créer un objet littéral appelé `myNamespace`. Ensuite on définit une méthode : `myBestFunction()`. Souvenez-vous, dans le chapitre sur les objets littéraux, nous avions vu que nous pouvions définir des propriétés, et il est aussi possible de définir des méthodes, en utilisant la même syntaxe.

Pour appeler `myBestFunction()`, il faut obligatoirement passer par l'objet `myNamespace`, ce qui limite très fortement la probabilité de voir votre fonction écrasée par une autre. Bien évidemment, votre namespace doit être original pour être certain qu'un autre développeur n'utilise pas le même... Cette technique n'est donc pas infaillible, mais réduit considérablement les problèmes.

Un style de code

Utiliser un namespace est aussi élégant, car cela permet d'avoir un code visuellement propre et structuré. Une grande majorité des « gros » scripts sont organisés via un namespace, notamment car il est possible de décomposer le script en catégories. Par exemple, vous faites un script qui gère un webmail (comme Hotmail ou GMail) :

```
var thundersebWebMail = {
    // Propriétés
    version: 1.42,
    lang: 'english',

    // Initialisation
    init : function() { /* initialisation */ },

    // Gestion des mails
    mails: {
        list: function() { /* affiche la liste des mails */ },
        show: function() { /* affiche un mail */ },
        trash: function() { /* supprime un mail */ },
        // et cætera...
    },

    // Gestion des contacts
    contacts: {
        list: function() { /* affiche la liste des contacts */ },
        edit: function() { /* édite un contact */ },
        // et cætera...
    }
};
```

Ce code fictif comprend une méthode d'initialisation et deux sous-namespaces : `mails` et `contacts`, servant respectivement à gérer les e-mails et les contacts. Chacun de ces sous-namespaces contient les méthodes qui lui sont propres.

Structurer son code de cette manière est propre et lisible, ce qui n'est pas toujours le cas d'une succession de fonctions. Voici l'exemple que nous venons de voir mais cette fois-ci sans namespaces :

```
var webmailVersion = 1.42,
    webmailLang    = 'english';

function webmailInit() { /* initialisation */ }

function webmailMailsList() { /* affiche la liste des mails */ }
function webmailMailsShow() { /* affiche un mail */ }
function webmailMailsTrash() { /* supprime un mail */ }

```

```
function webmailContactsList() { /* affiche la liste des
    contacts */ }
function webmailContactsEdit() { /* édite un contact */ }
```

C'est tout de suite plus confus, il n'y a pas de hiérarchie, c'est brouillon. Bien évidemment, cela dépend du codeur : un code en namespace peut être brouillon, alors qu'un code « normal » peut être très propre ; mais de manière générale, un code en namespace est accessible, plus lisible et plus compréhensible. C'est évidemment une question d'habitude.

L'emploi de `this`

Le mot-clé `this` s'utilise ici exactement comme dans les objets vus précédemment. Mais attention, si vous utilisez `this` dans un sous-namespace, celui-ci pointera vers ce sous-namespace, et non vers le namespace parent. Ainsi, l'exemple suivant ne fonctionnera pas correctement, car en appelant la méthode `init()` on lui demande d'exécuter `this.test()`. Or, `this` pointe vers `subNamespace`, et il n'existe aucune méthode `test()` au sein de `subNamespace`.

```
var myNamespace = {

    test: function() { alert('Test'); },

    subNamespace: {
        init: function() {
            this.test();
        }
    }

};

myNamespace.subNamespace.init();
```

Pour accéder à l'objet parent, il n'y a malheureusement pas de solution si ce n'est écrire son nom entièrement :

```
var myNamespace = {

    test: function() { alert('Test'); },

    subNamespace: {
        init: function() {
            myNamespace.test();
        }
    }

};

myNamespace.subNamespace.init();
```

Vérifier l'unicité du namespace

Une sécurité supplémentaire est de vérifier l'existence du namespace : s'il n'existe pas, on le définit et dans le cas contraire, on ne fait rien pour ne pas risquer d'écraser une version déjà existante, tout en retournant un message d'erreur.

```
// On vérifie l'existence de l'objet myNamespace
if (typeof myNamespace === 'undefined') {

    var myNamespace = {
        // Tout le code
    };

} else {
    alert('myNamespace existe déjà !');
}
```

Modifier le contexte d'une méthode

Pour finir ce chapitre, nous allons ici aborder un sujet assez avancé : la modification du contexte d'une méthode. Dans l'immédiat, cela ne signifie sûrement rien pour vous, nous allons donc expliquer le concept. Commençons par un petit rappel. Connaissez-vous la différence entre une fonction et une méthode ?

La première est indépendante et ne fait partie d'aucun objet (ou presque, n'oublions pas `window`). La fonction `alert()` est dans cette catégorie, car vous pouvez l'appeler sans la faire précéder du nom d'un objet :

```
alert('Test !'); // Aucun objet nécessaire !
```

Une méthode, en revanche, est dépendante d'un objet. C'est le cas par exemple de la méthode `push()` qui est dépendante de l'objet `Array`. Le fait qu'elle soit dépendante est à la fois un avantage et un inconvénient :

- Un avantage car vous n'avez pas à spécifier quel objet la méthode doit modifier ;
- Un inconvénient car cette méthode ne pourra fonctionner que sur l'objet dont elle est dépendante !

Cet inconvénient peut être résolu grâce à deux méthodes nommées `apply()` et `call()`.

Comme vous le savez, une méthode utilise généralement le mot-clé `this` pour savoir à quel objet elle appartient, c'est ce qui fait qu'elle est dépendante. Les deux méthodes `apply()` et `call()` existent pour permettre de rediriger la référence du mot-clé `this` vers un autre objet !

Nous n'allons pas faire de cas pratique avec la méthode `push()`, car son fonctionnement est spécifique aux tableaux (il serait difficile de lui demander d'ajouter une donnée sur un objet dont la structure est totalement différente). En revanche, il existe une méthode que tout objet possède : `toString()` ! Cette méthode a pour but de fournir une représentation d'un objet sous forme de chaîne de caractères, c'est elle qui est appelée par la fonction `alert()` lorsque vous lui passez un objet en paramètre. Elle possède cependant un fonctionnement différent selon l'objet sur lequel elle est utilisée :

```
alert(['test']); // Affiche : « test »
alert({0:'test'}); // Affiche : « [object Object] »
```

Nous n'avons pas fait appel à la méthode `toString()`, mais, comme nous l'avons dit précédemment, `alert()` le fait implicitement.

Comme vous avez pu le constater, la méthode `toString()` renvoie un résultat radicalement différent selon l'objet. Dans le cas d'un tableau, elle retourne son contenu, mais quand il s'agit d'un objet, elle retourne son type converti en chaîne de caractères.

Notre objectif maintenant va être de faire en sorte d'appliquer la méthode `toString()` de l'objet `Object` sur un objet `Array`, et ce afin d'obtenir sous forme de chaîne de caractères le type de notre tableau au lieu d'obtenir son contenu.

C'est là qu'entrent en jeu nos deux méthodes `apply()` et `call()`. Elles vont nous permettre de redéfinir le mot-clé `this` de la méthode `toString()`. Ces deux méthodes fonctionnent quasiment de la même manière, elles prennent toutes les deux en paramètre un premier argument obligatoire qui est l'objet vers lequel va pointer le mot-clé `this`. Nos deux méthodes se différencient sur les arguments facultatifs, mais nous en reparlerons plus tard. En attendant, nous allons nous servir de la méthode `call()`.

Comment utiliser notre méthode `call()` ? Tout simplement de la manière suivante :

```
methode_a_modifier.call(objet_a_definir);
```

Dans notre exemple actuel, la méthode à modifier est `toString()` de l'objet `Object`. En sachant cela il ne nous reste plus qu'à faire ceci :

```
var result = Object.prototype.toString.call(['test']);

alert(result); // Affiche : « [object Array] »
```

Nous y voilà ! La méthode `toString()` de `Object` a bien été appliquée à notre tableau, nous obtenons donc son type et non pas son contenu.

Revenons maintenant sur les arguments facultatifs de nos deux méthodes `apply()` et `call()`. La première prend en paramètre facultatif un tableau de valeurs, tandis que la deuxième prend une infinité de valeurs en paramètres. Ces arguments facultatifs servent à la même chose : ils seront passés en paramètres à la méthode souhaitée.

Ainsi, si nous écrivons :

```
var myArray = [];

myArray.push.apply(myArray, [1, 2, 3]);
```

Cela revient au même que si nous avions écrit :

```
var myArray = [];
```

```

myArray.push(1, 2, 3);
```

De même, si nous écrivons :

```
var myArray = [];

myArray.push.call(myArray, 1, 2, 3);
```

Cela revient à écrire :

```
var myArray = [];

myArray.push(1, 2, 3);
```

Voilà pour ces deux méthodes ! Leurs cas d'application sont assez rares, mais sachez au moins qu'elles existent, nous y aurons sûrement recours plus tard dans ce tutoriel.

En résumé

- Outre les objets natifs, le Javascript nous offre la possibilité de créer des objets personnalisés.
- Le constructeur contient la structure de base de l'objet. On définit un constructeur de la même manière qu'une fonction.
- Le mot-clé `this` fait référence à l'objet dans lequel il est utilisé, ce qui nous permet de créer les propriétés et les méthodes de l'objet.
- Une fois le constructeur défini, il est conseillé d'ajouter les méthodes via l'objet `prototype`.
- Un namespace est un objet qui permet de s'assurer que toutes nos fonctions seront uniques, et que l'emploi d'un script tiers ne risque pas de les remplacer.
- Il est possible de modifier le contexte d'exécution d'une méthode. C'est peu fréquent, mais il est bon de le savoir.

Chapitre 16

Les chaînes de caractères

Difficulté :

Les chaînes de caractères, représentées par l'objet `String`, ont déjà été manipulées au sein de ce cours, mais il reste bien des choses à voir à leur propos ! Nous allons dans un premier temps découvrir les types primitifs car cela nous sera nécessaire pour vraiment parler des objets comme `String`, `RegExp` et autres que nous verrons par la suite.

Les types primitifs

Nous avons vu, tout au long du cours, que les chaînes de caractères étaient des objets `String`, les tableaux des `Array`, etc. C'est toujours vrai mais il convient de nuancer ces propos en introduisant le concept de **type primitif**.

Pour créer une chaîne de caractères, on utilise généralement cette syntaxe :

```
var myString = "Chaîne de caractères primitive";
```

Cet exemple crée ce que l'on appelle une chaîne de caractères primitive, qui n'est pas un objet `String`. Pour instancier un objet `String`, il faut faire comme ceci :

```
var myRealString = new String("Chaîne");
```

Cela est valable pour les autres objets :

```
var myArray = []; // Tableau primitif
var myRealArray = new Array();

var myObject = {}; // Objet primitif
var myRealObject = new Object();

var myBoolean = true; // Booléen primitif
var myRealBoolean = new Boolean("true");

var myNumber = 42; // Nombre primitif
var myRealNumber = new Number("42");
```

Ce que nous avons utilisé jusqu'à présent était en fait des types primitifs, et non des instances d'objets.

Quelle est la différence entre un type primitif et une instance ?

La différence est minime pour nous, développeurs. Prenons l'exemple de la chaîne de caractères : à chaque fois que nous allons faire une opération sur une chaîne primitive, le Javascript va automatiquement convertir cette chaîne en une instance temporaire de `String`, de manière à pouvoir utiliser les propriétés et méthodes fournies par l'objet `String`. Une fois les opérations terminées, l'instance temporaire est détruite.

Au final, utiliser un type primitif ou une instance revient au même du point de vue de l'utilisation. Mais il subsiste de légères différences avec l'opérateur `instanceof` qui peut retourner de drôles de résultats...

Pour une raison ou une autre, imaginons que l'on veuille savoir de quelle instance est issu un objet :

```
var myString = 'Chaîne de caractères';

if (myString instanceof String) {
```

```
    // Faire quelque chose
}
```

La condition sera fausse ! Et c'est bien normal puisque `myString` est une chaîne primitive et non une instance de `String`. Pour tester le type primitif, il convient d'utiliser l'opérateur `typeof` :

```
if (typeof myString === 'string') {
    // Faire quelque chose
}
```

`typeof` permet de vérifier le type primitif (en anglais on parle de **datatype**). Mais ici aussi faites attention au piège, car la forme primitive d'une instance de `String` est... `object` :

```
alert(typeof myRealString); // Affiche : « object »
```

Il faudra donc faire bien attention en testant le type ou l'instance d'un objet ! Il est même d'ailleurs déconseillé de faire ce genre de tests vu le nombre de problèmes que cela peut causer. La seule valeur retournée par `typeof` dont on peut être sûr, c'est `"undefined"`. Nous allons étudier, plus tard dans ce chapitre, une solution pour tester si une variable contient une chaîne de caractères.

Retenez bien une chose dans l'ensemble : il est plus simple **en tous points** d'utiliser directement les types primitifs !

L'objet String

L'objet `String` est l'objet que vous manipulez depuis le début du tutoriel : c'est lui qui gère les chaînes de caractères.

Propriétés

`String` ne possède qu'une seule propriété, `length`, qui retourne le nombre de caractères contenus dans une chaîne. Les espaces, les signes de ponctuation, les chiffres... sont considérés comme des caractères. Ainsi, cette chaîne de caractères contient 21 caractères :

```
alert('Ceci est une chaîne !'.length);
```

▷ Essayer ce code
Code web : 201186

Mais ! C'est quoi cette manière d'écrire du code ?

En fait, il n'est pas toujours obligatoire de déclarer une variable pour utiliser les propriétés et les méthodes d'un objet. En effet, vous pouvez écrire directement le contenu de votre variable et utiliser une de ses propriétés ou de ses méthodes, comme c'est le cas ici. Notez cependant que cela ne fonctionne pas avec les nombres sous forme primitive car le point est le caractère permettant d'ajouter une ou plusieurs décimales. Ainsi, ce code générera une erreur :

```
0.toString(); // Une erreur se produira si vous exécutez ce
    code
```

Méthodes

String possède quelques méthodes qui sont pour la plupart assez intéressantes mais basiques. Le Javascript est un langage assez simple, qui ne contient pas énormément de méthodes de base. C'est un peu l'inverse du PHP qui contient une multitude de fonctions pour réaliser un peu tout et n'importe quoi. Par exemple, le PHP possède une fonction pour mettre la première lettre d'une chaîne en majuscule, alors qu'en Javascript il faudra nous-mêmes récupérer le premier caractère et le mettre en majuscule. Le Javascript fournit juste quelques méthodes de base, et ce sera à vous de coder vous-mêmes d'autres méthodes ou fonctions selon vos besoins.

String embarque aussi toute une série de méthodes obsolètes destinées à ajouter des balises HTML à une chaîne de caractères. Ne soyez donc pas étonnés si un jour vous rencontrez de telles méthodes dans de vieux scripts au détour de vos recherches sur Internet. Ces méthodes, anchor(), big(), blink(), bold(), fixed(), fontcolor(), fontsize(), link(), small(), strike(), sub(), sup() s'utilisent de cette manière :

```
var myString = 'Chaîne à insérer';

document.body.innerHTML += myString.bold();
```

Ce code n'est pas standard et peut ne pas fonctionner.

Cela a pour effet d'ajouter ce code HTML : <b>Chaîne à insérer</b>. Firefox, Opera et Chrome ajoutent la balise en minuscule <b>, tandis qu'Internet Explorer l'ajoute en majuscule <B>. Sachez que ça existe, mais que ce n'est plus utilisé et que ce n'est pas standard.

Toujours dans le registre des méthodes dépassées, on peut citer la méthode concat() qui permet de concaténer une chaîne dans une autre. C'est exactement comme utiliser l'opérateur + :

```
var string_1 = 'Ceci est une chaîne',
    string_2 = ' de caractères',
    string_3 = ' ma foi assez jolie'

var result = string_1.concat(string_2, string_3);
```

concat() est donc équivalente à :

```
var result = string_1 + string_2 + string_3;
```

Passons maintenant en revue les autres méthodes de `String` !

La casse et les caractères

toLowerCase() et toUpperCase()

`toLowerCase()` et `toUpperCase()` permettent respectivement de convertir une chaîne en minuscules et en majuscules. Elles sont pratiques pour réaliser différents tests ou pour uniformiser une chaîne de caractères. Leur utilisation est simple :

```
var myString = 'tim berners-lee';

myString = myString.toUpperCase(); // Retourne : « TIM BERNERS-
    LEE »
```

Accéder aux caractères

La méthode `charAt()` permet de récupérer un caractère en fonction de sa position dans la chaîne de caractères. La méthode reçoit en paramètre la position du caractère :

```
var myString = 'Pauline';

var first = myString.charAt(0);                    // P
var last  = myString.charAt(myString.length - 1); // e
```

En fait, les chaînes de caractères peuvent être imaginées comme des tableaux, à la différence qu'il n'est pas possible d'accéder aux caractères en utilisant les crochets : à la place, il faut utiliser `charAt()`.

Certains navigateurs permettent toutefois d'accéder aux caractères d'une chaîne comme s'il s'agissait d'un tableau, c'est-à-dire comme ceci : `myString[0]`. Ce n'est pas standard, donc il est fortement conseillé d'utiliser `myString.charAt(0)`.

Obtenir le caractère en ASCII

La méthode `charCodeAt()` fonctionne comme `charAt()` à la différence que ce n'est pas le caractère qui est retourné mais le code ASCII du caractère.

Créer une chaîne de caractères depuis une chaîne ASCII

`fromCharCode()` permet de faire plus ou moins l'inverse de `charCodeAt()` : instancier une nouvelle chaîne de caractères à partir d'une chaîne ASCII, dont chaque code est séparé par une virgule. Son fonctionnement est particulier puisqu'il est nécessaire d'utiliser l'objet `String` lui-même :

```
var myString = String.fromCharCode(74, 97, 118, 97, 83, 99,
    114, 105, 112, 116); // le mot JavaScript en ASCII

alert(myString); // Affiche : « JavaScript »
```

Mais quel est l'intérêt d'utiliser les codes ASCII ?

Ce n'est pas très fréquent, mais cela peut être utile dans un cas bien particulier : détecter les touches du clavier. Admettons qu'il faille savoir quelle touche du clavier à été pressée par l'utilisateur. Pour cela, on utilise la propriété `keyCode` de l'objet `Event` :

```
<textarea onkeyup="listenKey(event)"></textarea>
```

La fonction `listenKey()` peut être écrite comme suit :

```
function listenKey(event) {

    var key = event.keyCode;

    alert('La touche numéro ' + key + ' a été pressée. Le
        caractère ' + String.fromCharCode(key) + ' a été inséré.
        ');
}
```

`event.keyCode` retourne le code ASCII qui correspond au caractère inséré par la touche. Pour la touche J, le code ASCII est 74 par exemple.

Cela fonctionne bien pour les touches de caractères, mais ça ne fonctionne pas pour les touches de fonction comme Delete, Enter, Shift, Caps, etc. Ces touches retournent bien un code ASCII, mais celui-ci ne peut être converti en un caractère lisible par un humain. Par exemple, le `keyCode` de la barre d'espace est 32. Donc pour savoir si l'utilisateur a pressé ladite barre, il suffira de tester si le `keyCode` vaut 32 et d'agir en conséquence.

Supprimer les espaces avec `trim()`

`trim()` est une petite exception, car c'est une méthode récente : elle n'était pas présente lors des débuts du Javascript et a été ajoutée en 2009 avec la sortie de la version 1.8.1 du Javascript. `trim()` n'est, de ce fait, pas supportée par les navigateurs anciens comme Internet Explorer 7, Firefox 3, etc.

`trim()` sert à supprimer les espaces avant et après une chaîne de caractères. C'est particulièrement utile quand on récupère des données saisies dans une zone de texte, car l'utilisateur est susceptible d'avoir laissé des espaces avant et après son texte, surtout s'il a fait un copier/coller.

Cette méthode étant relativement jeune, elle n'est pas disponible dans les anciens navigateurs et n'apparaît dans Internet Explorer qu'à partir de la version 8.

Rechercher, couper et extraire

Connaître la position avec `indexOf()` et `lastIndexOf()`

La méthode `indexOf()` est utile dans deux cas de figure :

- Savoir si une chaîne de caractères contient un caractère ou un morceau de chaîne ;
- Savoir à quelle position se trouve le premier caractère de la chaîne recherchée.

`indexOf()` retourne la position du premier caractère trouvé, et s'il n'y en a pas la valeur -1 est retournée.

```
var myString = 'Le JavaScript est plutôt cool';
var result = myString.indexOf('JavaScript');

if (result > -1) {
    alert('La chaîne contient le mot "Javascript" qui débute à la position ' + result);
}
```

Ce code a pour but de savoir si la chaîne `myString` contient la chaîne « JavaScript ». La position de la première occurrence de la chaîne recherchée est stockée dans la variable `result`. Si `result` vaut -1, alors la chaîne n'a pas été trouvée. Si, en revanche, `result` vaut 0 (le premier caractère) ou une autre valeur, la chaîne est trouvée.

Si `indexOf()` retourne la position de la première occurrence trouvée, `lastIndexOf()` retourne la position de la dernière.

Notons que ces deux fonctions possèdent chacune un deuxième argument qui permet de spécifier à partir de quel index la recherche doit commencer.

Utiliser le tilde avec `indexOf()` et `lastIndexOf()`

Une particularité intéressante et extrêmement méconnue du Javascript est son caractère tilde ~. Il ne sert qu'à une seule chose, incrémenter la valeur qui le suit et y ajouter une négation, comme ceci :

```
alert(~2);  // Affiche : « -3 »
alert(~3);  // Affiche : « -4 »
alert(~-2); // Affiche : « 1 »
```

> Hum... Ça ne servirait pas un peu à rien, ce truc ?

Eh bien pas tant que ça ! Le tilde est effectivement très peu utile en temps normal, mais dans le cadre d'une utilisation avec les deux méthodes étudiées, il est redoutablement efficace pour détecter si une chaîne de caractères contient un caractère ou un morceau de chaîne. En temps normal nous ferions comme ceci :

```
1 var myString = 'Le JavaScript est plutôt cool';
2 
3 if (myString.indexOf('JavaScript') != -1) {
4     alert('La chaîne contient bien le mot "Javascript".');
5 }
```

Mais au final il est possible d'ajouter un simple petit tilde ~ à la ligne 3 :

```
1 var myString = 'Le JavaScript est plutôt cool';
2 
3 if (~myString.indexOf('JavaScript')) {
4     alert('La chaîne contient bien le mot "Javascript".');
5 }
```

En faisant cela, dans le cas où le résultat serait -1, celui-ci va alors se retrouver incrémenté et arriver à 0, ce qui donnera donc une évaluation à `false` pour notre chaîne de caractères. La valeur -1 étant la seule à pouvoir atteindre la valeur 0 avec le tilde ~, il n'y a pas d'hésitation à avoir vu que tous les autres nombres seront évalués à `true` !

Oui, cette technique a été conçue pour les parfaits fainéants, mais il y a fort à parier que vous vous en souviendrez.

Extraire une chaîne avec `substring()`, `substr()` et `slice()`

Nous avons vu comment trouver la position d'une chaîne de caractères dans une autre, il est temps de voir comment extraire une portion de chaîne, à partir de cette position.

Considérons cette chaîne :

```
var myString = 'Thunderseb et Nesquik69';
```

Le but du jeu va être de récupérer, dans deux variables différentes, les deux pseudonymes contenus dans `myString`. Pour ce faire, nous allons utiliser `substring()`. `substring(a, b)` permet d'extraire une chaîne à partir de la position `a` (incluse) jusqu'à la position `b` (exclue).

Pour extraire « Thunderseb », il suffit de connaître la position de la première espace, puisque la position de départ vaut 0 :

```
var nick_1 = myString.substring(0, myString.indexOf(' '));
```

Pour « Nesquik69 », il suffit de connaître la position de la dernière espace : c'est à ce moment que commencera la chaîne. Comme « Nesquik69 » termine la chaîne, il n'y a pas besoin de spécifier de deuxième paramètre pour `substring()`, la méthode va automatiquement aller jusqu'au bout :

```
var nick_2 = myString.substring(myString.lastIndexOf(' ') + 1);
    // Ne pas oublier d'ajouter 1, pour commencer au N et non à
    l'espace
```

Une autre manière de procéder serait d'utiliser `substr()`, la méthode « sœur » de `substring()`. `substr(a, n)` accepte deux paramètres : le premier est la position de début, et le deuxième le nombre de caractères à extraire. Cela suppose donc de connaître le nombre de caractères à extraire. Ça limite son utilisation et c'est une méthode que vous ne rencontrerez pas fréquemment, au contraire de `substring()`.

Une dernière méthode d'extraction existe : `slice()`. `slice()` ressemble très fortement à `substring()`, mais avec une option en plus. Une valeur négative est transmise pour la position de fin, `slice()` va extraire la chaîne jusqu'à la fin, en décomptant le nombre de caractères indiqué. Par exemple, si on ne veut récupérer que « Thunder », on peut faire comme ceci :

```
var nick_1 = 'Thunderseb'.slice(0, -3);
```

Couper une chaîne en un tableau avec `split()`

La méthode `split()` permet de couper une chaîne de caractères à chaque fois qu'une sous-chaîne est rencontrée. Les « morceaux » résultant de la coupe de la chaîne sont placés dans un tableau.

```
var myCSV = 'Pauline,Guillaume,Clarisse'; // CSV = Comma-
    Separated Values

var splitted = myCSV.split(','); // On coupe à chaque fois qu'
    une virgule est rencontrée

alert(splitted.length); // 3
```

Dans cet exemple, `splitted` contient un tableau contenant trois éléments : « Pauline », « Guillaume » et « Clarisse ».

> `split()` peut aussi couper une chaîne à chaque fois qu'un retour à la ligne est rencontré : `myString.split('\n')`. C'est très pratique pour créer un tableau où chaque item contient une ligne.

Tester l'existence d'une chaîne de caractères

Nous l'avons vu plus haut, l'instruction `typeof` est utile, mais la seule valeur de confiance qu'elle retourne est `"undefined"`. En effet, lorsqu'une variable contient le type primitif d'une chaîne de caractères, `typeof` retourne bien la valeur `"string"`, mais si la variable contient une instance de `String` alors on obtient en retour la valeur `"object"`. Ce qui fait que `typeof` ne fonctionne que dans un cas sur deux, il nous faut donc une autre solution pour gérer le deuxième cas.

Et cette solution existe ! Il s'agit de la méthode `valueOf()` qui est héritée de `Object`. Cette méthode renvoie la valeur primitive de n'importe quel objet. Ainsi, si on crée une instance de `String` :

```
var string_1 = new String('Test');
```

et que l'on récupère le résultat de sa méthode `valueOf()` dans la variable `string_2` :

```
var string_2 = string_1.valueOf();
```

alors l'instruction `typeof` montre bien que `string_1` est une instance de `String` et que `string_2` est une valeur primitive :

```
alert(typeof string_1); // Affiche : « object »
alert(typeof string_2); // Affiche : « string »
```

Grâce à cette méthode, il devient bien plus simple de vérifier si une variable contient une chaîne de caractères. Voici notre code final :

```
function isString(variable) {
    return typeof variable.valueOf() === 'string'; // Si le
        type de la valeur primitive est « string » alors on
        retourne « true »
}
```

D'accord, cette fonction va s'exécuter correctement si on envoie une instance de `String`. Mais que va renvoyer `valueOf()` si on passe une valeur primitive à notre fonction ?

Eh bien, tout simplement la même valeur. Expliquons-nous : `valueOf()` retourne la valeur primitive d'un objet, mais si cette méthode est utilisée sur une valeur qui est déjà de type primitif, alors elle va retourner la même valeur primitive, ce qui convient très bien vu que dans tous les cas il s'agit de la valeur primitive que nous souhaitons analyser !

Pour vous convaincre, testez donc par vous-mêmes :

```
alert(isString('Test')); // Affiche : « true »
alert(isString(new String('Test'))); // Affiche : « true »
```

Notre fonction marche dans les deux cas. Alors, est-ce qu'en pratique vous aurez besoin d'une fonction pareille ? La réponse est : assez peu... Mais il est toujours bon de savoir comment s'en servir, non ?

Et enfin, à titre d'information, sachez qu'il est aussi possible d'obtenir une instanciation d'objet à partir d'un type primitif (autrement dit, on fait l'inverse de `valueOf()`), il suffit de procéder de cette manière :

```
var myString = Object('Mon texte');
```

Pour rappel, `Object` est l'objet dont tous les autres objets (tel que `String`) héritent. Ainsi, en créant une instance de `Object` avec un type primitif en paramètre, l'objet instancié sera de même type que la valeur primitive. En clair, si vous passez en paramètre un type primitif `string` alors vous obtiendrez une instance de l'objet `String` avec la même valeur passée en paramètre.

En résumé

- Il existe des objets et des types primitifs. Si leur utilisation semble identique, il faut faire attention lors des tests avec les opérateurs `instanceof` et `typeof`. Mais heureusement `valueOf()` sera d'une aide précieuse.
- Il est préférable d'utiliser les types primitifs, comme nous le faisons depuis le début de ce cours.
- `String` fournit des méthodes pour manipuler les caractères : mettre en majuscule ou en minuscule, récupérer un caractère grâce à sa position et supprimer les espaces de part et d'autre de la chaîne.
- `String` fournit aussi des méthodes pour rechercher, couper et extraire.
- L'utilisation du caractère tilde est méconnue, mais peut se révéler très utile en couple avec `indexOf()` ou `lastIndexOf()`.

Chapitre 17

Les expressions régulières (1/2)

Difficulté :

Dans ce chapitre, nous allons aborder quelque chose d'assez complexe mais de très puissant : les expressions régulières. Ce n'est pas un concept lié au Javascript, car les expressions régulières, souvent surnommées « regex », trouvent leur place dans bon nombre de langages, comme le Perl, le Python ou encore le PHP. Il s'agit d'une sorte de langage « à part » qui sert à manipuler les chaînes de caractères. Voici quelques exemples de ce que les regex sont capables de faire :

- Vérifier si une URL entrée par l'utilisateur ressemble effectivement à une URL. On peut faire pareil pour les adresses e-mail, les numéros de téléphone etc. ;
- Rechercher et extraire des informations hors d'une chaîne de caractères (bien plus puissant que de jouer avec `indexOf()` et `substring()`) ;
- Pour les forums, convertir des langages comme le BBCode en HTML lors des prévisualisations pendant la frappe ;
- Et bien d'autres choses...

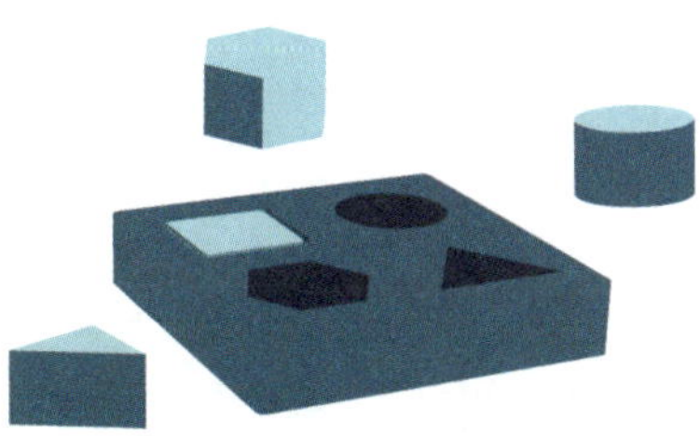

Les regex en Javascript

La syntaxe des regex en Javascript découle de la syntaxe des regex du langage Perl. C'est un langage assez utilisé pour l'analyse et le traitement des données textuelles (des chaînes de caractères, donc), en raison de la puissance de ses expressions régulières. Le Javascript hérite donc d'une grande partie de la puissance des expressions régulières de Perl.

Si vous avez déjà appris le PHP, vous avez certainement vu que ce langage supporte deux types de regex : les regex POSIX et les regex PCRE. Ici, oubliez les POSIX ! En effet, les regex PCRE sont semblables aux regex Perl (avec quelques nuances), donc à celles du Javascript.

Utilisation

Les regex ne s'utilisent pas seules, et il y a deux manières de s'en servir : soit par le biais de `RegExp` qui est l'objet qui gère les expressions régulières, soit par le biais de certaines méthodes de l'objet `String` :

- `match()` : retourne un tableau contenant toutes les occurrences recherchées ;
- `search()` : retourne la position d'une portion de texte (semblable à `indexOf()` mais avec une regex) ;
- `split()` : la fameuse méthode `split()`, mais avec une regex en paramètre ;
- `replace()` : effectue un rechercher/remplacer.

Nous n'allons pas commencer par ces quatre méthodes car nous allons d'abord nous entraîner à écrire et tester des regex. Pour ce faire, nous utiliserons la méthode `test()` fournie par l'objet `RegExp`. L'instanciation d'un objet `RegExp` se fait comme ceci :

```
var myRegex = /contenu_à_rechercher/;
```

Cela ressemble à une chaîne de caractères à l'exception près qu'elle est encadrée par deux slashs / au lieu des apostrophes ou guillemets traditionnels.

Si votre regex contient elle-même des slashs, n'oubliez pas de les échapper en utilisant un anti-slash comme suit :

```
var regex_1 = /contenu_/_contenu/; // La syntaxe est fausse car
    le slash n'est pas échappé
var regex_2 = /contenu_\/_contenu/; // La syntaxe est bonne car
    le slash est échappé avec un anti-slash
```

L'utilisation de la méthode `test()` est très simple. En cas de réussite du test, elle renvoie `true` ; dans le cas contraire, elle renvoie `false`.

```
if (myRegex.test('Chaîne de caractères dans laquelle effectuer
    la recherche')) {
  // Retourne true sur le test est réussi
} else {
```

```
    // Retourne false dans le cas contraire
}
```

Pour vos tests, n'hésitez pas à utiliser une syntaxe plus concise, comme ceci :

```
if (/contenu_à_rechercher/.test('Chaîne de caractères bla bla
    bla'))
```

Recherches de mots

Le sujet étant complexe, nous allons commencer par des choses simples, c'est-à-dire des recherches de mots. Ce n'est pas si anodin que ça, car il y a déjà moyen de faire beaucoup de choses. Comme nous venons de le voir, une regex s'écrit comme suit :

```
/contenu_de_la_regex/
```

Où « contenu_de_la_regex » sera à remplacer par ce que nous allons rechercher. Comme nous faisons du Javascript, nous avons de bons goûts et donc nous allons parler de raclette savoyarde. Écrivons donc une regex qui va regarder si dans une phrase le mot « raclette » apparaît :

```
/raclette/
```

Si on teste, voici ce que ça donne :

```
if (/raclette/.test('Je mangerais bien une raclette savoyarde !
    ')) {
  alert('Ça semble parler de raclette');
} else {
  alert('Pas de raclette à l\'horizon');
}
```

Résumons tout ça. Le mot « raclette » a été trouvé dans la phrase « Je mangerais bien une raclette savoyarde! ». Si on change le mot recherché, « tartiflette » par exemple, le test retourne `false`, puisque ce mot n'est pas contenu dans la phrase.

Si on change notre regex et que l'on met une majuscule au mot « raclette », comme ceci : `/Raclette/`, le test renverra `false`, car le mot « raclette » présent dans la phrase ne comporte pas de majuscule. C'est relativement logique en fait. Il est possible, grâce aux options, de dire à la regex d'ignorer la casse, c'est-à-dire de rechercher indifféremment les majuscules et les minuscules. Cette option s'appelle `i`, et comme chaque option (nous en verrons d'autres), elle se place juste après le slash de fermeture de la regex :

`/Raclette/i`

Avec cette option, la regex reste utilisable comme nous l'avons vu précédemment, à savoir :

```
if (/Raclette/i.test('Je mangerais bien une raclette savoyarde
    !')) {
  alert('Ça semble parler de raclette');
```

```
} else {
  alert('Pas de raclette à l\'horizon');
}
```

Ici, majuscule ou pas, la regex n'en tient pas compte, et donc le mot « Raclette » est trouvé, même si le mot présent dans la phrase ne comporte pas de majuscule.

À la place de « Raclette », la phrase pourrait contenir le mot « Tartiflette ». Pouvoir écrire une regex qui rechercherait soit « Raclette » soit « Tartiflette » serait donc intéressant. Pour ce faire, nous disposons de l'opérateur OU, représenté par la barre verticale **pipe** |. Son utilisation est très simple puisqu'il suffit de la placer entre chaque mot recherché, comme ceci :

```
if (/Raclette|Tartiflette/i.test('Je mangerais bien une
    tartiflette savoyarde !')) {
  alert('Ça semble parler de trucs savoyards');
} else {
  alert('Pas de plats légers à l\'horizon');
}
```

La recherche peut évidemment inclure plus de deux possibilités :

```
/Raclette|Tartiflette|Fondue|Croziflette/i
```

Avec cette regex, on saura si la phrase contient une de ces quatre spécialités savoyardes !

Début et fin de chaîne

Les symboles ^ et $ permettent respectivement de représenter le début et la fin d'une chaîne de caractères. Si un de ces symboles est présent, il indique à la regex que ce qui est recherché commence ou termine la chaîne. Cela délimite la chaîne en quelque sorte :

```
/^raclette savoyarde$/
```

Voici un tableau avec divers tests qui sont effectués pour montrer l'utilisation de ces deux symboles :

Chaîne	**Regex**	**Résultat**
Raclette savoyarde	`/^Raclette savoyarde$/`	`true`
Une raclette savoyarde	`/^Raclette/`	`false`
Une raclette savoyarde	`/savoyarde$/`	`true`
Une raclette savoyarde !	`/raclette savoyarde$/`	`false`

Les caractères et leurs classes

Jusqu'à présent les recherches étaient plutôt basiques. Nous allons maintenant étudier les classes de caractères qui permettent de spécifier plusieurs caractères ou types de caractères à rechercher. Cela reste encore assez simple.

```
/gr[ao]s/
```

Une classe de caractères est écrite entre crochets et sa signification est simple : une des lettres qui se trouve entre les crochets peut convenir. Cela veut donc dire que l'exemple précédent va trouver les mots « gras » et « gros », car la classe, à la place de la voyelle, contient aux choix les lettres **a** et **o**. Beaucoup de caractères peuvent être utilisés au sein d'une classe :

```
/gr[aèio]s/
```

Ici, la regex trouvera les mots « gras », « grès », « gris » et « gros ». Ainsi donc, en parlant d'une tartiflette, qu'elle soit grosse ou grasse, cette regex le saura :

Chaîne	**Regex**	**Résultat**
Cette tartiflette est grosse	`/Cette tartiflette est gr[ao]sse/`	`true`
Cette tartiflette est grasse	`/Cette tartiflette est gr[ao]sse/`	`true`

Les intervalles de caractères

Toujours au sein des classes de caractères, il est possible de spécifier un intervalle de caractères. Si nous voulons trouver les lettres allant de **a** à **o**, on écrira `[a-o]`. Si n'importe quelle lettre de l'alphabet peut convenir, il est donc inutile de les écrire toutes : écrire `[a-z]` suffit.

Plusieurs intervalles peuvent être écrits au sein d'une même classe. Ainsi, la classe `[a-zA-Z]` va rechercher toutes les lettres de l'alphabet, qu'elles soient minuscules ou majuscules. Si un intervalle fonctionne avec des lettres, il fonctionne aussi avec des chiffres ! La classe `[0-9]` trouvera donc un chiffre allant de 0 à 9. Il est bien évidemment possible de combiner des chiffres et des lettres : `[a-z0-9]` trouvera une lettre minuscule ou un chiffre.

Exclure des caractères

Si au sein d'une classe on peut inclure des caractères, on peut aussi en exclure ! Pour ce faire, il suffit de faire figurer un accent circonflexe au début de la classe, juste après le premier crochet. Ainsi cette classe ignorera les voyelles : `[^aeyuio]`. L'exclusion d'un intervalle est possible aussi : `[^b-y]` qui exclura les lettres allant de **b** à **y**.

Il faut prendre en compte que la recherche n'ignore pas les caractères accentués. Ainsi, `[a-z]` trouvera **a**, **b**, **i**, **o**... mais ne trouvera pas **â**, **ï** ou encore **ê**. S'il s'agit de trouver un caractère accentué, il faut l'indiquer explicitement : `[a-zâäàéèùêëîïôöçñ]`. Il n'y a toutefois pas besoin d'écrire les variantes en majuscules si l'option `i` est utilisée : `/[a-zâäàéèùêëîïôöçñ]/i`.

Trouver un caractère quelconque

Le point permet de trouver n'importe quel caractère, à l'exception des sauts de ligne (les retours à la ligne). Ainsi, la regex suivante trouvera les mots « gras », « grès », « gris », « gros », et d'autres mots inexistants comme « grys », « grus », « grps »... Le point symbolise donc un caractère quelconque :

```
/gr.s/
```

Les quantificateurs

Les quantificateurs permettent de dire combien de fois un caractère doit être recherché. Il est possible de dire qu'un caractère peut apparaître 0 ou 1 fois, 1 fois ou une infinité de fois, ou même, avec des accolades, de dire qu'un caractère peut être répété 3, 4, 5 ou 10 fois.

À partir d'ici, la syntaxe des regex va devenir plus complexe !

Les trois symboles quantificateurs

- ? : ce symbole indique que le caractère qui le précède peut apparaître 0 ou 1 fois ;
- + : ce symbole indique que le caractère qui le précède peut apparaître 1 ou plusieurs fois ;
- * : ce symbole indique que le caractère qui le précède peut apparaître 0, 1 ou plusieurs fois.

Reprenons notre raclette. Il y a deux **t**, mais il se pourrait que l'utilisateur ait fait une faute de frappe et n'en ait mis qu'un seul. On va donc écrire une regex capable de gérer ce cas de figure :

```
/raclett?e/
```

Ici, le premier **t** sera trouvé, et derrière le deuxième se trouve le point d'interrogation, ce qui signifie que le deuxième **t** peut apparaître 0 ou 1 fois. Cette regex gère donc notre cas de figure.

Un cas saugrenu serait qu'il y ait beaucoup de **t** : « raclettttttttttte ». Pas de panique, il suffit d'utiliser le quantificateur + :

```
/raclet+e/
```

Le + indique que le **t** sera présent une fois ou un nombre infini de fois. Avec le symbole *, la lettre est facultative mais peut être répétée un nombre infini de fois. En utilisant *, la regex précédente peut s'écrire :

```
/raclett*e/
```

Les accolades

À la place des trois symboles vus précédemment, on peut utiliser des accolades pour définir explicitement combien de fois un caractère peut être répété. Trois syntaxes sont disponibles :

- {n} : le caractère est répété n fois ;
- {n,m} : le caractère est répété de n à m fois. Par exemple, si on a {0, 5}, le caractère peut être présent de 0 à 5 fois ;
- {n,} : le caractère est répété de n fois à l'infini.

Si la tartiflette possède un, deux ou trois **t**, la regex peut s'écrire :

```
/raclet{1,3}e/
```

Les quantificateurs, accolades ou symboles, peuvent aussi être utilisés avec les classes de caractères. Si on mange une « racleffe » au lieu d'une « raclette », on peut imaginer la regex suivante :

```
/racle[tf]+e/
```

Voici, pour clore cette section, quelques exemples de regex qui utilisent tout ce qui a été vu :

Chaîne	**Regex**	**Résultat**
Hellowwwwwwwww	`/Hellow+/`	`true`
Goooooogle	`/Go{2,}gle/`	`true`
Le 1er septembre	`/Le [1-9][a-z]{2,3} septembre/`	`true`
Le 1er septembre	`/Le [1-9][a-z]{2,3}[a-z]+/`	`false`

La dernière regex est fausse à cause de l'espace. En effet, la classe `[a-z]` ne trouvera pas l'espace. Nous verrons cela dans un prochain chapitre sur les regex.

Les métacaractères

Nous avons vu précédemment que la syntaxe des regex est définie par un certain nombre de caractères spéciaux, comme ^, $, [et], ou encore + et *. Ces caractères sont ce que l'on appelle des **métacaractères**, et en voici la liste complète :

```
! ^ $ ( ) [ ] { } ? + * . / \ |
```

Un problème se pose si on veut chercher la présence d'une accolade dans une chaîne de caractères. En effet, si on a ceci, la regex ne fonctionnera pas :

Chaîne	**Regex**	**Résultat**
Une accolade {comme ceci}	`/accolade {comme ceci}/`	`false`

C'est normal, car les accolades sont des métacaractères qui définissent un nombre de répétition : en clair, cette regex n'a aucun sens pour l'interpréteur Javascript ! Pour pallier ce problème, il suffit d'échapper les accolades au moyen d'un anti-slash :

```
/accolade \{comme ceci\}/
```

De cette manière, les accolades seront vues par l'interpréteur comme étant des accolades « dans le texte », et non comme des métacaractères. Il en va de même pour tous les métacaractères cités précédemment. Il faut même penser à échapper l'anti-slash avec... un anti-slash :

Chaîne	Regex	Résultat
Un slash / et un anti-slash \	`// et un anti-slash \/`	erreur de syntaxe
Un slash / et un anti-slash \	`/\/ et un anti-slash \\/`	`true`

Ici, pour pouvoir trouver le / et le \, il convient également de les échapper.

Il est à noter que si le logiciel que vous utilisez pour rédiger en Javascript fait bien son job, la première regex provoquera une mise en commentaire (à cause des deux / au début) : c'est un bon indicateur pour dire qu'il y a un problème. Si votre logiciel détecte aussi les erreurs de syntaxe, il peut vous être d'une aide précieuse.

Les métacaractères au sein des classes

Au sein d'une classe de caractères, il n'y a pas besoin d'échapper les métacaractères, à l'exception des crochets (qui délimitent le début et la fin d'une classe), du tiret (qui est utilisé pour définir un intervalle) et de l'anti-slash (qui sert à échapper).

Concernant le tiret, il existe une petite exception : il n'a pas besoin d'être échappé s'il est placé en début ou en fin de classe.

Ainsi, si on veut rechercher un caractère de **a** à **z** ou les métacaractères ! et ?, il faudra écrire ceci :

```
/[a-z!?]/
```

Et s'il faut trouver un slash ou un anti-slash, il ne faut pas oublier de les échapper :

```
/[a-z!?\/\\]/
```

Types génériques et assertions

Les types génériques

Nous avons vu que les classes étaient pratiques pour chercher un caractère au sein d'un groupe, ce qui permet de trouver un caractère sans savoir au préalable quel sera ce caractère. Seulement, utiliser des classes alourdit fortement la syntaxe des regex et les rend difficilement lisibles. Pour pallier ce petit souci, nous allons utiliser ce que l'on appelle des types génériques. Certains parlent aussi de « classes raccourcies », mais ce terme n'est pas tout à fait exact.

Les types génériques s'écrivent tous de la manière suivante : \x, où x représente une lettre. Voici la liste de tous les types génériques :

Type	Description
\d	Trouve un caractère décimal (un chiffre)
\D	Trouve un caractère qui n'est pas décimal (donc pas un chiffre)
\s	Trouve un caractère blanc
\S	Trouve un caractère qui n'est pas un caractère blanc
\w	Trouve un caractère « de mot » : une lettre, accentuée ou non, ainsi que l'underscore
\W	Trouve un caractère qui n'est pas un caractère « de mot »

En plus de cela existent les caractères de type « espace blanc » :

Type	Description
\n	Trouve un retour à la ligne
\t	Trouve une tabulation

Ces deux caractères sont reconnus par le type générique \s (qui trouve, pour rappel, n'importe quel espace blanc).

Les assertions

Les assertions s'écrivent comme les types génériques mais ne fonctionnent pas tout à fait de la même façon. Un type générique recherche un caractère, tandis qu'une assertion recherche entre deux caractères. C'est tout de suite plus simple avec un tableau :

Type	Description
\b	Trouve une limite de mot
\B	Ne trouve pas de limite de mot

Il faut juste faire attention avec l'utilisation de \b, car cette assertion reconnaît les caractères accentués comme des « limites de mots ». Ça peut donc provoquer des comportements inattendus.

En résumé

- Les regex constituent une technologie à part, utilisée au sein du Javascript et qui permet de manipuler les chaînes de caractères. La syntaxe de ces regex se base sur

celle du langage Perl.
- Plusieurs méthodes de l'objet `String` peuvent être utilisées avec des regex, à savoir `match()`, `search()`, `split()` et `replace()`.
- L'option `i` indique à la regex que la casse doit être ignorée.
- Les caractères `^` et `$` indiquent respectivement le début et la fin de la chaîne de caractères.
- Les classes et les intervalles de caractères, ainsi que les types génériques, servent à rechercher un caractère possible parmi plusieurs.
- Les différents métacaractères doivent absolument être échappés.
- Les quantificateurs servent à indiquer le nombre de fois qu'un caractère peut être répété.

Chapitre 18

Les expressions régulières (2/2)

Difficulté :

Dans ce deuxième chapitre consacré aux regex, nous allons voir leur utilisation au sein du Javascript. En effet, le premier chapitre n'était là que pour enseigner la base de la syntaxe alors que, une fois couplées à un langage de programmation, les regex deviennent très utiles. En Javascript, elles utilisent l'objet `RegExp` et permettent de faire tout ce que l'on attend d'une regex : rechercher un terme, le capturer, le remplacer, etc.

Construire une regex

Le gros de la théorie sur les regex est maintenant vu, et il ne reste plus qu'un peu de pratique. Nous allons tout de même voir comment écrire une regex pas à pas, de façon à ne pas se tromper. Nous allons partir d'un exemple simple : vérifier si une chaîne de caractères correspond à une adresse e-mail. Pour rappel, une adresse e-mail est de cette forme : `javascript@siteduzero.com`.

Une adresse e-mail contient trois parties distinctes :

- La partie locale, avant l'arobase (ici « javascript ») ;
- L'arobase @ ;
- Le domaine, lui-même composé du label « siteduzero » et de l'extension « com ».

Pour construire une regex, il suffit de procéder par étapes : faisons comme si nous lisions la chaîne de caractères et écrivons la regex au fur et à mesure. On écrit tout d'abord la partie locale, qui n'est composée que de lettres, de chiffres et éventuellement d'un tiret, un trait de soulignement et un point. Tous ces caractères peuvent être répétés plus d'une fois (il faut donc utiliser le quantificateur +) :

```
/^[a-z0-9._-]+$/
```

On ajoute l'arobase. Ce n'est pas un métacaractère, donc pas besoin de l'échapper :

```
/^[a-z0-9._-]+@$/
```

Après vient le label du nom de domaine, lui aussi composé de lettres, de chiffres, de tirets et de traits de soulignement. Ne pas oublier le point, car il peut s'agir d'un sous-domaine (par exemple @tutoriels.siteduzero.com) :

```
/^[a-z0-9._-]+@[a-z0-9._-]+$/
```

Puis vient le point de l'extension du domaine : attention à ne pas oublier de l'échapper, car il s'agit d'un métacaractère :

```
/^[a-z0-9._-]+@[a-z0-9._-]+\.$/
```

Et pour finir, l'extension ! Une extension de nom de domaine ne contient que des lettres, au minimum 2, au maximum 6. Ce qui nous fait :

```
/^[a-z0-9._-]+@[a-z0-9._-]+\.[a-z]{2,6}$/
```

Testons donc :

```
var email = prompt("Entrez votre adresse e-mail :", "
    javascript@siteduzero.com");

if (/^[a-z0-9._-]+@[a-z0-9._-]+\.[a-z]{2,6}$/.test(email)) {
    alert("Adresse e-mail valide !");
} else {
    alert("Adresse e-mail invalide !");
}
```

L'adresse e-mail est détectée comme étant valide !

L'objet RegExp

L'objet RegExp est l'objet qui gère les expressions régulières. Il y a donc deux façons de déclarer une regex : via RegExp ou via son type primitif que nous avons utilisé jusqu'à présent :

```
var myRegex1 = /^Raclette$/i;
var myRegex2 = new RegExp("^Raclette$", "i");
```

Le constructeur RegExp reçoit deux paramètres : le premier est l'expression régulière sous la forme d'une chaîne de caractères, et le deuxième est l'option de recherche, ici i. L'intérêt d'utiliser RegExp est qu'il est possible d'inclure des variables dans la regex, chose impossible en passant par le type primitif :

```
var nickname = "Sébastien";
var myRegex  = new RegExp("Mon prénom est " + nickname, "i");
```

Ce n'est pas spécialement fréquent, mais cela peut se révéler particulièrement utile. Il est cependant conseillé d'utiliser la notation littérale (le type primitif) quand l'utilisation du constructeur RegExp n'est pas nécessaire.

Méthodes

RegExp ne possède que deux méthodes : `test()` et `exec()`. La méthode `test()` a déjà été utilisée et permet de tester une expression régulière ; elle renvoie `true` si le test est réussi ou `false` si le test échoue. De son côté, `exec()` applique également une expression régulière, mais renvoie un tableau dont le premier élément contient la portion de texte trouvée dans la chaîne de caractères. Si rien n'est trouvé, `null` est renvoyé.

```
var sentence = "Si ton tonton";

var result = /\bton\b/.exec(sentence); // On cherche à récupé
    rer le mot « ton »

if (result) { // On vérifie que ce n'est pas null
    alert(result); // Affiche « ton »
}
```

Propriétés

L'objet RegExp contient neuf propriétés, appelées `$1`, `$2`, `$3`... jusqu'à `$9`. Comme nous allons le voir dans la sous-partie suivante, il est possible d'utiliser une regex pour extraire des portions de texte, et ces portions sont accessibles via les propriétés `$1` à `$9`.

Tout cela va être mis en lumière un peu plus loin en parlant des parenthèses !

Les parenthèses

Les parenthèses capturantes

Nous avons vu pour le moment que les regex servaient à voir si une chaîne de caractères correspondait à un modèle. Mais il y a moyen de faire mieux, comme extraire des informations. Pour définir les informations à extraire, on utilise des parenthèses, que l'on appelle **parenthèses capturantes**, car leur utilité est de capturer une portion de texte, que la regex va extraire.

Considérons cette chaîne de caractères : « Je suis né en mars ». Au moyen de parenthèses capturantes, nous allons extraire le mois de la naissance, pour pouvoir le réutiliser :

```
var birth = 'Je suis né en mars';

/^Je suis né en (\S+)$/.exec(birth);

alert(RegExp.$1); // Affiche : « mars »
```

Cet exemple est un peu déroutant, mais est en réalité assez simple à comprendre. Dans un premier temps, on crée la regex avec les fameuses parenthèses. Comme les mois sont faits de caractères qui peuvent être accentués, on peut directement utiliser le type générique \S. \S+ indique qu'on recherche une série de caractères, jusqu'à la fin de la chaîne (délimitée, pour rappel, par $) : ce sera le mois. On englobe ce « mois » dans des parenthèses pour faire comprendre à l'interpréteur Javascript que leur contenu devra être extrait.

La regex est exécutée via `exec()`. Et ici une autre explication s'impose. Quand on exécute `test()` ou `exec()`, le contenu des parenthèses capturantes est enregistré temporairement au sein de l'objet `RegExp`. Le premier couple de parenthèses sera enregistré dans la propriété `$1`, le deuxième dans `$2` et ainsi de suite, jusqu'au neuvième, dans `$9`. Cela veut donc dire qu'il ne peut y avoir qu'un maximum de neuf couples de parenthèses. Les couples sont numérotés suivant le sens de lecture, de gauche à droite. Et pour accéder aux propriétés, il suffit de faire `RegExp.$1`, `RegExp.$2`, etc.

Voici un autre exemple, reprenant la regex de validation de l'adresse e-mail. Ici, le but est de décomposer l'adresse pour récupérer les différentes parties :

```
var email = prompt("Entrez votre adresse e-mail :", "
    javascript@siteduzero.com");

if (/^([a-z0-9._-]+)@([a-z0-9._-]+)\.([a-z]{2,6})$/.test(email)
    ) {
    alert('Partie locale : ' + RegExp.$1 + '\nDomaine : ' +
        RegExp.$2 + '\nExtension : ' + RegExp.$3);
} else {
    alert('Adresse e-mail invalide !');
}
```

▷ Essayer ce code
Code web : 429338

Ce qui nous affiche bien les trois parties, comme à la figure 18.1.

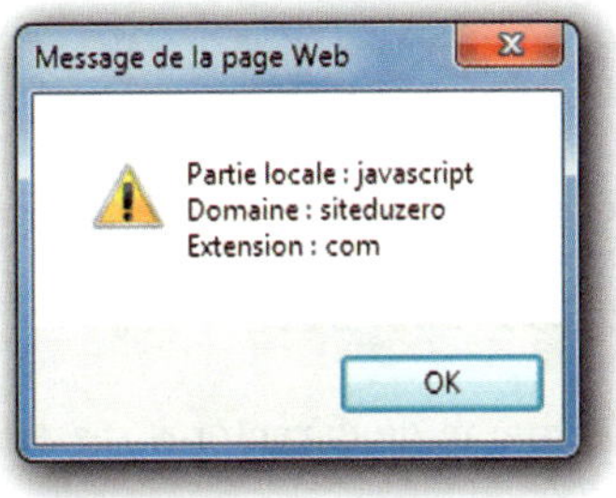

FIGURE 18.1 – Les trois parties sont bien renvoyées

Remarquez que même si `test()` et `exec()` sont exécutés au sein d'un `if()` le contenu des parenthèses est quand même enregistré. Pas de changement de ce côté-là puisque ces deux méthodes sont quand même exécutées au sein de la condition.

Les parenthèses non capturantes

Il se peut que dans de longues et complexes regex, il y ait besoin d'utiliser beaucoup de parenthèses, plus de neuf par exemple, ce qui peut poser problème puisqu'il ne peut y avoir que neuf parenthèses capturantes exploitables. Mais toutes ces parenthèses n'ont peut-être pas besoin de capturer quelque chose, elles peuvent juste être là pour proposer un choix. Par exemple, si on vérifie une URL, on peut commencer la regex comme ceci :

`/(https|http|ftp|steam):\/\//`

Mais on n'a pas besoin que ce soit une parenthèse capturante et qu'elle soit accessible via `RegExp.$1`. Pour la rendre non capturante, on va ajouter ? : au début de la parenthèse, comme ceci :

`/(?:https|http|ftp|steam):\/\//`

De cette manière, cette parenthèse n'aura aucune incidence sur les propriétés `$` de `RegExp` !

Les recherches « non-greedy »

Le mot anglais *greedy* signifie « gourmand ». En Javascript, les regex sont généralement gourmandes, ce qui veut dire que lorsqu'on utilise un quantificateur comme le +, le maximum de caractères est recherché, alors que ce n'est pas toujours le comportement espéré. Petite mise en lumière : nous allons construire une regex qui va extraire l'adresse Web à partir de cette portion de HTML sous forme de chaîne de caractères :

```
var html = '<a href="www.mon-adresse.be">Mon site</a>';
```

Voici la regex qui peut être construite :

```
/<a href="(.+)">/
```

Et ça marche :

```
/<a href="(.+)">/.exec(html);

alert(RegExp.$1); // www.mon-adresse.be
```

Maintenant, supposons que la chaîne de caractères ressemble à ceci :

```
var html = '<a href="www.mon-adresse.be"><strong class="web">
    Mon site</strong></a>';
```

Et là, c'est le drame (voir figure 18.2) !

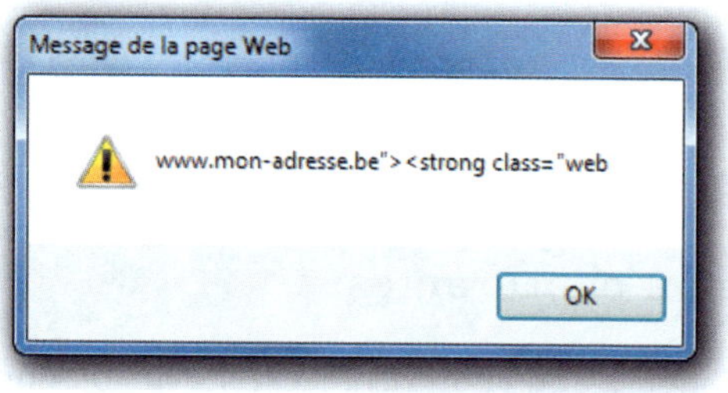

FIGURE 18.2 – La valeur renvoyée n'est pas celle qu'on attendait

En spécifiant `.+` comme quantificateur, on demande de rechercher le plus possible de caractères jusqu'à rencontrer les caractères « "> », et c'est ce que le Javascript fait (voir figure 317309.png).

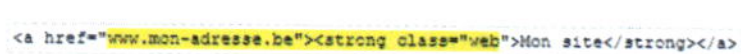

FIGURE 18.3 – Javascript s'arrête à la dernière occurrence souhaitée

Le Javascript va trouver la partie surlignée : il cherche jusqu'à ce qu'il tombe sur la dernière apparition des caractères « "> ». Mais ce n'est pas dramatique, fort heureusement !

Pour pallier ce problème, nous allons écrire le quantificateur directement suivi du point d'interrogation, comme ceci :

```
var html = '<a href="www.mon-adresse.be"><strong class="web">
    Mon site</strong></a>';

/<a href="(.+?)">/.exec(html);

alert(RegExp.$1);
```

Le point d'interrogation va faire en sorte que la recherche soit moins gourmande et s'arrête une fois que le minimum requis est trouvé, d'où l'appellation **non-greedy** (« non gourmande »).

Rechercher et remplacer

Une fonctionnalité intéressante des regex est de pouvoir effectuer des « rechercher-remplacer ». Rechercher-remplacer signifie qu'on recherche des portions de texte dans une chaîne de caractères et qu'on remplace ces portions par d'autres. C'est relativement pratique pour modifier une chaîne rapidement, ou pour convertir des données. Une utilisation fréquente est la conversion de balises BBCode en HTML pour prévisualiser le contenu d'une zone de texte.

Un rechercher-remplacer se fait au moyen de la méthode `replace()` de l'objet `String`. Elle reçoit deux arguments : la regex et une chaîne de caractères qui sera le texte de remplacement. Petit exemple :

```
var sentence = 'Je m\'appelle Sébastien';

var result = sentence.replace(/Sébastien/, 'Johann');

alert(result); // Affiche : « Je m'appelle Johann »
```

Très simple : `replace()` va rechercher le prénom « Sébastien » et le remplacer par « Johann ».

Utilisation de `replace()` sans regex

À la place d'une regex, il est aussi possible de fournir une simple chaîne de caractères. C'est utile pour remplacer un mot ou un groupe de mots, mais ce n'est pas une utilisation fréquente, on utilisera généralement une regex. Voici toutefois un exemple :

```
var result = 'Je m\'appelle Sébastien'.replace('Sébastien', '
    Johann');

alert(result); // Affiche : « Je m'appelle Johann »
```

L'option g

Nous avions vu l'option `i` qui permet aux regex d'être insensibles à la casse des caractères. Il existe une autre option, `g`, qui signifie « rechercher plusieurs fois ». Par défaut, la regex donnée précédemment ne sera exécutée qu'une fois : dès que « Sébastien » sera trouvé, il sera remplacé… et puis c'est tout. Donc si le prénom « Sébastien » est présent deux fois, seul le premier sera remplacé. Pour éviter ça, on utilisera l'option `g` qui va dire de continuer la recherche jusqu'à ce que plus rien ne soit trouvé :

```
var sentence = 'Il s\'appelle Sébastien. Sébastien écrit un tutoriel.';

var result = sentence.replace(/Sébastien/g, 'Johann');

alert(result); // Il s'appelle Johann. Johann écrit un tutoriel.
```

Ainsi, toutes les occurrences de « Sébastien » sont correctement remplacées par « Johann ». Le mot occurrence est nouveau ici, et il est maintenant temps de l'employer. À chaque fois que la regex trouve la portion de texte qu'elle recherche, on parle d'occurrence. Dans le code précédent, deux occurrences de « Sébastien » sont trouvées : une juste après « appelle » et l'autre après le premier point.

Rechercher et capturer

Il est possible d'utiliser les parenthèses capturantes pour extraire des informations et les réutiliser au sein de la chaîne de remplacement. Par exemple, nous avons une date au format américain : 05/26/2011, et nous souhaitons la convertir au format jour/mois/année. Rien de plus simple :

```
var date = '05/26/2011';

date = date.replace(/^(\d{2})\/(\d{2})\/(\d{4})$/, 'Le $2/$1/$3');

alert(date); // Le 26/05/2011
```

Chaque nombre est capturé avec une parenthèse, et pour récupérer chaque parenthèse, il suffit d'utiliser `$1`, `$2` et `$3` (directement dans la chaîne de caractères), exactement comme nous l'aurions fait avec `RegExp.$1`.

Et si on veut juste remplacer un caractère par le signe dollar, il faut l'échapper ?

Pour placer un simple caractère $ dans la chaîne de remplacement, il suffit de le doubler, comme ceci :

```
var total = 'J\'ai 25 dollars en liquide.';

alert(total.replace(/dollars?/, '$$'); // J'ai 25 $ en liquide
```

Le mot « dollars » est effectivement remplacé par son symbole. Un point d'interrogation a été placé après le « s » pour pouvoir trouver soit « dollars » soit « dollar ».

Voici un autre exemple illustrant ce principe. L'idée ici est de convertir une balise BBCode de mise en gras (`[b]un peu de texte[/b]`) en un formatage HTML de ce type : <strong>un peu de texte</strong>. N'oubliez pas d'échapper les crochets qui sont, pour rappel, des métacaractères !

```
var text = 'bla bla [b]un peu de texte[/b] bla [b]bla bla en
    gras[/b] bla bla';

text = text.replace(/\[b\]([\s\S]*?)\[\/b\]/g, '<strong>$1</
    strong>');

alert(text);
```

Mais pourquoi avoir utilisé [\s\S] et non pas juste le point ?

Il s'agit ici de trouver **tous** les caractères qui se trouvent entre les balises. Or, le point ne trouve que des caractères et des espaces blanc hormis le retour à la ligne. C'est la raison pour laquelle on utilisera souvent la classe comprenant \s et \S quand il s'agira de trouver du texte comportant des retours à la ligne.

Cette petite regex de remplacement est la base d'un système de prévisualisation du BBCode. Il suffit d'écrire une regex de ce type pour chaque balise, et le tour est joué :

```
<script>

function preview() {
    var value = document.getElementById("text").value;

    value = value.replace(/\[b\]([\s\S]*?)\[\/b\]/g, '<strong>
        $1</strong>'); // Gras
    value = value.replace(/\[i\]([\s\S]*?)\[\/i\]/g, '<em>$1</
        em>'); // Italique
    value = value.replace(/\[s\]([\s\S]*?)\[\/s\]/g, '<del>$1</
        del>'); // Barré
    value = value.replace(/\[u\]([\s\S]*?)\[\/u\]/g, '<span
        style="text-decoration: underline">$1</span>'); //
        Souligné

    document.getElementById("output").innerHTML = value;
}

</script>

<form>
    <textarea id="text"></textarea><br />
    <button type="button" onclick="preview()">Prévisualiser</
        button>
    <div id="output"></div>
</form>
```

▷ Essayer ce code
Code web : 365706

Utiliser une fonction pour le remplacement

À la place d'une chaîne de caractères, il est possible d'utiliser une fonction pour gérer le ou les remplacements. Cela permet, par exemple, de réaliser des opérations sur les portions capturées (`$1`, `$2`, `$3`...).

Les paramètres de la fonction sont soumis à une petite règle, car ils doivent respecter un certain ordre (mais leurs noms peuvent bien évidemment varier) : `function(str, p1, p2, p3 /* ... */, offset, s)`. Les paramètres `p1`, `p2`, `p3`... représentent les fameux `$1`, `$2`, `$3`... S'il n'y a que trois parenthèses capturantes, il n'y aura que trois « p ». S'il y en a cinq, il y aura cinq « p ». Voici les explications des paramètres :

- Le paramètre `str` contient la portion de texte trouvée par la regex ;
- Les paramètres `p*` contiennent les portions capturées par les parenthèses ;
- Le paramètre `offset` contient la position de la portion de texte trouvée ;
- Le paramètre `s` contient la totalité de la chaîne.

Si on n'a besoin que de `p1` et de `p2` et pas des deux derniers paramètres, ces deux derniers peuvent être omis.

Pour illustrer cela, nous allons réaliser un petit script tout simple, qui recherchera des nombres dans une chaîne et les transformera en toutes lettres. La transformation se fera au moyen de de la fonction `num2Letters()` qui a été codée lors du tout premier TP.

▷ La fonction `num2Letters`
Code web : 899938

```
var sentence = 'Dans 22 jours, j\'aurai 24 ans';

var result = sentence.replace(/(\d+)/g, function(str, p1) {
    p1 = parseInt(p1);

    if (!isNaN(p1)) {
        return num2Letters(p1);
    }
});

alert(result); // Affiche : « Dans vingt-deux jours, j'aurai
    vingt-quatre ans »
```

L'exemple utilise une fonction anonyme, mais il est bien évidemment possible de déclarer une fonction :

```
function convertNumbers(str) {
    str = parseInt(str);
```

```

    if (!isNaN(str)) {
        return num2Letters(str);
    }
}

var sentence = 'Dans 22 jours, j\'aurai 24 ans';

var result = sentence.replace(/(\d+)/g, convertNumbers);
```

Autres recherches

Il reste deux méthodes de String à voir, search() et match(), plus un petit retour sur la méthode split().

Rechercher la position d'une occurrence

La méthode search(), toujours de l'objet String, ressemble à indexOf() hormis que le paramètre est une expression régulière. search() retourne la position de la première occurrence trouvée. Si aucune occurrence n'est trouvée, -1 est retourné. Exactement comme indexOf() :

```
var sentence = 'Si ton tonton';

var result = sentence.search(/\bton\b/);

if (result > -1) { // On vérifie que quelque chose a été trouvé
    alert('La position est ' + result); // 3
}
```

Récupérer toutes les occurrences

La méthode match() de l'objet String fonctionne comme search(), à la différence qu'elle retourne un tableau de toutes les occurrences trouvées. C'est pratique pour compter le nombre de fois qu'une portion de texte est présente par exemple :

```
var sentence = 'Si ton tonton tond ton tonton, ton tonton tondu
    sera tondu';

var result = sentence.match(/\btonton\b/g);

alert('Il y a ' + result.length + ' "tonton" :\n\n' + result);
```

La figure 18.4 représente le résultat.

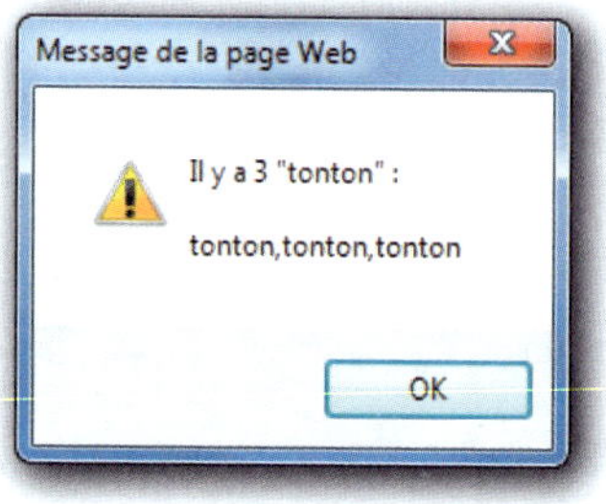

FIGURE 18.4 – Il y a trois occurrences de og tonton fg

Couper avec une regex

Nous avions vu que la méthode `split()` recevait une chaîne de caractères en paramètre. Mais il est également possible de transmettre une regex. C'est très pratique pour découper une chaîne à l'aide, par exemple, de plusieurs caractères distincts :

```
var family = 'Guillaume,Pauline;Clarisse:Arnaud;Benoît;Maxime';
var result = family.split(/[,:;]/);

alert(result);
```

L'`alert()` affiche donc un tableau contenant tous les prénoms, car il a été demandé à `split()` de couper la chaîne dès qu'une virgule, un deux-points ou un point-virgule est rencontré.

En résumé

- Construire une regex se fait rarement du premier coup. Il faut y aller par étapes, morceau par morceau, car la syntaxe devient vite compliquée.
- En combinant les parenthèses capturantes et la méthode `exec()`, il est possible d'extraire des informations.
- Les recherches doivent se faire en mode *non-greedy*. C'est plus rapide et correspond plus au comportement que l'on attend.
- L'option `g` indique qu'il faut effectuer plusieurs remplacements, et non pas un seul.
- Il est possible d'utiliser une fonction pour la réalisation d'un remplacement. Ce n'est utile que quand il est nécessaire de faire des opérations en même temps que le remplacement.
- La méthode `search()` s'utilise comme la méthode `indexOf()`, hormis que le paramètre est une regex.

Chapitre 19

Les données numériques

Difficulté :

Après l'étude des chaînes de caractères et des regex, il est temps de passer aux données numériques !

La gestion des données numériques en Javascript est assez limitée mais elle existe quand même et se fait essentiellement par le biais des objets `Number` et `Math`. Le premier est assez inintéressant mais il est bon de savoir à quoi il sert et ce qu'il permet de faire ; le deuxième est une véritable boîte à outils qui vous servira probablement un jour ou l'autre.

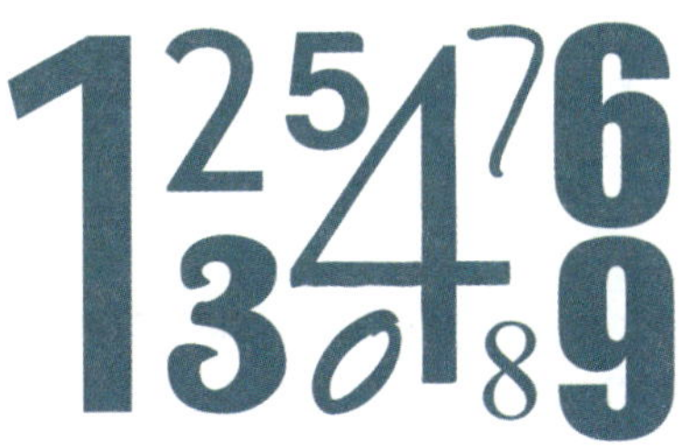

L'objet Number

L'objet `Number` est à la base de tout nombre et pourtant on ne s'en sert quasiment jamais de manière explicite, car on lui préfère (comme pour la plupart des objets) l'utilisation de son type primitif. Cet objet possède pourtant des fonctions intéressantes comme, par exemple, celle permettant de faire des conversions depuis une chaîne de caractères jusqu'à un nombre en instanciant un nouvel objet `Number` :

```
var myNumber = new Number('3'); // La chaîne de caractères « 3
    » est convertie en un nombre de valeur 3
```

Cependant, cette conversion est imprécise dans le sens où on ne sait pas si on obtiendra un nombre entier ou flottant en retour. On lui préfère donc les fonctions `parseInt()` et `parseFloat()` qui permettent d'être sûr de ce que l'on obtiendra. De plus, `parseInt()` utilise un second argument permettant de spécifier la base (2 pour le système binaire, 10 pour le système décimal, etc.) du nombre écrit dans la chaîne de caractères, ce qui permet de lever tout soupçon sur le résultat obtenu.

Cet objet possède des propriétés accessibles directement sans aucune instanciation (on appelle cela des propriétés propres à l'objet constructeur). Elles sont au nombre de cinq, et sont données ici à titre informatif, car leur usage est peu courant :

- `NaN` : vous connaissez déjà cette propriété qui signifie *Not A Number* et qui permet, généralement, d'identifier l'échec d'une conversion de chaîne de caractères en un nombre. À noter que cette propriété est aussi disponible dans l'espace global. Passer par l'objet `Number` pour y accéder n'a donc que peu d'intérêt, surtout qu'il est bien rare d'utiliser cette propriété, car on lui préfère la fonction `isNaN()`, plus fiable.
- `MAX_VALUE` : cette propriété représente le nombre maximum pouvant être stocké dans une variable en Javascript. Cette constante peut changer selon la version du Javascript utilisée.
- `MIN_VALUE` : identique à la constante `MAX_VALUE` sauf que là il s'agit de la valeur minimale.
- `POSITIVE_INFINITY` : il s'agit ici d'une constante représentant l'infini positif. Vous pouvez l'obtenir en résultat d'un calcul si vous divisez une valeur positive par 0. Cependant, son utilisation est rare, car on lui préfère la fonction `isFinite()`, plus fiable.
- `NEGATIVE_INFINITY` : identique à `POSITIVE_INFINITY` sauf que là il s'agit de l'infini négatif. Vous pouvez obtenir cette constante en résultat d'un calcul si vous divisez une valeur négative par 0.

Passons donc aux essais :

```
var max = Number.MAX_VALUE, // Comme vous pouvez le constater,
   nous n'instancions pas d'objet, comme pour un accès au «
   prototype »
    inf = Number.POSITIVE_INFINITY;

if (max < inf) {
    alert("La valeur maximum en Javascript est inférieure à l'
        infini ! Surprenant, n'est-ce pas ?");
```

```
}
```

Du côté des méthodes, l'objet `Number` n'est pas bien plus intéressant, car toutes les méthodes qu'il possède sont déjà supportées par l'objet `Math`. Nous allons donc faire l'impasse dessus.

L'objet Math

Après une première sous-partie assez peu intéressante, nous passons enfin à l'objet `Math` qui va réellement nous servir ! Tout d'abord, deux petites choses :

- La liste des propriétés et méthodes ne sera pas exhaustive, consultez la documentation si vous souhaitez tout connaître ;
- Toutes les propriétés et méthodes de cet objet sont accessibles directement sans aucune instanciation, on appelle cela des méthodes et des propriétés statiques. Considérez donc cet objet plutôt comme un namespace.

Les propriétés

Les propriétés de l'objet `Math` sont des constantes qui définissent certaines valeurs mathématiques comme le nombre pi (Π) ou le nombre d'Euler (e). Nous ne parlons que de ces deux constantes car les autres ne sont pas souvent utilisées en Javascript. Pour les utiliser, rien de bien compliqué :

```
alert(Math.PI); // Affiche la valeur du nombre pi
alert(Math.E); // Affiche la valeur du nombre d'Euler
```

Voilà tout, les propriétés de l'objet `Math` ne sont pas bien dures à utiliser donc il n'y a pas grand-chose à vous apprendre dessus. En revanche, les méthodes sont nettement plus intéressantes !

Les méthodes

L'objet `Math` comporte de nombreuses méthodes permettant de faire divers calculs un peu plus évolués qu'une simple division. Il existe des méthodes pour le calcul des cosinus et sinus, des méthodes d'arrondi et de troncature, etc. Elles sont assez nombreuses pour faire bon nombre d'applications pratiques.

Arrondir et tronquer

Vous aurez souvent besoin d'arrondir vos nombres en Javascript, notamment si vous faites des animations. Il est par exemple impossible de dire à un élément HTML qu'il fait 23,33 pixels de largeur, il faut un nombre entier. C'est pourquoi nous allons aborder les méthodes `floor()`, `ceil()` et `round()`.

La méthode `floor()` retourne le plus grand entier inférieur ou égal à la valeur que vous avez passée en paramètre :

```
Math.floor(33.15); // Retourne : 33
Math.floor(33.95); // Retourne : 33
Math.floor(34);    // Retourne : 34
```

Concernant la méthode `ceil()`, celle-ci retourne le plus petit entier supérieur ou égal à la valeur que vous avez passée en paramètre :

```
Math.ceil(33.15); // Retourne : 34
Math.ceil(33.95); // Retourne : 34
Math.ceil(34);    // Retourne : 34
```

Et pour finir, la méthode `round()` qui fait un arrondi tout bête :

```
Math.round(33.15); // Retourne : 33
Math.round(33.95); // Retourne : 34
Math.round(34);    // Retourne : 34
```

Calculs de puissance et de racine carrée

Bien que le calcul d'une puissance puisse paraître bien simple à coder, il existe une méthode permettant d'aller plus rapidement, celle-ci se nomme `pow()` et s'utilise de cette manière :

```
Math.pow(3, 2); // Le premier paramètre est la base, le deuxième l'exposant
// Ce calcul donne donc : 3 * 3 = 9
```

Concernant le calcul de la racine carrée d'un nombre, il existe aussi une méthode prévue pour cela, elle se nomme `sqrt()` (abréviation de **square root**) :

```
Math.sqrt(9); // Retourne : 3
```

Les cosinus et sinus

Lorsqu'on souhaite faire des calculs en rapport avec les angles, on a souvent recours aux fonctions cosinus et sinus. L'objet `Math` possède des méthodes qui remplissent exactement le même rôle : `cos()` et `sin()` (il existe bien entendu les méthodes `acos()` et `asin()`). Leur utilisation est, encore une fois, très simple :

```
Math.cos(Math.PI); // Retourne : -1
Math.sin(Math.PI); // Retourne : environ 0
```

Les résultats obtenus sont exprimés en radians.

Retrouver les valeurs maximum ou minimum

Voici deux méthodes qui peuvent se révéler bien utiles : `max()` et `min()`. Elles permettent respectivement de retrouver les valeurs maximum et minimum dans une liste de nombres, qu'importe si les nombres sont dans un ordre croissant, décroissant ou aléatoire. Ces deux méthodes prennent autant de paramètres que de nombres à comparer :

```
Math.max(42, 4, 38, 1337, 105); // Retourne : 1337
Math.min(42, 4, 38, 1337, 105); // Retourne : 4
```

Choisir un nombre aléatoire

Il est toujours intéressant de savoir comment choisir un nombre aléatoire pour chaque langage que l'on utilise, cela finit toujours par servir un jour où l'autre. En Javascript, la méthode qui s'occupe de ça est nommée `random()` (pour faire original). Cette fonction est utile mais n'est malheureusement pas très pratique à utiliser comparativement à celle présente, par exemple, en PHP.

En PHP, il est possible de définir entre quels nombres doit être choisi le nombre aléatoire. En Javascript, un nombre décimal aléatoire est choisi entre 0 (inclus) et 1 (exclu), ce qui nous oblige à faire de petits calculs par la suite pour obtenir un nombre entre une valeur minimum et maximum.

Venons-en à l'exemple :

```
alert(Math.random()); // Retourne un nombre compris entre 0 et
    1
```

Là, notre script est un peu limité du coup, la solution est donc de créer notre propre fonction qui va gérer les nombres minimum (inclus) et maximum (exclu) :

```
function rand(min, max, integer) {

    if (!integer) {
        return Math.random() * (max - min) + min;
    } else {
        return Math.floor(Math.random() * (max - min + 1) + min
            );
    }

}
```

Et voilà une fonction prête à être utilisée ! Le troisième paramètre sert à définir si l'on souhaite obtenir un nombre entier ou non.

▷ Essayer une adaptation de ce code
Code web : 573321

Cette fonction est assez simple en terme de réflexion : on prend le nombre minimum que l'on soustrait au maximum, on obtient alors l'intervalle de valeur qui n'a plus qu'à être multiplié au nombre aléatoire (qui est compris entre 0 et 1), le résultat obtenu sera alors compris entre 0 et la valeur de l'intervalle, il ne reste alors plus qu'à lui ajouter le nombre minimum pour obtenir une valeur comprise entre notre minimum et notre maximum !

Nous pensons qu'il est bon de vous informer d'une certaine chose : la méthode `random()` de l'objet `Math` ne renvoie pas vraiment un nombre aléatoire, ce n'est d'ailleurs pas réellement possible sur un ordinateur. Cette méthode est basée sur plusieurs algorithmes qui permettent de renvoyer un nombre pseudo-aléatoire, mais le nombre n'est jamais vraiment aléatoire. À vrai dire, cela ne devrait pas vous affecter dans vos projets, mais il est toujours bon de le savoir.

Les inclassables

Bien que les objets `Number` et `Math` implémentent l'essentiel des méthodes de gestion des données numériques qui existent en Javascript, certaines fonctions globales existent qui permettent de faire quelques conversions et contrôles de données un peu plus poussés.

Les fonctions de conversion

Si vous avez lu tous les chapitres précédents (ce que vous devriez avoir fait), vous avez normalement déjà vu ces deux fonctions, mais nous allons revoir leur utilisation dans le doute.

Ces deux fonctions se nomment **`parseInt()`** et **`parseFloat()`**, elles permettent de convertir une chaîne de caractères en un nombre. La première possède deux arguments tandis que la seconde en possède un seul :

- Le premier argument est obligatoire, il s'agit de la chaîne de caractère à convertir en nombre. Exemple : `"303"` donnera le nombre 303 en sortie.
- Le deuxième argument est facultatif, mais il est très fortement conseillé de s'en servir avec la fonction `parseInt()` (puisque, de toute manière, il n'existe pas avec `parseFloat()`). Il permet de spécifier la base que le nombre utilise dans la chaîne de caractères. Exemple : 10 pour spécifier le système **décimal**, 2 pour le système **binaire**.

L'importance du deuxième argument est simple à démontrer avec un exemple :

```
var myString = '08';

alert(parseInt(myString)); // Affiche : 0
alert(parseInt(myString, 10)); // Affiche : 8
```

Alors pourquoi cette différence de résultat ? La solution est simple : en l'absence d'un second argument, les fonctions `parseInt()` et `parseFloat()` vont tenter de deviner la base utilisée — et donc le système de numération associé — par le nombre écrit dans la chaîne de caractères. Ici, la chaîne de caractères commence par un 0, ce qui est caractéristique du système **octal**, on obtient donc 0 en retour. Afin d'éviter d'éventuelles conversions hasardeuses, il est toujours bon de spécifier le système de numération de travail.

> Attention à une chose ! Les fonctions `parseInt()` et `parseFloat()` peuvent réussir à retrouver un nombre dans une chaîne de caractères, ainsi, la chaîne de caractères « 303 pixels » renverra bien « 303 » après conversion. Cependant, cela ne fonctionne que si la chaîne de caractères commence par le nombre à retourner. Ainsi, la chaîne de caractères « Il y a 303 pixels » ne renverra que la valeur `NaN`. Pensez-y !

Les fonctions de contrôle

Vous souvenez-vous des valeurs `NaN` et `Infinity` ? Nous avions parlé de deux fonctions permettant de vérifier la présence de ces deux valeurs ; les voici : `isNaN()` qui permet de savoir si notre variable contient un nombre et `isFinite()` qui permet de déterminer si le nombre est fini.

`isNaN()` renvoie `true` si la variable **ne contient pas de nombre**, elle s'utilise de cette manière :

```
var myNumber = parseInt("test"); // Notre conversion sera un échec et renverra « NaN »

alert(isNaN(myNumber)); // Affiche « true », cette variable ne contient pas de nombre
```

Quant à `isFinite()`, cette fonction renvoie `true` si le nombre ne tend pas vers l'infini :

```
var myNumber = 1/0; // 1 divisé par 0 tend vers l'infini

alert(isFinite(myNumber)); // Affiche « false », ce nombre tend vers l'infini
```

> Mais pourquoi utiliser ces deux fonctions ? Je n'ai qu'à vérifier si ma variable contient la valeur `NaN` ou `Infinity`...

Admettons que vous fassiez cela ! Essayons le cas de `NaN` :

```
var myVar = "test";

if (myVar == NaN) {
    alert('Cette variable ne contient pas de nombre.');
} else {
    alert('Cette variable contient un nombre.');
}
```

Voyez-vous le problème ? Cette variable ne contient pas de nombre, mais ce code croit pourtant que c'est le cas. Cela est dû au fait que l'on ne fait que tester la présence de la valeur `NaN`. Or elle est présente uniquement si la tentative d'écriture d'un nombre a échoué (une conversion loupée par exemple), elle ne sera jamais présente si la variable était destinée à contenir autre chose qu'un nombre.

Un autre facteur important aussi, c'est que **la valeur `NaN` n'est pas égale à elle-même** !

```
alert(NaN == NaN); // Affiche : « false »
```

Bref, la fonction `isNaN()` est utile car elle vérifie si votre variable était destinée à contenir un nombre et vérifie ensuite que ce nombre ne possède pas la valeur `NaN`.

Concernant `isFinite()`, un nombre peut tendre soit vers l'infini positif, soit vers l'infini négatif. Une condition de ce genre ne peut donc pas fonctionner :

```
var myNumber = -1/0;

if (myNumber == Number.POSITIVE_INFINITY) {
    alert("Ce nombre tend vers l'infini.");
} else {
    alert("Ce nombre ne tend pas vers l'infini.");
}
```

Ce code est faux, on ne fait que tester si notre nombre tend vers l'infini positif, alors que la fonction `isFinite()` se charge de tester aussi si le nombre tend vers l'infini négatif.

En résumé

- Un objet possède parfois des propriétés issues du constructeur. C'est le cas de l'objet `Number`, avec des propriétés comme `Number.MAX_VALUE` ou `Number.NaN`.
- De même que `Number`, l'objet `Math` possède ce genre de propriétés. Utiliser Π est alors simple : `Math.PI`.
- Il faut privilégier `parseInt()` et `parseFloat()` pour convertir une chaîne de caractères en un nombre.
- L'usage des propriétés de l'objet `Number` lors de tests est déconseillé : il vaut mieux utiliser les fonctions globales prévues à cet effet, comme par exemple `isNan()` au lieu de `NaN`.

Chapitre 20

La gestion du temps

Difficulté :

La gestion du temps est importante en Javascript ! Elle vous permet de temporiser vos codes et donc de créer, par exemple, des animations, des compteurs à rebours et bien d'autres choses qui nécessitent une temporisation dans un code.

En plus de cela, nous allons aussi apprendre à manipuler la date et l'heure.

Le système de datation

L'heure et la date sont gérées par un seul et même objet qui se nomme `Date`. Avant de l'étudier de fond en comble, nous allons d'abord comprendre comment fonctionne le système de datation en Javascript.

Introduction aux systèmes de datation

Nous, humains, lisons la date et l'heure de différentes manières, peu importe la façon dont cela est écrit, nous arrivons toujours à deviner de quelle date ou heure il s'agit. En revanche, un ordinateur, lui, possède une manière propre à son système pour lire ou écrire la date. Généralement, cette dernière est représentée sous un seul et même nombre qui est, par exemple : 1301412748510. Vous avez ici, sous la forme d'un nombre assez long, l'heure et la date à laquelle nous avons écrit ces lignes.

Et ce nombre signifie quoi ?

Il s'agit en fait, en Javascript, du nombre de millisecondes écoulées depuis le 1er janvier 1970 à minuit. Cette manière d'enregistrer la date est très fortement inspirée du système d'horodatage utilisé par les systèmes Unix. La seule différence entre le système Unix et le système du Javascript, c'est que ce dernier stocke le nombre de millisecondes, tandis que le premier stocke le nombre de secondes. Dans les deux cas, ce nombre s'appelle un **timestamp**.

Au final, ce nombre ne nous sert vraiment qu'à peu de choses à nous, développeurs, car nous allons utiliser l'objet `Date` qui va s'occuper de faire tous les calculs nécessaires pour obtenir la date ou l'heure à partir de n'importe quel timestamp.

L'objet `Date`

L'objet `Date` nous fournit un grand nombre de méthodes pour lire ou écrire une date. Il y en a d'ailleurs tellement que nous n'allons en voir qu'une infime partie.

Le constructeur

Commençons par le constructeur ! Ce dernier prend en paramètre de nombreux arguments et s'utilise de différentes manières. Voici les quatre manières de l'utiliser :

```
new Date();
new Date(timestamp);
new Date(dateString);
new Date(année, mois, jour [, heure, minutes, secondes,
    millisecondes ]);
```

À chaque instanciation de l'objet `Date`, ce dernier enregistre soit la date actuelle si aucun paramètre n'est spécifié, soit une date que vous avez choisie. Les calculs effectués par les méthodes de notre objet instancié se feront à partir de la date enregistrée. Détaillons l'utilisation de notre constructeur :

- La première ligne instancie un objet `Date` dont la date est fixée à celle de l'instant même de l'instanciation.
- La deuxième ligne vous permet de spécifier le timestamp à utiliser pour notre instanciation.
- La troisième ligne prend en paramètre une chaîne de caractères qui doit être interprétable par la méthode `parse()`, nous y reviendrons.
- Enfin, la dernière ligne permet de spécifier manuellement chaque composant qui constitue une date, nous retrouvons donc en paramètres obligatoires : l'année, le mois et le jour. Les quatre derniers paramètres sont facultatifs (c'est pour cela que vous voyez des crochets, ils signifient que les paramètres sont facultatifs). Ils seront initialisés à 0 s'ils ne sont pas spécifiés, nous y retrouvons : les heures, les minutes, les secondes et les millisecondes.

Les méthodes statiques

L'objet `Date` possède deux méthodes statiques, mais nous n'allons aborder l'utilisation que de la méthode `parse()`.

Vu le nom de cette méthode vous pouvez déjà plus ou moins deviner ce qu'elle permet de faire. Cette méthode prend en unique paramètre une chaîne de caractères représentant une date et renvoie le timestamp associé. Cependant, nous ne pouvons pas écrire n'importe quelle chaîne de caractères, il faut respecter une certaine syntaxe qui se présente de la manière suivante :

```
Sat, 04 May 1991 20:00:00 GMT+02:00
```

Cette date représente donc le **samedi 4 mai 1991 à 20h pile** avec un décalage de deux heures supplémentaires par rapport à l'horloge de Greenwich.

Il existe plusieurs manières d'écrire la date, cependant nous ne fournissons que celle-là, car les dérives sont nombreuses. Si vous voulez connaître toutes les syntaxes existantes, allez donc jeter un coup d'œil au document qui traite de la standardisation de cette syntaxe (la syntaxe est décrite à partir de la page 11).

▷ Standardisation de cette syntaxe -
Code web : 714260

Enfin, pour utiliser cette syntaxe avec notre méthode, rien de plus simple :

```
var timestamp = Date.parse('Sat, 04 May 1991 20:00:00 GMT+02:00
    ');

alert(timestamp); // Affiche : 673380000000
```

Les méthodes des instances de l'objet `Date`

Étant donné que l'objet `Date` ne possède aucune propriété standard, nous allons directement nous intéresser à ses méthodes qui sont très nombreuses. Elles sont d'ailleurs tellement nombreuses (et similaires en terme d'utilisation) que nous n'allons en lister que quelques-unes (les plus utiles bien sûr) et en expliquer le fonctionnement de manière générale.

Commençons tout de suite par huit méthodes très simples qui fonctionnent toutes selon l'heure locale :

- `getFullYear()` : renvoie l'année sur 4 chiffres ;
- `getMonth()` : renvoie le mois (0 à 11) ;
- `getDate()` : renvoie le jour du mois (1 à 31) ;
- `getDay()` : renvoie le jour de la semaine (0 à 6, la semaine commence le dimanche) ;
- `getHours()` : renvoie l'heure (0 à 23) ;
- `getMinutes()` : renvoie les minutes (0 à 59) ;
- `getSeconds()` : renvoie les secondes (0 à 59) ;
- `getMilliseconds()` : renvoie les millisecondes (0 à 999).

Ces huit méthodes possèdent chacune une fonction homologue de type « set ». Par exemple, avec la méthode `getDay()` il existe aussi, pour le même objet `Date`, la méthode `setDay()` qui permet de définir le jour en le passant en paramètre.

Chacune de ces méthodes s'utilise d'une manière enfantine : vous instanciez un objet `Date` et il ne vous reste plus qu'à appeler les méthodes souhaitées :

```
var myDate = new Date('Sat, 04 May 1991 20:00:00 GMT+02:00');

alert(myDate.getMonth()); // Affiche : 4
alert(myDate.getDay()); // Affiche : 6
```

Deux autres méthodes pourront aussi vous êtres utiles :

- La méthode `getTime()` renvoie le timestamp de la date de votre objet ;
- La méthode `setTime()` vous permet de modifier la date de votre objet en lui passant en unique paramètre un timestamp.

Mise en pratique : calculer le temps d'exécution d'un script

Dans de nombreux langages de programmation, il peut parfois être intéressant de faire des tests sur la rapidité d'exécution de différents scripts. En Javascript, ces tests sont très simples à faire notamment grâce à la prise en charge native des millisecondes avec l'objet `Date` (les secondes sont rarement très intéressantes à connaître, car elles sont généralement à 0 vu la rapidité de la majorité des scripts).

Admettons que vous ayez une fonction `slow()` que vous soupçonnez d'être assez lente, vous allez vouloir vérifier sa vitesse d'exécution. Pour cela, rien de bien compliqué !

Commençons tout d'abord par exécuter notre fonction :

```
slow();
```

Comment allons-nous opérer maintenant? Nous allons récupérer le timestamp avant l'exécution de la fonction puis après son exécution, il n'y aura ensuite plus qu'à soustraire le premier timestamp au deuxième et nous aurons notre temps d'exécution! Allons-y :

```
var firstTimestamp = new Date().getTime(); // On obtient le
    timestamp avant l'exécution

slow(); // La fonction travaille...

var secondTimestamp = new Date().getTime(), // On récupère le
    timestamp après l'exécution
     result = secondTimestamp - firstTimestamp; // On fait la
        soustraction

alert("Le temps d'exécution est de : " + result + "
    millisecondes.");
```

Les fonctions temporelles

Nous avons vu comment travailler avec les dates et l'heure, mais malgré ça il nous est toujours impossible d'influencer le délai d'exécution de nos scripts pour permettre, par exemple, la création d'une animation. C'est là que les fonctions `setTimeout()` et `setInterval()` interviennent : la première permet de déclencher un code au bout d'un temps donné, tandis que la seconde va déclencher un code à un intervalle régulier que vous aurez spécifié.

Utiliser `setTimeout()` et `setInterval()`

Avec un simple appel de fonction

Ces deux fonctions ont exactement les mêmes paramètres : le premier est la fonction à exécuter, le deuxième est le temps en millisecondes.

Concernant le premier paramètre, il y a trois manières de le spécifier :

- En passant la fonction en référence :

```
setTimeout(myFunction, 2000); // myFunction sera exécutée au
    bout de 2 secondes
```

- En définissant une fonction anonyme :

```
setTimeout(function() {
    // Code...
}, 2000);
```

– En utilisant une sale méthode que vous devez bannir de tous vos codes :

```
setTimeout('myFunction()', 2000);
```

Pourquoi ne pas procéder de cette manière ? Tout simplement parce que cela appelle implicitement la fonction `eval()` qui va se charger d'analyser et exécuter votre chaîne de caractères. Pour de plus amples informations, redirigez-vous vers l'excellent « Bonnes pratiques Javascript » rédigé par nod_ sur le Site du Zéro.

▷ « Bonnes pratiques Javascript »
Code web : 412309

En ce qui concerne le deuxième paramètre, il n'y a pas grand-chose à dire mis à part qu'il s'agit du temps à spécifier (en millisecondes) à votre fonction. Une bonne chose à savoir c'est que ce temps n'a que peu d'intérêt à être en dessous de 10 ms (environ, cela dépend des navigateurs !) pour la simple et bonne raison que la plupart des navigateurs n'arriveront pas à exécuter votre code avec un temps aussi petit. En clair, si vous spécifiez un temps de 5 ms, votre code sera probablement exécuté au bout de 10 ms.

Faites attention avec la fonction `setTimeout()`, il n'y a pas de « o » majuscule. C'est une erreur très fréquente !

Avec une fonction nécessitant des paramètres

Si vous souhaitez passer des paramètres à la fonction utilisée avec `setTimeout()` ou `setInterval()`, comment allez-vous faire ?

C'est bien simple, nos deux fonctions temporelles possèdent toutes les deux deux paramètres, mais en vérité il est possible d'en attribuer autant que l'on veut. Les paramètres supplémentaires seront alors passés à la fonction appelée par notre fonction temporelle, exemple :

```
setTimeout(myFunction, 2000, param1, param2);
```

Ainsi, au terme du temps passé en deuxième paramètre, notre fonction `myFunction()` sera appelée de la manière suivante :

```
myFunction(param1, param2);
```

Cependant, cette technique ne fonctionne pas sur les vieilles versions d'Internet Explorer, il nous faut donc ruser :

```
setTimeout(function() {

    myFunction(param1, param2);

}, 2000);
```

Nous avons créé une fonction anonyme qui va se charger d'appeler la fonction finale avec les bons paramètres, et cela fonctionne sur tous les navigateurs !

Annuler une action temporelle

Il se peut que vous ayez parfois besoin d'annuler une action temporelle. Par exemple, vous avez utilisé la fonction `setTimeout()` pour qu'elle déclenche une alerte si l'utilisateur n'a pas cliqué sur une image dans les dix secondes qui suivent. Si l'utilisateur clique sur l'image il va alors vous falloir annuler votre action temporelle avant son déclenchement, c'est là qu'entrent en jeu les fonctions `clearTimeout()` et `clearInterval()`. Comme vous pouvez vous en douter, la première s'utilise pour la fonction `setTimeout()` et la deuxième pour `setInterval()`.

Ces deux fonctions prennent toutes les deux un seul argument : l'identifiant de l'action temporelle à annuler. Cet identifiant (qui est un simple nombre entier) est retourné par les fonctions `setTimeout()` et `setInterval()`.

Voici un exemple logique :

```
<button id="myButton">Annuler le compte à rebours</button>

<script>
  (function() {

      var button = document.getElementById('myButton');

      var timerID = setTimeout(function() { // On crée notre
          compte à rebours
          alert("Vous n'êtes pas très réactif vous !");
      }, 5000);

      button.onclick = function() {
          clearTimeout(timerID); // Le compte à rebours est
              annulé
          alert("Le compte à rebours a bien été annulé."); //
              Et on prévient l'utilisateur
      };

  })();
</script>
```

On peut même aller un peu plus loin en gérant plusieurs actions temporelles à la fois :

```
<button id="myButton">Annuler le compte à rebours (5s)</button>

<script>
  (function() {

      var button = document.getElementById('myButton'),
          timeLeft = 5;

      var timerID = setTimeout(function() { // On crée notre
          compte à rebours
          clearInterval(intervalID);
```

```
            button.innerHTML = "Annuler le compte à rebours (0s)";
            alert("Vous n'êtes pas très réactif vous !");
        }, 5000);

        var intervalID = setInterval(function() { // On met en place l'intervalle pour afficher la progression du temps
            button.innerHTML = "Annuler le compte à rebours (" + --timeLeft + "s)";
        }, 1000);

        button.onclick = function() {
            clearTimeout(timerID); // On annule le compte à rebours
            clearInterval(intervalID); // Et l'intervalle
            alert("Le compte à rebours a bien été annulé.");
        };

    })();
</script>
```

▷ Essayer ce code
Code web : 970819

Mise en pratique : les animations !

Venons-en maintenant à une utilisation concrète et courante des actions temporelles : les animations ! Tout d'abord, qu'est-ce qu'une animation ? C'est la modification *progressive* de l'état d'un objet. Ainsi, une animation peut très bien être la modification de la transparence d'une image à partir du moment où la transparence est faite de manière progressive et non pas instantanée.

Concrètement, comment peut-on créer une animation ? Reprenons l'exemple de la transparence : on veut que notre image passe d'une opacité de 1 à 0,2.

```
<img id="myImg" src="..." style="opacity: 1" />

<script>
  var myImg = document.getElementById('myImg');

  myImg.style.opacity = 0.2;
</script>
```

Le problème ici, c'est que notre opacité a été modifiée *immédiatement* de 1 à 0,2. Nous, nous voulons que ce soit progressif, il faudrait donc faire comme ceci :

```
var myImg = document.getElementById('myImg');

for (var i = 0.9 ; i >= 0.2 ; i -= 0.1) {
```

```
        myImg.style.opacity = i;
}
```

Mais encore une fois, tout s'est passé en une fraction de seconde ! C'est là que les actions temporelles vont entrer en action et ceci **afin de temporiser notre code** et de lui laisser le temps d'afficher la progression à l'utilisateur ! Dans notre cas, nous allons utiliser la fonction `setTimeout()` :

```
var myImg = document.getElementById('myImg');

function anim() {

    var s = myImg.style,
        result = s.opacity = parseFloat(s.opacity) - 0.1;

    if ( result > 0.2 ) {
        setTimeout(anim, 50); // La fonction anim() fait appel à elle-même si elle n'a pas terminé son travail
    }

}

anim(); // Et on lance la première phase de l'animation
```

Et voilà, cela fonctionne sans problème et ce n'est pas aussi compliqué qu'on ne le pense au premier abord ! Alors après il est possible d'aller bien plus loin en combinant les animations, mais, maintenant que vous avez les bases, vous devriez être capables de faire toutes les animations dont vous rêvez !

Vous remarquerez que nous avons utilisé la fonction `setTimeout()` au lieu de `setInterval()` pour réaliser notre animation. Pourquoi donc ? Eh bien il faut savoir que `setTimeout()` est en fait bien plus « stable » que `setInterval()`, ce qui fait que vous obtenez des animations bien plus fluides. Dans l'ensemble, mieux vaut se passer de `setInterval()` et utiliser `setTimeout()` en boucle, quel que soit le cas d'application.

En résumé

- Le Javascript se base sur un timestamp exprimé en millisecondes pour calculer les dates. Il faut faire attention, car un timestamp est parfois exprimé en secondes, comme au sein du système Unix ou dans des langages comme le PHP.
- En instanciant, sans paramètres, un objet `Date`, ce dernier contient la date de son instanciation. Il est ensuite possible de définir une autre date par le biais de méthodes *ad hoc*.
- `Date` est couramment utilisé pour déterminer le temps d'exécution d'un script. Il suffit de soustraire le timestamp du début au timestamp de fin.

- Plusieurs fonctions existent pour créer des délais d'exécution et de répétition, ce qui peut être utilisé pour réaliser des animations.

Chapitre 21

Les tableaux

Difficulté :

Dans la première partie de ce cours vous avez déjà pu vous initier de manière basique aux tableaux. Ce que vous y avez appris vous a sûrement suffi jusqu'à présent, mais il faut savoir que les tableaux possèdent de nombreuses méthodes qui vous sont encore inconnues et qui pourtant pourraient vous aider facilement à traiter leur contenu. Dans ce chapitre nous allons donc étudier de manière avancée l'utilisation des tableaux.

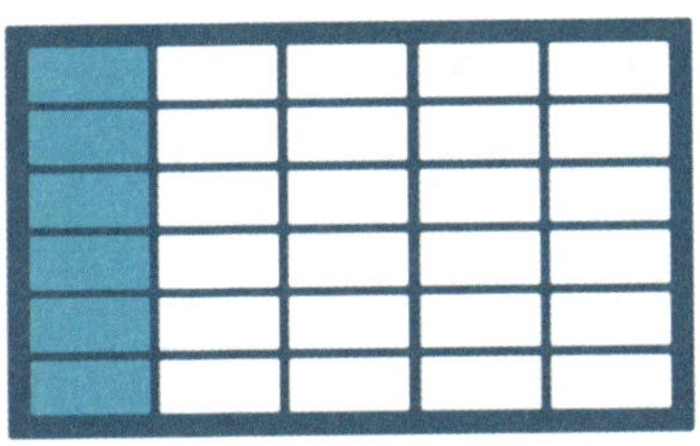

L'objet Array

L'objet **Array** est à la base de tout tableau. Il possède toutes les méthodes et les propriétés nécessaires à l'utilisation et à la modification des tableaux. Précisons que cet objet ne concerne que les tableaux itératifs, les objets littéraux ne sont pas des tableaux, ce sont des objets, tout simplement !

Le constructeur

Cet objet peut être instancié de trois manières différentes. Cependant, gardez bien à l'esprit que l'utilisation de son type primitif est bien préférable à l'instanciation de son objet. Nous n'abordons ce sujet qu'à titre indicatif.

Instanciation sans arguments

```
var myArray = new Array();
```

Ce code génère un tableau vide.

Instanciation en spécifiant chaque valeur à attribuer

```
var myArray = new Array('valeur1', 'valeur2', ..., 'valeurX');
```

Ce code revient à créer un tableau de cette manière :

```
var myArray = ['valeur1', 'valeur2', ..., 'valeurX'];
```

Instanciation en spécifiant la longueur du tableau

```
var myArray = new Array(longueur_du_tableau);
```

Voici un cas particulier du constructeur de l'objet **Array** : il est possible de spécifier la longueur du tableau. Cela paraît assez intéressant sur le principe, mais en réalité cela ne sert quasiment à rien vu que le Javascript redéfinit la taille des tableaux quand on ajoute ou supprime un item du tableau.

Les propriétés

Ici, les tableaux ont le mérite de rendre les choses simples, ils ne possèdent qu'une seule propriété (accessible uniquement **après** instanciation) que vous connaissez déjà tous : `length` ! Pour rappel, cette propriété est en lecture seule et vous indique combien d'éléments existent dans votre tableau.

Ainsi, avec ce tableau :

```
var myArray = [
    'élement1',
    'élement2',
    'élement3',
```

```
        'élement4'
];
```

La propriété `length` renverra 4.

Les méthodes

Plusieurs méthodes ont déjà été abordées au cours du chapitre de la première partie consacré aux tableaux. Elles sont de nouveau listées dans ce chapitre, mais de manière plus approfondie afin que celui-ci vous serve, en quelque sorte, de référence.

Concaténer deux tableaux

Aussi étrange que cela puisse paraître, le Javascript ne permet pas l'utilisation de l'opérateur + pour concaténer plusieurs tableaux entre eux. Si on tente de s'en servir, on obtient alors en sortie une chaîne de caractères contenant tous les éléments des tableaux. Ainsi, l'opération suivante :

```
var myArray = ['test1', 'test2'] + ['test3', 'test4'];
alert(myArray);
```

donne la chaîne de caractères suivante :

```
test1,test2test3,test4
```

Pas terrible, n'est-ce pas ? Heureusement, les tableaux possèdent une méthode nommée `concat()` qui nous permet d'obtenir le résultat souhaité :

```
var myArray = ['test1', 'test2'].concat(['test3', 'test4']);
alert(myArray);
```

Ce code nous retourne le tableau suivant :

```
['test1', 'test2', 'test3', 'test4']
```

Notez bien que la méthode `concat()` ne modifie aucun tableau ! Elle ne fait que **retourner un tableau** qui correspond à la concaténation souhaitée.

Parcourir un tableau

Le fait de parcourir un tableau est une façon de faire très courante en programmation, que ce soit en Javascript ou dans un autre langage. Vous savez déjà faire ça de cette manière :

```
var myArray = ["C'est", "un", "test"],
    length = myArray.length;

for (var i = 0 ; i < length ;  i++) {
    alert(
        'Index : ' + i
        + '\n' +
        'Valeur : ' + myArray[i]
    );
}
```

Cependant, ce code est quand même contraignant, nous sommes obligés de créer deux variables, une pour l'incrémentation, et une pour stocker la longueur de notre tableau (cela évite à notre boucle d'aller chercher la longueur dans le tableau, on économise des ressources), tout ça n'est pas très pratique.

C'est là qu'intervient une nouvelle méthode nommée `forEach()`. Elle est supportée par tous les navigateurs sauf Internet Explorer 8 et ses versions antérieures. Cette méthode prend pour paramètre deux arguments, le premier reçoit la fonction à exécuter pour chaque index existant et le deuxième (qui est facultatif) reçoit un objet qui sera pointé par le mot-clé `this` dans la fonction que vous avez spécifiée pour le premier argument.

Concentrons-nous sur la fonction passée en paramètre. Celle-ci sera exécutée pour chaque index existant (dans l'ordre croissant bien entendu) et recevra en paramètres trois arguments :

- Le premier contient la valeur contenue à l'index actuel ;
- Le deuxième contient l'index actuel ;
- Le troisième est une référence au tableau actuellement parcouru.

Essayons donc :

```
var myArray = ["C'est", "un", "test"];

myArray.forEach(function(value, index, array) {
    alert(
        'Index : ' + index
        + '\n' +
        'Valeur : ' + value
    );
});
```

Vous avez sûrement constaté que nous n'utilisons pas l'argument `array` dans notre fonction anonyme, vous pouvez très bien ne pas le spécifier, votre code fonctionnera sans problème !

Faites attention avec cette méthode ! Celle-ci ne fonctionne **qu'avec des tableaux**, elle n'existe pas pour les collections d'éléments retournées par les méthodes du style `document.getElementsByTagName()` !

Rechercher un élément dans un tableau

Tout comme les chaînes de caractères, les tableaux possèdent aussi les fonctions `indexOf()` et `lastIndexOf()`. Elles fonctionnent de la même manière, sauf qu'au lieu de ne chercher qu'une chaîne de caractères vous pouvez faire une recherche pour n'importe quel type de valeur, que ce soit une chaîne de caractères, un nombre ou un objet. La valeur retournée par la fonction est l'index du tableau dans lequel se trouve votre élément recherché, en cas d'échec la fonction vous retourne toujours la valeur -1.

Prenons un exemple :

```
var element2 = ['test'],
    myArray = ['test', element2];

alert(myArray.indexOf(element2)); // Affiche : 1
```

Dans ce code, c'est bien le tableau `['test']` qui a été trouvé, et non pas la chaîne de caractères `'test'` !

Pourquoi avoir créé la variable `element2` ?

Ah, en fait il y a une logique bien simple à cela :

```
alert(['test'] == ['test']); // Affiche : « false »
```

Les deux tableaux sont de même valeur mais sont pourtant reconnus comme étant deux tableaux différents, tout simplement parce que ce ne sont pas les mêmes instanciations de tableaux ! Lorsque vous écrivez une première fois `['test']`, vous faites une première instanciation de tableau, donc la deuxième fois que vous écrirez cela vous ferez une deuxième instanciation.

La solution pour être sûr de comparer deux mêmes instanciations est de passer la référence de votre instanciation à une variable. Ainsi, vous n'avez plus aucun problème :

```
var myArray = ['test'];
alert(myArray == myArray); // Affiche : « true »
```

Pour terminer sur nos deux fonctions, sachez qu'elles possèdent, elles aussi, un second paramètre permettant de spécifier à partir de quel index vous souhaitez faire débuter la recherche. Une autre bonne chose à savoir aussi : elles ne sont pas supportées par les versions antérieures à Internet Explorer 9 !

Trier un tableau

Deux méthodes peuvent vous servir à trier un tableau. Nous allons commencer par la plus simple d'entre elles : `reverse()`.

La méthode reverse()

Cette méthode ne prend aucun argument en paramètre et ne retourne aucune valeur, son seul rôle est d'inverser l'ordre des valeurs de votre tableau :

```
var myArray = [1, 2, 3, 4, 5];

myArray.reverse();

alert(myArray); // Affiche : 5,4,3,2,1
```

Plutôt simple, non ?

La méthode sort()

En ce qui concerne la deuxième méthode, les choses se corsent un peu. Celle-ci se nomme `sort()`, par défaut cette méthode trie votre tableau **par ordre alphabétique uniquement**. Mais cette méthode possède aussi un argument facultatif permettant de spécifier l'ordre à définir, et c'est là que les choses se compliquent. Tout d'abord, prenons un exemple simple :

```
var myArray = [3, 1, 5, 10, 4, 2];

myArray.sort();

alert(myArray); // Affiche : 1,10,2,3,4,5
```

Quand nous disions que cette méthode ne triait, par défaut, que par ordre alphabétique, c'était vrai et ce dans tous les cas ! Cette méthode possède en fait un mode de fonctionnement bien particulier : elle commence par convertir toutes les données du tableau en chaînes de caractères et ce n'est qu'après ça qu'elle applique son tri alphabétique. Dans notre exemple, la logique peut vous paraître obscure, mais si nous essayons de remplacer nos chiffres par des caractères cela devrait vous paraître plus logique :

```
0 = a ; 1 = b ; 2 = c
```

Notre suite « 1, 10, 2 » devient donc « b, ba, c » ! Ce tri vous paraît déjà plus logique avec des caractères, non ? Eh bien, pour la méthode `sort()`, cette logique s'applique même aux chiffres !

Venons-en maintenant à l'argument facultatif de `sort()` : il a pour but de réaliser un tri personnalisé. Il doit contenir une référence vers une fonction que vous avez créée, cette dernière devant posséder deux arguments qui seront spécifiés par la méthode `sort()`. La fonction devra alors dire si les valeurs transmises en paramètres sont de même valeur, ou bien si l'une des deux est supérieure à l'autre.

Notre but ici est de faire en sorte que notre tri soit, non pas alphabétique, mais par ordre croissant (et donc que la valeur 10 se retrouve à la fin du tableau). Nous allons donc commencer par créer notre fonction anonyme que nous fournirons au moment du tri :

```
function(a, b) {
    // Comparaison des valeurs
}
```

Nous avons notre fonction, mais que faire maintenant ? Eh bien, nous allons devoir comparer les deux valeurs fournies. Avant tout, sachez que la méthode `sort()` ne convertit pas les données du tableau en chaînes de caractères lorsque vous avez défini l'argument facultatif, ce qui fait que les valeurs que nous allons recevoir en paramètres seront bien de type `Number` et non pas de type `String`, cela nous facilite déjà la tâche !

Commençons par écrire le code pour comparer les valeurs :

```
function(a, b) {

    if (a < b) {
        // La valeur de a est inférieure à celle de b
    } else if (a > b) {
        // La valeur de a est supérieure à celle de b
    } else {
        // Les deux valeurs sont égales
    }

}
```

Bien, nous avons fait nos comparaisons, mais que faut-il renvoyer à la méthode `sort()` pour lui indiquer qu'une valeur est inférieure, supérieure ou égale à l'autre ?

Le principe est simple :

- On retourne -1 lorsque `a` est inférieur à `b` ;
- On retourne 1 lorsque `a` est supérieur à `b` ;
- Et on retourne 0 quand les valeurs sont égales.

Notre fonction devient donc la suivante :

```
function(a, b) {

    if (a < b) {
        return -1;
    } else if (a > b) {
        return 1;
    } else {
        return 0;
    }

}
```

Essayons donc le code complet maintenant :

```
var myArray = [3, 1, 5, 10, 4, 2];

myArray.sort(function (a, b) {

```

```
  if (a < b) {
    return -1;
  } else if (a > b) {
    return 1;
  } else {
    return 0;
  }

});

alert(myArray); // Affiche : 1,2,3,4,5,10
```

Et voilà ! La méthode `sort()` trie maintenant notre tableau dans l'ordre croissant !

Extraire une partie d'un tableau

Il se peut que vous ayez besoin un jour ou l'autre d'extraire une partie d'un tableau : la méthode `slice()` est là pour ça. Elle prend en paramètre deux arguments, dont le deuxième est facultatif. Le premier est l'index (inclus) à partir duquel vous souhaitez commencer l'extraction du tableau, le deuxième est l'index (non inclus) auquel l'extraction doit se terminer. S'il n'est pas spécifié, alors l'extraction continue jusqu'à la fin du tableau.

```
var myArray = [1, 2, 3, 4, 5];

alert(myArray.slice(1, 3)); // Affiche : 2,3
alert(myArray.slice(2)); // Affiche : 3,4,5
```

Notons aussi que le deuxième argument possède une petite particularité intéressante qui rappellera un peu le PHP aux connaisseurs :

```
var myArray = [1, 2, 3, 4, 5];

alert(myArray.slice(1, -1)); // Affiche : 2,3,4
```

Lorsque vous spécifiez un nombre négatif au deuxième argument, alors l'extraction se terminera à l'index de fin moins la valeur que vous avez spécifiée. Dans notre exemple, l'extraction se termine donc à l'index qui précède celui de la fin du tableau, donc à l'index 3.

Remplacer une partie d'un tableau

Nous allons aborder ici l'utilisation d'une méthode assez peu utilisée en raison de son usage assez particulier, il s'agit de `splice()`. Cette méthode reçoit deux arguments obligatoires, puis une infinité d'arguments facultatifs. Le premier argument est l'index à partir duquel vous souhaitez effectuer vos opérations, le deuxième est le nombre d'éléments que vous souhaitez supprimer à partir de cet index. Exemple :

```
var myArray = [1, 2, 3, 4, 5];

var result = myArray.splice(1, 2); // On retire 2 éléments à
    partir de l'index 1

alert(myArray); // Affiche : 1,4,5

alert(result); // Affiche : 2,3
```

À partir de ce code, vous devriez pouvoir faire deux constatations :

- La méthode `splice()` modifie directement le tableau à partir duquel elle a été exécutée ;
- Elle renvoie un tableau des éléments qui ont été supprimés.

Continuons sur notre lancée ! Les arguments qui suivent les deux premiers contiennent les éléments qui doivent être ajoutés en remplacement de ceux effacés. Vous pouvez très bien spécifier plus d'éléments à ajouter que d'éléments qui ont été supprimés, ce n'est pas un problème. Essayons donc l'ajout d'éléments :

```
var myArray = [1, null, 4, 5];

myArray.splice(1, 1, 2, 3);

alert(myArray); // Affiche : 1,2,3,4,5
```

Notez bien aussi une chose : si vous ajoutez des éléments dans le tableau, vous pouvez mettre le deuxième argument à 0, ce qui aura pour effet d'ajouter des éléments sans être obligé d'en supprimer d'autres. Cette méthode `splice()` peut donc être utilisée comme une méthode d'insertion de données.

Tester l'existence d'un tableau

Pour terminer sur les méthodes des tableaux, sachez que les tableaux possèdent une méthode propre à l'objet constructeur nommée `isArray()`. Comme son nom l'indique, elle permet de tester si la variable passée en paramètre contient un tableau. Son utilisation est ultra-simple :

```
alert(Array.isArray(['test']));
```

Cependant, sachez que cette fonction est très récente et peut donc ne pas être disponible sur de nombreux navigateurs (vous pouvez déjà oublier les versions d'Internet Explorer antérieures à la neuvième). Vous trouverez sur le site developer.mozilla.org un tableau de compatibilité pour cette fonction.

▷ Tableau de compatibilité
Code web : 934803

Les piles et les files

Nous allons ici aborder un concept que vous avez déjà rapidement étudié dans ce cours, mais qu'il serait bon de vous remettre en tête.

Les piles et les files sont deux manières de manipuler vos tableaux. Plutôt que de les voir comme de simples listes de données, vous pouvez les imaginer comme étant, par exemple, une pile de livres où le dernier posé sera au final le premier récupéré, ou bien comme une file d'attente, où le dernier entré sera le dernier sorti. Ces deux façons de faire sont bien souvent très pratiques dans de nombreux cas, vous vous en rendrez bien vite compte.

Retour sur les méthodes étudiées

Quatre méthodes ont été étudiées au cours des premiers chapitres de ce cours. Il est de bon ton de revenir sur leur utilisation avant d'entamer le sujet des piles et des files :

- `push()` : ajoute un ou plusieurs éléments à la fin du tableau (un argument par élément ajouté) et retourne la nouvelle taille de ce dernier.
- `pop()` : retire et retourne le dernier élément d'un tableau.
- `unshift()` : ajoute un ou plusieurs éléments au début du tableau (un argument par élément ajouté) et retourne la nouvelle taille de ce dernier.
- `shift()` : retire et retourne le premier élément d'un tableau.

Les piles

Les piles partent du principe que le premier élément ajouté sera le dernier retiré, comme une pile de livres ! Elles sont utilisables de deux manières différentes : soit avec les deux méthodes `push()` et `pop()`, soit avec les deux restantes `unshift()` et `shift()`. Dans le premier cas, la pile sera empilée et dépilée à la fin du tableau, dans le deuxième cas, les opérations se feront au début du tableau.

```
var myArray = ['Livre 1'];

var result = myArray.push('Livre 2', 'Livre 3');

alert(myArray); // Affiche : « Livre 1,Livre 2,Livre 3 »
alert(result); // Affiche : « 3 »

result = myArray.pop();

alert(myArray); // Affiche : « Livre 1,Livre 2 »
alert(result); // Affiche : « Livre 3 »
```

Aucun problème pour les méthodes `push()` et `pop()` ? Essayons maintenant le couple `unshift()/shift()` :

```
var myArray = ['Livre 3'];
```

```

var result = myArray.unshift('Livre 1', 'Livre 2');

alert(myArray); // Affiche : « Livre 1,Livre 2,Livre 3 »
alert(result); // Affiche : « 3 »

result = myArray.shift();

alert(myArray); // Affiche : « Livre 2,Livre 3 »
alert(result); // Affiche : « Livre 1 »
```

Voilà pour les piles !

Les files

Les files partent d'un autre principe tout aussi simple : le premier élément ajouté est le premier sorti, comme une file d'attente. Elles sont, elles aussi, utilisables de deux manières différentes : soit avec le couple `push()`/`shift()`, soit avec le couple `unshift()`/`pop()`.

En Javascript, les files sont bien moins utilisées que les piles, car elles sont dépendantes des méthodes `unshift()` et `shift()`. Ces dernières souffrent d'un manque de performance, nous y reviendrons.

```
var myArray = ['Fanboy 1', 'Fanboy 2'];

var result = myArray.push('Fanboy 3', 'Fanboy 4');

alert(myArray); // Affiche : « Fanboy 1,Fanboy 2,Fanboy 3,
    Fanboy 4 »
alert(result); // Affiche : « 4 »

result = myArray.shift();

alert(myArray); // Affiche : « Fanboy 2,Fanboy 3,Fanboy 4 »
alert(result); // Affiche : « Fanboy 1 »
```

Le couple `unshift()`/`pop()` est tout aussi simple d'utilisation :

```
var myArray = ['Fanboy 3', 'Fanboy 4'];

var result = myArray.unshift('Fanboy 1', 'Fanboy 2');

alert(myArray); // Affiche : « Fanboy 1,Fanboy 2,Fanboy 3,
    Fanboy 4 »
alert(result); // Affiche : « 4 »

result = myArray.pop();

```

```
alert(myArray); // Affiche : « Fanboy 1,Fanboy 2,Fanboy 3 »
alert(result); // Affiche : « Fanboy 4 »
```

Voilà pour les files !

Quand les performances sont absentes : `unshift()` et `shift()`

Revenons maintenant sur ce petit problème de performances. Les deux méthodes `unshift()` et `shift()` utilisent chacune un algorithme qui fait qu'en retirant ou en ajoutant un élément en début de tableau, elles vont devoir réécrire tous les index des éléments qui suivent. En gros, prenons un tableau de ce style :

```
0 => 'test 1'
1 => 'test 2'
2 => 'test 3'
```

En ajoutant un élément en début de tableau, nous cassons l'indexation :

```
0 => 'test supplémentaire'
0 => 'test 1'
1 => 'test 2'
2 => 'test 3'
```

Ce qui fait que nous devons réécrire tous les index suivants :

```
0 => 'test supplémentaire'
1 => 'test 1'
2 => 'test 2'
3 => 'test 3'
```

Si le tableau possède de nombreux éléments, cela peut parfois prendre un peu de temps. C'est ce qui fait que les piles sont généralement préférées aux files en Javascript, car elles peuvent se passer de ces deux méthodes. Cela dit, il faut relativiser : la perte de performance n'est pas dramatique, vous pouvez très bien vous en servir pour des tableaux de petite taille (en dessous de 10 000 entrées, en gros), mais au-dessus il faudra peut-être songer à utiliser les piles ou bien à utiliser des scripts qui résolvent ce genre de problèmes.

En résumé

- Pour concaténer deux tableaux, il faut utiliser la méthode `concat()`, car l'opérateur + ne fonctionne pas selon le comportement voulu.
- La méthode `forEach()` permet de parcourir un tableau en s'affranchissant d'une boucle `for`. Mais cette méthode n'est pas supportée par les versions d'Internet Explorer antérieures à la version 9.

- `indexOf()` et `lastIndexOf()` permettent de rechercher un élément qui peut être une chaîne de caractères, un nombre, ou même un tableau. Il faudra toutefois faire attention lors de la comparaison de deux tableaux.
- L'utilisation d'une fonction pour trier un tableau est possible et se révèle particulièrement utile pour effectuer un tri personnalisé.
- Les piles et les files sont un moyen efficace pour stocker et accéder à de grandes quantités de données.

Chapitre 22

Les images

Difficulté :

Les objets natifs en Javascript couvrent de nombreux domaines comme le temps ou les mathématiques, mais il existe des objets encore plus particuliers comme `Image` ! Cet objet permet de faire des manipulations assez sommaires sur une image et permet surtout de savoir si elle a été entièrement téléchargée, c'est généralement pour cela que l'on va se servir de cet objet.

Nous tenons à faire une petite remarque avant que vous n'alliez plus loin dans ce chapitre : il existe bon nombre de documentations Javascript sur le Web mais aucune d'entre elles n'a jamais été capable de définir correctement quels sont les propriétés ou les événements **standards** de l'objet `Image`. Il se peut donc que vous trouviez de nouvelles propriétés ou événements dans diverses documentations. Notre but dans ce cours est de vous fournir des informations fiables, nous n'aborderons donc que les propriétés ou événements qui fonctionnent parfaitement bien et ne causent aucun problème majeur, quel que soit le navigateur utilisé.

L'objet Image

Comme dit dans l'introduction, la manipulation des images se fait par le biais de l'objet `Image`, qui possède plusieurs propriétés permettant d'obtenir divers renseignements sur l'image actuellement instanciée.

Le constructeur

Le constructeur de l'objet `Image` ne prend aucun argument en paramètre, cela a au moins le mérite d'être simple :

```
var myImg = new Image();
```

Propriétés

Voici une liste non exhaustive des propriétés de l'objet `Image`. Consultez la documentation pour une liste complète (mais pas forcément fiable).

Nom de la propriété	Contient...
`width`	Contient la largeur originale de l'image. Vous pouvez redéfinir cette propriété pour modifier la taille de l'image.
`height`	Contient la hauteur originale de l'image. Vous pouvez redéfinir cette propriété pour modifier la taille de l'image.
`src`	Cette propriété vous sert à spécifier l'adresse (absolue ou relative) de l'image. Une fois que cette propriété est spécifiée, l'image commence immédiatement à être chargée.

Il existe une propriété nommée `complete` qui permet de savoir si l'image a été entièrement chargée. Cependant, cette propriété n'est pas standard (sauf en HTML5) et son implémentation est assez hasardeuse, parfois cette propriété fonctionne, mais la plupart du temps on obtient une valeur erronée. Nous en déconseillons donc l'utilisation.

Événements

L'objet `Image` ne possède qu'un seul événement nommé `load`, il est très utile, notamment lorsque l'on souhaite créer un script de type « Lightbox », car il vous permet de savoir quand une image est chargée.

Son utilisation se fait comme tout événement :

```
var myImg = new Image();

myImg.src = 'adresse_de_mon_image';

myImg.onload = function() { // Il est bien entendu possible d'utiliser le DOM-2
    // Etc.
};
```

Cependant, ce code risque de causer un problème majeur : notre événement pourrait ne jamais se déclencher ! Pourquoi donc ? Eh bien, parce que nous avons spécifié l'adresse de notre image avant même d'avoir spécifié notre événement, ce qui fait que si l'image a été trop rapidement chargée, l'événement `load` se sera déclenché avant même que nous n'ayons eu le temps de le modifier.

Il existe une solution toute simple pour pallier ce problème, il suffit de spécifier l'adresse de notre image **après** avoir modifié notre événement :

```
var myImg = new Image();

myImg.onload = function() { // Étape 1 : on modifie notre événement
    // Etc.
};

myImg.src = 'adresse_de_mon_image'; // Étape 2 : on spécifie l'adresse de notre image
```

Ainsi, vous n'aurez aucun problème : votre événement sera toujours déclenché !

Particularités

L'objet `Image` est spécial, dans le sens où vous pouvez l'ajouter à votre arbre DOM comme vous le feriez avec la valeur retournée par la méthode `document.createElement()`. Ce comportement est spécial et ne peut se révéler utile que dans de très rares cas d'application, mais il est quand même préférable de vous en parler afin que vous connaissiez l'astuce :

```
var myImg = new Image();
myImg.src = 'adresse_de_mon_image';

document.body.appendChild(myImg); // L'image est ajoutée au DOM
```

Mise en pratique

Nous allons rapidement voir une petite mise en pratique de l'objet `Image` en réalisant une Lightbox très simple. Le principe d'une Lightbox est de permettre l'affichage d'une image en taille réelle directement dans la page Web où se trouvent les miniatures de toutes nos images.

La mise en pratique qui va suivre nécessite de posséder quelques images pour tester les codes que nous allons fournir. Plutôt que de vous embêter à chercher des images, les redimensionner puis les renommer, vous pouvez utiliser notre pack d'images toutes prêtes.

▷ Télécharger le pack
Code web : 353285

Commençons tout d'abord par un code HTML simple pour lister nos miniatures et les liens vers les images originales :

```
<p>
  <a href="imgs/1.jpg" title="Afficher l'image originale"><img
      src="imgs/1_min.jpg" alt="Miniature" /></a>
  <a href="imgs/2.jpg" title="Afficher l'image originale"><img
      src="imgs/2_min.jpg" alt="Miniature" /></a>
  <a href="imgs/3.jpg" title="Afficher l'image originale"><img
      src="imgs/3_min.jpg" alt="Miniature" /></a>
  <a href="imgs/4.jpg" title="Afficher l'image originale"><img
      src="imgs/4_min.jpg" alt="Miniature" /></a>
</p>
```

Notre but ici est de bloquer la redirection des liens et d'afficher les images d'origine directement dans la page Web, plutôt que dans une nouvelle page. Pour cela, nous allons devoir parcourir tous les liens de la page, bloquer leurs redirections et afficher l'image d'origine une fois que celle-ci aura fini d'être chargée (car une Lightbox est aussi conçue pour embellir la navigation).

Normalement, de nombreux autres paramètres entrent en compte pour la réalisation d'une Lightbox, comme la vérification de l'existence d'une miniature dans un lien. Ici, nous faisons abstraction de ces vérifications ennuyeuses et allons à l'essentiel. Gardez bien à l'esprit que le script que nous réalisons ici n'est applicable qu'à l'exemple que nous sommes en train de voir et qu'il serait difficile de l'utiliser sur un quelconque site Web.

Commençons par parcourir les liens et bloquons leurs redirections :

```
var links = document.getElementsByTagName('a'),
    linksLen = links.length;

for (var i = 0 ; i < linksLen ; i++) {

```

```
        links[i].onclick = function() { // Vous pouvez très bien
            utiliser le DOM-2
            displayImg(this); // On appelle notre fonction pour
                afficher les images et on lui passe le lien concerné
            return false; // Et on bloque la redirection
        };

}
```

Vous pouvez constater que nous faisons appel à une fonction `displayImg()` qui n'existe pas, nous allons donc la créer !

Que doit donc contenir notre fonction ? Il faut tout d'abord qu'elle commence par charger l'image originale avant de l'afficher, commençons par cela :

```
function displayImg(link) {

    var img = new Image();

    img.onload = function() {
        // Affichage de l'image
    };

    img.src = link.href;

}
```

Avant de commencer à implémenter l'affichage de l'image, il nous faut tout d'abord mettre en place un **overlay**. Mais qu'est-ce que c'est ? En développement Web, il s'agit généralement d'une surcouche sur la page Web, permettant de différencier deux couches de contenu. Vous allez vite comprendre le principe quand vous le verrez en action. Pour l'**overlay**, nous allons avoir besoin d'une balise supplémentaire dans notre code HTML :

```
<div id="overlay"></div>
```

Et nous lui donnons un style CSS afin qu'il puisse couvrir toute la page Web :

```
#overlay {
  display : none; /* Par défaut, on cache l'overlay */

  position: absolute;
  top: 0; left: 0;
  width: 100%; height: 100%;
  text-align: center; /* Pour centrer l'image que l'overlay
      contiendra */

  /* Ci-dessous, nous appliquons un background de couleur noire
       et d'opacité 0.6. Il s'agit d'une propriété CSS3. */
  background-color: rgba(0,0,0,0.6);
}
```

Maintenant, le principe va être d'afficher l'**overlay** quand on cliquera sur une miniature. Il faudra aussi mettre un petit message pour faire patienter le visiteur pendant le chargement de l'image. Une fois l'image chargée, il ne restera plus qu'à supprimer le texte et à ajouter l'image originale à la place. Allons-y !

```
function displayImg(link) {

    var img = new Image(),
        overlay = document.getElementById('overlay');

    img.onload = function() {
        overlay.innerHTML = '';
        overlay.appendChild(img);
    };

    img.src = link.href;
    overlay.style.display = 'block';
    overlay.innerHTML = '<span>Chargement en cours...</span>';

}
```

Voilà, notre image se charge et s'affiche, mais il nous manque une chose : pouvoir fermer l'**overlay** pour choisir une autre image ! La solution est simple, il suffit de quitter l'**overlay** lorsque l'on clique quelque part dessus :

```
document.getElementById('overlay').onclick = function() {
    this.style.display = 'none';
};
```

Il ne nous reste plus qu'à ajouter un petit bout de CSS pour embellir le tout, et c'est fini :

```
#overlay img {
  margin-top: 100px;
}

p {
  margin-top: 300px;
  text-align: center;
}
```

Et voilà ! Notre Lighbox ultra-minimaliste est terminée !

▷ Essayer le code
Code web : 105248

Nous vous redonnons les codes complets si vous souhaitez travailler dessus :

```
<p>
  <a href="imgs/1.jpg" title="Afficher l'image originale"><img
      src="imgs/1_min.jpg" alt="Miniature" /></a>
  <a href="imgs/2.jpg" title="Afficher l'image originale"><img
      src="imgs/2_min.jpg" alt="Miniature" /></a>
```

```
  <a href="imgs/3.jpg" title="Afficher l'image originale"><img
      src="imgs/3_min.jpg" alt="Miniature" /></a>
  <a href="imgs/4.jpg" title="Afficher l'image originale"><img
      src="imgs/4_min.jpg" alt="Miniature" /></a>
</p>

<div id="overlay"></div>
```

```
#overlay {
  display : none; /* Par défaut, on cache l'overlay */

  position: absolute;
  top: 0; left: 0;
  width: 100%; height: 100%;
  text-align: center; /* Pour centrer l'image que l'overlay
      contiendra */

  /* Ci-dessous, nous appliquons un background de couleur noire
       et d'opacité 0.6. Il s'agit d'une propriété CSS3. */
  background-color: rgba(0,0,0,0.6);
}

#overlay img {
  margin-top: 100px;
}

p {
  margin-top: 300px;
  text-align: center;
}
```

```
var links = document.getElementsByTagName('a'),
    linksLen = links.length;

for (var i = 0 ; i < linksLen ; i++) {

    links[i].onclick = function() { // Vous pouvez très bien
        utiliser le DOM-2
        displayImg(this); // On appelle notre fonction pour
            afficher les images
        return false; // Et on bloque la redirection
    };

}

function displayImg(link) {

    var img = new Image(),
        overlay = document.getElementById('overlay');

```

```
        img.onload = function() {
            overlay.innerHTML = '';
            overlay.appendChild(img);
        };

        img.src = link.href;
        overlay.style.display = 'block';
        overlay.innerHTML = '<span>Chargement en cours...</span>';

    }

    document.getElementById('overlay').onclick = function() {
        this.style.display = 'none';
    };
```

Comme nous vous l'avons précisé plus tôt, ce script est actuellement inutilisable sur un site en production. Cependant, si vous souhaitez améliorer ce code afin de le publier, nous vous conseillons d'étudier ces quelques points :

- Évitez d'appliquer l'événement `click` à tous les liens de la page. Ajoutez un élément différenciateur aux liens de la Lightbox, tel qu'une classe ou un attribut `name`.
- Redimensionnez dynamiquement les images originales afin d'éviter qu'elles ne débordent de la page. Utilisez soit un redimensionnement fixe (très simple à faire), soit un redimensionnement variant selon la taille de l'écran (des recherches sur le Web seront nécessaires).
- Implémentez l'utilisation des touches fléchées : flèche droite pour l'image suivante, flèche gauche pour la précédente.
- Faites donc quelque chose de plus beau, notre exemple est vraiment moche !

En résumé

- L'objet `Image` est généralement utilisé pour s'assurer qu'une image a été chargée, en utilisant l'événement `load()`.
- Il est possible d'ajouter une `Image` directement dans l'arbre DOM, mais ce n'est pas chose courante.

Chapitre 23

Les polyfills et les wrappers

Difficulté :

Voici un petit chapitre dans lequel nous allons aborder deux concepts de programmation relativement utilisés en Javascript : les Polyfills et les Wrappers. Nous allons étudier leurs particularités, pourquoi nous en avons besoin, et surtout comment les mettre en place.

Ce chapitre est assez théorique mais il vous guidera sur la manière dont vous pouvez structurer vos codes dans certains cas. Connaître les deux structures que nous allons étudier ci-après vous permettra notamment de comprendre facilement certains codes rédigés de cette manière.

Introduction aux polyfills

La problématique

Vous n'êtes pas sans savoir que certaines technologies récentes sont plus ou moins bien supportées par certains navigateurs, voire même pas du tout. Cela nous pose à tous de nombreux problèmes dans le développement de nos projets destinés au Web. Dans ce cours, nous avons déjà étudié des méthodes et des propriétés qui ne sont pas supportées par de vieux navigateurs, comme `isArray()` par exemple.

Pour réaliser nos projets, il nous faut alors ruser avec des conditions permettant de tester si le navigateur actuel supporte telle ou telle technologie ; dans le cas contraire il nous faut alors déployer des solutions dont certaines sont peu pratiques. Dans certains cas, nous sommes même obligés de nous passer de ces technologies récentes et de nous rabattre sur de vieilles solutions... Bref, un vrai casse-tête !

La solution

Il existe un moyen de se faciliter plus ou moins la tâche, cela s'appelle les **polyfills** ! Concrètement, un polyfill est un script qui a pour but de fournir une technologie à tous les navigateurs existants. Une fois implémenté dans votre code, un polyfill a deux manières de réagir :

- Le navigateur est récent et supporte la technologie souhaitée, le polyfill ne va alors strictement rien faire et va vous laisser utiliser cette technologie comme elle devrait l'être nativement.
- Le navigateur est trop vieux et ne supporte pas la technologie souhaitée, le polyfill va alors « imiter » cette technologie grâce à diverses astuces et vous permettra de l'utiliser comme si elle était disponible nativement.

Rien ne vaut un bon exemple pour comprendre le principe ! Essayez donc le script suivant avec votre navigateur habituel (qui se doit d'être récent) puis sur un vieux navigateur ne supportant pas la méthode `isArray()`, Internet Explorer 8 fera très bien l'affaire :

```
if (!Array.isArray) { // Si isArray() n'existe pas, alors on crée notre méthode alternative :
    Array.isArray = function(element) {
        return Object.prototype.toString.call(element) == '[object Array]';
    };
}

alert(Array.isArray([])); // Affiche : « true »
alert(Array.isArray({})); // Affiche : « false »
```

La méthode `isArray()` fonctionne maintenant sur tous les navigateurs ! Pas besoin de s'embêter à vérifier à chaque fois si elle existe, il suffit juste de s'en servir comme à notre habitude et notre polyfill s'occupe de tout !

Quelques polyfills importants

Le principe des polyfills ayant été abordé, sachez maintenant que la plupart d'entre vous n'auront pratiquement jamais à réaliser vos propres polyfills, car ils sont déjà nombreux à avoir été créés par d'autres développeurs Javascript. Le MDN est un bon concentré de polyfills et les recherches sur Google peuvent aussi vous aider. Essayez donc de taper le nom d'une méthode suivi du mot-clé « polyfill », vous trouverez rapidement ce que vous cherchez.

Depuis le début de ce cours, nous vous avons parlé de nombreuses méthodes et propriétés qui ne sont pas supportées par de vieux navigateurs (Internet Explorer étant souvent en cause). À chaque fois, nous avons tâché de vous fournir une solution fonctionnelle, cependant il existe trois méthodes pour lesquelles nous ne vous avions pas fourni de solutions car les polyfills sont bien plus adaptés. Vous trouverez donc ici un code web vers un polyfill pour chacune des méthodes désignées :

- Méthode `trim()` de l'objet `String`
- Méthode `isArray()` de l'objet `Array`
- Méthode `forEach()` de l'objet `Array`

▷ Polyfill des méthodes
Code web : 268881

Introduction aux wrappers

La problématique

Il se peut que, par moments, vous ayez besoin de créer une méthode supplémentaire pour certains objets natifs du Javascript. Pour cela, rien de plus simple, il vous suffit de l'ajouter au prototype de l'objet souhaité. Exemple :

```
Array.prototype.myMethod = function() {
    // Votre code...
};

[].myMethod(); // La méthode myMethod() est maintenant
    disponible pour toutes les instances de tableaux
```

Mais est-ce que vous vous souvenez de ce qui a été dit dans le premier chapitre de cette partie du cours ? Voici un petit rappel :

« En théorie, chaque objet peut se voir attribuer des méthodes via prototype. Mais en pratique, si cela fonctionne avec les objets natifs génériques comme `String`, `Date`, `Array`, `Object`, `Number`, `Boolean` et de nombreux autres, cela fonctionne moins bien avec les objets natifs liés au DOM comme `Node`, `Element` ou encore `HTMLElement`, en particulier dans Internet Explorer. »

De plus, la modification d'un objet natif est plutôt déconseillée au final, car vous risquez de modifier une méthode déjà existante. Bref, nous avons besoin de méthodes et de propriétés supplémentaires mais nous ne pouvons pas les ajouter sans risques, alors comment faire ?

La solution

Il existe une solution nommée « **wrapper** ». Un wrapper est un code qui a pour but d'encadrer l'utilisation de certains éléments du Javascript. Il peut ainsi contrôler la manière dont ils sont employés et peut réagir en conséquence pour fournir des fonctionnalités supplémentaires aux développeurs.

Vous vous souvenez lorsque nous avions abordé l'objet `Image` ? La propriété `complete` avait été évoquée mais non étudiée en raison de son comportement hasardeux. Nous allons ici essayer de permettre son support.

Tout d'abord, par quoi commence-t-on le développement d'un wrapper ? Comme dit plus haut, il s'agit d'un code qui a pour but d'encadrer l'utilisation de certains éléments, il s'agit en fait d'une surcouche par laquelle nous allons passer pour pouvoir contrôler nos éléments. Dans l'idéal, un wrapper doit permettre au développeur de se passer de l'élément original, ainsi le travail ne s'effectuera que par le biais de la surcouche que constitue le wrapper.

Puisque notre wrapper doit servir de surcouche de A à Z, celui-ci va se présenter sous forme d'objet qui sera instancié à la place de l'objet `Image` :

```
function Img() {

    var obj = this; // Nous faisons une petite référence vers
        notre objet Img. Cela nous facilitera la tâche.

    this.originalImg = new Image(); // On instancie l'objet
        original, le wrapper servira alors d'intermédiaire

}
```

Notre but étant de permettre le support de la propriété `complete`, nous allons devoir créer par défaut un événement `load` qui se chargera de modifier la propriété `complete` lors de son exécution. Il nous faut aussi assurer le support de l'événement `load` pour les développeurs aussi :

```
function Img() {

    var obj = this; // Nous faisons une petite référence vers
        notre objet Img. Cela nous facilitera la tâche.

    this.originalImg = new Image(); // On instancie l'objet
        original, le wrapper servira alors d'intermédiaire

    this.complete = false;
    this.onload = function() {}; // Voici l'événement que les d
        éveloppeurs pourront modifier
```

```

    this.originalImg.onload = function() {

        obj.complete = true; // L'image est chargée !
        obj.onload(); // On exécute l'événement éventuellement
            spécifié par le développeur

    };

}
```

Actuellement, notre wrapper fait ce qu'on voulait qu'il fasse : assurer un support de la propriété `complete`. Cependant, il nous est actuellement impossible de spécifier les propriétés standards de l'objet original sans passer par notre propriété `originalImg`, or ce n'est pas ce que l'on souhaite car le développeur pourrait compromettre le fonctionnement de notre wrapper, par exemple en modifiant la propriété `onload` de l'objet original. Il va donc nous falloir créer une méthode permettant l'accès à ces propriétés sans passer par l'objet original.

Ajoutons donc deux méthodes `set()` et `get()` assurant le support des propriétés d'origine :

```
Img.prototype.set = function(name, value) {

    var allowed = ['width', 'height', 'src']; // On spécifie
        les propriétés dont on autorise la modification

    if (allowed.indexOf(name) != -1) {
        this.originalImg[name] = value; // Si la propriété est
            autorisée alors on la modifie
    }

};

Img.prototype.get = function(name) {

    return this.originalImg[name]; // Pas besoin de contrôle
        tant qu'il ne s'agit pas d'une modification

};
```

Vous remarquerez au passage qu'un wrapper peut vous donner un avantage certain sur le contrôle de vos objets, ici en autorisant la lecture de certaines propriétés mais en interdisant leur écriture.

Nous voici maintenant avec un wrapper relativement complet qui possède cependant une certaine absurdité : l'accès aux propriétés de l'objet d'origine se fait par le biais des méthodes `set()` et `get()`, tandis que l'accès aux propriétés relatives au wrapper se fait sans ces méthodes. Le principe est plutôt stupide vu qu'un wrapper a pour but d'être une surcouche **transparente**. La solution pourrait donc être la suivante : faire passer les modifications/lectures des propriétés par les méthodes `set()` et `get()` dans tous les cas, y compris lorsqu'il s'agit de propriétés appartenant au wrapper.

Mettons cela en place :

```
Img.prototype.set = function(name, value) {

    var allowed = ['width', 'height', 'src'], // On spécifie
        les propriétés dont on autorise la modification
        wrapperProperties = ['complete', 'onload'];

    if (allowed.indexOf(name) != -1) {
        this.originalImg[name] = value; // Si la propriété est
            autorisée alors on la modifie
    }

    else if(wrapperProperties.indexOf(name) != -1) {
        this[name] = value; // Ici, la propriété appartient au
            wrapper et non pas à l'objet original
    }

};

Img.prototype.get = function(name) {

    // Si la propriété n'existe pas sur le wrapper, on essaye
        alors sur l'objet original :
    return typeof this[name] != 'undefined' ? this[name] : this
        .originalImg[name];

};
```

Nous approchons grandement du code final. Il nous reste maintenant une dernière chose à mettre en place qui peut se révéler pratique : pouvoir spécifier l'adresse de l'image dès l'instanciation de l'objet. La modification est simple :

```
function Img(src) { // On ajoute un paramètre « src »

    var obj = this; // Nous faisons une petite référence vers
        notre objet Img. Cela nous facilitera la tâche.

    this.originalImg = new Image(); // On instancie l'objet
        original, le wrapper servira alors d'intermédiaire

    this.complete = false;
    this.onload = function() {}; // Voici l'événement que les d
        éveloppeurs pourront modifier

    this.originalImg.onload = function() {

        obj.complete = true; // L'image est chargée !
```

```
        obj.onload(); // On exécute l'événement éventuellement spécifié par le développeur

    };

    if (src) {
        this.originalImg.src = src; // Si elle est spécifiée, on défini alors la propriété src
    }

}
```

Et voilà ! Notre wrapper est terminé et entièrement opérationnel ! Voici le code complet dans le cas où vous auriez eu du mal à suivre :

```
function Img(src) {

    var obj = this; // Nous faisons une petite référence vers notre objet Img. Cela nous facilitera la tâche.

    this.originalImg = new Image(); // On instancie l'objet original, le wrapper servira alors d'intermédiaire

    this.complete = false;
    this.onload = function() {}; // Voici l'événement que les développeurs pourront modifier

    this.originalImg.onload = function() {

        obj.complete = true; // L'image est chargée !
        obj.onload(); // On exécute l'événement éventuellement spécifié par le développeur

    };

    if (src) {
        this.originalImg.src = src; // Si elle est spécifiée, on défini alors la propriété src
    }

}

Img.prototype.set = function(name, value) {

    var allowed = ['width', 'height', 'src'], // On spécifie les propriétés dont on autorise la modification
        wrapperProperties = ['complete', 'onload'];

    if (allowed.indexOf(name) != -1) {
        this.originalImg[name] = value; // Si la propriété est autorisée alors on la modifie
```

```
    }

    else if(wrapperProperties.indexOf(name) != -1) {
        this[name] = value; // Ici, la propriété appartient au wrapper et non pas à l'objet original
    }

};

Img.prototype.get = function(name) {

    // Si la propriété n'existe pas sur le wrapper, on essaye alors sur l'objet original :
    return typeof this[name] != 'undefined' ? this[name] : this.originalImg[name];

};
```

Faisons maintenant un essai :

```
var myImg = new Img(); // On crée notre objet Img

alert('complete : ' + myImg.get('complete')); // Vérification de la propriété complete : elle est bien à false

myImg.set('onload', function() { // Affichage de diverses informations une fois l'image chargée
    alert(
        'complete : ' + this.get('complete') + '\n' +
        'width : ' + this.get('width') + ' px\n' +
        'height : ' + this.get('height') + ' px'
    );
});

myImg.set('src', 'http://www.sdz-files.com/cours/javascript/part3/chap9/img.png'); // On spécifie l'adresse de l'image
```

▷ Essayer ce code
Code web : 341303

Alors, c'est plutôt convaincant, non ?

Pour information, sachez que les wrappers sont à la base de nombreuses bibliothèques Javascript. Ils ont l'avantage de permettre une gestion simple du langage sans pour autant l'altérer.

En résumé

- Les polyfills sont un moyen de s'assurer de la prise en charge d'une méthode si celle-ci n'est pas supportée par le navigateur, et ce sans intervenir dans le code principal.

C'est donc totalement transparent.

- Les wrappers permettent d'ajouter des propriétés ou des méthodes aux objets, en particulier les objets natifs, en créant un objet dérivé de l'objet en question.

Quatrième partie

L'échange de données avec l'AJAX

Chapitre 24

L'AJAX : qu'est-ce que c'est ?

Difficulté :

L'AJAX est un vaste domaine, nous n'aurons pas les moyens d'en explorer toutes les possibilités, mais nous allons en étudier les aspects principaux. Ce chapitre va servir à vous présenter le concept, ses avantages et ses inconvénients. Nous verrons aussi quelles sont les technologies employées pour le transfert de données.

Tenez-vous prêts, car vous allez découvrir des technologies permettant d'étendre les possibilités de vos scripts à de nouveaux domaines d'utilisation !

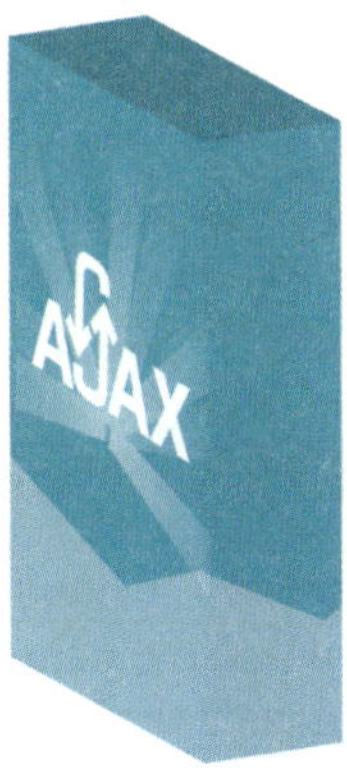

Introduction au concept

Présentation

AJAX est l'acronyme d'**Asynchronous Javascript and XML**, ce qui, transcrit en français, signifie « Javascript et XML asynchrones ».

Derrière ce nom se cache un ensemble de technologies destinées à réaliser de rapides mises à jour du contenu d'une page Web, sans qu'elles nécessitent le moindre rechargement visible par l'utilisateur de la page Web. Les technologies employées sont diverses et dépendent du type de requêtes que l'on souhaite utiliser, mais d'une manière générale le Javascript est constamment présent. D'autres langages sont bien entendu pris en compte comme le HTML et le CSS, qui servent à l'affichage, mais ceux-ci ne sont pas inclus dans le processus de communication. Le transfert de données est géré *exclusivement* par le Javascript, et utilise certaines technologies de formatage de données, comme le XML ou le JSON, mais cela s'arrête là.

L'AJAX est un vaste domaine, dans le sens où les manières de charger un contenu sont nombreuses. Nous verrons les techniques les plus courantes dans les chapitres suivants, mais tout ne sera pas abordé.

Fonctionnement

Concrètement, à quoi peut servir l'AJAX ? Le rafraîchissement complet de la page n'est-il pas plus simple ? Eh bien, cela dépend des cas d'application !

Prenons l'exemple du Site du Zéro ! Ce site a recours à l'AJAX pour plusieurs de ses technologies, nous allons parler de deux d'entre elles et expliquer pourquoi nous avons besoin de l'AJAX pour les faire fonctionner correctement :

- L'auto-complétion ! Lorsque vous recherchez un membre et que vous tapez les premières lettres de son pseudo dans le formulaire prévu à cet effet, vous obtenez une liste des membres dont le pseudo commence par les caractères que vous avez spécifiés. Ce système requiert de l'AJAX pour la simple et bonne raison qu'il faut demander au serveur de chercher les membres correspondant à la recherche, et ce sans recharger la page, car les caractères entrés seraient alors perdus et l'ergonomie serait plus que douteuse.
- La sauvegarde automatique des textes ! Le Site du Zéro intègre un outil très pratique : tout texte écrit sur un cours, une news, ou même un simple message sur le forum, est sauvegardé à intervalles réguliers dans une sorte de bloc-notes. Cette sauvegarde doit se faire de manière transparente afin de ne pas gêner le rédacteur. Le rechargement complet d'une page Web n'est donc pas envisageable. C'est donc là qu'intervient l'AJAX en permettant à votre navigateur d'envoyer tout votre texte au serveur sans vous gêner.

Dans ces deux cas, les requêtes ne sont pas superflues, elles contiennent juste les données à faire transiter, rien de plus. Et c'est là que réside l'intérêt de l'AJAX : les requêtes doivent être rapides. Par exemple, pour obtenir la liste des membres, la requête AJAX ne va pas recevoir une page complète du Site du Zéro (bannière, menu, contenu, etc.) ; elle va juste obtenir une liste des membres formatée de manière à pouvoir l'analyser facilement.

Les formats de données

Présentation

L'AJAX est donc un ensemble de technologies visant à effectuer des transferts de données. Dans ce cas, il faut savoir **structurer nos données**. Il existe de nombreux formats pour transférer des données, nous allons voir ici les quatre principaux :

- Le **format texte** est le plus simple, et pour cause : il ne possède aucune structure prédéfinie. Il sert essentiellement à transmettre une phrase à afficher à l'utilisateur, comme un message d'erreur ou autre. Bref, il s'agit d'une chaîne de caractères, rien de plus.
- Le **HTML** est aussi une manière de transférer facilement des données. Généralement, il a pour but d'acheminer des données qui sont déjà formatées par le serveur puis affichées directement dans la page sans aucun traitement préalable de la part du Javascript.
- Un autre format de données proche du HTML est le **XML**, acronyme de **eXtensible Markup Language**. Il permet de stocker les données dans un langage de balisage semblable au HTML. Il est très pratique pour stocker de nombreuses données ayant besoin d'être formatées, tout en fournissant un moyen simple d'y accéder.
- Le plus courant est le **JSON**, acronyme de **JavaScript Object Notation**. Il a pour particularité de segmenter les données dans un objet Javascript, il est très avantageux pour de petits transferts de données segmentées et est de plus en plus utilisé dans de très nombreux langages.

Utilisation

Les formats classiques

Lorsque nous parlons de « format classique », nous voulons désigner les deux premiers qui viennent d'être présentés : le texte et le HTML. Ces deux formats n'ont rien de bien particulier, vous récupérez leur contenu et vous l'affichez là où il faut, ils ne nécessitent aucun traitement. Par exemple, si vous recevez le texte suivant :

```
Je suis une alerte à afficher sur l'écran de l'utilisateur.
```

Que voulez-vous faire de plus, à part afficher cela à l'endroit approprié ? Cela va de même pour le HTML :

```
<p>Je suis un paragraphe <strong>inintéressant</strong> qui
    doit être copié quelque part dans le DOM.</p>
```

Que peut-on faire, à part copier ce code HTML là où il devrait être ? Le texte étant déjà formaté sous sa forme finale, il n'y a aucun traitement à effectuer, il est prêt à l'emploi en quelque sorte.

Le XML

Le format XML est déjà autrement plus intéressant pour nous, il permet de structurer des données de la même manière qu'en HTML, mais avec des balises personnalisées. Si vous ne savez absolument pas ce qu'est le XML, il est conseillé de jeter un coup d'œil au cours « Le point sur XML » rédigé par Tangui sur le Site du Zéro avant de continuer.

▷ « Le point sur XML »
Code web : 821649

Le XML vous permet de structurer un document comme bon vous semble, tout comme en HTML, mais avec des noms de balise personnalisés. Il est donc possible de réduire drastiquement le poids d'un transfert simplement grâce à l'utilisation de noms de balise plutôt courts. Par exemple, nous avons ici la représentation d'un tableau grâce au XML :

```
<?xml version="1.0" encoding="utf-8"?>
<table>

  <line>
    <cel>Ligne 1 - Colonne 1</cel>
    <cel>Ligne 1 - Colonne 2</cel>
    <cel>Ligne 1 - Colonne 3</cel>
  </line>

  <line>
    <cel>Ligne 2 - Colonne 1</cel>
    <cel>Ligne 2 - Colonne 2</cel>
    <cel>Ligne 2 - Colonne 3</cel>
  </line>

  <line>
    <cel>Ligne 3 - Colonne 1</cel>
    <cel>Ligne 3 - Colonne 2</cel>
    <cel>Ligne 3 - Colonne 3</cel>
  </line>

</table>
```

Là où l'utilisation du XML est intéressante, c'est que, en utilisant la requête appropriée, vous pouvez parcourir ce code XML avec les mêmes méthodes que vous utilisez pour le DOM HTML, comme `getElementsByTagName()` par exemple !

Comment ça se fait ? Eh bien, suite à votre requête, votre code Javascript va recevoir une chaîne de caractères contenant un code comme celui de ce tableau. À ce stade-là, il n'est pas encore possible de parcourir ce code, car il ne s'agit que d'une chaîne de caractères. Cependant, une fois la requête terminée et toutes les données reçues, un **parseur** (ou analyseur syntaxique) va se mettre en route pour analyser le code reçu, le décomposer, et enfin le reconstituer sous forme d'arbre DOM qu'il sera possible de parcourir.

Ainsi, nous pouvons très bien compter le nombre de cellules (les balises `<cel>`) qui existent et voir leur contenu grâce aux méthodes que nous sommes habitués à utiliser avec le DOM HTML. Nous verrons cela dans le chapitre suivant.

Le JSON

Le JSON est le format le plus utilisé et le plus pratique pour nous. Comme l'indique son nom (**JavaScript Object Notation**), il s'agit d'une représentation des données sous forme d'objet Javascript. Essayons, par exemple, de représenter une liste de membres ainsi que leurs informations :

```
{

  Membre1: {
    posts: 6230,
    inscription: '22/08/2003'
  },

  Membre2 {
    posts: 200,
    inscription: '04/06/2011'
  }

}
```

Cela ne vous dit rien ? Il s'agit pourtant d'un objet classique, comme ceux auxquels vous êtes habitués ! Tout comme avec le XML, vous recevez ce code sous forme de chaîne de caractères ; cependant, le parseur ne se déclenche pas automatiquement pour ce format. Il faut utiliser l'objet nommé `JSON`, qui possède deux méthodes bien pratiques :

- La première, `parse()`, prend en paramètre la chaîne de caractères à analyser et retourne le résultat sous forme d'objet JSON ;
- La seconde, `stringify()`, permet de faire l'inverse : elle prend en paramètre un objet JSON et retourne son équivalent sous forme de chaîne de caractères.

Voici un exemple d'utilisation de ces deux méthodes :

```
var obj = { index: 'contenu' },
    string;

string = JSON.stringify(obj);

alert(typeof string + ' : ' + string); // Affiche : « string :
  {"index":"contenu"} »

obj = JSON.parse(string);
```

```
alert(typeof obj + ' : ' + obj); // Affiche : « object : [
    object Object] »
```

Le JSON est très pratique pour recevoir des données, mais aussi pour en envoyer, surtout depuis que le PHP 5.2 permet le support des fonctions `json_decode()` et `json_encode()`.

Le JSON n'est malheureusement pas supporté par Internet Explorer 7 et antérieurs, il vous faudra donc utiliser un polyfill, comme celui proposé par Douglas Crockford.

▷ Voir le polyfill
Code web : 140776

En résumé

- L'AJAX est un moyen de charger des données sans recharger la page, en utilisant le Javascript.
- Dans une requête AJAX, les deux formats de données plébiscités sont le XML et le JSON. Mais les données au format texte sont permises.
- Les données reçues au format XML ont l'avantage de pouvoir être traitées avec des méthodes DOM, comme `getElementById()`. Le désavantage est que le XML peut se révéler assez verbeux, ce qui alourdit la taille du fichier.
- Les données reçues au format JSON ont l'avantage d'être très concises, mais ne sont pas toujours très lisibles pour un humain. Un autre avantage est que les données sont accessibles en tant qu'objets littéraux.

Chapitre 25

XMLHttpRequest

Difficulté :

Il est temps de mettre le principe de l'AJAX en pratique avec l'objet `XMLHttpRequest`. Cette technique AJAX est la plus courante et est définitivement incontournable.

Au cours de ce chapitre nous allons étudier deux versions de cet objet. Les bases seront tout d'abord étudiées avec la première version : nous verrons comment réaliser de simples transferts de données, puis nous aborderons la résolution des problèmes d'encodage. La deuxième version fera office d'étude avancée des transferts de données, les problèmes liés au principe de la **same origin policy** seront levés et nous étudierons l'usage d'un nouvel objet nommé `FormData`.

À partir de ce chapitre, il est nécessaire d'avoir quelques connaissances en PHP afin de ne rien louper du cours. Les deux premières parties du cours PHP rédigé par M@teo21 sur le Site du Zéro suffisent amplement pour ce que nous allons voir.

▷ Lire le cours PHP
Code web : 955969

L'objet `XMLHttpRequest`

Présentation

L'objet `XMLHttpRequest` a été initialement conçu par Microsoft et implémenté dans Internet Explorer et Outlook sous forme d'un contrôle ActiveX. Nommé à l'origine `XMLHTTP` par Microsoft, il a été par la suite repris par de nombreux navigateurs sous le nom que nous lui connaissons actuellement : `XMLHttpRequest`. Sa standardisation viendra par la suite par le biais du W3C.

Le principe même de cet objet est classique : une requête HTTP est envoyée à l'adresse spécifiée, une réponse est alors attendue en retour de la part du serveur ; une fois la réponse obtenue, la requête s'arrête et peut éventuellement être relancée.

`XMLHttpRequest`, versions 1 et 2

L'objet que nous allons étudier dans ce chapitre possède deux versions majeures. La première version est celle issue de la standardisation de l'objet d'origine. Son support est assuré par tous les navigateurs (sauf IE6, mais nous ignorons ce navigateur dans la totalité de ce cours). L'utilisation de cette première version est extrêmement courante, mais les fonctionnalités paraissent maintenant bien limitées, étant donné l'évolution des technologies.

La deuxième version introduit de nouvelles fonctionnalités intéressantes, comme la gestion du **cross-domain** (nous reviendrons sur ce terme plus tard), ainsi que l'introduction de l'objet `FormData`. Cependant, peu de navigateurs supportent actuellement son utilisation.

Alors, quelle version utiliser ?

Dans un cas général, la première version est très fortement conseillée ! Un site Web utilisant la deuxième version de `XMLHttpRequest` risque de priver une partie de ses visiteurs des fonctionnalités AJAX fournies en temps normal. D'autant plus qu'il n'existe pas de polyfill pour ce genre de technologies (on ne parle pas ici d'imiter simplement le fonctionnement d'une seule méthode, mais d'une technologie complète).

En revanche, la deuxième version est plus qu'intéressante si vous développez une extension pour un navigateur ou un *userscript*, car ce genre de développement se fait généralement pour des navigateurs récents.

Première version : les bases

L'utilisation de l'objet XHR[1] se fait en deux étapes bien distinctes :

1. Préparation et envoi de la requête ;
2. Réception des données.

Nous allons donc étudier l'utilisation de cette technologie au travers de ces deux étapes.

Vous avez sûrement pu constater que nous avons abrégé `XMLHttpRequest` par XHR. Il s'agit d'une abréviation courante pour tout développeur Javascript, ne soyez donc pas étonnés de la voir sur de nombreux sites.

Préparation et envoi de la requête

Pour commencer à préparer notre requête, il nous faut tout d'abord instancier un objet XHR :

```
var xhr = new XMLHttpRequest();
```

La préparation de la requête se fait par le biais de la méthode `open()`, qui prend en paramètres cinq arguments différents, dont trois facultatifs :

- Le premier argument contient la méthode d'envoi des données, les trois méthodes principales sont `GET`, `POST` et `HEAD`.
- Le deuxième argument est l'URL à laquelle vous souhaitez soumettre votre requête, par exemple : `'http://mon_site_web.com'`.
- Le troisième argument est un booléen facultatif dont la valeur par défaut est `true`. À `true`, la requête sera de type asynchrone, à `false` elle sera synchrone (la différence est expliquée plus tard).
- Les deux derniers arguments sont à spécifier en cas d'identification nécessaire sur le site Web (à cause d'un `.htaccess` par exemple). Le premier contient le nom de l'utilisateur, tandis que le deuxième contient le mot de passe.

▷ `.htaccess`
Code web : 521030

Voici une utilisation basique et courante de la méthode `open()` :

```
xhr.open('GET', 'http://mon_site_web.com/ajax.php');
```

1. XMLHttpRequest

Cette ligne de code prépare une requête afin que cette dernière contacte la page `ajax.php` sur le nom de domaine `mon_site_web.com` par le biais du protocole `http` (vous pouvez très bien utiliser d'autres protocoles, comme HTTPS ou FTP par exemple). Tout paramètre spécifié à la requête sera transmis par le biais de la méthode `GET`.

Après préparation de la requête, il ne reste plus qu'à l'envoyer avec la méthode `send()`. Cette dernière prend en paramètre un argument obligatoire que nous étudierons plus tard. Dans l'immédiat, nous lui spécifions la valeur `null` :

```
xhr.send(null);
```

Après exécution de cette méthode, l'envoi de la requête commence. Cependant, nous n'avons spécifié aucun paramètre ni aucune solution pour vérifier le retour des données, l'intérêt est donc quasi nul.

Si vous travaillez avec des requêtes asynchrones (ce que vous ferez dans 99% des cas), sachez qu'il existe une méthode `abort()` permettant de stopper toute activité. La connexion au serveur est alors interrompue et votre instance de l'objet XHR est remise à zéro. Son utilisation est très rare, mais elle peut servir si vous avez des requêtes qui prennent bien trop de temps.

Synchrone ou asynchrone ?

Vous savez très probablement ce que signifient ces termes dans la vie courante, mais que peuvent-ils donc désigner une fois transposés au sujet actuel ? Une requête synchrone va bloquer votre script tant que la réponse n'aura pas été obtenue, tandis qu'une requête asynchrone laissera continuer l'exécution de votre script et vous préviendra de l'obtention de la réponse par le biais d'un événement.

Quelle est la solution la plus intéressante ?

Il s'agit sans conteste de la requête asynchrone. Il est bien rare que vous ayez besoin que votre script reste inactif simplement parce qu'il attend une réponse à une requête. La requête asynchrone vous permet de gérer votre interface pendant que vous attendez la réponse du serveur, vous pouvez donc indiquer au client de patienter ou vous occuper d'autres tâches en attendant.

Transmettre des paramètres

Intéressons-nous à un point particulier de ce cours ! Les méthodes d'envoi `GET` et `POST` vous sont sûrement familières, mais qu'en est-il de `HEAD` ? En vérité, il ne s'agit tout simplement pas d'une méthode d'envoi, mais de réception : en spécifiant cette méthode, vous ne recevrez pas le contenu du fichier dont vous avez spécifié l'URL, mais juste son en-tête (son **header**, d'où le HEAD). Cette utilisation est pratique quand vous souhaitez simplement vérifier, par exemple, l'existence d'un fichier sur un serveur.

Revenons maintenant aux deux autres méthodes qui sont, elles, conçues pour l'envoi de données !

Comme dit précédemment, il est possible de transmettre des paramètres par le biais de la méthode GET. La transmission de ces paramètres se fait de la même manière qu'avec une URL classique, il faut les spécifier avec les caractères ? et & dans l'URL que vous passez à la méthode open() :

```
xhr.open('GET', 'http://mon_site_web.com/ajax.php?param1=
    valeur1&param2=valeur2');
```

Il est cependant conseillé, quelle que soit la méthode utilisée (GET ou POST), d'encoder toutes les valeurs que vous passez en paramètre grâce à la fonction encodeURIComponent(), afin d'éviter d'écrire d'éventuels caractères interdits dans une URL :

```
var value1 = encodeURIComponent(value1),
    value2 = encodeURIComponent(value2);

xhr.open('GET', 'http://mon_site_web.com/ajax.php?param1=' +
    value1 + '&param2=' + value2);
```

Votre requête est maintenant prête à envoyer des paramètres par le biais de la méthode GET !

En ce qui concerne la méthode POST, les paramètres ne sont pas à spécifier avec la méthode open() mais avec la méthode send() :

```
xhr.open('POST', 'http://mon_site_web.com/ajax.php');
xhr.send('param1=' + value1 + '&param2=' + value2);
```

Cependant, la méthode POST consiste généralement à envoyer des valeurs contenues dans un formulaire, il faut donc modifier les en-têtes d'envoi des données afin de préciser qu'il s'agit de données provenant d'un formulaire (même si, à la base, ce n'est pas le cas) :

```
xhr.open('POST', 'http://mon_site_web.com/ajax.php');
xhr.setRequestHeader("Content-Type", "application/x-www-form-
    urlencoded");
xhr.send('param1=' + value1 + '&param2=' + value2);
```

La méthode setRequestHeader() permet l'ajout ou la modification d'un en-tête, elle prend en paramètres deux arguments : le premier est l'en-tête concerné et le deuxième est la valeur à lui attribuer.

Réception des données

La réception des données d'une requête se fait par le biais de nombreuses propriétés. Cependant, les propriétés à utiliser diffèrent selon que la requête est synchrone ou non.

Requête asynchrone : spécifier la fonction de callback

Dans le cas d'une requête asynchrone, il nous faut spécifier une fonction de **callback** afin de savoir quand la requête s'est terminée. Pour cela, l'objet XHR possède un événement nommé `readystatechange` auquel il suffit d'attribuer une fonction :

```
xhr.onreadystatechange = function() {
    // Votre code...
};
```

Cependant, cet événement ne se déclenche pas seulement lorsque la requête est terminée, mais plutôt, comme son nom l'indique, à chaque changement d'état. Il existe cinq états différents représentés par des constantes spécifiques à l'objet `XMLHttpRequest` :

Constante	Valeur	Description
`UNSENT`	0	L'objet XHR a été créé, mais pas initialisé (la méthode `open()` n'a pas encore été appelée).
`OPENED`	1	La méthode `open()` a été appelée, mais la requête n'a pas encore été envoyée par la méthode `send()`.
`HEADERS_RECEIVED`	2	La méthode `send()` a été appelée et toutes les informations ont été envoyées au serveur.
`LOADING`	3	Le serveur traite les informations et a commencé à renvoyer les données. Tous les en-têtes des fichiers ont été reçus.
`DONE`	4	Toutes les données ont été réceptionnées.

L'utilisation de la propriété `readyState` est nécessaire pour connaître l'état de la requête. L'état qui nous intéresse est le cinquième (la constante `DONE`), car nous voulons simplement savoir quand notre requête est terminée. Il existe deux manières pour vérifier que la propriété `readyState` contient bien une valeur indiquant que la requête est terminée. La première consiste à utiliser la constante elle-même :

```
xhr.onreadystatechange = function() {
    if (xhr.readyState == xhr.DONE) { // La constante DONE
        appartient à l'objet XMLHttpRequest, elle n'est pas
        globale
        // Votre code...
    }
};
```

Tandis que la deuxième manière de faire, qui est la plus courante (et que nous utiliserons), consiste à utiliser directement la valeur de la constante, soit 4 pour la constante `DONE` :

```
xhr.onreadystatechange = function() {
    if (xhr.readyState == 4) {
        // Votre code...
    }
};
```

De cette manière, notre code ne s'exécutera que lorsque la requête aura terminé son travail. Toutefois, même si la requête a terminé son travail, cela ne veut pas forcément dire qu'elle l'a mené à bien, pour cela nous allons devoir consulter le statut de la requête grâce à la propriété `status`. Cette dernière renvoie le code correspondant à son statut, comme le fameux **404** pour les fichiers non trouvés. Le statut qui nous intéresse est le **200**, qui signifie que tout s'est bien passé :

```
xhr.onreadystatechange = function() {
    if (xhr.readyState == 4 && xhr.status == 200) {
        // Votre code...
    }
};
```

À noter qu'il existe aussi une propriété nommée `statusText` contenant une version au format texte du statut de la requête, en anglais seulement. Par exemple, un statut 404 vous donnera le texte suivant : « Not Found ».

Si vous souhaitez tester votre requête XHR sur votre ordinateur sans même utiliser de serveur de test (WampServer par exemple), alors vous n'obtiendrez jamais de statut équivalent à 200 puisque c'est normalement le rôle du serveur HTTP (Apache par exemple, fourni avec WampServer) de fournir cette valeur. Vérifiez alors si le statut équivaut à 0, cela suffira.

Nous avons ici traité le cas d'une requête asynchrone, mais sachez que pour une requête synchrone il n'y a qu'à vérifier le statut de votre requête, tout simplement.

Traitement des données

Une fois la requête terminée, il vous faut récupérer les données obtenues. Ici, deux possibilités s'offrent à vous :

1. Les données sont au format XML, vous pouvez utiliser la propriété `responseXML`, qui permet de parcourir l'arbre DOM des données reçues.
2. Les données sont dans un format autre que le XML, il vous faut alors utiliser la propriété `responseText`, qui vous fournit toutes les données sous forme d'une chaîne de caractères. C'est à vous qu'incombe la tâche de faire d'éventuelles conversions, par exemple avec un objet JSON :

    ```
    var response = JSON.parse(xhr.responseText);
    ```

Les propriétés nécessaires à l'obtention des données sont `responseText` et `responseXML`. Cette dernière est particulière, dans le sens où elle contient un arbre DOM que vous pouvez facilement parcourir. Par exemple, si vous recevez l'arbre DOM suivant :

```
<?xml version="1.0" encoding="utf-8"?>
<table>

  <line>
```

```
    <cel>Ligne 1 - Colonne 1</cel>
    <cel>Ligne 1 - Colonne 2</cel>
    <cel>Ligne 1 - Colonne 3</cel>
  </line>

  <line>
    <cel>Ligne 2 - Colonne 1</cel>
    <cel>Ligne 2 - Colonne 2</cel>
    <cel>Ligne 2 - Colonne 3</cel>
  </line>

  <line>
    <cel>Ligne 3 - Colonne 1</cel>
    <cel>Ligne 3 - Colonne 2</cel>
    <cel>Ligne 3 - Colonne 3</cel>
  </line>

</table>
```

vous pouvez récupérer toutes les balises `<cel>` de la manière suivante :

```
var cels = xhr.responseXML.getElementsByTagName('cel');
```

Une petite précision est nécessaire concernant l'utilisation de la propriété `responseXML`. Sur de vieux navigateurs (notamment avec de vieilles versions de Firefox), celle-ci peut ne pas être utilisable si le serveur n'a pas renvoyé une réponse avec un en-tête spécifiant qu'il s'agit bel et bien d'un fichier XML. La propriété pourrait alors être inutilisable, bien que le contenu soit pourtant un fichier XML. Pensez donc bien à spécifier l'en-tête `Content-type` avec la valeur `text/xml` pour éviter les mauvaises surprises. Le Javascript reconnaîtra alors le type MIME XML. En PHP, cela se fait de la manière suivante : `<?php header('Content-type: text/xml'); ?>`.

Récupération des en-têtes de la réponse

Il se peut que vous ayez parfois besoin de récupérer les valeurs des en-têtes fournis avec la réponse de votre requête. Pour cela, vous pouvez utiliser deux méthodes. La première se nomme `getAllResponseHeaders()` et retourne tous les en-têtes de la réponse en vrac. Voici ce que cela peut donner :

```
Date: Sat, 17 Sep 2011 20:09:46 GMT
Server: Apache
Vary: Accept-Encoding
Content-Encoding: gzip
Content-Length: 20
Keep-Alive: timeout=2, max=100
Connection: Keep-Alive
Content-Type: text/html; charset=utf-8
```

La deuxième méthode, `getResponseHeader()`, permet la récupération d'un seul en-tête. Il suffit d'en spécifier le nom en paramètre et la méthode retournera sa valeur :

```
var xhr = new XMLHttpRequest();

xhr.open('HEAD', 'http://mon_site_web.com/', false);
xhr.send(null);

alert(xhr.getResponseHeader('Content-type')); // Affiche : « text/html; charset=utf-8 »
```

Mise en pratique

L'étude de cet objet étant assez segmentée, nous n'avons pas encore eu l'occasion d'aborder un quelconque exemple. Pallions ce problème en créant une page qui va s'occuper de charger le contenu de deux autres fichiers selon le choix de l'utilisateur.

Commençons par le plus simple et créons notre page HTML qui va s'occuper de charger le contenu des deux fichiers :

```
<p>
  Veuillez choisir quel est le fichier dont vous souhaitez voir le contenu :
</p>

<p>
  <input type="button" value="file1.txt" />
  <input type="button" value="file2.txt" />
</p>

<p id="fileContent">
  <span>Aucun fichier chargé</span>
</p>
```

Comme vous pouvez le constater, le principe est très simple, nous allons pouvoir commencer notre code Javascript. Créons tout d'abord une fonction qui sera appelée lors d'un clic sur un des deux boutons, elle sera chargée de s'occuper du téléchargement et de l'affichage du fichier passé en paramètre :

```
function loadFile(file) {

    var xhr = new XMLHttpRequest();

    // On souhaite juste récupérer le contenu du fichier, la méthode GET suffit amplement :
    xhr.open('GET', file);

    xhr.onreadystatechange = function() { // On gère ici une requête asynchrone

```

```
        if (xhr.readyState == 4 && xhr.status == 200) { // Si le fichier est chargé sans erreur

            document.getElementById('fileContent').innerHTML = '<span>' + xhr.responseText + '</span>'; // Et on affiche !

        }

    };

    xhr.send(null); // La requête est prête, on envoie tout !

}
```

Il ne nous reste maintenant plus qu'à mettre en place les événements qui déclencheront tout le processus. Ça commence à être du classique pour vous, non ?

```
(function() { // Comme d'habitude, une fonction anonyme pour éviter les variables globales

    var inputs = document.getElementsByTagName('input'),
        inputsLen = inputs.length;

    for (var i = 0 ; i < inputsLen ; i++) {

        inputs[i].onclick = function() {
            loadFile(this.value); // À chaque clic, un fichier sera chargé dans la page
        };

    }

})();
```

Et c'est tout bon ! Il ne vous reste plus qu'à essayer le résultat de ce travail !

▷ Essayer le code complet
Code web : 702842

Cela fonctionne plutôt bien, n'est-ce pas ? Peut-être même trop bien, on ne se rend pas compte que l'on utilise ici de l'AJAX tellement le résultat est rapide. Enfin, on ne va pas s'en plaindre !

Cet exercice vous a sûrement clarifié un peu l'esprit quant à l'utilisation de cet objet, mais il reste un point qui n'a pas été abordé. Bien qu'il ne soit pas complexe, mieux vaut vous le montrer, notamment afin de ne jamais l'oublier : la gestion des erreurs !

Le code de l'exercice que nous venons de réaliser ne sait pas prévenir en cas d'erreur, ce qui est assez gênant au final, car l'utilisateur pourrait ne pas savoir si ce qui se passe est normal. Nous allons donc mettre en place un petit bout de code pour prévenir en cas de problème, et nous allons aussi faire en sorte de provoquer une erreur afin que vous n'ayez pas à faire 30 000 chargements de fichiers avant d'obtenir une erreur.

Commençons par fournir un moyen de générer une erreur en chargeant un fichier inexistant (nous aurons donc une erreur 404) :

```
<p>
  <input type="button" value="file1.txt" />
  <input type="button" value="file2.txt" />
  <br /><br />
  <input type="button" value="unknown.txt" />
</p>
```

Occupons-nous de la gestion de l'erreur dans notre événement `readystatechange` :

```
xhr.onreadystatechange = function() { // On gère ici une requête asynchrone

    if (xhr.readyState == 4 && xhr.status == 200) { // Si le fichier est chargé sans erreur

        document.getElementById('fileContent').innerHTML = '<span>' + xhr.responseText + '</span>'; // On l'affiche !

    } else if(xhr.readyState == 4 && xhr.status != 200) { // En cas d'erreur !

        alert('Une erreur est survenue !\n\nCode :' + xhr.status + '\nTexte : ' + xhr.statusText);

    }

};
```

▷ Essayer le code complet
Code web : 377495

Et voilà ! Vous pouvez d'ores et déjà commencer à vous servir de l'AJAX comme bon vous semble sans trop de problèmes !

Résoudre les problèmes d'encodage

Avant de commencer, disons-le purement et simplement : vous allez détester cette sous-partie ! Pourquoi ? Tout simplement parce que nous allons aborder un problème qui gêne un grand nombre d'apprentis développeurs Web : l'encodage des caractères. Nous allons toutefois essayer d'aborder la chose de la manière la plus efficace possible afin que vous n'ayez pas trop de mal à comprendre le problème.

L'encodage pour les nuls

Nombreux sont les développeurs débutants qui préfèrent ignorer le principe de l'encodage des caractères, car le sujet est un peu difficile à assimiler. Nous allons ici l'étudier afin que vous puissiez comprendre pourquoi vous allez un jour ou l'autre rencontrer des erreurs assez étranges avec l'AJAX. Tout d'abord, qu'est-ce que l'encodage des caractères ?

Il s'agit d'une manière de représenter les caractères en informatique. Lorsque vous tapez un caractère sur votre ordinateur, il est enregistré au format binaire dans la mémoire de l'ordinateur. Ce format binaire est un code qui représente votre caractère, ce code ne représente qu'un seul caractère, mais peut très bien désigner des caractères très différents selon les normes utilisées.

Si vous êtes intéressés par l'étude de l'encodage des caractères, nous vous conseillons de jeter un coup d'œil à l'article sur Wikipédia, qui explique plutôt bien le concept et l'histoire des normes d'encodage.

▷ Lire l'article sur Wikipédia
Code web : 144373

Une histoire de normes

Comme vous l'avez compris, chaque caractère est représenté par un code binaire, qui n'est au final qu'un simple nombre. Ainsi, lorsque l'informatique a fait ses débuts, il a fallu attribuer un nombre à chaque caractère utilisé, ce qui donna naissance à la norme ASCII. Cette norme n'était pas mal pour un début, mais était codée sur seulement 7 bits, ce qui limitait le nombre de caractères représentables par cette norme à 128. Alors, dit comme ça, cela peut paraître suffisant pour notre alphabet de 26 lettres, mais que fait-on des autres caractères, comme les caractères accentués ? En effet, ces trois lettres sont bien trois caractères différents : **e**, **é**, **è**. Tout ça sans compter les différents caractères comme les multiples points de ponctuation, les tirets, etc. Bref, tout ça fait que la norme ASCII pouvait convenir pour un américain, mais de nombreuses autres langues que l'anglais ne pouvaient pas s'en servir en raison de son manque de « place ».

La solution à ce problème s'est alors imposée avec l'arrivée des normes ISO 8859. Le principe est simple, la norme ASCII utilisait 7 bits, alors que l'informatique de nos jours stocke les informations par octets ; or 1 octet équivaut à 8 bits, ce qui fait qu'il reste 1 bit non utilisé. Les normes ISO 8859 ont pour but de l'exploiter afin de rajouter les caractères nécessaires à d'autres langues. Cependant, il n'est pas possible de stocker tous les caractères de toutes les langues dans seulement 8 bits (qui ne font que 256 caractères après tout), c'est pourquoi il est écrit « **les** normes 8859 » : il existe une norme 8859 (voire plusieurs) pour chaque langue. Pour information, la norme française est l'ISO 8859-1.

Avec ces normes, n'importe qui peut maintenant rédiger un document dans sa langue maternelle. Les normes sont encore utilisées de nos jours et rendent de fiers services. Cependant, il y a un problème majeur ! Comment faire pour utiliser deux langues radicalement différentes (le français et le japonais, par exemple) dans un même document ? Une solution serait de créer une nouvelle norme utilisant plus de bits afin d'y stocker tous les caractères existants dans le monde, mais il y a un défaut majeur : en passant à plus de 8 bits, le stockage d'un seul caractère ne se fait plus sur 1 octet mais sur 2, ce qui multiplie le poids des fichiers textes par deux, et c'est absolument inconcevable !

La solution se nomme UTF-8 - UTF-8. Cette norme est très particulière, dans le sens où elle stocke les caractères sur un nombre variable de bits. Autrement dit, un caractère classique, comme la lettre **A**, sera stocké sur 8 bits (1 octet donc), mais un caractère plus exotique comme le **A** en japonais est stocké sur 24 bits (3 octets), le maximum de bits utilisables par l'UTF-8 étant 32, soit 4 octets. En clair, l'UTF-8 est une norme qui sait s'adapter aux différentes langues et est probablement la norme d'encodage la plus aboutie de notre époque.

L'encodage et le développement Web

Comprendre l'encodage des caractères est une chose, mais savoir s'en servir en est une autre. Nous allons faire simple et rapide, et étudier quelles sont les étapes pour bien définir son encodage des caractères sur le Web.

Le monde du Web est stupide, il faut spécifier quel est l'encodage que vous souhaitez utiliser pour vos fichiers, alors que les navigateurs pourraient le détecter d'eux-mêmes. Prenons l'exemple d'un fichier PHP contenant du HTML et listons les différentes manières pour définir le bon encodage sur la machine du client :

- Une étape toujours nécessaire est de bien encoder ses fichiers. Cela se fait dans les paramétrages de l'éditeur de texte que vous utilisez.
- Le serveur HTTP (généralement Apache) peut indiquer quel est l'encodage utilisé par les fichiers du serveur. Cela est généralement paramétré de base, mais vous pouvez redéfinir ce paramétrage avec un fichier `.htaccess` contenant la ligne : `AddDefaultCharset UTF-8`. N'hésitez pas à lire le cours « Le .htaccess et ses fonctionnalités » rédigé par kozo sur le Site du Zéro si vous ne savez pas ce que c'est.
- Le langage serveur (généralement le PHP) peut aussi définir l'encodage utilisé dans les en-têtes du fichier. Si un encodage est spécifié par le PHP, alors il va remplacer celui indiqué par Apache. Cela se fait grâce à la ligne suivante : `<?php header('Content-Type: text/html; charset=utf-8');?>`.
- Le HTML permet de spécifier l'encodage de votre fichier, mais cela n'est généralement que peu nécessaire, car les encodages spécifiés par Apache ou le PHP font que le navigateur ignore ce qui est spécifié par le document HTML ; cela dit, mieux vaut le spécifier pour le support des très vieux navigateurs. Cela se fait dans la balise `<head>` avec la ligne suivante : `<meta http-equiv="Content-Type" content="text/html; charset=utf-8" />`.

▷ « Le `.htaccess` et ses fonctionnalités »
Code web : 696841

Bref, beaucoup de manières de faire pour pas grand-chose, un bon paramétrage du serveur HTTP (Apache dans notre cas) est généralement suffisant, à condition d'avoir des fichiers encodés avec la norme spécifiée par le serveur, bien sûr. Alors, pourquoi vous avoir montré ça ? Parce que vous risquez d'avoir des problèmes d'encodage avec l'AJAX et que ce petit récapitulatif des manières de faire pour la spécification d'un encodage pourra sûrement vous aider à les résoudre.

Attention à une chose ! Dans votre éditeur de texte, lorsque vous voudrez spécifier l'encodage, il se peut que vous ayez deux types d'encodage UTF-8 proposés : un nommé « UTF-8 avec BOM », et l'autre nommé « UTF-8 sans BOM ». Utilisez **en permanence** l'encodage sans BOM ! Le BOM est une indication de l'ordre des octets qui est ajoutée au tout début du fichier, ce qui fait que, si vous souhaitez appeler la fonction `header()` en PHP, vous ne pourrez pas, car des caractères auront déjà été envoyés, en l'occurrence les caractères concernant le BOM.

L'AJAX et l'encodage des caractères

Enfin nous y sommes ! Entrons dans le vif du sujet et voyons ce qui ne va pas !

Le problème

Eh oui, il n'y a qu'un seul problème, mais il est de taille, bien que facile à régler une fois que l'on a bien compris le concept. Le voici : lorsque vous faites une requête AJAX, toutes les données sont envoyées avec un encodage UTF-8, quel que soit l'encodage du fichier HTML qui contient le script pour la requête AJAX !

Mais en quoi est-ce un problème ?

Eh bien, cela pose problème si vous travaillez autrement qu'en UTF-8 côté serveur. Car si le fichier PHP appelé par la requête AJAX est encodé, par exemple, en ISO 8859-1, alors il se doit de travailler avec des données ayant le même encodage, ce que ne fournira pas une requête AJAX.

Concrètement, quel problème cela pose-t-il ? Le serveur tombe en rade ?

Non, loin de là ! Mais vous allez vous retrouver avec des caractères étranges en lieu et place de certains caractères situés dans le texte d'origine, tout particulièrement pour les caractères accentués.

Comme vous le savez, l'ISO 8859-1 n'utilise que 8 bits pour l'encodage des caractères, tandis que l'UTF-8 peut aller jusqu'à 32. À première vue, ces deux normes n'ont aucune ressemblance, et pourtant si ! Leurs 7 premiers bits respectifs assignent les mêmes valeurs aux caractères concernés, ainsi la lettre **A** est représentée par ces 7 bits quelle que soit la norme utilisée, celle de l'ISO ou l'UTF-8 : 100 0001.

La différence se situe en fait pour les caractères que l'on va qualifier « d'exotiques », comme les caractères accentués. Ainsi, un **e** avec accent circonflexe (**ê**) a la valeur binaire suivante en ISO 8859-1 : 1110 1010, ce qui en UTF-8 équivaut à un caractère impossible à afficher. Bref, pas très pratique.

Mais les choses se corsent encore plus lorsque la conversion est faite depuis l'UTF-8 vers une autre norme, comme l'ISO 8859-1, car l'UTF-8 utilisera parfois 2 octets (voire plus) pour stocker un seul caractère, ce que les autres normes interprèteront comme étant deux caractères. Par exemple, la même lettre **ê** encodée en UTF-8 donne le code binaire suivant : 1100 0011 1010 1010. L'ISO 8859-1 va y voir 2 octets puisqu'il y a 16 bits, la première séquence de 8 bits (1100 0011) va donc être traduite avec le caractère **Ã**, et la deuxième séquence (1010 1010) avec **ª**.

Bref, tout cela signifie que si votre fichier HTML client est en ISO 8859-1 et qu'il envoie par l'AJAX le caractère **ê** à une page PHP encodée elle aussi en ISO 8859-1, alors les données qui seront lues par le serveur seront les suivantes : **Ãª**.

Comprendre la démarche de l'AJAX

Afin que vous compreniez encore mieux le problème posé par l'AJAX, il est bon de savoir quelles sont les étapes d'encodage d'une requête avec des fichiers en ISO 8859-1 (que nous allons abréger ISO) :

- La requête est envoyée, les données sont alors converties proprement de l'ISO à l'UTF-8. Ainsi, le **ê** en ISO est toujours un **ê** en UTF-8, l'AJAX sait faire la conversion d'encodage sans problème.
- Les données arrivent sur le serveur, c'est là que se pose le problème : elles arrivent en UTF-8, alors que le serveur attend des données ISO, cette erreur d'encodage n'étant pas détectée, le caractère **ê** n'est plus du tout le même vis-à-vis du serveur, il s'agit alors des deux caractères **Ãª**.
- Le serveur renvoie des données au format ISO, mais celles-ci ne subissent aucune modification d'encodage lors du retour de la requête. Les données renvoyées par le serveur en ISO seront bien réceptionnées en ISO.

Ces trois points doivent vous faire comprendre qu'une requête AJAX n'opère en UTF-8 que lors de l'envoi des données, le problème d'encodage ne survient donc **que lorsque les données sont réceptionnées par le serveur**, et non pas quand le client reçoit les données renvoyées par le serveur.

Deux solutions

Il existe deux solutions pour éviter ce problème d'encodage sur vos requêtes AJAX.

La première, qui est de loin la plus simple et la plus pérenne, consiste à ce que votre site soit entièrement encodé en UTF-8, comme ça les requêtes AJAX envoient des données en UTF-8 qui seront reçues par un serveur demandant à traiter de l'UTF-8, donc sans aucun problème. Un site en UTF-8 implique que tous vos fichiers textes soient encodés en UTF-8, que le serveur indique au client le bon encodage, et que vos ressources externes, comme les bases de données, soient aussi en UTF-8. Cette solution est vraiment la meilleure dans tous les sens du terme, mais est difficile à mettre en place sur un projet Web déjà bien entamé. Si vous souhaitez vous y mettre (et c'est même fortement conseillé), nous vous conseillons de lire le cours « Passer du latin1 à l'unicode » rédigé par vyk12 sur le Site du Zéro.

▷ « Passer du latin1 à l'unicode »
Code web : 691519

La deuxième solution, encore bien souvent rencontrée, est plus adaptée si votre projet est déjà bien entamé et que vous ne pouvez vous permettre de faire une conversion complète de son encodage. Il s'agit de décoder les caractères reçus par le biais d'une requête AJAX avec la fonction PHP `utf8_decode()`.

Admettons que vous envoyiez une requête AJAX à la page suivante :

```php
<?php

  header('Content-Type: text/plain; charset=iso-8859-1'); // On
      précise bien qu'il s'agit d'une page en ISO 8859-1

  echo $_GET['parameter'];

?>
```

Si la requête AJAX envoie en paramètre la chaîne de caractères « Drôle de tête », le serveur va alors vous renvoyer ceci :

```
DrÃ´le de tÃªte
```

La solution consiste donc à décoder l'UTF-8 reçu pour le convertir en ISO 8859-1, la fonction `utf8_decode()` intervient donc ici :

```php
<?php

  header('Content-Type: text/plain; charset=iso-8859-1'); // On
      précise bien qu'il s'agit d'une page en ISO 8859-1

  echo utf8_decode($_GET['parameter']);

?>
```

Et là, aucun problème :

```
Drôle de tête
```

Et quand je renvoie les données du serveur au client, je dois encoder les données en UTF-8 ?

Absolument pas, car l'AJAX applique une conversion UTF-8 uniquement à l'envoi des données, comme étudié un peu plus haut. Donc si vous affichez des données en ISO 8859-1, elles arriveront chez le client avec le même encodage.

Si vous travaillez dans un encodage autre que l'ISO 8859-1, utilisez alors la fonction `mb_convert_encoding()`

Deuxième version : usage avancé

La deuxième version du XHR ajoute de nombreuses fonctionnalités intéressantes. Pour ceux qui se posent la question, le XHR2 ne fait pas partie de la spécification du HTML5. Cependant, cette deuxième version utilise de nombreuses technologies liées au HTML5, nous allons donc nous limiter à ce qui est utilisable (et intéressant) et nous verrons le reste plus tard, dans la partie consacrée au HTML5.

Tout d'abord, faisons une petite clarification :

- L'objet utilisé pour la deuxième version est le même que celui utilisé pour la première, à savoir `XMLHttpRequest`.
- Toutes les fonctionnalités présentes dans la première version sont présentes dans la deuxième.

Maintenant que tout est clair, entrons dans le vif du sujet : l'étude des nouvelles fonctionnalités.

Cependant, encore une petite chose : faites bien attention en utilisant cette deuxième mouture du XHR, peu de navigateurs sont encore capables de l'exploiter au maximum. Attendez-vous donc à des erreurs dues à de nombreuses incompatibilités. Toutefois, il est déjà possible de dire avec certitude que Firefox 6, Chrome 13 et Safari 5 sont suffisamment compatibles avec le XHR2 (bien que tout ne soit pas encore supporté).

Les requêtes cross-domain

Les requêtes **cross-domain** sont des requêtes effectuées depuis un nom de domaine **A** vers un nom de domaine **B**. Elles sont pratiques, mais absolument inutilisables avec la première version du XHR en raison de la présence d'une sécurité basée sur le principe de la *same origin policy*. Cette sécurité est appliquée aux différents langages utilisables dans un navigateur Web, le Javascript est donc concerné. Il est important de comprendre en quoi elle consiste et comment elle peut-être « contournée », car les requêtes cross-domain sont au cœur du XHR2.

Une sécurité bien restrictive

Bien que la *same origin policy* soit une sécurité contre de nombreuses failles, elle est un véritable frein pour le développement Web, car elle a pour principe de n'autoriser les requêtes XHR qu'entre les pages Web possédant le même nom de domaine. Si, par exemple, vous vous trouvez sur votre site personnel dont le nom de domaine est `mon_site_perso.com` et que vous tentez de faire une requête XHR vers le célèbre nom de domaine de chez Google `google.com`, vous allez alors rencontrer une erreur et la requête ne sera pas exécutée, car les deux noms de domaine sont différents.

Cette sécurité s'applique aussi dans d'autres cas, comme deux sous-domaines différents. Afin de vous présenter rapidement et facilement les différents cas concernés ou non par cette sécurité, voici un tableau largement réutilisé sur le Web. Il illustre différents cas où les requêtes XHR sont possibles ou non. Les requêtes sont exécutées depuis la page `http://www.example.com/dir/page.html` :

URL appelée	**Résultat**	**Raison**
`http://www.example.com/dir/page.html`	Succès	Même protocole et même nom de domaine
`http://www.example.com/dir2/other.html`	Succès	Même protocole et même nom de domaine, seul le dossier diffère
`http://www.example.com:81/dir/other.html`	Échec	Même protocole et même nom de domaine, mais le port est différent (80 par défaut)
`https://www.example.com/dir/other.html`	Échec	Protocole différent (HTTPS au lieu de HTTP)
`http://en.example.com/dir/other.html`	Échec	Sous-domaine différent
`http://example.com/dir/other.html`	Échec	Si l'appel est fait depuis un nom de domaine dont les « www » sont spécifiés, alors il faut faire de même pour la page appelée

Alors, certes, cette sécurité est impérative, mais il se peut que parfois nous possédions deux sites Web dont les noms de domaine soient différents, mais dont la connexion doive se faire par le biais des requêtes XHR. La deuxième version du XHR introduit donc un système simple et efficace permettant l'autorisation des requêtes cross-domain.

Autoriser les requêtes cross-domain

Il existe une solution implémentée dans la deuxième version du XHR, qui consiste à ajouter un simple en-tête dans la page appelée par la requête pour autoriser le cross-domain. Cet en-tête se nomme `Access-Control-Allow-Origin` et permet de spécifier un ou plusieurs domaines autorisés à accéder à la page par le biais d'une requête XHR.

Pour spécifier un nom de domaine, il suffit d'écrire :

```
Access-Control-Allow-Origin: http://example.com
```

Ainsi, le domaine `http://example.com` aura accès à la page qui retourne cet en-tête. Si vous souhaitez spécifier plusieurs noms de domaine, il vous faut alors utiliser le caractère | entre chaque nom de domaine :

```
Access-Control-Allow-Origin: http://example1.com | http://
    example2.com
```

Pour spécifier que tous les noms de domaine ont accès à votre page, utilisez l'astérisque * :

```
Access-Control-Allow-Origin: *
```

Il ne vous reste ensuite plus qu'à ajouter cet en-tête aux autres en-têtes de votre page Web, comme ici en PHP :

```
<?php

  header('Access-Control-Allow-Origin: *');

?>
```

Cependant, prenez garde à l'utilisation de cet astérisque, ne l'utilisez que si vous n'avez pas le choix, car, lorsque vous autorisez un nom de domaine à faire des requêtes cross-domain sur votre page, c'est comme si vous désactiviez une sécurité contre le piratage vis-à-vis de ce domaine.

Nouvelles propriétés et méthodes

Le XHR2 fournit de nombreuses propriétés supplémentaires ; quant aux méthodes, il n'y en a qu'une seule de nouvelle.

Éviter les requêtes trop longues

Il se peut que, de temps en temps, certaines requêtes soient excessivement longues. Afin d'éviter ce problème, il est parfaitement possible d'utiliser la méthode `abort()` couplée à `setTimeout()`, cependant le XHR2 fournit une solution bien plus simple à mettre en place. Il s'agit de la propriété `timeout`, qui prend pour valeur un temps en millisecondes. Une fois ce temps écoulé, la requête se terminera.

```
xhr.timeout = 10000; // La requête se terminera si elle n'a pas
    abouti au bout de 10 secondes
```

À l'heure où nous écrivons ces lignes, aucun navigateur ne supporte cette propriété. Essayez de bien vous renseigner sur son support avant de vous acharner à l'utiliser en vain.

Forcer le type de contenu

Vous souvenez-vous lorsque nous avions abordé le fait qu'il fallait bien spécifier le type MIME de vos documents afin d'éviter que vos fichiers XML ne soient pas parsés ? Eh bien, sachez que si vous n'avez pas la possibilité de le faire (par exemple, si vous n'avez pas accès au code de la page que vous appelez), vous pouvez réécrire le type MIME reçu afin de parser correctement le fichier. Cette astuce se réalise avec la nouvelle méthode `overrideMimeType()`, qui prend en paramètre un seul argument contenant le type MIME exigé :

```
var xhr = new XMLHttpRequest();

xhr.open('GET', 'http://example.com');

xhr.overrideMimeType('text/xml');

// L'envoi de la requête puis le traitement des données reçues
    peuvent se faire
```

Attention ! Cette méthode ne peut être utilisée que lorsque la propriété `readyState` possède les valeurs 1 ou 2. Autrement dit, lorsque la méthode `open()` vient d'être appelée ou bien lorsque les en-têtes viennent d'être reçus, ni avant, ni après.

Accéder aux cookies et aux sessions avec une requête cross-domain

Cela n'a pas été présenté plus tôt, mais il est effectivement possible pour une page appelée par le biais d'une requête XHR (versions 1 et 2) d'accéder aux cookies ou aux sessions du navigateur. Cela se fait sans contrainte, vous pouvez, par exemple, accéder aux cookies comme vous le faites d'habitude :

```
<?php

  echo $_COOKIE['cookie1']; // Aucun problème !

?>
```

Cependant, cette facilité d'utilisation est loin d'être présente lorsque vous souhaitez accéder à ces ressources avec une requête cross-domain, car aucune valeur ne sera retournée par les tableaux `$_COOKIE` et `$_SESSION`.

Pourquoi ? Les cookies et les sessions ne sont pas envoyés ?

Eh bien non ! Rassurez-vous, il ne s'agit pas d'une fonctionnalité conçue pour vous embêter, mais bien d'une sécurité, car vous allez devoir autoriser le navigateur et le serveur à gérer ces données.

Quand nous parlons du serveur, nous voulons surtout parler de la page appelée par la requête. Vous allez devoir y spécifier l'en-tête suivant pour autoriser l'envoi des cookies et des sessions :

```
Access-Control-Allow-Credentials: true
```

Mais, côté serveur, cela ne suffira pas si vous avez spécifié l'astérisque * pour l'en-tête `Access-Control-Allow-Origin`. Il vous faut absolument spécifier **un seul nom de domaine**, ce qui est malheureusement très contraignant dans certains cas d'applications (bien qu'ils soient rares).

Vous devriez maintenant avoir une page PHP commençant par un code de ce genre :

```php
<?php

  header('Access-Control-Allow-Origin: http://example.com');
  header('Access-Control-Allow-Credentials: true');

?>
```

Cependant, vous pourrez toujours tenter d'accéder aux cookies ou aux sessions, vous obtiendrez en permanence des valeurs nulles. La raison est simple : le serveur est configuré pour permettre l'accès à ces données, mais le navigateur ne les envoie pas. Pour pallier ce problème, il suffit d'indiquer à notre requête que l'envoi de ces données est nécessaire. Cela se fait après initialisation de la requête et avant son envoi (autrement dit, entre l'utilisation des méthodes `open()` et `send()`) avec la propriété `withCredentials` :

```javascript
xhr.open( ... );

xhr.withCredentials = true; // Avec « true », l'envoi des
    cookies et des sessions est bien effectué

xhr.send( ... );
```

Maintenant, une petite question technique pour vous : nous avons une page Web nommée `client.php` située sur un nom de domaine **A**. Depuis cette page, nous appelons la page `server.php` située sur le domaine **B** grâce à une requête cross-domain. Les cookies et les sessions reçus par la page `server.php` sont-ils ceux du domaine **A** ou bien ceux du domaine **B** ?

Bonne question, n'est-ce pas ? La réponse est simple et logique : il s'agit de ceux du domaine **B**. Si vous faites une requête cross-domain, les cookies et les sessions envoyés seront **constamment** ceux qui concernent le domaine de la page appelée. Cela s'applique aussi si vous utilisez la fonction PHP `setcookie()` dans la page appelée : les cookies modifiés seront ceux du domaine de cette page, et non pas ceux du domaine d'où provient la requête.

Une dernière précision, rappelez-vous bien que tout ce qui a été étudié ne vous concerne que lorsque vous faites une requête cross-domain ! Dans le cas d'une requête dite « classique », vous n'avez pas à faire ces manipulations, tout fonctionne sans cela, même pour une requête XHR1.

Quand les événements s'affolent

La première version du XHR ne comportait qu'un seul événement, la deuxième en comporte maintenant huit si on compte l'événement `readystatechange` ! Pourquoi tant d'ajouts ? Parce que le XHR1 ne permettait clairement pas de faire un suivi correct de l'état d'une requête.

Les événements classiques

Commençons par trois événements bien simples : `loadstart`, `load` et `loadend`. Le premier se déclenche lorsque la requête démarre (lorsque vous appelez la méthode `send()`). Les deux derniers se déclenchent lorsque la requête se termine, mais avec une petite différence : si la requête s'est correctement terminée (pas d'erreur 404 ou autre), alors `load` se déclenche, tandis que `loadend` se déclenche dans tous les cas. L'avantage de l'utilisation de `load` et `loadend`, c'est que vous pouvez alors vous affranchir de la vérification de l'état de la requête avec la propriété `readyState`, comme vous le feriez pour l'événement `readystatechange`.

Les deux événements suivants sont `error` et `abort`. Le premier se déclenche en cas de non-aboutissement de la requête (quand `readyState` n'atteint même pas la valeur finale : 4), tandis que le deuxième s'exécutera en cas d'abandon de la requête avec la méthode `abort()` ou bien avec le bouton « Arrêt » de l'interface du navigateur Web.

Vous souvenez-vous de la propriété `timeout` ? Eh bien, sachez qu'il existe un événement du même nom qui se déclenche quand la durée maximale spécifiée dans la propriété associée est atteinte.

Le cas de l'événement `progress`

Pour finir, nous allons voir l'utilisation d'un événement un peu plus particulier nommé `progress`. Son rôle est de se déclencher à intervalles réguliers pendant le rapatriement du contenu exigé par votre requête. Bien entendu, son utilisation n'est nécessaire, au final, que dans les cas où le fichier rapatrié est assez volumineux. Cet événement a pour particularité de fournir un objet en paramètre à la fonction associée. Cet objet contient deux propriétés nommées `loaded` et `total`. Elles indiquent, respectivement, le nombre d'octets actuellement téléchargés et le nombre d'octets total à télécharger. Leur utilisation se fait de cette manière :

```
xhr.onprogress = function(e) {

    element.innerHTML = e.loaded +' / '+ e.total;

};
```

Au final, l'utilité de cet événement est assez quelconque, ce dernier a bien plus d'intérêt dans le cas d'un upload (mais cela sera abordé dans la partie consacrée au HTML5). Cela dit, il peut avoir son utilité dans le cas de préchargements de fichiers assez lourds. Ainsi, le préchargement de plusieurs images avec une barre de progression peut être une utilisation qui peut commencer à avoir son intérêt (mais, nous vous l'accordons, cela n'a rien de transcendant).

Cet événement n'étant pas très important, nous ne ferons pas un exercice expliqué pas à pas, toutefois, vous trouverez un lien vers un exemple en ligne dont le code est commenté, n'hésitez pas à y jeter un coup d'œil !

▷ Essayer une adaptation de cet événement
Code web : 699702

L'objet `FormData`

Cet objet consiste à faciliter l'envoi des données par le biais de la méthode `POST` des requêtes XHR. Comme nous l'avons dit plus tôt dans ce chapitre, l'envoi des données par le biais de `POST` est une chose assez fastidieuse, car il faut spécifier un en-tête dont on ne se souvient que très rarement de tête, on perd alors du temps à le chercher sur le Web.

Au-delà de son côté pratique en terme de rapidité d'utilisation, l'objet `FormData` est aussi un formidable outil permettant de faire un envoi de données binaires au serveur. Ce qui, concrètement, veut dire qu'il est possible de faire de l'upload de fichiers par le biais des requêtes XHR. Cependant, l'upload de fichiers nécessite des connaissances approfondies sur le HTML5, cela sera donc traité plus tard. Nous allons tout d'abord nous contenter d'une utilisation relativement simple.

Tout d'abord, l'objet `FormData` doit être instancié :

```
var form = new FormData();
```

Une fois instancié, vous pouvez vous servir de son unique méthode : `append()`. Celle-ci ne retourne aucune valeur et prend en paramètres deux arguments obligatoires : le nom d'un champ (qui correspond à l'attribut `name` des éléments d'un formulaire) et sa valeur. Son utilisation est donc très simple :

```
form.append('champ1', 'valeur1');
```

```
form.append('champ2', 'valeur2');
```

C'est là que cet objet est intéressant : pas besoin de spécifier un en-tête particulier pour dire que l'on envoie des données sous forme de formulaire. Il suffit juste de passer notre objet de type FormData à la méthode send(), ce qui donne ceci sur un code complet :

```
var xhr = new XMLHttpRequest();

xhr.open('POST', 'http://example.com');

var form = new FormData();
form.append('champ1', 'valeur1');
form.append('champ2', 'valeur2');

xhr.send(form);
```

Et côté serveur, vous pouvez récupérer les données tout aussi simplement que d'habitude :

```
<?php

  echo $_POST['champ1'] . ' - ' . $_POST['champ2']; // Affiche
      : « valeur1 - valeur2 »

?>
```

Revenons rapidement sur le constructeur de cet objet, car celui-ci possède un argument bien pratique : passez donc en paramètre un élément de formulaire et votre objet FormData sera alors **prérempli** avec toutes les valeurs de votre formulaire. Voici un exemple simple :

```
<form id="myForm">

  <input id="myText" name="myText" type="text" value="Test ! Un
      , deux, un, deux !" />

</form>

<script>

  var xhr = new XMLHttpRequest();

  xhr.open('POST', 'http://example.com');

  var myForm = document.getElementById('myForm'),
      form = new FormData(myForm);

  xhr.send(form);

</script>
```

Ce qui, côté serveur, donne ceci :

```
<?php

  echo $_POST['myText']; // Affiche : « Test ! Un, deux, un,
      deux ! »

?>
```

Voilà tout, cet objet est, mine de rien, bien pratique, même si vous ne savez pas encore faire d'upload de fichiers. Il facilite quand même déjà bien les choses !

En résumé

- L'objet `XMLHttpRequest` est l'objet le plus utilisé pour l'AJAX. Deux versions de cet objet existent, la deuxième étant plus complète mais pas toujours disponible au sein de tous les navigateurs.
- Deux modes sont disponibles : synchrone et asynchrone. Une requête de mode asynchrone sera exécutée en parallèle et ne bloquera pas l'exécution du script, tandis que la requête synchrone attendra la fin de la requête pour poursuivre l'exécution du script.
- Deux méthodes d'envoi sont utilisables : `GET` et `POST`. Dans le cas d'une méthode `GET`, les paramètres de l'URL doivent être encodés avec `encodeURIComponent()`.
- Il faut faire attention à l'encodage, car toutes les requêtes sont envoyées en UTF-8 !
- La version 2 du XHR introduit les requêtes cross-domain ainsi que les objets `FormData` et de nouveaux événements.

Chapitre 26

Upload via une iframe

Difficulté :

L'AJAX ne se limite pas à l'utilisation de l'objet `XMLHttpRequest`, il existe bien d'autres manières de communiquer avec un serveur. La balise `<iframe>` fait partie des diverses autres solutions possibles.

Vous avez probablement déjà entendu parler de cette balise et, comme beaucoup de monde, vous pensez probablement qu'elle est à éviter. Disons que, dans l'ensemble, oui, mais il existe certains cas où elle devient rudement efficace, notamment pour l'upload de fichiers !

Manipulation des iframes

Les iframes

Peut-être connaissez-vous l'élément HTML `<iframe>` ? Pour ceux qui ne le connaissent pas, c'est un élément qui permet d'insérer une page Web dans une autre. Voici un petit rappel de la syntaxe d'une iframe :

```
<iframe src="file.html" name="myFrame" id="myFrame"></iframe>
```

Accéder au contenu

Pour accéder au contenu de l'iframe, il faut d'abord accéder à l'iframe elle-même et ensuite passer par la propriété `contentDocument` :

```
var frame = document.getElementById('myFrame').contentDocument
```

Cela dit, pour les anciennes version d'Internet Explorer qui ne prennent pas en charge `contentDocument`, il suffit de passer par une propriété `document`. Voici donc le script que nous allons utiliser, qui fonctionne pour tous les navigateurs :

```
var frame = document.getElementById('myFrame');

frame = frame.contentDocument || frame.document;
```

Une fois que l'on a accédé au contenu de l'iframe, c'est-à-dire à son **document**, on peut naviguer dans le DOM comme s'il s'agissait d'un document « normal » :

```
var frame_links = frame.getElementsByTagName('a').length;
```

Vous souvenez-vous de la règle de sécurité **same origin policy** ? Eh bien figurez-vous que cette règle s'applique aussi aux iframes ! Cela veut dire que si vous êtes sur une page d'un domaine **A** et que vous appelez une page d'un domaine **B** par le biais d'une iframe, alors vous ne pourrez pas accéder au contenu de la page **B** depuis la page **A**.

Chargement de contenu

Il y a deux techniques pour charger une page dans une iframe. La première est de tout simplement changer l'attribut `src` de l'iframe via le Javascript, la deuxième est d'ouvrir un lien dans l'iframe. Cette action est rendue possible via l'attribut `target` (standardisé en HTML5) que l'on peut utiliser sur un lien ou sur un formulaire. C'est cette dernière technique que nous utiliserons pour la réalisation du système d'upload.

Charger une iframe

En changeant l'URL

Ici, rien de compliqué, on change simplement l'URL de l'iframe en changeant sa propriété `src`. Cette technique est simple et permet de transmettre des paramètres directement dans l'URL. Exemple :

```
document.getElementById('myFrame').src = 'request.php?nick=
    Thunderseb';
```

Avec `target` et un formulaire

L'intérêt d'utiliser un formulaire est que nous allons pouvoir envoyer des données via la méthode POST. L'utilisation de POST va nous permettre d'envoyer des fichiers, ce qui nous sera utile pour un upload de fichiers !

En fait, pour cette technique, il n'y a pas vraiment besoin du Javascript, c'est du HTML pur :

```
<form id="myForm" method="post" action="request.php" target="
    myFrame">
    <div>
        <!-- formulaire -->

        <input type="submit" value="Envoyer" />
    </div>
</form>

<iframe src="#" name="myFrame" id="myFrame"></iframe>
```

L'attribut `target` indique au formulaire que son contenu doit être envoyé au sein de l'iframe dont l'attribut `name` est `myFrame` (l'attribut `name` est donc obligatoire ici !). De cette manière le contenu du formulaire y sera envoyé, et la page courante ne sera pas rechargée.

Le Javascript pourra être utilisé comme méthode alternative pour envoyer le formulaire. Pour rappel, pour envoyer un formulaire, il faut utiliser la méthode `submit()` :

```
document.getElementById('myForm').submit();
```

Détecter le chargement

Avec l'événement `load`

Les iframes possèdent un événement `load`, déclenché une fois que le contenu de l'iframe est chargé. À chaque contenu chargé, `load` est déclenché. C'est un moyen efficace pour savoir si le document est chargé, et ainsi pouvoir le récupérer. Voici un petit exemple :

```
<iframe src="file.html" name="myFrame" id="myFrame" onload="
    trigger()"></iframe>

<script>

function trigger() {
    var frame = document.getElementById('myFrame');

    frame = frame.contentDocument || frame.document;

    alert(frame.body.textContent);
}

</script>
```

Avec une fonction de callback

Quand une page Web est chargée dans l'iframe, son contenu est affiché et les scripts sont exécutés. Il est également possible, depuis l'iframe, d'appeler une fonction présente dans la page « mère », c'est-à-dire la page qui contient l'iframe.

Pour appeler une fonction depuis l'iframe, il suffit d'utiliser :

```
window.top.window.nomDeLaFonction();
```

L'objet `window.top` pointe vers la fenêtre « mère », ce qui nous permet ici d'atteindre la page qui contient l'iframe.

Voici un exemple qui illustre ce mécanisme :

```
<iframe src="file.html" name="myFrame" id="myFrame"></iframe>

<script>

function trigger() {
    var frame = document.getElementById('myFrame');

    frame = frame.contentDocument || frame.document;

    alert('Page chargée !');
}

</script>
```

```
<script>

window.top.window.trigger(); // On appelle ici notre fonction
    de callback

</script>

```

```
<p>Lorem ipsum dolor sit amet, consectetuer adipiscing elit.
    Suspendisse molestie suscipit arcu.</p>
```

Récupérer du contenu

Le chargement de données via une iframe a un gros avantage : il est possible de charger n'importe quoi comme données. Ça peut être une page Web complète, du texte brut ou même du Javascript, comme le format JSON.

Récupérer des données Javascript

Si on reprend l'exemple vu précédemment, avec le **callback**, il est possible de récupérer facilement des données Javascript, comme un objet. Dans ce cas, il suffit d'utiliser du PHP pour construire un objet qui sera transmis en paramètre de la fonction de **callback**, comme ceci :

```
<?php
    $fakeArray = array('Sébastien', 'Laurence', 'Ludovic');
?>

<script>
    window.top.window.trigger(['<?php echo implode("','",
        $fakeArray) ?>']);
</script>
```

Ici, un tableau Javascript est construit via le PHP et envoyé à la fonction `trigger()` en tant que paramètre.

Exemple complet

```
<form id="myForm" method="post" action="request.php" target="
    myFrame">
    <div>
        <label for="nick">Votre pseudo :</label>
        <input type="text" id="nick" name="nick" />

        <input type="button" value="Envoyer" onclick="sendForm
            ();" />
    </div>
</form>

<iframe src="#" name="myFrame" id="myFrame"></iframe>

<script>

function sendForm() {
```

```
    var nick = document.getElementById("nick").value;

    if (nick) { // Si c'est OK
        document.getElementById("myForm").submit(); // On
            envoie le formulaire
    }
}

function receiveData(data) {
    alert('Votre pseudo est "' + data + '"');
}

</script>
```

Et maintenant la page PHP :

```
<script>

window.top.window.receiveData("<?php echo htmlentities($_POST['
    nick']); ?>");

</script>
```

Ce script ne fait que récupérer la variable `$_POST['nick']`, pour ensuite appeler la fonction `receiveData()` en lui passant le pseudo en paramètre. La fonction PHP `htmlentities()` permet d'éviter que l'utilisateur insère d'éventuelles balises HTML potentiellement dangereuses telles que la balise `<script>`. Alors, certes, ici l'insertion de balise ne pose pas de problème puisque l'on affiche le pseudo dans une fenêtre `alert()`, mais mieux vaut prévenir que guérir, non ?

Le système d'upload

Par le biais d'un formulaire et d'une iframe, créer un système d'upload n'est absolument pas compliqué. C'est même relativement simple ! Les éléments `<form>` possèdent un attribut `enctype` qui doit absolument contenir la valeur `multipart/form-data`. Pour faire simple, cette valeur indique que le formulaire est prévu pour envoyer de grandes quantités de données (les fichiers sont des données volumineuses).

Notre formulaire d'upload peut donc être écrit comme ceci :

```
<form id="uploadForm" enctype="multipart/form-data" action="
    upload.php" target="uploadFrame" method="post">
    <label for="uploadFile">Image :</label>
    <input id="uploadFile" name="uploadFile" type="file" />
    <br /><br />
    <input id="uploadSubmit" type="submit" value="Upload !" />
</form>
```

Ensuite, on place l'iframe, ainsi qu'un autre petit `<div>` que nous utiliserons pour afficher le résultat de l'upload :

```html
<div id="uploadInfos">
    <div id="uploadStatus">Aucun upload en cours</div>
    <iframe id="uploadFrame" name="uploadFrame"></iframe>
</div>
```

Et pour finir, une dose de Javascript :

```javascript
function uploadEnd(error, path) {
    if (error === 'OK') {
        document.getElementById('uploadStatus').innerHTML = '<a
            href="' + path + '">Upload done !</a><br /><br /><a
            href="' + path + '"><img src="' + path + '" /></a>'
            ;
    } else {
        document.getElementById('uploadStatus').innerHTML =
            error;
    }
}

document.getElementById('uploadForm').addEventListener('submit'
    , function() {
    document.getElementById('uploadStatus').innerHTML = '
        Loading...';
}, true);
```

Quelques explications s'imposent. Dès que le formulaire est envoyé, la fonction anonyme de l'événement `submit` est exécutée. Celle-ci va remplacer le texte du `<div>` `#uploadStatus` pour indiquer que le chargement est en cours. Car, en fonction de la taille du fichier à envoyer, l'attente peut être longue. L'argument `error` contiendra soit « OK », soit une explication sur une erreur éventuelle. L'argument `path` contiendra l'URL du fichier venant d'être uploadé. L'appel vers la fonction `uploadEnd()` sera fait via l'iframe, comme nous le verrons plus loin.

Le code côté serveur : `upload.php`

Le Javascript étant mis en place, il ne reste plus qu'à nous occuper de la page `upload.php` qui va réceptionner le fichier uploadé. Il s'agit d'un simple script d'upload :

```php
<?php

    $error    = NULL;
    $filename = NULL;

    if (isset($_FILES['uploadFile']) && $_FILES['uploadFile']['
        error'] === 0) {

        $filename = $_FILES['uploadFile']['name'];
        $targetpath = getcwd() . '/' . $filename; // On stocke
            le chemin où enregistrer le fichier

```

```
        // On déplace le fichier depuis le répertoire temporaire vers $targetpath
        if (@move_uploaded_file($_FILES['uploadFile']['tmp_name'], $targetpath)) { // Si ça fonctionne
            $error = 'OK';
        } else { // Si ça ne fonctionne pas
            $error = "Échec de l'enregistrement !";
        }
    } else {
        $error = 'Aucun fichier réceptionné !';
    }

// Et pour finir, on écrit l'appel vers la fonction uploadEnd :
?>

<script>
    window.top.window.uploadEnd("<?php echo $error; ?>", "<?php echo $filename; ?>");
</script>
```

Avec ce code, le fichier uploadé est analysé puis enregistré sur le serveur. Si vous souhaitez obtenir plus d'informations sur le fonctionnement de ce code PHP, n'hésitez pas à vous reporter au tutoriel « Upload de fichiers par formulaire » rédigé par DHKold sur le Site du Zéro.

▷ « Upload de fichiers par formulaire »
Code web : 165094

Avec ce script tout simple, il est donc possible de mettre en place un upload de fichiers sans « rechargement ». Il ne reste plus qu'à améliorer le système, notamment en sécurisant le script PHP (détecter le type MIME du fichier, pour n'autoriser que les images par exemple), ou en arrangeant le code Javascript pour afficher à la suite les fichiers uploadés s'il y en a plusieurs...

Si vous souhaitez essayer ce script en ligne, sachez que nous avons mis une version en ligne, mais que celle-ci n'enregistre pas les fichiers sur le serveur et que cela implique donc que l'affichage de l'image n'est pas effectué. Vous êtes en revanche prévenus lorsqu'un fichier a fini d'être uploadé, ce qui est, somme toute, le but principal de notre script.

▷ Essayer la version « light »
Code web : 478806

En résumé

- L'utilisation d'une iframe est une technique AJAX assez répandue et facile à mettre en œuvre pour réaliser un upload de fichiers compatible avec tous les navigateurs.

- Il suffit d'utiliser l'événement `load` sur une iframe pour savoir si la page qu'elle contient vient d'être chargée. Il ne reste plus qu'à accéder à cette page et à récupérer ce qui nous intéresse.
- Depuis une iframe, il faut utiliser `window.top` pour accéder à la page qui contient l'iframe. C'est utile dans le cas d'un *callback*.

Chapitre 27

Dynamic Script Loading (DSL)

Difficulté :

L'un des chapitres précédents a mis en lumière un des fondements de l'AJAX : l'objet `XMLHttpRequest`. Mais il n'a pas fallu attendre cet objet pour avoir la possibilité de dialoguer avec un serveur, comme nous allons le voir ici !

Au cours de ce chapitre vous allez découvrir une manière astucieuse de dialoguer avec un serveur. Elle possède un avantage considérable face à l'objet `XMLHttpRequest` : elle n'est en aucun cas limitée par le principe de la *same origin policy* !

Un concept simple

Avec le DOM, il est possible d'insérer n'importe quel élément HTML au sein d'une page Web, et cela vaut également pour un élément `<script>`. Il est donc possible de lier et d'exécuter un fichier Javascript après que la page a été chargée :

```
window.addEventListener('load', function() {

    var scriptElement = document.createElement('script');
        scriptElement.src = 'url/du/fichier.js';

    document.body.appendChild(scriptElement);

}, false);
```

Avec ce code, un nouvel élément `<script>` sera inséré dans la page une fois que cette dernière aura été chargée. Mais s'il est possible de charger un fichier Javascript à la demande, pourquoi ne pas s'en servir pour charger des données, et « faire de l'AJAX » ?

Un premier exemple

Nous allons commencer par quelque chose de très simple : dans une page HTML, on va charger un fichier Javascript qui exécutera une fonction. Cette fonction se trouve dans la page HTML.

```
<script>

function sendDSL() {
    var scriptElement = document.createElement('script');
        scriptElement.src = 'dsl_script.js';

    document.body.appendChild(scriptElement);
}

function receiveMessage(message) {
    alert(message);
}

</script>

<p><button type="button" onclick="sendDSL()">Exécuter le script
    </button></p>
```

Voici maintenant le contenu du fichier `dsl_script.js` :

```
receiveMessage('Ce message est envoyé par le serveur !');
```

Décortiquons tout cela. Dès qu'on clique sur le bouton, la fonction `sendDSL()` va charger le fichier Javascript qui contient un appel vers la fonction `receiveMessage()`, tout en prenant soin de lui passer un message en paramètre. Ainsi, via la fonction `receiveMessage()`, on est en mesure de récupérer du contenu. Évidemment, cet exemple n'est pas très intéressant puisque l'on sait à l'avance ce que le fichier Javascript va renvoyer. Ce que nous allons faire, c'est créer le fichier Javascript via du PHP !

Avec des variables et du PHP

Maintenant, au lieu d'appeler un fichier Javascript, nous allons appeler une page PHP. Si on reprend le code donné précédemment, on peut modifier l'URL du fichier Javascript :

```
scriptElement.src = 'dsl_script.php?nick=' + prompt('Quel est
    votre pseudo ?');
```

En ce qui concerne le fichier PHP, il va falloir utiliser la fonction `header()` pour indiquer au navigateur que le contenu du fichier PHP est en réalité du Javascript. Puis, il ne reste plus qu'à introduire la variable `$_GET['nick']` au sein du script Javascript :

```
<?php header("Content-type: text/javascript"); ?>

var string = 'Bonjour <?php echo $_GET['nick'] ?> !';

receiveMessage(string);
```

▷ Essayer le code complet
Code web : 453361

Et voilà ! Maintenant, si on teste le tout, on constate que le script retourne bien le pseudo que l'utilisateur a entré.

Le DSL et le format JSON

Le gros avantage du **Dynamic Script Loading** (pour « chargement dynamique de script », abrégé DSL) est qu'il permet de récupérer du contenu sous forme d'objets Javascript, comme un tableau ou tout simplement un objet littéral, et donc le fameux JSON. Si on récupère des données JSON via `XMLHttpRequest`, ces données sont livrées sous la forme de texte brut (récupérées via la propriété `responseText`). Il faut donc utiliser la méthode `parse()` de l'objet `JSON` pour pouvoir les interpréter. Avec le DSL, ce petit souci n'existe pas puisque c'est du Javascript qui est transmis, et non du texte !

Charger du JSON

Comme dans l'exemple précédent, nous allons utiliser une page PHP pour générer le contenu du fichier Javascript, et donc notre JSON. Les données JSON contiennent une liste d'éditeurs et pour chacun une liste de programmes qu'ils éditent :

```php
<?php

header("Content-type: text/javascript");

echo 'var softwares = {
    "Adobe": [
        "Acrobat",
        "Dreamweaver",
        "Photoshop",
        "Flash"
    ],
    "Mozilla": [
        "Firefox",
        "Thunderbird",
        "Lightning"
    ],
    "Microsoft": [
        "Office",
        "Visual C# Express",
        "Azure"
    ]
};';

?>

receiveMessage(softwares);
```

Au niveau de la page HTML, pas de gros changements... Nous allons juste coder une meilleure fonction `receiveMessage()` de manière à afficher, dans une alerte, les données issues du JSON. On utilise une boucle `for in` pour parcourir le tableau associatif, et une deuxième boucle `for` imbriquée pour chaque tableau :

```html
<script>

function sendDSL() {
    var scriptElement = document.createElement('script');
        scriptElement.src = 'dsl_script_json.php';

    document.body.appendChild(scriptElement);
}

function receiveMessage(json) {
    var tree = '', nbItems, i;

    for (node in json) {
        tree    += node + "\n";
        nbItems = json[node].length;

        for (i=0; i<nbItems; i++) {
            tree += '\t' + json[node][i] + '\n';
        }
```

```
    }

    alert(tree);
}

</script>

<p><button type="button" onclick="sendDSL()">Charger le JSON</
    button></p>
```

▷ Essayer le code complet
Code web : 910771

Avec ça, pas besoin de parser le JSON, c'est directement opérationnel !

Petite astuce pour le PHP

Le PHP dispose de deux fonctions pour manipuler du JSON : la première, `json_encode()`, permet de convertir une variable (un tableau associatif par exemple) en une chaîne de caractères au format JSON. La deuxième, `json_decode()`, fait le contraire : elle recrée une variable à partir d'une chaîne de caractères au format JSON. Ça peut être utile dans le cas de manipulation de JSON avec du PHP !

En résumé

- Il est possible de charger un fichier `.js` en ajoutant un élément `<script>` via le Javascript. On appelle cela le *Dynamic Script Loading*.
- Cette technique est particulièrement efficace pour charger des données au format JSON.
- Comme pour les iframes vues précédemment, il faut utiliser un système de *callback* pour transmettre les données une fois le fichier Javascript chargé.

Chapitre 28

TP : un système d'auto-complétion

Difficulté :

Après avoir absorbé autant d'informations sur le concept de l'AJAX, il est grand temps de mettre en pratique une bonne partie de vos connaissances. Le TP de cette partie sera consacré à la création d'un système d'auto-complétion qui sera capable d'aller chercher, dans un fichier, les villes de France commençant par les lettres que vous aurez commencé à écrire dans le champ de recherche. Le but est d'accélérer et de valider la saisie de vos mot-clés.

Malheureusement, ce TP n'utilisera l'AJAX que par le biais de l'objet `XMLHttpRequest` afin de rester dans des dimensions raisonnables. Cependant, il s'agit, et de loin, de la méthode la plus en vogue de nos jours, l'utilisation d'iframes et de DSL étant réservée à des cas bien plus particuliers.

Présentation de l'exercice

Les technologies à employer

Avant de commencer, il nous faut déterminer le type de technologie dont nous avons besoin, car ici nous ne faisons pas uniquement appel au Javascript, nous allons devoir employer d'autres langages.

Dans un cadre général, un système d'auto-complétion fait appel à trois technologies différentes :

- Un langage client ayant la capacité de dialoguer avec un serveur ;
- Un langage serveur capable de fournir les données au client ;
- Une base de données qui stocke toutes les données.

Dans notre cas, nous allons utiliser le Javascript ainsi que le PHP (bien que n'importe quel autre langage serveur soit capable de faire son travail). Nous allons, en revanche, faire une petite entorse au troisième point en utilisant un fichier de stockage plutôt qu'une base de données, cela pour une raison bien simple : simplifier notre code, surtout que nous n'avons pas besoin d'une base de données pour le peu de données à enregistrer.

Principe de l'auto-complétion

Un système d'auto-complétion se présente comme à la figure 28.1.

FIGURE 28.1 – Google a mis en place un système d'auto-complétion sur son moteur de recherche

Le principe est simple mais efficace : dès qu'un utilisateur tape un caractère dans le champ, une recherche est immédiatement effectuée et retournée au navigateur. Ce dernier affiche alors les résultats dans un petit cadre généralement situé sous le champ de recherche. Les résultats affichés peuvent alors être parcourus, soit par le biais des touches fléchées du clavier (haut et bas), soit par le biais du curseur de la souris. Si on choisit un des résultats listés, celui-ci est alors automatiquement écrit dans le champ de recherche en lieu et place de ce qui avait été écrit par l'utilisateur. Il ne reste alors plus qu'à lancer la recherche.

L'avantage de ce type de script, c'est que l'on gagne un temps fou : la recherche peut être effectuée en tapant seulement quelques caractères. Cela est aussi très utile lorsque l'on ne connaît qu'une partie du terme recherché ou bien quand on fait une faute de frappe.

Conception

Nous connaissons le principe de l'auto-complétion et les technologies nécessaires. Cependant, cela n'explique pas comment tout cela doit être utilisé. Nous allons donc vous guider pour vous permettre de vous lancer sans trop d'appréhension dans ce vaste projet.

L'interface

Commençons par l'interface ! De quoi allons-nous avoir besoin ? L'auto-complétion étant affiliée, généralement, à tout ce qui est du domaine de la recherche, il va nous falloir un champ de texte pour écrire les mots-clés. Cependant, ce dernier va nous poser problème, car le navigateur enregistre généralement ce qui a été écrit dans les champs de texte afin de vous le reproposer plus tard sous forme d'auto-complétion, ce qui va donc faire doublon avec notre système... Heureusement, il est possible de désactiver cette auto-complétion en utilisant l'attribut `autocomplete` de cette manière :

```
<input type="text" autocomplete="off" />
```

À cela nous allons devoir ajouter un élément capable d'englober les suggestions de recherches. Celui-ci sera composé d'une balise `<div>` contenant autant de `<div>` que de résultats, comme ceci :

```
<div id="results">
  <div>Résultat 1</div>
  <div>Résultat 2</div>
</div>
```

Chaque résultat dans les suggestions devra changer d'aspect lorsque celui-ci sera survolé ou sélectionné par le biais des touches fléchées.

En ce qui concerne un éventuel bouton de type `submit`, nous allons nous en passer, car notre but n'est pas de lancer la recherche, mais seulement d'afficher une auto-complétion.

> À titre d'information, puisque vous allez devoir gérer les touches fléchées, voici les valeurs respectives de la propriété `keyCode` pour les touches Haut, Bas et Entrée : 38, 40 et 13.

La communication client/serveur

Contrairement à ce que l'on pourrait penser, il ne s'agit pas ici d'une partie bien compliquée car, dans le fond, qu'allons-nous devoir faire ? Simplement effectuer une requête à chaque caractère écrit afin de proposer une liste de suggestions. Il nous faudra donc une fonction liée à l'événement `keyup` de notre champ de recherche, qui sera chargée d'effectuer une nouvelle requête à chaque caractère tapé.

Cependant, admettons que nous tapions deux caractères dans le champ de recherche, que la première requête réponde en 100 ms et la seconde en 65 ms : nous allons alors obtenir les résultats de la première requête **après** ceux de la seconde et donc afficher des suggestions qui ne seront plus du tout en accord avec les caractères tapés dans le champ de recherche. La solution à cela est simple : utiliser la méthode `abort()` sur la précédente requête effectuée si celle-ci n'est pas terminée. Ainsi, elle ne risque pas de renvoyer des informations dépassées par la suite.

Le traitement et le renvoi des données

Côté serveur, nous allons faire un script de recherche basique sur lequel nous ne nous attarderons pas trop, le PHP n'étant pas notre priorité. Le principe consiste à rechercher les villes qui correspondent aux lettres entrées dans le champ de recherche. Nous vous avons conçu une petite archive ZIP dans laquelle vous trouverez un tableau PHP linéarisé contenant les plus grandes villes de France, il ne vous restera plus qu'à l'analyser.

▷ Télécharger l'archive
Code web : 794886

> La linéarisation d'une variable en PHP permet de sauvegarder des données sous forme de chaîne de caractères. Cela est pratique lorsque l'on souhaite sauvegarder un tableau dans un fichier, c'est ce que nous avons fait pour les villes. Les fonctions permettant de faire cela se nomment `serialize()` et `unserialize()`

.

▷ `serialize()`
Code web : 626200

▷ `unserialize()`
Code web : 261540

Le PHP n'étant pas forcément votre point fort (après tout, vous êtes là pour apprendre le Javascript), nous allons tâcher de bien détailler ce que vous devez faire pour réussir à faire votre recherche.

Tout d'abord, il vous faut récupérer les données contenues dans le fichier `towns.txt` (disponible dans l'archive fournie plus haut). Pour cela, il va vous falloir lire ce fichier avec la fonction `file_get_contents()`, puis convertir son contenu en tant que tableau PHP grâce à la fonction `unserialize()`.

▷ `file_get_contents()`
Code web : 667765

Une fois cela fait, le tableau obtenu doit être parcouru à la recherche de résultats en cohérence avec les caractères tapés par l'utilisateur dans le champ de recherche. Pour cela, vous aurez besoin d'une boucle ainsi que de la fonction `count()` pour obtenir le nombre d'éléments contenus dans le tableau.

Nous n'allons pas vous mettre de codes web pour toutes les fonctions PHP nécessaires. Trouver la documentation de ces fonctions est aisé, il suffit de vous rendre sur la documentation PHP et d'écrire la fonction recherchée dans le champ de recherche en haut à droite avant de valider.

▷ Documentation PHP
Code web : 305230

Pour vérifier si un index du tableau correspond à votre recherche, il va vous falloir utiliser la fonction `stripos()`, qui permet de vérifier si une chaîne de caractères contient certains caractères, et ce sans tenir compte de la casse. Si vous trouvez un résultat en cohérence avec la recherche, alors ajoutez-le à un tableau (que vous aurez préalablement créé) grâce à la fonction `array_push()`.

Une fois le tableau parcouru, il ne vous reste plus qu'à trier les résultats avec la fonction `sort()`, puis à renvoyer les données au client...

Oui, mais sous quelle forme ? XML ? JSON ?

Ni l'une, ni l'autre ! Tout simplement sous forme de texte brut !

Pourquoi ? Pour une raison simple : le XML et le JSON sont utiles pour renvoyer des données qui ont besoin d'être structurées. Si nous avions eu besoin de renvoyer, en plus des noms de ville, le nombre d'habitants, de commerces et d'administrations françaises, alors nous aurions pu envisager l'utilisation du XML ou du JSON afin de structurer tout ça. Mais dans notre cas cela n'est pas utile, car nous ne faisons que renvoyer le nom de chaque ville trouvée.

Alors comment renvoyer tout ça sous forme de texte brut ? Nous pourrions faire un saut de ligne entre chaque ville retournée, mais ce n'est pas spécialement pratique à analyser pour le Javascript. Nous allons donc devoir choisir un caractère de séparation qui n'est jamais utilisé dans le nom d'une ville. Dans ce TP, nous allons donc utiliser la barre verticale |, ce qui devrait nous permettre de retourner du texte brut sous cette forme :

```
Paris|Perpignan|Patelin-Paumé-Sur-Toise|Etc.
```

Tout comme `join()` en Javascript, il existe une fonction PHP qui vous permet de concaténer toutes les valeurs d'un tableau dans une chaîne de caractères avec un ou plusieurs caractères de séparation : il s'agit de la fonction `implode()`. Une fois la fonction utilisée, il ne vous reste plus qu'à retourner le tout au client avec un bon vieil `echo` et à analyser cela côté Javascript.

C'est à vous !

Maintenant que vous avez toutes les cartes en main, à vous de jouer ! N'hésitez pas à regarder la correction du fichier PHP si besoin, nous pouvons comprendre que vous puissiez ne pas le coder vous-mêmes sachant que ce n'est pas le sujet de ce cours.

Mais je commence par où ? Le serveur ou le client ?

Il est préférable que vous commenciez par le code PHP afin de vous assurer que celui-ci fonctionne bien, cela vous évitera bien des ennuis de débogage.

En cas de dysfonctionnements dans votre code, pensez bien à regarder la console d'erreurs (voir chapitre 34) et aussi à vérifier ce que vous a renvoyé le serveur, car l'erreur peut provenir de ce dernier et non pas forcément du client.

Correction

Votre système d'auto-complétion est terminé ? Bien ! Fonctionnel ou pas, l'important est d'essayer et de comprendre d'où proviennent vos erreurs, donc ne vous en faites pas si vous n'avez pas réussi à aller jusqu'au bout.

Le corrigé complet

Vous trouverez ici la correction des différentes parties nécessaires à l'auto-complétion. Commençons tout d'abord par le code PHP du serveur, car nous vous avions conseillé de commencer par celui-ci :

```
<?php

    $data = unserialize(file_get_contents('towns.txt')); // Récupération de la liste complète des villes
    $dataLen = count($data);

    sort($data); // On trie les villes dans l'ordre alphabétique

    $results = array(); // Le tableau où seront stockés les résultats de la recherche

    // La boucle ci-dessous parcourt tout le tableau $data, jusqu'à un maximum de 10 résultats

        for ($i = 0 ; $i < $dataLen && count($results) < 10 ; $i++) {
            if (stripos($data[$i], $_GET['s']) === 0) { // Si la valeur commence par les mêmes caractères que la recherche

```

```
                array_push($results, $data[$i]); // On ajoute
                    alors le résultat à la liste à retourner

            }
        }

    echo implode('|', $results); // Et on affiche les résultats
        séparés par une barre verticale |

?>
```

Vient ensuite la structure HTML, qui est on ne peut plus simple :

```
<!DOCTYPE html>
<html>
  <head>
    <meta charset="utf-8" />
    <title>TP : Un système d'auto-complétion</title>
  </head>

  <body>

    <input id="search" type="text" autocomplete="off" />

    <div id="results"></div>

  </body>
</html>
```

Et pour finir, voici le code Javascript :

```
(function() {

    var searchElement = document.getElementById('search'),
        results = document.getElementById('results'),
        selectedResult = -1, // Permet de savoir quel résultat
            est sélectionné : -1 signifie « aucune sélection »
        previousRequest, // On stocke notre précédente requête
            dans cette variable
        previousValue = searchElement.value; // On fait de même
             avec la précédente valeur

    function getResults(keywords) { // Effectue une requête et
        récupère les résultats

        var xhr = new XMLHttpRequest();
        xhr.open('GET', './search.php?s='+ encodeURIComponent(
            keywords));

        xhr.onreadystatechange = function() {
            if (xhr.readyState == 4 && xhr.status == 200) {
```

```

                displayResults(xhr.responseText);

            }
        };

        xhr.send(null);

        return xhr;

    }

    function displayResults(response) { // Affiche les ré
        sultats d'une requête

        results.style.display = response.length ? 'block' : '
            none'; // On cache le conteneur si on n'a pas de ré
            sultats

        if (response.length) { // On ne modifie les résultats
            que si on en a obtenu

            response = response.split('|');
            var responseLen = response.length;

            results.innerHTML = ''; // On vide les résultats

            for (var i = 0, div ; i < responseLen ; i++) {

                div = results.appendChild(document.
                    createElement('div'));
                div.innerHTML = response[i];

                div.onclick = function() {
                    chooseResult(this);
                };

            }

        }

    }

    function chooseResult(result) { // Choisit un des résultats
        d'une requête et gère tout ce qui y est attaché

        searchElement.value = previousValue = result.innerHTML;
            // On change le contenu du champ de recherche et on
            enregistre en tant que précédente valeur
```

```
        results.style.display = 'none'; // On cache les résultats
        result.className = ''; // On supprime l'effet de focus
        selectedResult = -1; // On remet la sélection à zéro
        searchElement.focus(); // Si le résultat a été choisi par le biais d'un clic, alors le focus est perdu, donc on le réattribue

    }

    searchElement.onkeyup = function(e) {

        e = e || window.event; // On n'oublie pas la compatibilité pour IE

        var divs = results.getElementsByTagName('div');

        if (e.keyCode == 38 && selectedResult > -1) { // Si la touche pressée est la flèche « haut »

            divs[selectedResult--].className = '';

            if (selectedResult > -1) { // Cette condition évite une modification de childNodes[-1], qui n'existe pas, bien entendu
                divs[selectedResult].className = 'result_focus';
            }

        }

        else if (e.keyCode == 40 && selectedResult < divs.length - 1) { // Si la touche pressée est la flèche « bas »

            results.style.display = 'block'; // On affiche les résultats

            if (selectedResult > -1) { // Cette condition évite une modification de childNodes[-1], qui n'existe pas, bien entendu
                divs[selectedResult].className = '';
            }

            divs[++selectedResult].className = 'result_focus';

        }

        else if (e.keyCode == 13 && selectedResult > -1) { // Si la touche pressée est « Entrée »
```

```

                chooseResult(divs[selectedResult]);

            }

            else if (searchElement.value != previousValue) { // Si
                le contenu du champ de recherche a changé

                previousValue = searchElement.value;

                if (previousRequest && previousRequest.readyState <
                    4) {
                    previousRequest.abort(); // Si on a toujours
                        une requête en cours, on l'arrête
                }

                previousRequest = getResults(previousValue); // On
                    stocke la nouvelle requête

                selectedResult = -1; // On remet la sélection à zé
                    ro à chaque caractère écrit

            }

        };

    })();
```

▷ Essayer le code complet
Code web : 296827

Les explications

Ce TP n'est pas compliqué en soi mais aborde de nouveaux concepts, il se peut donc que vous soyez quelque peu perdus à la lecture des codes fournis. Laissez-nous vous expliquer comment tout cela fonctionne.

Le serveur : analyser et retourner les données

Comme indiqué plus tôt, il est préférable de commencer par coder notre script serveur, cela évite bien des désagréments par la suite, car il est possible d'analyser manuellement les données retournées par le serveur, et ce sans avoir déjà codé le script client. On peut donc s'assurer du bon fonctionnement du serveur avant de s'attaquer au client.

Tout d'abord, il nous faut définir comment le serveur va recevoir les mots-clés de la recherche. Nous avons choisi la méthode GET et un nom de champ « s », ce qui nous donne la variable PHP `$_GET['s']`.

> Les codes qui vont suivre utilisent diverses fonctions que vous ne connaissez peut-être pas. Si une fonction vous est inconnue, n'hésitez pas à retourner au début de ce chapitre, vous y trouverez de plus amples informations.

Avant de commencer notre analyse de données, il nous faut précharger le fichier, convertir son contenu en tableau PHP et enfin trier ce dernier. À cela s'ajoutent le calcul de la taille du tableau généré ainsi que la création d'un tableau pour sauvegarder les résultats en cohérence avec la recherche :

```php
<?php

    $data = unserialize(file_get_contents('towns.txt')); // Récupération de la liste complète des villes
    $dataLen = count($data);

    sort($data); // On trie les villes dans l'ordre alphabétique

    $results = array(); // Le tableau où seront stockés les résultats de la recherche

?>
```

Maintenant que toutes les données sont accessibles, il va nous falloir les analyser. Basiquement, il s'agit de la même opération qu'en Javascript : une boucle pour parcourir le tableau et une condition pour déterminer si le contenu est valide. Voici ce que cela donne en PHP :

```php
<?php
// La boucle ci-dessous parcourt tout le tableau $data, jusqu'à un maximum de 10 résultats

    for ($i = 0 ; $i < $dataLen && count($results) < 10 ; $i++) {
        if (stripos($data[$i], $_GET['s']) === 0) { // Si la valeur commence par les mêmes caractères que la recherche

            // Du code...

        }
    }

?>
```

La boucle `for` possède une condition un peu particulière qui stipule qu'elle doit continuer à tourner tant qu'elle n'a pas lu tout le tableau `$data` **et** qu'elle n'a pas atteint le nombre maximum de résultats à retourner. Cette limite de résultats est nécessaire, car une auto-complétion ne doit pas afficher tous les résultats sous peine de provoquer des ralentissements dus au nombre élevé de données, sans compter qu'un trop grand nombre de résultats serait difficile à parcourir (et à analyser) pour l'utilisateur.

La fonction `stripos()` retourne la première occurrence de la recherche détectée dans la valeur actuellement analysée. Il est nécessaire de vérifier que la valeur retournée est bien égale à 0, car nous ne souhaitons obtenir que les résultats qui **commencent** par notre recherche. La triple équivalence (===) s'explique par le fait que la fonction `stripos()` retourne `false` en cas d'échec de la recherche, ce que la double équivalence (==) aurait confondu avec un 0.

Une fois qu'un résultat cohérent a été trouvé, il ne reste plus qu'à l'ajouter à notre tableau `$results` :

```
<?php

    for ($i = 0 ; $i < $dataLen && count($results) < 10 ; $i++) {
        if (stripos($data[$i], $_GET['s']) === 0) { // Si la valeur commence par les mêmes caractères que la recherche

            array_push($results, $data[$i]); // On ajoute alors le résultat à la liste à retourner

        }
    }

?>
```

Une fois que la boucle a terminé son exécution, il ne reste plus qu'à retourner le contenu de notre tableau de résultats sous forme de chaîne de caractères. Lors de la présentation de ce TP, nous avons évoqué le fait de retourner les résultats séparés par une barre verticale, c'est donc ce que nous appliquons dans le code suivant :

```
<?php
    echo implode('|', $results); // On affiche les résultats séparés par une barre verticale |
?>
```

Ainsi, notre script côté client n'aura plus qu'à faire un bon vieux `split('|')` sur la chaîne de caractères obtenue grâce au serveur pour avoir un tableau listant les résultats obtenus.

Le client : préparer le terrain

Une fois le code du serveur écrit et testé, il ne nous reste « plus que » le code client à écrire. Cela commence par le code HTML, qui se veut extrêmement simple avec un champ de texte sur lequel nous avons désactivé l'auto-complétion ainsi qu'une balise `<div>` destinée à accueillir la liste des résultats obtenus :

```
<input id="search" type="text" autocomplete="off" />

```

```
<div id="results"></div>
```

Voilà tout pour la partie HTML ! En ce qui concerne le Javascript, il nous faut tout d'abord, avant de créer les événements et autres choses fastidieuses, déclarer les variables dont nous allons avoir besoin. Plutôt que de les laisser traîner dans la nature, nous allons les déclarer dans une IEF (pour les trous de mémoire sur ce terme, cela se passe à partir de la page 6) :

```
(function() {

    var searchElement = document.getElementById('search'),
        results = document.getElementById('results'),
        selectedResult = -1, // Permet de savoir quel résultat est sélectionné : -1 signifie « aucune sélection »
        previousRequest, // On stocke notre précédente requête dans cette variable
        previousValue = searchElement.value; // On fait de même avec la précédente valeur

})();
```

Si l'utilité de la variable `previousValue` vous semble douteuse, ne vous en faites pas, vous allez vite comprendre à quoi elle sert !

Le client : gestion des événements

L'événement utilisé est `keyup` et va se charger de gérer les interactions entre l'utilisateur et la liste de suggestions. Il doit permettre, par exemple, de naviguer dans la liste de résultats et d'en choisir un avec la touche `Entrée`, mais il doit aussi détecter quand le contenu du champ de recherche change et alors faire appel au serveur pour obtenir une nouvelle liste de résultats.

Commençons tout d'abord par initialiser l'événement en question ainsi que les variables nécessaires :

```
searchElement.onkeyup = function(e) {

    e = e || window.event; // On n'oublie pas la compatibilité pour IE

    var divs = results.getElementsByTagName('div'); // On récupère la liste des résultats

};
```

Commençons tout d'abord par gérer les touches fléchées `Haut` et `Bas`. C'est là que notre variable `selectedResult` entre en action, car elle stocke la position actuelle de la sélection des résultats. Avec -1, il n'y a aucune sélection et le curseur se trouve donc sur le champ de recherche ; avec 0, le curseur est positionné sur le premier résultat, 1 désigne le deuxième résultat, etc.

Pour chaque déplacement de la sélection, il vous faut appliquer un style sur le résultat sélectionné afin que l'on puisse le distinguer des autres. Il existe plusieurs solutions pour cela, cependant nous avons retenu celle qui utilise les classes CSS. Autrement dit, lorsqu'un résultat est sélectionné, vous n'avez qu'à lui attribuer une classe CSS qui va modifier son style. Cette classe doit bien sûr être retirée dès qu'un autre résultat est sélectionné. Concrètement, cette solution donne ceci pour la gestion de la flèche `Haut` :

```
1 if (e.keyCode == 38 && selectedResult > -1) { // Si la touche pressée est la flèche « haut »
2
3     divs[selectedResult--].className = ''; // On retire la classe de l'élément inférieur et on décrémente la variable « selectedResult »
4
5     if (selectedResult > -1) { // Cette condition évite une modification de childNodes[-1], qui n'existe pas, bien entendu
6         divs[selectedResult].className = 'result_focus'; // On applique une classe à l'élément actuellement sélectionné
7     }
8
9 }
```

Vous constaterez que la première condition doit vérifier deux règles. La première est la touche frappée, jusque là tout va bien. Quant à la seconde règle, elle consiste à vérifier que notre sélection n'est pas déjà positionnée sur le champ de texte, afin d'éviter de sortir de notre « champ d'action », qui s'étend du champ de texte jusqu'au dernier résultat suggéré par notre auto-complétion.

Curieusement, nous retrouvons une seconde condition (ligne 5) effectuant la même vérification que la première : `selectedResult > -1`. Cela est en fait logique, car si l'on regarde bien la troisième ligne, la valeur de `selectedResult` est décrémentée, il faut alors effectuer une nouvelle vérification.

Concernant la flèche `Bas`, les changements sont assez peu flagrants, ajoutons donc la gestion de cette touche à notre code :

```
else if (e.keyCode == 40 && selectedResult < divs.length - 1) { // Si la touche pressée est la flèche « bas »

    results.style.display = 'block'; // On affiche les résultats « au cas où »

    if (selectedResult > -1) { // Cette condition évite une modification de childNodes[-1], qui n'existe pas, bien entendu
        divs[selectedResult].className = '';
    }

```

```
        divs[++selectedResult].className = 'result_focus';

}
```

Ici, les changements portent surtout sur les valeurs à analyser ou à modifier. On ne décrémente plus `selectedResult` mais on l'incrémente. La première condition est modifiée afin de vérifier que l'on ne se trouve pas **à la fin** des résultats au lieu du début, etc.

Et, surtout, l'ajout d'une nouvelle ligne (la troisième) qui permet d'afficher les résultats dans tous les cas. Pourquoi cet ajout ? Eh bien, pour simplifier l'utilisation de notre script. Vous le constaterez plus tard, mais lorsque vous choisirez un résultat (donc un clic ou un appui sur `Entrée`) cela entraînera la disparition de la liste des résultats. Grâce à l'ajout de notre ligne de code, vous pourrez les réafficher très simplement en appuyant sur la flèche `Bas` !

Venons-en maintenant à la gestion de cette fameuse touche `Entrée` :

```
else if (e.keyCode == 13 && selectedResult > -1) { // Si la
    touche pressée est « Entrée »

    chooseResult(divs[selectedResult]);

}
```

Alors oui, vous êtes en droit de vous demander quelle est cette fonction `chooseResult()`. Il s'agit en fait d'une des trois fonctions que nous allons créer, mais plus tard ! Pour le moment, retenez seulement qu'elle permet de choisir un résultat (et donc de gérer tout ce qui s'ensuit) et qu'elle prend en paramètre l'élément à choisir. Nous nous intéresserons à son code un peu plus tard.

Maintenant, il ne nous reste plus qu'à détecter quand le champ de texte a été modifié.

> C'est simple, à chaque fois que l'événement `keyup` se déclenche, cela veut dire que le champ a été modifié, non ?

Pas tout à fait, non ! Cet événement se déclenche quelle que soit la touche relâchée, cela inclut donc les touches fléchées, les touches de fonction, etc. Tout cela nous pose problème au final, car nous souhaitons savoir quand la valeur du champ de recherche est modifiée et non pas quand une touche quelconque est relâchée. Il y aurait une solution à cela : vérifier que la touche enfoncée fournit bien un caractère, cependant il s'agit d'une vérification assez fastidieuse et pas forcément simple à mettre en place si l'on souhaite être compatible avec Internet Explorer.

C'est donc là que notre variable `previousValue` entre en piste ! Le principe est d'y enregistrer la dernière valeur du champ de recherche. Ainsi, dès que notre événement se déclenche, il suffit de comparer la variable `previousValue` à la valeur actuelle du champ de recherche ; si c'est différent, alors on enregistre la nouvelle valeur du champ dans la variable, on effectue ce qu'on a à faire et c'est reparti pour un tour. Simple, mais efficace !

Une fois que l'on sait que la valeur de notre champ de texte a été modifiée, il ne nous reste plus qu'à lancer une nouvelle requête effectuant la recherche auprès du serveur :

```
1 else if (searchElement.value != previousValue) { // Si le contenu du champ de recherche a changé
2
3     previousValue = searchElement.value; // On change la valeur précédente par la valeur actuelle
4
5     getResults(previousValue); // On effectue une nouvelle requête
6
7     selectedResult = -1; // On remet la sélection à zéro à chaque caractère écrit
8
9 }
```

La fonction `getResults()` sera étudiée plus tard, elle est chargée d'effectuer une requête auprès du serveur, puis d'en afficher ses résultats. Elle prend en paramètre le contenu du champ de recherche.

Il est nécessaire de remettre la sélection des résultats à -1 (ligne 7) car la liste des résultats va être actualisée. Sans cette modification, nous pourrions être positionnés sur un résultat inexistant. La valeur -1 étant celle désignant le champ de recherche, nous sommes sûrs que cette valeur ne posera jamais de problème.

Alors, en théorie, notre code fonctionne plutôt bien, mais il manque cependant une chose : nous ne nous sommes pas encore servis de la variable `previousRequest`. Rappelez-vous, elle est supposée contenir une référence vers le dernier objet XHR créé, cela afin que sa requête puisse être annulée dans le cas où nous aurions besoin de lancer une nouvelle requête alors que la précédente n'est pas encore terminée. Mettons donc son utilisation en pratique :

```
else if (searchElement.value != previousValue) { // Si le contenu du champ de recherche a changé

    previousValue = searchElement.value;

    if (previousRequest && previousRequest.readyState < 4) {
        previousRequest.abort(); // Si on a toujours une requête en cours, on l'arrête
    }

    previousRequest = getResults(previousValue); // On stocke la nouvelle requête

    selectedResult = -1; // On remet la sélection à zéro à chaque caractère écrit

}
```

Alors, qu'avons-nous de nouveau ? Il faut savoir que la fonction `getResults()` est censée retourner l'objet XHR initialisé, nous profitons donc de cela pour stocker ce dernier dans la variable `previousRequest` (ligne 9).

Ligne 5, vous pouvez voir une condition qui vérifie si la variable `previousRequest` est bien initalisée et surtout si l'objet XHR qu'elle référence a bien terminé son travail. Si l'objet existe mais que son travail n'est pas terminé, alors on utilise la méthode `abort()` sur cet objet avant de faire une nouvelle requête.

Le client : déclaration des fonctions

Une fois la mise en place des événements effectuée, il faut passer aux fonctions, car nous faisons appel à elles sans les avoir déclarées. Ces dernières sont au nombre de trois :

- `getResults()` : effectue une recherche sur le serveur ;
- `displayResults()` : affiche les résultats d'une recherche ;
- `chooseResult()` : choisit un résultat.

Effectuons les étapes dans l'ordre et commençons par la première, `getResults()`. Cette fonction doit s'occuper de contacter le serveur, de lui communiquer les lettres de la recherche, puis de récupérer la réponse. C'est donc elle qui va se charger de gérer les requêtes XHR. Voici la fonction complète :

```
function getResults(keywords) { // Effectue une requête et ré
    cupère les résultats

    var xhr = new XMLHttpRequest();
    xhr.open('GET', './search.php?s='+ encodeURIComponent(
        keywords));

    xhr.onreadystatechange = function() {
        if (xhr.readyState == 4 && xhr.status == 200) {

            // Le code une fois la requête terminée et réussie
               ...

        }
    };

    xhr.send(null);

    return xhr;

}
```

Nous avons donc une requête XHR banale qui envoie les termes de la recherche à la page `search.php`, le tout dans une variable GET nommée « s ». Comme vous pouvez le constater, pensez bien à utiliser la fonction `encodeURIComponent()` afin d'éviter tout caractère indésirable dans l'URL de la requête.

Le mot-clé `return` en fin de fonction retourne l'objet XHR initialisé afin qu'il puisse être stocké dans la variable `previousRequest` pour effectuer une éventuelle annulation de la requête grâce à la méthode `abort()`.

Une fois la requête terminée et réussie, il ne reste plus qu'à afficher les résultats, nous allons donc passer ces derniers en paramètres à la fonction `displayResults()` :

```
xhr.onreadystatechange = function() {
    if (xhr.readyState == 4 && xhr.status == 200) {

        displayResults(xhr.responseText);

    }
};
```

Passons maintenant à la fonction `displayResults()`. Cette dernière a pour but d'afficher à l'utilisateur les résultats de la recherche. Son but est donc de **parser** la réponse de la requête, puis de créer les éléments HTML nécessaires à l'affichage, et enfin de leur attribuer à chacun un des résultats de la recherche. Ce qui nous donne donc ceci :

```
function displayResults(response) { // Affiche les résultats d'
    une requête

    results.style.display = response.length ? 'block' : 'none';
        // On cache le conteneur si on n'a pas de résultats

    if(response.length) { // On ne modifie les résultats que si
        on en a obtenu

        response = response.split('|'); // On parse la réponse
            de la requête afin d'obtenir les résultats dans un
            tableau
        var responseLen = response.length;

        results.innerHTML = ''; // On vide les anciens ré
            sultats

        for (var i = 0, div ; i < responseLen ; i++) { // On
            parcourt les nouveaux résultats

            div = results.appendChild(document.createElement('
                div')); // Ajout d'un nouvel élément <div>
            div.innerHTML = response[i];

            div.onclick = function() {
                chooseResult(this); // Le résultat sera choisi
                    s'il est cliqué
            };

        }

```

```
        }

}
```

Rien de bien terrible, n'est-ce pas ? Il suffit juste de comprendre que cette fonction crée un nouvel élément pour chaque résultat trouvé et lui attribue un contenu et un événement, rien de plus.

Maintenant, il ne nous reste plus qu'à étudier la fonction `chooseResult()`. Basiquement, son but est évident : choisir un résultat, ce qui veut dire qu'un résultat a été sélectionné et doit venir remplacer le contenu de notre champ de recherche. D'un point de vue utilisateur, l'opération semble simple, mais d'un point de vue développeur il faut penser à gérer pas mal de choses, comme la réinitialisation des styles des résultats par exemple. Voici la fonction :

```
function chooseResult(result) { // Choisit un des résultats d'
    une requête et gère tout ce qui y est attaché

    searchElement.value = previousValue = result.innerHTML; //
        On change le contenu du champ de recherche et on
        enregistre en tant que précédente valeur
    results.style.display = 'none'; // On cache les résultats
    result.className = ''; // On supprime l'effet de focus
    selectedResult = -1; // On remet la sélection à zéro
    searchElement.focus(); // Si le résultat a été choisi par
        le biais d'un clic, alors le focus est perdu, donc on le
         réattribue

}
```

Vous voyez, il n'y a rien de bien compliqué pour cette fonction, mais il fallait penser à tous ces petits détails pour éviter d'éventuels bugs minimes.

La correction de ce TP est maintenant terminée, n'hésitez pas à l'améliorer selon vos envies, les possibilités sont multiples.

Idées d'améliorations

Afin de ne pas vous laisser vous reposer sur vos lauriers jusqu'au prochain chapitre, nous vous proposons deux idées d'améliorations.

La première consiste à faciliter la saisie de caractères dans le champ de texte. Le principe consiste à écrire, dans le champ, le premier résultat et à surligner la partie qui n'a pas été mentionnée par l'utilisateur, comme à la figure 28.2.

Comme vous pouvez le constater, nous avons commencé à écrire les lettres « to », les résultats se sont affichés et surtout le script nous a rajouté les derniers caractères du premier résultat tout en les surlignant afin que l'on puisse réécrire par-dessus sans être gêné dans notre saisie. Ce n'est pas très compliqué à mettre en place, mais cela vous demandera un petit approfondissement du Javascript, notamment grâce au cours

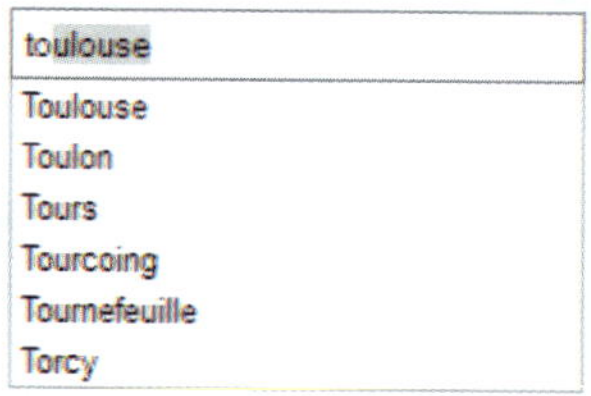

FIGURE 28.2 – Le premier résultat est écrit dans le champ et une partie est grisée

« Insertion de balises dans une zone de texte » rédigé par Sébastien de la Marck, alias Thunderseb, sur le Site du Zéro, cela afin de savoir comment surligner seulement une partie d'un texte contenu dans un champ.

▷ « Insertion de balises dans une zone de texte »
Code web : 100371

La deuxième amélioration consiste à vous faire utiliser un format de structuration afin d'afficher bien plus de données. Par exemple, vous pouvez très bien ajouter des données pour quelques villes (pas toutes quand même), tout transférer de manière structurée grâce au JSON et afficher le tout dans la liste des résultats, comme à la figure 28.3.

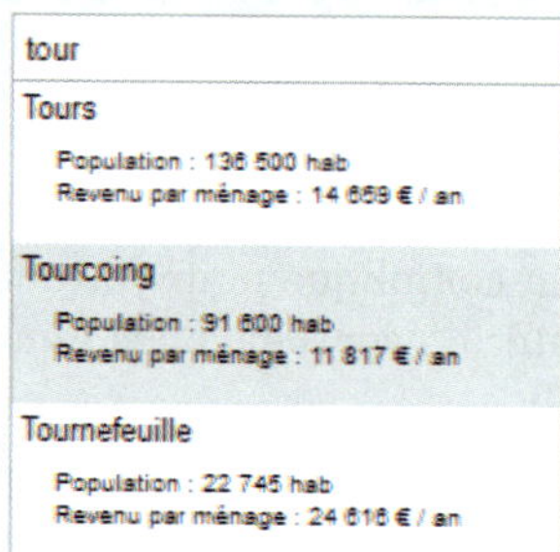

FIGURE 28.3 – Il est possible d'afficher des données sur les villes grâce au JSON

Cela fait un bon petit défi, n'est-ce pas ? Sur ce, c'est à vous de choisir si vous souhaitez vous lancer dans cette aventure, nous nous retrouvons à la prochaine partie, qui traitera du HTML5.

Cinquième partie

Javascript et HTML5

Chapitre 29

Qu'est-ce que le HTML5 ?

Difficulté :

Le HTML5, ce n'est pas que de nouveaux éléments. Le HTML5 amène aussi son lot d'API[1] Javascript, qui vont nous permettre de faire des choses assez intéressantes qui n'étaient pas ou peu possibles avant.

Ce premier chapitre va être l'occasion de faire le tour des nouveautés apportées par le HTML5, avant de commencer l'étude de certaines API Javascript comme Audio et Video, mais aussi Drag & Drop et bien d'autres choses !

1. Application Programming Interface (Interface de Programmation)

Rappel des faits

On parle beaucoup du HTML5, mais au fond qu'est-ce que c'est ?

Le HTML5 (voir figure 29.1) n'est pas juste le successeur du HTML 4, il est bien plus que ça ! Alors que les langages HTML 4 et autres XHTML se focalisaient juste sur le contenu des pages Web, le HTML5 se focalise sur les applications Web et l'interactivité, sans toutefois délaisser l'accessibilité et la sémantique. Le HTML5 se positionne également comme concurrent des technologies Flash et Silverlight !

FIGURE 29.1 – Le logo de HTML5

Accessibilité et sémantique

Le HTML5 apporte dès lors de nouveaux éléments comme <nav>, <header>, <article>, <figure>... qui améliorent l'accessibilité, ainsi que des éléments comme <mark> ou <data> qui améliorent la sémantique (c'est-à-dire le sens qu'on donne aux textes).

Applications Web et interactivité

Mais ce qui nous intéresse surtout, c'est ce qui concerne les applications Web et l'interactivité ! Le HTML5 apporte de nombreux éléments comme <video>, <datagrid>, <meter>, <progress>, <output>... ainsi que de nouveaux types pour les éléments <input>, comme tel, url, date, number...

Et ce n'est pas tout ! Le HTML5 spécifie aussi un certain nombre d'API Javascript. Ces API Javascript sont des techniques que nous allons pouvoir utiliser pour développer des applications Web et ajouter de l'interactivité. Parmi ces API Javascript, on trouve par exemple l'API Drag & Drop, qui va nous permettre de réaliser des glisser-déposer de façon assez simple.

Nous l'avons déjà vu, mais un rappel ne fait jamais de mal : API signifie « Application Programming Interface ». Une API, dans le cadre d'une utilisation en Javascript, est un ensemble d'objets, de méthodes et de propriétés réunis sous un même thème. Si on considère l'API Drag & Drop, il s'agit d'un ensemble d'objets, de propriétés, de méthodes et même d'attributs HTML qui permettent de réaliser des glisser-déposer (**drag and drop** en anglais).

Concurrencer Flash (et Silverlight)

Le Flash a souvent été décrié car peu accessible, lourd, et nécessitant un plugin appelé Flash Player. Mais le Flash avait le gros avantage de faciliter la lecture de contenus multimédias, de façon quasi multiplateforme et sur tous les navigateurs, ce que ne permettait pas le HTML. En HTML, il a toujours été possible d'insérer du contenu multimédia avec l'élément `<embed>`, mais l'utilisateur devait disposer de certains plugins en fonction du format de la vidéo lue (QuickTime, Windows Media Player, RealPlayer...). Bref, au niveau du multimédia, le Flash mettait tout le monde d'accord !

Le HTML5 se place en concurrent du Flash, en fournissant des outils analogues de façon native : `<video>`, `<audio>` et surtout `<canvas>`. Il est donc possible dès à présent de lire des vidéos en HTML5 sans nécessiter ni Flash, ni un autre plugin contraignant. L'élément `<canvas>` permettra de dessiner et donc de réaliser des animations, comme on le ferait avec Flash et Silverlight !

Les API Javascript

Nous allons rapidement faire le tour des différentes API apportées par le HTML5. Certaines seront vues plus en détail par la suite, comme les API Drag & Drop et File, ainsi que Audio et Video.

Anciennes API désormais standardisées ou améliorées

History : gérer l'historique

Avec le Javascript, il a toujours été possible d'avancer et de reculer dans l'historique de navigation, c'est-à-dire simuler l'effet des boutons `Précédent` et `Suivant` du navigateur. L'API History permet désormais de faire plus, notamment en stockant des données lors de la navigation. Cela est utile pour les applications basées sur l'AJAX, où il est rarement possible de revenir en arrière.

▷ En savoir plus
Code web : 887945

Sélecteurs CSS : deux nouvelles méthodes

Le HTML5 apporte les méthodes `querySelector()` et `querySelectorAll()`, qui permettent d'atteindre des éléments sur base de sélecteurs CSS, dont les nouveaux sélecteurs CSS3 !

▷ En savoir plus
Code web : 902232

Timers : rien ne change, mais c'est standardisé

Les fonctions temporelles comme `setInterval()`, `clearInterval()`, `setTimeout()` et `clearTimeout()` sont enfin standardisées par HTML5.

▷ En savoir plus
Code web : 718512

Nouvelles API

ContentEditable

`ContentEditable` est une technique, inventée par Microsoft pour Internet Explorer, qui permet de rendre éditable un élément HTML. Cela permet à l'utilisateur d'entrer du texte dans un `<div>`, ou bien de créer une interface « WYSIWYG [2] », comme Word.

▷ En savoir plus
Code web : 873612

Web Storage

Le Web Storage est, d'une certaine manière, le successeur des fameux **cookies**. Cette API permet de conserver des informations dans **la mémoire du navigateur**, pendant le temps que vous naviguez, ou pour une durée beaucoup plus longue. Les cookies fournissent plus ou moins 4 KB de stockage, alors que le Web Storage en propose 5 MB pour la plupart des navigateurs et 10 MB pour Internet Explorer. Cependant, le Web Storage n'est pas accessible par les serveurs Web, les cookies sont donc toujours de rigueur.

Pour enregistrer une valeur, c'est tout simple, il suffit de faire :

```
localStorage.setItem('nom-de-ma-cle', 'valeur de la clé');
```

Il faut donc donner un nom à la clé pour pouvoir récupérer la valeur plus tard :

```
alert(localStorage.getItem('nom-de-ma-cle'));
```

Si les données ne doivent être gardées en mémoire que pendant le temps de la navigation (elles seront perdues si l'utilisateur ferme son navigateur), il convient d'utiliser `sessionStorage` au lieu de `localStorage`.

▷ En savoir plus
Code web : 434900

Web SQL Database

C'est en quelque sorte une **évolution** du Web Storage. Le Web Storage ne permet que de stocker des valeurs sous forme de clé, alors que le Web SQL Database fournit

2. *What You See Is What You Get*, c'est-à-dire « ce que vous voyez est ce que vous obtenez ».

une base de données complète ! C'est aussi plus complexe à utiliser, d'autant plus que Firefox ne l'implémente pas et utilise un autre type de base de données : IndexedDB.

▷ En savoir plus
Code web : 204000

WebSocket

Le WebSocket permet à une page Web de communiquer avec le serveur Web de façon bidirectionnelle : ça veut dire que le serveur peut envoyer des informations à la page, tout comme cette dernière peut envoyer des informations au serveur. C'est en quelque sorte une API approfondie du `XMLHttpRequest`. C'est plus complexe, car cela nécessite un serveur adapté.

▷ En savoir plus
Code web : 429718

Geolocation

L'API de géolocalisation permet, comme son nom le laisse entendre, de détecter la position géographique du visiteur. Mais attention, cela ne fonctionne que si l'utilisateur donne son accord, en réglant les paramètres de navigation de son navigateur. Ça fonctionne pour tous les navigateurs modernes, excepté Internet Explorer.

▷ En savoir plus
Code web : 781250

Workers et Messaging

L'API Workers permettent d'exécuter du code en tâche de fond. Ce code est alors exécuté en parallèle de celui de la page. Si le code de la page rencontre une erreur, ça n'affecte pas le code du Worker et inversement.

Le Worker est capable d'envoyer des messages au script principal via l'API Messaging. Le script principal peut aussi envoyer des messages au Worker. L'API Messaging peut aussi être utilisée pour envoyer et recevoir des messages entre une `<iframe>` et sa page mère, même si elles ne sont pas hébergées sur le même domaine.

L'API Messaging est notamment utilisée pour les extensions de certains navigateurs tels qu'Opera ou Google Chrome. Ainsi, pour ce dernier, les scripts peuvent communiquer avec une page spéciale appelée « page d'arrière-plan », qui permet d'enregistrer des préférences ou d'exécuter des actions spéciales, comme ouvrir un nouvel onglet.

▷ En savoir plus
Code web : 468449

Offline Web Application

Cette API sert à rendre disponible une page Web même si la connexion n'est pas active. Il suffit de spécifier une liste de fichiers que le navigateur doit garder en mémoire.

Quand la page est hors ligne, il convient d'utiliser une API comme Web Storage pour garder en mémoire des données, comme des e-mails à envoyer une fois la connexion rétablie, dans le cas d'un webmail.

▷ En savoir plus
Code web : 941171

Nouvelles API que nous allons étudier

Dans les chapitres suivants, nous allons porter notre attention sur quatre API :

- **Canvas** : elle a été introduite par Apple au sein de son navigateur Safari et permet de « dessiner » en Javascript. Pour cela, il faut utiliser le nouvel élément HTML5 `<canvas>`. Nous allons y consacrer un chapitre !
- **Drag & Drop** : cette API est issue d'Internet Explorer et permet de réaliser des glisser-déposer de façon relativement simple. Nous allons y revenir en détail.
- **File** : celle-ci va permettre de manipuler les fichiers de manière standard, sans passer par une quelconque extension navigateur. Nous allons également y revenir en détail.
- **Audio/Video** : rien de bien sorcier ici, ces API servent à manipuler les fichiers audio et vidéo. C'est d'ailleurs le sujet du prochain chapitre !

En résumé

- Le HTML5 est la nouvelle mouture du langage de balisage HTML. Il a été conçu afin d'améliorer l'accessibilité et la sémantique et augmenter l'interactivité avec l'utilisateur.
- Cette nouvelle version n'est pas qu'un amas de nouvelles balises. Elle apporte aussi de nouvelles technologies utilisables au sein du Javascript.
- Parmi les nouvelles API apportées par le HTML5, nous en étudierons quatre : *Canvas*, *Drag & Drop*, *File* et *Audio/Video*.

Chapitre 30

L'audio et la vidéo

Difficulté :

Une des grandes nouveautés du HTML5 est l'apparition des éléments `<audio>` et `<video>`, qui permettent de jouer des sons et d'exécuter des vidéos, le tout nativement, c'est-à-dire sans plugins tels que Flash, QuickTime ou même Windows Media Player. Nous allons donc voir ici comment interagir, via le Javascript, avec ces deux éléments !

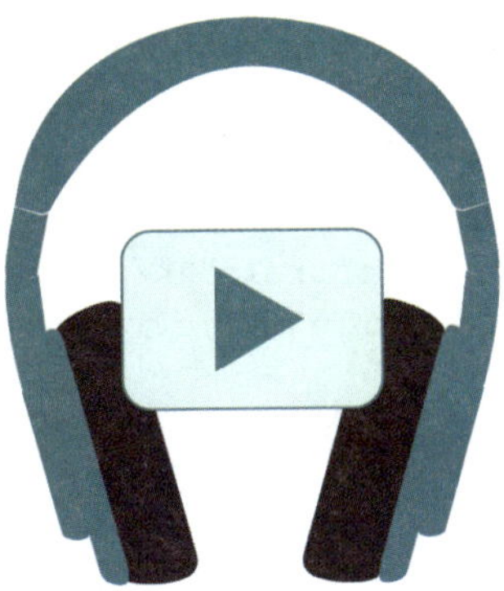

Pour bien comprendre ce chapitre, il serait bon que vous ayez quelques notions sur ces deux éléments HTML. Nous vous invitons à lire le chapitre « La vidéo et l'audio » du cours HTML5 de M@teo21 rédigé sur le Site du Zéro. C'est important, car nous ne reviendrons que très sommairement sur l'utilisation « HTML » de ces deux éléments : ici on s'occupe du Javascript !

▷ « La vidéo et l'audio »
Code web : 677503

L'audio

Les éléments `<audio>` et `<video>` se ressemblent fortement. D'ailleurs, ils sont représentés par le même objet, à savoir `HTMLMediaElement`. Comme ils dérivent du même objet, ils en possèdent les propriétés et méthodes.

L'insertion d'un élément `<audio>` est très simple.

```
<audio id="audioPlayer" src="hype_home.mp3"></audio>
```

Ce bout de code suffit à insérer un lecteur audio qui lira le son `hype_home.mp3`. Mais, nous, nous n'allons pas utiliser l'attribut `src`, mais plutôt deux éléments `<source>`, comme ceci :

```
<audio id="audioPlayer">
  <source src="hype_home.ogg"></source>
  <source src="hype_home.mp3"></source>
</audio>
```

De cette manière, si le navigateur est capable de lire le format .ogg, il le fera. Sans quoi, il lira le format .mp3. Ça permet une plus grande interopérabilité (compatibilité entre les navigateurs et les plates-formes).

Pour afficher un contrôleur de lecteur, il faut utiliser l'attribut booléen `controls`, comme ceci : `<audio controls="controls"></audio>`. Mais ici, c'est un cours de Javascript, donc nous allons créer notre propre contrôleur de lecture !

Contrôles simples

Voyons pour commencer comment recréer les boutons « Play », « Pause » et « Stop ». On commence par accéder à l'élément :

```
var player = document.querySelector('#audioPlayer');
```

Tant qu'à être dans la partie HTML5 du cours, vous remarquerez que nous utilisons désormais la méthode `querySelector()`, qui est, tout de même, bien plus pratique.

Si on veut lancer la lecture, on utilise la méthode `play()` :

```
player.play();
```

Si on veut faire une pause, c'est la méthode `pause()` :

```
player.pause();
```

Par contre, il n'y a pas de méthode `stop()`. Si on appuie sur un bouton « Stop », la lecture s'arrête et se remet au début. Pour ce faire, il suffit de faire « Pause » et d'indiquer que la lecture doit se remettre au début, avec la propriété `currentTime`, exprimée en secondes :

```
player.pause();
player.currentTime = 0;
```

On va créer un petit lecteur, dont voici le code HTML de base :

```
<audio id="audioPlayer">
  <source src="hype_home.ogg"></source>
  <source src="hype_home.mp3"></source>
</audio>

<button class="control" onclick="play('audioPlayer', this)">Play</button>
<button class="control" onclick="resume('audioPlayer')">Stop</button>
```

Deux boutons ont été placés : le premier est un bouton « Play » et « Pause » en même temps (comme sur la plupart des lecteurs modernes), et le second permet de stopper et de rembobiner la lecture. Voici les fonctions `play` et `resume` :

```
function play(idPlayer, control) {
    var player = document.querySelector('#' + idPlayer);

    if (player.paused) {
        player.play();
        control.textContent = 'Pause';
    } else {
        player.pause();
        control.textContent = 'Play';
    }
}

function resume(idPlayer) {
    var player = document.querySelector('#' + idPlayer);

    player.currentTime = 0;
    player.pause();
}
```

Le fonctionnement du bouton « Play » est simple : avec la méthode `paused`, on vérifie si la lecture est en pause. En fonction de ça, on fait `play()` ou `pause()`, et on change le libellé du bouton.

▷ Essayer ce code
Code web : 815874

Contrôle du volume

L'intensité sonore se règle avec la propriété `volume` sur une échelle allant de 0 à 1. Si le volume est à 0, il est muet, et s'il est à 1, il est à fond. Pour le diminuer de moitié, on mettra 0,5. On va faire un système très simple : cinq barres verticales cliquables qui permettent de choisir un niveau sonore prédéfini :

```
<span class="volume">
  <a class="stick1" onclick="volume('audioPlayer', 0)"></a>
  <a class="stick2" onclick="volume('audioPlayer', 0.3)"></a>
  <a class="stick3" onclick="volume('audioPlayer', 0.5)"></a>
  <a class="stick4" onclick="volume('audioPlayer', 0.7)"></a>
  <a class="stick5" onclick="volume('audioPlayer', 1)"></a>
</span>
```

Et la fonction associée :

```
function volume(idPlayer, vol) {
    var player = document.querySelector('#' + idPlayer);

    player.volume = vol;
}
```

▷ Essayer ce code
Code web : 703071

Barre de progression et *timer*

Un lecteur sans une barre de progression n'est pas un lecteur! Le HTML5 introduit un nouvel élément destiné à afficher une progression : l'élément `<progress>`. Il n'est toutefois utilisable qu'avec Firefox et Chrome. Mais nous n'allons pas l'utiliser ici, car cet élément n'est pas facilement personnalisable avec du CSS. On l'utilisera plus tard dans le chapitre sur l'API File.

Nous allons donc créer une barre de progression « à la main », avec des `<div>` et quelques calculs de pourcentages!

Ajoutons ce code HTML après l'élément `<audio>` :

```
<div>
  <div id="progressBarControl">
    <div id="progressBar">Pas de lecture</div>
  </div>
</div>
```

Analyser la lecture

Un élément `HTMLMediaElement` possède toute une série d'événements pour analyser et agir sur le lecteur. L'événement `ontimeupdate` va nous être utile pour détecter quand le média est en train d'être joué par le lecteur. Cet événement est déclenché continuellement pendant la lecture.

Ajoutons donc cet événement sur notre élément `<audio>` :

```
<audio id="audioPlayer" ontimeupdate="update(this)">
```

Et commençons à coder la fonction `update()` :

```
function update(player) {
    var duration = player.duration;     // Durée totale
    var time     = player.currentTime; // Temps écoulé
    var fraction = time / duration;
    var percent  = Math.ceil(fraction * 100);

    var progress = document.querySelector('#progressBar');

    progress.style.width = percent + '%';
    progress.textContent = percent + '%';
}
```

L'idée est de récupérer le temps écoulé et de calculer un pourcentage de manière à afficher la barre de progression (qui fait 100 % de large). Donc, si la chanson dure dix minutes et qu'on en est à une minute de lecture, on a lu 10 %.

La propriété `duration` sert à récupérer la durée totale du média. Le calcul est simple : on divise le temps écoulé par la durée totale et on multiplie par 100. Comme ça ne tombera certainement pas juste, on arrondit avec `Math.ceil()`. Une fois le pourcentage récupéré, on définit la largeur de la barre de progression, et on affiche le pourcentage à l'intérieur.

Le petit lecteur est désormais terminé !

▷ Essayer ce code
Code web : 812980

Améliorations

L'interface réalisée précédemment est fonctionnelle, mais rudimentaire. Deux améliorations principales sont possibles :

- Afficher le temps écoulé ;
- Rendre la barre de progression cliquable.

Afficher le temps écoulé

pour afficher le temps écoulé, il suffit d'utiliser la propriété `currentTime`. Le souci est que `currentTime` retourne le temps écoulé en secondes avec ses décimales. Il est donc possible de voir s'afficher un temps de lecture de 4,133968 secondes. Il convient donc de faire quelques opérations pour rendre ce nombre compréhensible. Voici la fonction `formatTime()` :

```
function formatTime(time) {
    var hours = Math.floor(time / 3600);
    var mins  = Math.floor((time % 3600) / 60);
    var secs  = Math.floor(time % 60);

    if (secs < 10) {
        secs = "0" + secs;
    }

    if (hours) {
        if (mins < 10) {
            mins = "0" + mins;
        }

        return hours + ":" + mins + ":" + secs; // hh:mm:ss
    } else {
        return mins + ":" + secs; // mm:ss
    }
}
```

On opère quelques divisions et arrondissements afin d'extraire le nombre d'heures, de minutes et de secondes. Puis on complète avec des 0 pour un affichage plus joli. On peut donc ajouter ceci à notre fonction `update()` :

```
document.querySelector('#progressTime').textContent =
    formatTime(time);
```

Et modifier la barre de progression pour y ajouter un `<span>` dans lequel s'affichera le temps écoulé :

```
<div id="progressBarControl">
  <div id="progressBar">Pas de lecture</div>
</div>
<span id="progressTime">00:00</span>
```

Rendre la barre de progression cliquable

Ici, ça se corse un peu. Si on clique sur la barre de progression, le comportement attendu est la lecture du fichier audio à partir de cet endroit. Il va donc falloir calculer l'endroit où on a cliqué et positionner la lecture en conséquence, avec la propriété `currentTime`.

Pour savoir où l'on a cliqué au sein d'un élément, il faut connaître deux choses : les coordonnées de la souris et les coordonnées de l'élément. Ces coordonnées sont calculées à partir du coin supérieur gauche de la page. La figure 30.1 est une explication plus imagée.

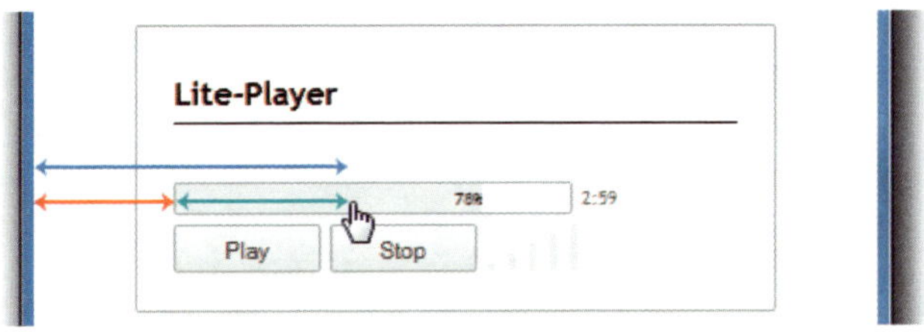

FIGURE 30.1 – Les coordonnées sont calculées à partir du coin supérieur gauche de la page

Pour connaître la distance représentée par la flèche turquoise, il suffit de soustraire la distance représentée par la flèche rouge (la position de la barre sur l'axe des X) à la distance représentée par la flèche bleue (la position X du curseur de la souris). C'est tout simple, mais la récupération des coordonnées n'est pas évidente.

L'exemple ici ne permet que de reculer dans la lecture, puisque seule la barre de progression est cliquable. Il est bien évidemment possible de coder un système pour avancer dans la lecture, en rendant cliquable le conteneur de la barre de progression.

Récupérer les coordonnées du curseur de la souris

Nous allons créer la fonction getMousePosition() qui recevra comme paramètre un événement et qui retournera les positions X et Y du curseur :

```
function getMousePosition(event) {
    if (event.pageX) {
        return {
            x: event.pageX,
            y: event.pageY
        };
    } else {
        return {
            x: event.clientX + document.body.scrollLeft +
                document.documentElement.scrollLeft,
            y: event.clientY + document.body.scrollTop  +
                document.documentElement.scrollTop
        };
    }
}
```

Les propriétés `pageX` et `pageY` de l'objet `event` permettent respectivement de récupérer les positions sur l'axe des X et sur l'axe des Y. Ça fonctionne pour tous les navigateurs à l'exception d'Internet Explorer qui demande d'utiliser `clientX` et `clientY`. Mais en plus de cela, il faut additionner les valeurs du défilement horizontal et vertical. En effet, sans cela, Internet Explorer ne tient pas compte du défilement de la page...

Ce script est un script générique qui retournera un objet `{ x: "valeur", y: "valeur" }`. Dans l'exemple ici, connaître Y n'est pas important, mais au moins vous pouvez réutiliser cette fonction.

▷ Essayer ce code
Code web : 795136

Récupérer les coordonnées d'un élément

Comme l'élément n'est pas positionné de façon absolue, il n'est pas possible de connaître les coordonnées de son coin supérieur gauche via le CSS. Il va donc falloir calculer le décalage entre lui et son élément parent, puis le décalage entre cet élément parent et son parent... et ainsi de suite, jusqu'à arriver à l'élément racine, c'est-à-dire `<html>` :

```
function getPosition(element){
    var top = 0, left = 0;

    while (element) {
        left    += element.offsetLeft;
        top     += element.offsetTop;
        element = element.offsetParent;
    }

    return { x: left, y: top };
}
```

Trois nouvelles propriétés : `offsetLeft`, `offsetTop` et `offsetParent`. Ces trois propriétés ne sont pas standardisées, elles ont été introduites avec Internet Explorer, mais sont universellement reconnues. `offsetLeft` permet de connaître le nombre de pixels, sur l'axe horizontal, dont est décalé un élément enfant par rapport à son parent. `offsetTop`, c'est pareil, mais pour le décalage vertical.

`offsetParent` ressemble à `parentNode`, mais n'est pas identique. `offsetParent` retourne le premier élément parent positionné, c'est-à-dire qui est affiché par le navigateur. De manière générale, on utilise `parentNode` pour naviguer dans le DOM, et `offsetParent` pour tout ce qui concerne les mesures, comme c'est le cas ici.

On clique !

Maintenant que nous avons nos deux fonctions `getMousePosition()` et `getPosition()`, nous pouvons écrire la fonction `clickProgress()`, qui sera exécutée dès que l'internaute cliquera sur la barre de progression :

```
function clickProgress(idPlayer, control, event) {
    var parent = getPosition(control);    // La position absolue de la progressBar
    var target = getMousePosition(event); // L'endroit de la progressBar où on a cliqué
    var player = document.querySelector('#' + idPlayer);

    var x = target.x - parent.x;
    var wrapperWidth = document.querySelector('#progressBarControl').offsetWidth;

    var percent = Math.ceil((x / wrapperWidth) * 100);
    var duration = player.duration;

    player.currentTime = (duration * percent) / 100;
}
```

On récupère la distance `x`, qui est la distance entre le bord gauche de la barre et l'endroit où on a cliqué. On divise `x` par la largeur totale du conteneur de la barre de progression (avec `offsetWidth`) et on multiplie par 100 pour obtenir un pourcentage. Ensuite, on calcule le `currentTime` en multipliant le temps total de la chanson par le pourcentage, le tout divisé par 100.

Et n'oublions pas de modifier le code HTML en conséquence :

```
<div id="progressBar" onclick="clickProgress('audioPlayer', this, event)">Pas de lecture</div>
```

Et ça marche !

▷ Essayer ce code
Code web : 905413

La vidéo

Il n'y a pas grand-chose à ajouter en ce qui concerne les vidéos. Le principe de fonctionnement est exactement le même que pour les lectures audio. L'élément `<video>` possède toutefois quelques propriétés en plus :

Propriété	Description
`height`	Hauteur de la zone de lecture
`width`	Largeur de la zone de lecture
`poster`	Récupère l'attribut `poster`
`videoHeight`	La hauteur de la vidéo
`videoWidth`	La largeur de la vidéo

En dehors de ça, la création et la personnalisation de la lecture d'une vidéo est rigoureusement identique à celle d'une piste audio.

En résumé

- Les éléments `<audio>` et `<video>` possèdent tous les deux de nombreux attributs et méthodes afin que chacun puisse créer un lecteur entièrement personnalisé.
- La différence entre les deux éléments est minime. Ils sont tous les deux basés sur le même objet, l'élément `<video>` n'apporte que quelques attributs supplémentaires permettant de gérer l'affichage.
- Contrairement au Flash, la protection du contenu n'existe pas avec ces deux éléments. De plus, ils ne sont pas encore entièrement supportés par tous les navigateurs Web. Réfléchissez donc bien avant d'écarter définitivement toute solution avec Flash !

Chapitre 31

L'élément Canvas

Difficulté :

L'élément <canvas> est une zone dans laquelle il va être possible de dessiner au moyen du Javascript. Cet élément fait son apparition dans la spécification HTML5, mais existe depuis plusieurs années déjà. Il a été développé par Apple pour son navigateur Safari. Firefox a été un des premiers navigateurs à l'implémenter, suivi par Opera et Chrome, qui, pour rappel, utilise le même moteur de rendu que Safari. La dernière version d'Internet Explorer supporte également <canvas>.

Canvas est un gros sujet qui mériterait un cours à lui tout seul. Tout au long de ce chapitre d'initiation, nous allons découvrir les bases de ce nouvel élément !

Premières manipulations

La première chose à faire est d'insérer le canvas :

```
<canvas id="canvas" width="150" height="150">
  <p>Désolé, votre navigateur ne supporte pas Canvas. Mettez-
      vous à jour</p>
</canvas>
```

Dès que c'est fait, on accède au canvas :

```
var canvas  = document.querySelector('#canvas');
var context = canvas.getContext('2d');
```

Une fois qu'on a le canvas, il faut accéder à ce qu'on appelle son **contexte**, avec `getContext()`. Il n'y a pour l'instant qu'un seul contexte disponible : la deux dimensions (2D). Il est prévu que les navigateurs gèrent un jour la 3D, mais ça reste expérimental à l'heure actuelle.

Principe de fonctionnement

Dessiner avec Canvas se fait par le biais de coordonnées. Le coin supérieur gauche du canvas est de coordonnées (0,0). Si on descend ou qu'on va vers la droite, on augmente les valeurs. Ça ne change finalement pas trop de ce qu'on connaît, par exemple pour le positionnement absolu en CSS.

On va utiliser les méthodes pour tracer des lignes et des formes géométriques.

Traçons un rectangle de 50 sur 80 pixels :

```
context.fillStyle = "gold";
context.fillRect(0, 0, 50, 80);
```

Le résultat se trouve à la figure 31.1.

FIGURE 31.1 – Nous avons tracé un rectangle en Javascript

Dans un premier temps, on choisit une couleur avec `fillStyle`, comme un peintre qui trempe son pinceau avant de commencer son tableau. Puis, avec `fillRect()`, on trace un rectangle. Les deux premiers paramètres sont les coordonnées du sommet supérieur gauche du rectangle que nous voulons tracer. Le troisième paramètre est la largeur du rectangle, et le quatrième est la hauteur. Autrement dit : `fillrect(x, y, largeur, hauteur)`.

Si on veut centrer ce rectangle, il faut s'appliquer à quelques calculs pour spécifier les coordonnées :

```
context.fillRect(50, 35, 50, 80);
```

On recommence tout, et on centre le rectangle. Dès que c'est fait, on ajoute un carré de 40 pixels d'une couleur semi-transparente :

```
context.fillStyle = "gold";
context.fillRect(50, 35, 50, 80);

context.fillStyle = "rgba(23, 145, 167, 0.5)";
context.fillRect(40, 25, 40, 40);
```

La propriété `fillStyle` peut recevoir diverses valeurs : le nom de la couleur, un code hexadécimal (sans oublier le # devant), une valeur RGB, HSL ou HSLA ou, comme ici, une valeur RGBA. Dans le cas d'une valeur RGBA, le quatrième paramètre est l'opacité, définie sur une échelle de 0 à 1, le 0 étant transparent et le 1 opaque. Comme on peut le voir à la figure 31.2, le carré a été dessiné par-dessus le rectangle.

FIGURE 31.2 – Un carré transparent apparaît sur le rectangle

Le fond et les contours

Nous avons créé des formes pleines, mais il est également possible de créer des formes creuses, avec juste un contour. Canvas considère deux types de formes : `fill` et `stroke`. Une forme `fill` est une forme remplie, comme nous avons fait précédemment, et une forme `stroke` est une forme vide pourvue d'un contour. Si pour créer un rectangle `fill` on utilise `fillRect()`, pour créer un rectangle `stroke` on va utiliser `strokeRect()` !

```
context.strokeStyle = "gold";
context.strokeRect(50, 35, 50, 80);

context.fillStyle = "rgba(23, 145, 167, 0.5)";
context.fillRect(40, 25, 40, 40);
```

Le résultat est représenté à la figure 31.3.

Comme il s'agit d'un contour, il est possible de choisir l'épaisseur à utiliser. Cela se fait avec la propriété `lineWidth` :

```
context.lineWidth = "5";
```

FIGURE 31.3 – Le rectangle est désormais matérialisé par un cadre jaune

```
context.strokeStyle = "gold";
context.strokeRect(50, 35, 50, 80);

context.fillStyle = "rgba(23, 145, 167, 0.5)";
context.fillRect(40, 25, 40, 40);
```

Effacer

Une dernière méthode existe en ce qui concerne les rectangles : `clearRect(x, y, largeur, hauteur)`. Cette méthode agit comme une gomme, c'est-à-dire qu'elle va effacer du canvas les pixels délimités par le rectangle. Tout comme `fillRect()`, on lui fournit les coordonnées des quatre sommets. `clearRect()` est utile pour faire des découpes au sein des formes, ou tout simplement pour effacer le contenu du canvas.

```
context.strokeStyle = "gold";
context.strokeRect(50, 35, 50, 80);

context.fillStyle = "rgba(23, 145, 167, 0.5)";
context.fillRect(40, 25, 40, 40);

context.clearRect(45, 40, 30, 10);
```

Formes géométriques

Canvas fournit peu de formes géométriques. Il y a le rectangle, les arcs et... c'est tout. Mais pour compléter ce manque, Canvas dispose de chemins ainsi que de courbes de Bézier cubiques et quadratiques.

Les chemins simples

Les chemins vont nous permettre de créer des lignes et des polygones. Pour ce faire, plusieurs nouvelles méthodes : `beginPath()` et `closePath()`, `moveTo()`, `lineTo()`, `stroke()` et son équivalent `fill()`.

Comme pour la création de rectangles, la création de chemins se fait par étapes successives. On commence par initier un nouveau chemin avec `beginPath()`. Ensuite, avec `moveTo()`, on déplace le « crayon » à l'endroit où on souhaite commencer le tracé : c'est le point de départ du chemin. Puis, on utilise `lineTo()` pour indiquer un deuxième point, un troisième, etc. Une fois tous les points du chemin définis, on applique au choix `stroke()` ou `fill()` :

```
context.strokeStyle = "rgb(23, 145, 167)";
context.beginPath();
context.moveTo(20, 20);  // 1er point
context.lineTo(130, 20); // 2e point
context.lineTo(130, 50); // 3e
context.lineTo(75, 130); // 4e
context.lineTo(20, 50);  // 5e
context.closePath();     // On relie le 5e au 1er
context.stroke();
```

`closePath()` n'est pas nécessaire ; il termine le chemin pour nous, en reliant le dernier point au tout premier. Si on veut une forme fermée, via `stroke()`, c'est assez pratique. Par contre, si on veut remplir la forme avec `fill()`, la forme sera fermée automatiquement, donc `closePath()` est inutile.

Les arcs

En plus des lignes droites, il est possible de tracer des arcs de cercle, avec la méthode `arc(x, y, rayon, angleDepart, angleFin, sensInverse)`. Les angles sont exprimés en radians (oui, rappelez-vous vos cours de trigonométrie !). Avec les arcs, `x` et `y` sont les coordonnées du **centre de l'arc**. Les paramètres `angleDepart` et `angleFin` définissent les angles de début et de fin de l'arc. Comme dit plus haut, c'est exprimé en radians, et non en degrés.

Pour rappel, pour obtenir des radians il suffit de multiplier les degrés par Π divisé par 180 : `(Math.PI / 180) * degrees`.

```
context.beginPath(); // Le cercle extérieur
context.arc(75, 75, 50, 0, Math.PI * 2); // Ici le calcul est
    simplifié
context.stroke();

context.beginPath(); // La bouche, un arc de cercle
context.arc(75, 75, 40, 0, Math.PI); // Ici aussi
context.fill();

context.beginPath(); // L'œil gauche
context.arc(55, 70, 20, (Math.PI / 180) * 220, (Math.PI / 180)
    * 320);
context.stroke();
```

```

context.beginPath(); // L'œil droit
context.arc(95, 70, 20, (Math.PI / 180) * 220, (Math.PI / 180)
    * 320);
context.stroke();
```

Le résultat est représenté à la figure 31.4.

FIGURE 31.4 – Un smiley dessiné avec Javascript

Pour chaque arc, il est plus propre et plus facile de commencer un nouveau chemin avec `beginPath()`.

Utilisation de `moveTo()`

Comme on l'a vu plus haut, `moveTo()` permet de déplacer le « crayon » à l'endroit où l'on souhaite commencer un chemin. Mais cette méthode peut aussi être utilisée pour effectuer des « levées de crayon » au sein d'un même chemin :

```
context.beginPath(); // La bouche, un arc de cercle
context.arc(75, 75, 40, 0, Math.PI);
context.fill();

context.beginPath(); // Le cercle extérieur
context.arc(75, 75, 50, 0, Math.PI * 2);

context.moveTo(41, 58); // L'œil gauche
context.arc(55, 70, 20, (Math.PI / 180) * 220, (Math.PI / 180)
    * 320);

context.moveTo(81, 58); // L'œil droit
context.arc(95, 70, 20, (Math.PI / 180) * 220, (Math.PI / 180)
    * 320);
context.stroke();
```

Et si on retire les deux `moveTo()`, on obtient quelque chose ressemblant à la figure 31.5.

Les courbes de Bézier

Il est également possible de réaliser des courbes, par le biais de courbes de Bézier. Deux types de courbes sont disponibles : cubique et quadratique. Ce genre de courbes

FIGURE 31.5 – Sans `moveTo()`, le résultat n'est pas celui attendu

est relativement connu, surtout si vous avez déjà utilisé des logiciels de dessin comme Adobe Photoshop ou The GIMP. Les courbes sont définies par les coordonnées des tangentes qui servent à la construction des courbes. La figure 31.6 représente les deux types de courbes, avec les tangentes colorées en gris.

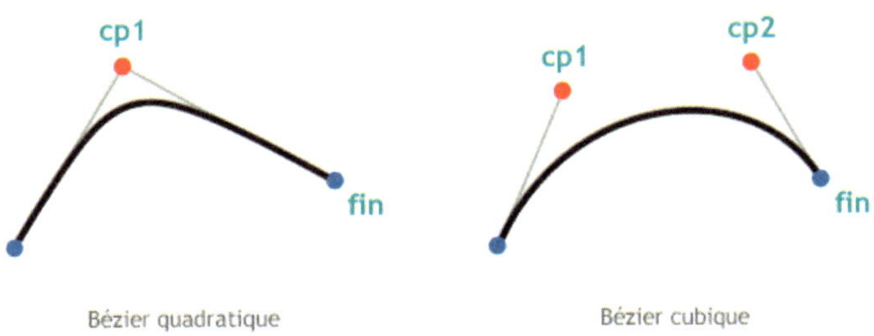

FIGURE 31.6 – Les tangentes définissent les courbes

Une courbe quadratique sera dessinée par `quadraticCurveTo()`, alors qu'une courbe cubique le sera par `bezierCurveTo()` :

```
quadraticCurveTo(cp1X, cp1Y, x, y)

bezierCurveTo(cp1X, cp1Y, cp2X, cp2Y, x, y)
```

Les courbes sont définies par leurs points d'arrivée (`x` et `y`) et par les points de contrôle. Dans le cas d'une courbe de Bézier cubique, deux points sont nécessaires. La difficulté des courbes de Bézier est de connaître les valeurs utiles pour les points de contrôle. C'est d'autant plus complexe qu'on ne voit pas en temps réel ce qu'on fait... Ce genre de courbes est donc puissant, mais complexe à mettre en œuvre.

Il existe toutefois des plugins qui permettent de convertir des dessins vectoriels en instructions Canvas. C'est le cas de Ai2Canvas, un plugin pour Adobe Illustrator.

▷ Ai2Canvas
Code web : 120154

Voici une variante du logo Javascript à partir d'un rectangle arrondi :

```
context.beginPath();
context.moveTo(131, 119);
context.bezierCurveTo(131, 126, 126, 131, 119, 131);
context.lineTo(30, 131);
context.bezierCurveTo(23, 131, 18, 126, 18, 119);
context.lineTo(18, 30);
context.bezierCurveTo(18, 23, 23, 18, 30, 18);
context.lineTo(119, 18);
context.bezierCurveTo(126, 18, 131, 23, 131, 30);
context.lineTo(131, 119);
context.closePath();
context.fillStyle = "rgb(23, 145, 167)";
context.fill();

context.font = "68px Calibri,Geneva,Arial";
context.fillStyle = "white";
context.fillText("js", 84, 115);
```

La figure 31.7 représente le résultat.

FIGURE 31.7 – Le logo javascript dessiné... en Javascript

Ce n'est pas compliqué à utiliser, c'est le même principe qu'`arc()`. Ce qu'il y a de difficile ici est de s'y retrouver dans les coordonnées.

Images et textes

Les images

Il est possible d'insérer des images au sein d'un canvas. Pour ce faire, on utilisera la méthode `drawImage(image, x, y)`, mais attention : pour qu'une image puisse être utilisée, elle doit au préalable être accessible via un objet `Image` ou un élément `<img />`. Il est également possible d'insérer un canvas dans un canvas ! En effet, le canvas que l'on va insérer est considéré comme une image.

Insérons l'âne Zozor du Site du Zéro au sein du canvas :

```
var zozor = new Image();
    zozor.src = 'zozor.png'; // Image de 80x80 pixels

context.drawImage(zozor, 35, 35);
```

On aurait pu récupérer une image déjà présente dans la page : `<img id="myZozor" src="zozor.png" alt="Zozor assis" />`

```
var zozor = document.querySelector('#myZozor');

context.drawImage(zozor, 35, 35);
```

Attention aux grandes images : si l'image est trop longue à charger, elle sera affichée de façon saccadée au sein du canvas. Une solution est d'utiliser `onload` pour déclencher le dessin de l'image une fois qu'elle est chargée :

```
var zozor = new Image();
    zozor.src = 'zozor.png';
    zozor.onload = function() {
        context.drawImage(zozor, 35, 35);
    }
```

Le résultat est représenté à la figure 31.8.

FIGURE 31.8 – Zozor est affiché dans le canvas

Mise à l'échelle

`drawImage(image, x, y, largeur, hauteur)` possède deux paramètres supplémentaires facultatifs : `largeur` et `hauteur`, qui permettent de définir la largeur et la hauteur que l'image occupera une fois incrustée dans le canvas. Si la diminution de la taille des images ne pose pas trop de problèmes, évitez toutefois de les agrandir, au risque de voir vos images devenir floues.

```
context.drawImage(zozor, 35, 35, 40, 40);
```

Ici, l'image est réduite de moitié, puisque de base elle fait 80 pixels sur 80 pixels.

Recadrage

Quatre paramètres supplémentaires et optionnels s'ajoutent à `drawImage()`. Ils permettent de recadrer l'image, c'est-à-dire de prélever une zone rectangulaire au sein de l'image afin de la placer dans le canvas :

```
drawImage(image, sx, sy, sLargeur, sHauteur, dx, dy, dLargeur,
    dHauteur)
```

Les paramètres commençant par **s** indiquent la **source**, c'est-à-dire l'image, ceux commençant par **d** indiquent la **destination**, autrement dit le canvas (voir figure 31.9).

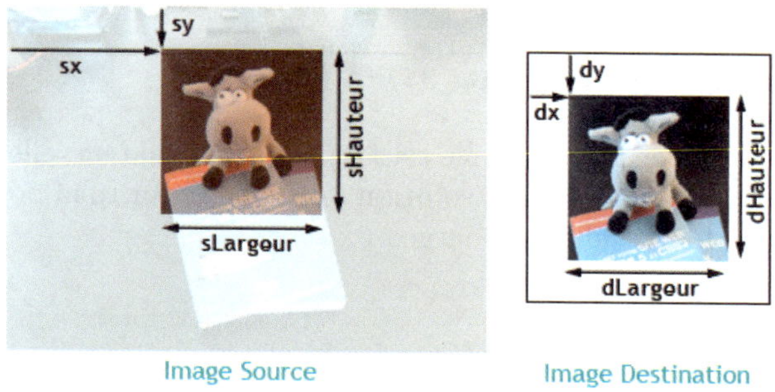

FIGURE 31.9 – Il est possible de recadrer une image

Toute la difficulté est donc de ne pas s'emmêler les pinceaux dans les paramètres :

```
var zozor = document.querySelector('#plush');

context.drawImage(zozor, 99, 27, 100, 100, 25, 25, 100, 100);
```

▷ Essayer ce code
Code web : 406612

Les patterns

Comment faire se répéter une image pour, par exemple, créer un fond ? C'est possible de faire une double boucle `for` et d'insérer plusieurs fois la même image. Mais il y a plus simple : les **patterns**. On parle aussi de motifs en français. Un pattern est une image qui se répète comme un papier peint. Pour en créer un, on utilise la méthode `createPattern(image, type)`. Le premier argument est l'image à utiliser, et le deuxième est le type de pattern. Différents types existent, mais seul `repeat` semble reconnu par la plupart des navigateurs :

```
var zozor = new Image();
    zozor.src = 'zozor.png';
    zozor.onload = function() {
        var pattern = context.createPattern(zozor, 'repeat');
        context.fillStyle = pattern;
        context.fillRect(0, 0, 150, 150);
    }
```

La figure 31.10 représente le résultat.

La façon de procéder est un peu étrange, puisqu'il faut passer le pattern à `fillStyle`, et ensuite créer un rectangle plein qui recouvre l'entièreté du canvas. En clair, il s'agit de créer un rectangle avec une image qui se répète comme fond.

FIGURE 31.10 – Zozor se répète grâce aux patterns

Vous devez absolument passer par l'événement `load`, sinon le pattern ne s'affichera pas correctement si l'image n'est pas chargée.

Le texte

Pour écrire du texte au sein d'un canvas, il y a les méthodes `fillText()` et `strokeText()`, secondées par la propriété `font`, qui permet de définir le style du texte :

```
context.fillStyle = "rgba(23, 145, 167, 1)";
context.fillRect(50, 50, 50, 50);

context.font = "bold 22pt Calibri,Geneva,Arial";
context.fillStyle = "#fff";
context.fillText("js", 78, 92);
```

Le résultat est représenté à la figure 31.11.

FIGURE 31.11 – Un logo Javascript textuel créé... en Javascript

Les méthodes `fillStyle` et `strokeStyle` sont toujours utilisables, puisque les textes sont considérés comme des formes au même titre que les rectangles ou les arcs.

La propriété `font` reçoit des informations sur la police à utiliser, à l'exception de la couleur, qui est gérée par `strokeStyle` et `fillStyle`. Dans l'exemple qui va suivre, nous allons utiliser un texte en Calibri, de 22 points et mis en gras. Ça ressemble à du CSS en fait.

`fillText()` reçoit trois paramètres : le texte et les positions `x` et `y` **de la ligne d'écriture du texte** (voir figure 31.12).

Un quatrième paramètre peut être ajouté : la largeur maximale que le texte doit utiliser.

FIGURE 31.12 – Un texte écrit en Javascript

Lignes et dégradés

Les styles de lignes

Les extrémités

La propriété `lineCap` permet de définir la façon dont les extrémités des chemins sont affichées. Trois valeurs sont admises : `butt`, celle par défaut, `round` et `square`. Une image vaut mieux qu'un long discours, la figure 31.13 représente donc trois lignes, chacune avec un `lineCap` différent.

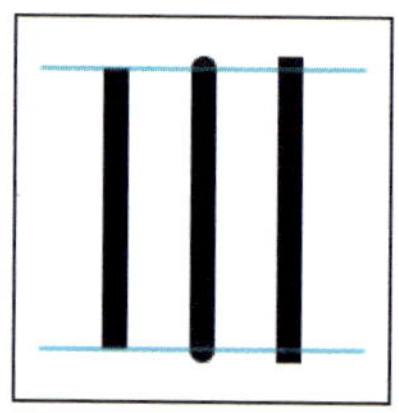

FIGURE 31.13 – Les trois types d'extrêmité des chemins : `butt`, `round` et `square`

`lineCap` s'utilise de la même façon que `lineWidth`, exemple :

```
context.beginPath();
context.lineCap = 'round';
context.moveTo(75, 20);
context.lineTo(75, 130);
context.stroke();
```

Les intersections

Comment gérer la façon dont les angles des chemins sont affichés ? Simple, avec `lineJoin`. Cette propriété reçoit elle aussi trois valeurs différentes : `round`, `bevel` et `miter`, ce dernier étant la valeur par défaut. Comme précédemment, une image sera plus explicite, la figure 31.14 représente donc ce qu'on peut faire avec.

Les dégradés

À l'heure actuelle, que ferions-nous sans dégradés ? Canvas propose deux types de dégradés : linéaire et radial. Pour créer un dégradé, on commence par créer un objet

FIGURE 31.14 – Les trois types d'angle des chemins : `round`, `bevel` et `metter`

`canvasGradient` que l'on va assigner à `fillStyle`. Pour créer un tel objet, on utilise au choix `createLinearGradient()` ou `createRadialGradient()`.

Dégradés linéaires

On a besoin de quatre paramètres pour créer un dégradé linéaire :

```
createLinearGradient(debutX, debutY, finX, finY)
```

`debutX` et `debutY` sont les coordonnées du point de départ du dégradé, et `finX` et `finY` sont les coordonnées de fin. Faisons un dégradé :

```
var linear = new context.createLinearGradient(0, 0, 150, 150);

context.fillStyle = linear;
```

Ce n'est pas suffisant, puisqu'il manque les informations sur les couleurs. On va ajouter ça avec `addColorStop(position, couleur)`. Le premier paramètre, `position`, est une valeur comprise entre 0 et 1. C'est la position relative de la couleur par rapport au dégradé. Si on met 0.5, la couleur commencera au milieu :

```
var linear = context.createLinearGradient(0, 0, 0, 150);
linear.addColorStop(0, 'white');
linear.addColorStop(1, '#1791a7');

context.fillStyle = linear;
context.fillRect(20, 20, 110, 110);
```

Il faut modifier les paramètres de `createLinearGradient()` pour modifier l'inclinaison du dégradé. Par exemple, si on met `createLinearGradient(0, 0, 150, 150)`, la fin du dégradé sera dans le coin inférieur droit, et donc incliné à 45 degrés.

Il est possible de mettre plus de deux `addColorStop()`. Voici un exemple avec quatre :

```
var linear = context.createLinearGradient(0, 0, 0, 150);
linear.addColorStop(0, 'white');
linear.addColorStop(0.5, '#1791a7');
linear.addColorStop(0.5, 'orange');
linear.addColorStop(1, 'white');

context.fillStyle = linear;
```

```
context.fillRect(10, 10, 130, 130);
```

Le résultat est représenté à la figure 31.15.

FIGURE 31.15 – Un dégradé linéaire avec Canvas

Dégradés radiaux

Du côté des dégradés radiaux, il faut six paramètres :

```
createRadialGradient(centreX, centreY, centreRayon, finX, finY,
    finRayon)
```

Un dégradé radial est défini par deux choses : un premier cercle (le centre) qui fait office de point de départ et un second qui fait office de fin. Ce qui est pratique, c'est que les deux cercles n'ont pas besoin d'avoir la même origine, ce qui permet d'orienter le dégradé :

```
var radial = context.createRadialGradient(75, 75, 0, 130, 130,
    150);
radial.addColorStop(0, '#1791a7');
radial.addColorStop(1, 'white');

context.fillStyle = radial;
context.fillRect(10, 10, 130, 130);
```

Le résultat est représenté à la figure 31.16.

FIGURE 31.16 – Un dégradé radial avec Canvas

Ici, le cercle du centre est... au centre du canvas, et celui de fin en bas à droite. Grâce aux dégradés radiaux, il est possible de créer des bulles assez facilement. La seule condition est que la couleur de fin du dégradé soit transparente, ce qui nécessite l'utilisation d'une couleur RGBA ou HSLA :

```
var radial1 = context.createRadialGradient(0, 0, 10, 100, 20,
    150); // fond
radial1.addColorStop(0, '#ddf5f9');
radial1.addColorStop(1, '#ffffff');

var radial2 = context.createRadialGradient(75, 75, 10, 82, 70,
    30); // bulle orange
radial2.addColorStop(0, '#ffc55c');
radial2.addColorStop(0.9, '#ffa500');
radial2.addColorStop(1, 'rgba(245,160,6,0)');

var radial3 = context.createRadialGradient(105, 105, 20, 112,
    120, 50); // bulle turquoise
radial3.addColorStop(0, '#86cad2');
radial3.addColorStop(0.9, '#61aeb6');
radial3.addColorStop(1, 'rgba(159,209,216,0)');

context.fillStyle = radial1;
context.fillRect(10, 10, 130, 130);
context.fillStyle = radial2;
context.fillRect(10, 10, 130, 130);
context.fillStyle = radial3;
context.fillRect(10, 10, 130, 130);
```

Ce qui donne un dégradé de fond avec deux bulles de couleur, comme à la figure 31.17.

FIGURE 31.17 – Deux bulles créées grâce au dégradé radial

Opérations

L'état graphique

La méthode `save()` a pour fonction de sauvegarder l'état graphique du canvas, c'est-à-dire les informations concernant les styles appliqués au canvas. Ces informations sont `fillStyle`, `strokeStyle`, `lineWidth`, `lineCap`, `lineJoin` ainsi que `translate()` et `rotate()`, que nous allons découvrir plus bas.

À chaque appel de la méthode `save()`, l'état graphique courant est sauvegardé dans une pile. Pour restaurer l'état précédent, il faut utiliser `restore()`.

Les translations

La translation permet de déplacer le repaire d'axes du canvas. L'idée est de placer le point (0,0) à l'endroit où l'on souhaite dessiner une forme. De cette manière, on dessine la forme sans se soucier des calculs de son emplacement, ce qui peut se révéler utile quand on insère des formes complexes. Une fois que les formes sont dessinées, on replace les axes à leur point d'origine. Et, bonne nouvelle, `save()` et `restore()` prennent en compte les translations !

Les translations se font avec la méthode `translate(x, y)`. `x` est l'importance du déplacement sur l'axe des abscisses et `y` sur l'axe des ordonnées : les valeurs peuvent donc être négatives.

```
context.save();
context.translate(40, 40);

context.fillStyle = "teal";
context.fillRect(0, 0, 50, 50);
context.restore();

context.fillStyle = "orange";
context.fillRect(0, 0, 50, 50);
```

Le résultat est représenté à la figure 31.18.

FIGURE 31.18 – La translation permet de déplacer le repaire d'axes du canvas

On commence par sauvegarder l'état du canvas. Ensuite, on déplace l'origine des axes au point (40,40) et on y dessine un carré bleu-gris. Dès que c'est fait, on restaure l'état, ce qui a pour conséquence de replacer l'origine des axes au point (0,0) du canvas. Là, on dessine le carré orange. Grâce à la translation, on a pu laisser (0,0) comme coordonnées de `fillRect()` !

Les rotations

Les rotations permettent d'appliquer une rotation aux axes du canvas. Le canvas tourne autour de son point d'origine (0,0). La méthode `rotate()` reçoit un seul paramètre : l'angle de rotation spécifié en radians. Il est possible de combiner une rotation et une translation, comme le montre l'exemple suivant :

```
context.translate(75,75);
```

```

context.fillStyle = "teal";
context.rotate((Math.PI / 180) * 45);
context.fillRect(0, 0, 50, 50);

context.fillStyle = "orange";
context.rotate(Math.PI / 2);
context.fillRect(0, 0, 50, 50);

context.fillStyle = "teal";
context.rotate(Math.PI / 2);
context.fillRect(0, 0, 50, 50);

context.fillStyle = "orange";
context.rotate(Math.PI / 2);
context.fillRect(0, 0, 50, 50);
```

Le résultat est représenté à la figure 31.20.

FIGURE 31.19 – Il est possible de combiner une rotation et une translation

On place l'origine des axes au centre du canvas avec `translate()`. On opère une première rotation de 45 degrés et on dessine un carré bleu-gris. Ensuite, on fait une deuxième rotation de 90 degrés et on dessine un carré orange. On continue de tourner les axes de 90 degrés et on dessine un nouveau carré bleu-gris. On fait une dernière rotation et on dessine un carré orange.

Animations

La gestion des animations avec Canvas est quasi inexistante ! En effet, Canvas ne propose rien pour animer les formes, les déplacer, les modifier... Pour arriver à créer une animation avec Canvas, il faut :

1. Dessiner une image ;
2. Effacer tout ;
3. Redessiner une image, légèrement modifiée ;
4. Effacer tout ;
5. Redessiner une image, légèrement modifiée ;

6. Et ainsi de suite...

En clair, il suffit d'appeler une fonction qui, toutes les x secondes, va redessiner le canvas. Il est également possible d'exécuter des fonctions à la demande de l'utilisateur, mais ça, c'est assez simple.

Une question de « framerate »

« Framerate » est un mot anglais pour évoquer le nombre d'images affichées par seconde. Les standards actuels définissent que chaque animation est censée, en théorie, afficher un framerate de 60 images par seconde pour paraître fluide pour l'œil humain. Parfois, ces 60 images peuvent ne pas être toutes affichées en une seconde à cause d'un manque de performances, on appelle cela une baisse de framerate et cela est généralement perçu par l'œil humain comme étant un ralenti saccadé. Ce problème est peu appréciable et est malheureusement trop fréquent avec les fonctions `setTimeout()` et `setInterval()`, qui n'ont pas été conçues à l'origine pour ce genre d'utilisations...

Une solution à ce problème a été développée : `requestAnimationFrame()`. À chacune de ses exécutions, cette fonction va déterminer à quel moment elle doit se redéclencher de manière à garder un framerate de 60 images par seconde. En clair, elle s'exécute de manière à afficher quelque chose de fluide.

Cette fonction étant relativement nouvelle, elle n'est pas implémentée par tous les navigateurs. Cela dit, tous les navigateurs actuels l'implémentent sous un nom qui leur est propre. Voici un petit script qui définit une méthode `window.requestAnimFrame()` qui sera compatible avec tous les navigateurs. Si aucune implémentation n'est disponible, c'est `setTimeout()` qui est utilisée :

```
window.requestAnimFrame = (function(){
    return window.requestAnimationFrame       || // La forme standardisée
           window.webkitRequestAnimationFrame || // Pour Chrome et Safari
           window.mozRequestAnimationFrame    || // Pour Firefox
           window.oRequestAnimationFrame      || // Pour Opera
           window.msRequestAnimationFrame     || // Pour Internet Explorer
           function(callback){                   // Pour les élèves du dernier rang
               window.setTimeout(callback, 1000 / 60);
           };
})();
```

Un exemple concret

Reprenons le canvas que nous venons de réaliser (figure 31.20).

FIGURE 31.20 – Le canvas que nous venons de réaliser

En nous basant sur son code, nous allons faire tourner le dessin dans le sens des aiguilles d'une montre. Pour commencer, il faut créer une fonction qui sera appelée par `window.requestAnimationFrame()`. Il s'agira de la fonction `draw(angle)`. Cette fonction efface le canvas et le redessine avec un angle de rotation incrémenté de quelques degrés.

```
window.onload = function() {
    var canvas  = document.querySelector('#canvas');
    var context = canvas.getContext('2d');

    function draw(angle) {
        context.save();
        context.clearRect(0, 0, 150, 150);
        context.translate(75,75);

        context.fillStyle = "teal";
        context.rotate((Math.PI / 180) * (45 + angle)); // ne pas oublier le décalage
        context.fillRect(0, 0, 50, 50);

        context.fillStyle = "orange";
        context.rotate(Math.PI / 2);
        context.fillRect(0, 0, 50, 50);

        context.fillStyle = "teal";
        context.rotate(Math.PI / 2);
        context.fillRect(0, 0, 50, 50);

        context.fillStyle = "orange";
        context.rotate(Math.PI / 2);
        context.fillRect(0, 0, 50, 50);

        context.restore();

        angle = angle + 2; // on augmente le décalage

        if (angle >= 360) angle = 0; // on remet le décalage à 0, puisqu'on a fait le tour du cercle

        window.requestAnimFrame(function() { draw(angle) });
```

```
    }

    draw(0); // premier appel
};
```

La variable `angle` représente le décalage. Lors du premier appel de `draw()`, le décalage vaut 0. Après le premier appel, on incrémente `angle` de 2 degrés, et donc, lors du prochain appel, tout le canvas sera dessiné avec un décalage de 2 degrés. On réincrémente de 2, et on redessine. Ainsi de suite, pour donner l'illusion que toute la forme bouge, alors qu'on ne fait que spécifier un angle de rotation de départ qui va croissant.

▷ Essayer ce code
Code web : 989684

Les possibilités d'animation de Canvas sont toutes basées sur le même principe : `window.requestAnimationFrame()`. Ici, il s'agissait de créer un effet de rotation, mais il est possible de créer une courbe qui s'étire (une courbe de Bézier pour laquelle on incrémente les valeurs), d'animer une balle qui rebondit... Bref, les possibilités sont nombreuses, mais une fois que le principe est acquis, il est facile de se débrouiller.

En résumé

- L'élément `<canvas>` est une zone de la page dans laquelle il est possible de dessiner des formes via le Javascript. Canvas supporte également un système basique pour créer des animations.
- Le dessin se fait par l'intermédiaire de coordonnées dont l'origine des axes (le point `(0,0)`) est le coin supérieur gauche du canvas.
- Une fois dessinée, une forme n'est plus manipulable. Il est nécessaire d'effacer le contenu du canvas, puis de redessiner.
- Canvas ne supporte que quelques formes : le rectangle, l'arc de cercle, et les courbes de Bézier quadratiques et cubiques.
- Il est également possible d'insérer des images au sein du canvas, tout comme de créer des dégradés ou d'ajouter du texte.
- L'utilisation des rotations et des translations facilite les calculs des coordonnées et donc la création du dessin.

Chapitre 32

L'API File

Difficulté :

Auparavant , la gestion des fichiers était extrêmement limitée avec le Javascript, les actions possibles étaient peu intéressantes, à la fois pour le développeur et l'utilisateur. En revanche, le HTML5 fournit maintenant une API[1] nommée « File ». Celle-ci est nettement plus intéressante que ce à quoi nous étions limités avant son implémentation. Il est maintenant possible de manipuler un ou plusieurs fichiers afin de les uploader ou d'obtenir des informations, comme leur poids par exemple.

L'objectif de ce chapitre est de vous fournir un tour d'horizon de l'API File.

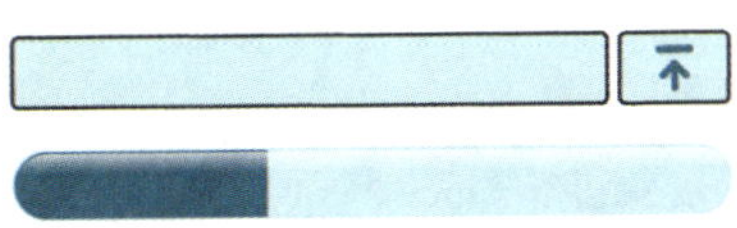

1. Application Programming Interface (Interface de Programmation)

Première utilisation

L'API que nous allons découvrir n'est pas utilisable seule. Autrement dit, elle nécessite d'être appelée par diverses technologies permettant son accès et lui fournissant les fichiers qu'elle peut manipuler. Cette API a été conçue de cette manière afin d'éviter que ce ne soit vous, développeurs, qui choisissiez quel fichier lire sur l'ordinateur du client. Si cette sécurité n'existait pas, les conséquences pourraient être désastreuses.

Sachez que l'API File ne vous permet pas, actuellement, d'écrire un fichier stocké sur l'ordinateur d'un client ! Vous ne pourrez que le lire ou bien l'uploader pour le modifier sur un serveur, l'écriture d'un fichier sur l'ordinateur du client est encore en cours d'étude à l'heure où nous écrivons ces lignes.

Afin de pouvoir utiliser notre API, il va nous falloir définir comment les fichiers vont pouvoir être choisis par l'utilisateur. La solution la plus simple pour commencer est l'utilisation d'une balise `<input type="file" />`, qui va nous permettre d'accéder aux propriétés des fichiers sélectionnés par l'utilisateur. Ces propriétés constituent une partie de l'API File.

Prenons donc une balise toute simple :

```
<input id="file" type="file" />
```

Et ajoutons-lui un événement :

```
document.querySelector('#file').onchange = function() {

    // Du code...

};
```

Pour accéder au fichier il va nous falloir passer par la propriété `files` de notre balise `<input>`. Celle-ci va nous permettre d'accéder à une collection d'objets utilisables de la même manière qu'un tableau, chaque objet représentant un fichier.

Pourquoi une collection d'objets, alors que notre `input` ne nous permet de sélectionner qu'un seul fichier ?

Eh bien, parce que le HTML5 a ajouté la possibilité de choisir plusieurs fichiers pour un seul et même `input` ! Il vous suffit d'y ajouter l'attribut `multiple` pour que cela soit autorisé au client :

```
<input id="file" type="file" multiple />
```

La propriété `files` est la même pour tous, que la sélection de fichiers soit multiple ou non. Si vous voulez lire le fichier d'un `<input>` ne gérant qu'un seul fichier, alors vous utiliserez `files[0]` et non pas `file`.

Maintenant que ce point est éclairci, essayons d'obtenir le nom du fichier sélectionné grâce à la propriété `name` contenue dans chaque objet de type `File` :

```
document.querySelector('#file').onchange = function() {

    alert(this.files[0].name);

};
```

Alors, certes, l'utilité est vraiment moindre, mais vous allez vite découvrir de nombreuses possibilités d'utilisation au cours des paragraphes suivants. Ici, nous allons tâcher de vous faire découvrir l'API File, nous aurons donc beaucoup de théorie, mais la mise en pratique viendra après.

Les objets Blob et File

Actuellement, notre utilisation de l'API File s'est limitée à l'obtention du nom du fichier. Cependant, il existe bien plus d'informations que cela grâce aux objets `Blob` et `File` !

> Si vous allez jeter un coup d'œil à la spécification HTML5 réalisée par le W3C, vous constaterez que plutôt que de parler d'un « objet » on parle d'une « interface ». Afin d'éviter toute confusion, il est bon de savoir qu'une interface désigne la structure de base de toutes les instanciations d'un seul et même objet. Ainsi si on parle, par exemple, d'une interface `Blob`, alors cela désigne une présentation des propriétés et des méthodes que l'on peut trouver dans les objets de type `Blob`. Le terme « interface » est très fréquemment utilisé par le W3C, donc souvenez-vous de sa désignation pour le jour où vous irez lire des spécifications HTML conçues par cet organisme.

▷ Spécification HTML5
Code web : 202090

L'objet `Blob`

Un objet de type `Blob` est une structure représentant des données binaires disponibles uniquement en lecture seule. La plupart du temps, vous rencontrerez ces objets uniquement lorsque vous manipulerez des fichiers, car ces objets représentent les données binaires du fichier ciblé.

Concrètement, que pouvons-nous faire avec un `Blob` ? Eh bien, pas grand-chose au final... Enfin, pas en l'utilisant seul tout du moins. Car, bien qu'il soit possible de créer un `Blob` par nous-mêmes (avec l'objet `BlobBuilder`), nous ne le ferons quasiment jamais puisque nous utiliserons ceux créés lors de la manipulation de fichiers, ce que nous verrons par la suite.

Les objets `Blob` possèdent deux propriétés nommées `size` et `type` qui permettent respectivement de récupérer la taille en octets des données manipulées par le `Blob` ainsi que leur type MIME. Il existe également une méthode nommée `slice()`, mais c'est un sujet bien trop avancé et peu utile. Si vous souhaitez en savoir plus sur cette fonction, nous vous invitons à consulter la documentation du MDN.

▷ Documentation du MDN
Code web : 310236

L'objet `File`

Les objets `File` possèdent un nom bien représentatif puisqu'ils permettent de manipuler les fichiers. Leur particularité est qu'ils héritent des propriétés et méthodes des objets `Blob`, voilà pourquoi nous ne créerons quasiment jamais ces derniers par nous-mêmes.

En plus de ces propriétés et méthodes, les objets `File` possèdent deux propriétés supplémentaires qui sont `name` pour obtenir le nom du fichier et `lastModifiedDate` pour obtenir la date de la dernière modification du fichier (sous forme d'objet `Date` bien évidemment).

Et c'est tout ?

Heureusement que non ! Bien que les objets `File` ne soient pas intéressants en terme d'informations, ils le deviennent soudainement bien plus lorsque l'on commence à aborder leur lecture, grâce aux objets de type `FileReader` !

Lire les fichiers

Comme précisé précédemment, nous allons aborder la lecture des fichiers grâce à l'objet `FileReader`. Son instanciation s'effectue sans aucun argument :

```
var reader = new FileReader();
```

Cet objet permet la lecture **asynchrone** de fichiers, et ce grâce à trois méthodes différentes, listées dans le tableau suivant.

Si vous allez consulter la documentation du MDN au sujet de l'objet `FileReader`, vous constaterez alors qu'il existe une méthode supplémentaire nommée `readAsBinaryString()`. Nous n'en avons pas parlé, car il se trouve qu'elle est déjà dépréciée par le W3C.

Ces trois méthodes prennent chacune en paramètre un argument de type `Blob` ou `File`. La méthode `reasAsText()` possède un argument supplémentaire (et facultatif) permettant de spécifier l'encodage du fichier, qui s'utilise comme ceci :

Nom	Description
`readAsArrayBuffer()`	Stocke les données dans un objet de type `ArrayBuffer`. Ces objets ont été conçus pour permettre l'écriture et la lecture de données binaires directement dans leur forme native, ils sont surtout utilisés dans des domaines exigeants tels que le WebGL. Il y a peu de chances pour que vous utilisiez un jour cette méthode.
`readAsDataURL()`	Les données sont converties dans un format nommé `DataURL`. Ce format consiste à convertir toutes les données binaires d'un fichier en base64 pour ensuite stocker le résultat dans une chaîne de caractères. Cette dernière est complétée par la spécification du type MIME du fichier concerné. Les `DataURL` permettent donc de stocker un fichier sous forme d'une URL lisible par les navigateurs récents, leur utilisation est de plus en plus fréquente sur le Web.
`readAsText()`	Les données ne subissent aucune modification, elles sont tout simplement lues puis stockées sous forme d'une chaîne de caractères.

```
reader.readAsText(file, 'UTF-8');
reader.readAsText(file, 'ISO-8859-1');
```

Avant d'utiliser l'une de ces méthodes, rappelez-vous que nous avons bien précisé que la lecture d'un fichier est asynchrone ! Il faut donc partir du principe que vous allez avoir plusieurs événements à votre disposition. Ces événements diffèrent peu de ceux que l'on rencontre avec la seconde version de l'objet `XMLHttpRequest` :

Nom	Description
`loadstart`	La lecture vient de commencer.
`progress`	Tout comme avec les objets XHR, l'événement `progress` se déclenche à intervalles réguliers durant la progression de la lecture. Il fournit, lui aussi, un objet en paramètre possédant deux propriétés, `loaded` et `total`, indiquant respectivement le nombre d'octets lus et le nombre d'octets à lire en tout.
`load`	La lecture vient de se terminer avec succès.
`loadend`	La lecture vient de se terminer (avec ou sans succès).
`abort`	Se déclenche quand la lecture est interrompue (avec la méthode `abort()` par exemple).
`error`	Se déclenche quand une erreur a été rencontrée. La propriété `error` contiendra alors un objet de type `FileError` pouvant vous fournir plus d'informations.

Une fois les données lues, il ne vous reste plus qu'à les récupérer dans la propriété `result`. Ainsi, afin de lire un fichier texte, vous n'avez qu'à faire comme ceci :

```
<input id="file" type="file" />

<script>
var fileInput = document.querySelector('#file');

fileInput.onchange = function() {

    var reader = new FileReader();

    reader.onload = function() {
        alert('Contenu du fichier "' + fileInput.files[0].name
            + '" :\n\n' + reader.result);
    };

    reader.readAsText(fileInput.files[0]);

};
</script>
```

▷ Essayer ce code
Code web : 411904

Pour finir sur la lecture des fichiers, sachez que l'objet `FileReader` possède aussi une propriété `readyState` permettant de connaître l'état de la lecture. Il existe trois états différents représentés par des constantes spécifiques aux objets `FileReader` :

Constante	Valeur	Description
EMPTY	0	Aucune donnée n'a encore été chargée.
LOADING	1	Les données sont en cours de chargement.
DONE	2	Toutes les données ont été chargées.

Tout comme avec un objet XHR, vous pouvez vérifier l'état de la lecture, soit avec la constante :

```
if(reader.readyState == reader.LOADING) {
  // La lecture est en cours...
}
```

soit directement avec la valeur de la constante :

```
if(reader.readyState == 1) {
  // La lecture est en cours...
}
```

Mise en pratique

L'étude de l'API File est maintenant terminée. Il est probable que vous vous demandiez encore ce que nous lui trouvons d'exceptionnel... Eh bien, il est vrai que, si nous l'utilisons uniquement avec des balises `<input>`, alors nous sommes assez limités dans son utilisation. Ce chapitre couvre la base de l'API File, son utilisation seule, mais il faut savoir que le principal intérêt de cette API réside en fait dans son utilisation avec d'autres ressources.

Ainsi, un petit plus loin dans ce chapitre, nous allons étudier comment l'utiliser conjointement avec l'objet `XMLHttpRequest` afin d'effectuer des uploads ; nous verrons aussi, dans un chapitre ultérieur, comment s'en servir efficacement avec le Drag & Drop. Bref, ne vous en faites pas, nous n'en avons pas encore terminé avec cette fameuse API.

Nous allons ici faire une mise en pratique plutôt sympathique de cette API. Le scénario est le suivant : vous souhaitez créer un site d'hébergement d'images interactif. Le principe est simple, l'utilisateur sélectionne les images qu'il souhaite uploader, elles sont alors affichées en prévisualisation sur la page et l'utilisateur n'a plus qu'à cliquer sur le bouton d'upload une fois qu'il aura vérifié qu'il a bien sélectionné les bonnes images.

Notre objectif, ici, est de créer la partie concernant la sélection et la prévisualisation des images, l'upload ne nous intéresse pas. Afin d'obtenir le résultat escompté, nous allons devoir utiliser l'API File, qui va nous permettre de lire le contenu des fichiers avant même d'effectuer un quelconque upload.

Commençons par construire la page HTML qui va accueillir notre script :

```
<input id="file" type="file" multiple />

<div id="prev"></div>
```

Il n'y a pas besoin de plus, nous avons notre balise `<input>` pour sélectionner les fichiers (avec l'attribut `multiple` afin de permettre la sélection de plusieurs fichiers) ainsi qu'une balise `<div>` pour y afficher les images à uploader.

Il nous faut maintenant passer au Javascript. Commençons par mettre en place la structure principale de notre script :

```
(function() {

    var allowedTypes = ['png', 'jpg', 'jpeg', 'gif'],
        fileInput = document.querySelector('#file'),
        prev = document.querySelector('#prev');

    fileInput.onchange = function() {

        // Analyse des fichiers et création des pré
            visualisations

    };

})();
```

Ce code déclare les variables et les événements nécessaires. Vous constaterez qu'il existe une variable `allowedTypes`, celle-ci contient un tableau listant les extensions d'images dont nous autorisons l'upload. L'analyse des fichiers peut maintenant commencer. Sachant que nous avons autorisé la sélection multiple de fichiers, nous allons devoir utiliser une boucle afin de parcourir les fichiers sélectionnés. Il nous faudra aussi vérifier quels sont les fichiers à autoriser :

```
1  fileInput.onchange = function() {
2
3      var files = this.files,
4          filesLen = files.length,
5          imgType;
6
7      for (var i = 0 ; i < filesLen ; i++) {
8
9          imgType = files[i].name.split('.');
10         imgType = imgType[imgType.length - 1].toLowerCase(); //
               On utilise toLowerCase() pour éviter les extensions
               en majuscules
11
12         if(allowedTypes.indexOf(imgType) != -1) {
13
14             // Le fichier est bien une image supportée, il ne
                   reste plus qu'à l'afficher
15
16         }
17
18     }
19
20 };
```

Les fichiers sont parcourus puis analysés. Sur les lignes 9 et 10 nous faisons l'extraction de l'extension du fichier en faisant un découpage de la chaîne de caractères grâce à un `split('.')` et nous récupérons le dernier élément du tableau après l'avoir passé en caractères minuscules. Une fois l'extension obtenue, nous vérifions sa présence dans le tableau des extensions autorisées (ligne 12).

Il nous faut maintenant afficher l'image, comment allons-nous nous y prendre ? L'affichage d'une image, en HTML, se fait grâce à la balise `<img>`, or celle-ci n'accepte qu'une URL en guise de valeur pour son attribut `src`. Nous pourrions lui fournir l'adresse du fichier à afficher, mais nous ne connaissons que son nom, pas son chemin. La réponse se trouve dans les `DataURL` ! Rappelez-vous, nous avions bien précisé que les `DataURL` permettaient de stocker des données dans une URL, c'est exactement ce qu'il nous faut ! Tout d'abord, avant de commencer cet affichage, plaçons un appel vers une fonction `createThumbnail()` à la 14e ligne de notre précédent code :

```
if(allowedTypes.indexOf(imgType) != -1) {
    createThumbnail(files[i]);
}
```

Nous pouvons maintenant passer à la création de notre fonction `createThumbnail()` :

```
function createThumbnail(file) {

```

```
    var reader = new FileReader();

    reader.onload = function() {

        // Affichage de l'image

    };

    reader.readAsDataURL(file);

}
```

Comme vous pouvez le constater, il n'y a rien de compliqué là-dedans, nous instancions un objet `FileReader`, lui attribuons un événement `load`, puis lançons la lecture du fichier pour une `DataURL`. Une fois la lecture terminée, l'événement `load` se déclenche si tout s'est terminé correctement, il ne nous reste donc plus qu'à afficher l'image :

```
reader.onload = function() {

    var imgElement = document.createElement('img');
    imgElement.style.maxWidth = '150px';
    imgElement.style.maxHeight = '150px';
    imgElement.src = this.result;
    prev.appendChild(imgElement);

};
```

Et voilà, notre script est terminé ! Vous pouvez l'essayer en ligne *via* le code web suivant et voir les codes complets.

▷ Essayer le script
Code web : 381192

```
<input id="file" type="file" multiple />

<div id="prev"></div>
```

```
(function() {

    function createThumbnail(file) {

        var reader = new FileReader();

        reader.onload = function() {

            var imgElement = document.createElement('img');
            imgElement.style.maxWidth = '150px';
            imgElement.style.maxHeight = '150px';
            imgElement.src = this.result;
            prev.appendChild(imgElement);

```

```
        };

        reader.readAsDataURL(file);

    }

    var allowedTypes = ['png', 'jpg', 'jpeg', 'gif'],
        fileInput = document.querySelector('#file'),
        prev = document.querySelector('#prev');

    fileInput.onchange = function() {

        var files = this.files,
            filesLen = files.length,
            imgType;

        for (var i = 0 ; i < filesLen ; i++) {

            imgType = files[i].name.split('.');
            imgType = imgType[imgType.length - 1];

            if(allowedTypes.indexOf(imgType) != -1) {
                createThumbnail(files[i]);
            }

        }

    };

})();
```

Upload de fichiers avec l'objet XMLHttpRequest

Il était impossible d'uploader des données binaires avec l'objet `XMLHttpRequest`, car celui-ci ne supportait pas l'utilisation de l'objet `FormData` (qui, de toute manière, n'existait pas à cette époque). Cependant, depuis l'arrivée de ce nouvel objet ainsi que de la deuxième version du `XMLHttpRequest`, cette « prouesse » est maintenant réalisable facilement.

Ainsi, il est maintenant très simple de créer des données binaires (grâce à un `Blob`) pour les envoyer sur un serveur. En revanche, il est bien probable que créer vos propres données binaires ne vous intéresse pas, l'upload de fichiers est nettement plus utile, non ? Alors, ne tardons pas et étudions cela !

Afin d'effectuer un upload de fichiers, il vous faut tout d'abord récupérer un objet de type `File`, il nous faut donc un `<input>` :

```
<input id="file" type="file" />
```

À cela, ajoutons un code Javascript qui récupère le fichier spécifié et s'occupe de créer une requête `XMLHttpRequest` :

```
var fileInput = document.querySelector('#file');

fileInput.onchange = function() {

    var xhr = new XMLHttpRequest();

    xhr.open('POST', 'http://exemple.com'); // Rappelons qu'il est obligatoire d'utiliser la méthode POST quand on souhaite utiliser un FormData

    xhr.onload = function() {
        alert('Upload terminé !');
    };

    // Upload du fichier...

};
```

Maintenant, que fait-on ? C'est très simple, il nous suffit de passer notre objet `File` à un objet `FormData` et d'uploader ce dernier :

```
var form = new FormData();

form.append('file', fileInput.files[0]);

xhr.send(form);
```

Pensez bien à uploader un petit fichier (<100 Ko) si vous voulez ne pas avoir un résultat trop long à l'affichage.

Et ? C'est tout ?

Plus ou moins. L'upload de fichiers par le biais d'un objet XHR ne va pas révolutionner votre façon de coder. Il permet juste de simplifier les choses puisque l'on n'a plus à s'embêter à passer par le biais d'une `<iframe>`. En revanche, il nous reste encore un petit quelque chose en plus à étudier et cela va sûrement vous intéresser : afficher la progression de l'upload ! L'objet XHR est déjà nettement plus intéressant, non ?

Nous n'avions pas étudié cela plus tôt, car vous n'auriez pas été capables de vous en servir de manière utile, mais sachez que l'objet XHR possède une propriété `upload` donnant accès à plusieurs événements dont l'événement `progress`. Ce dernier fonctionne exactement de la même manière que le précédent événement `progress` que nous avions étudié dans le chapitre consacré à l'objet XHR :

```
xhr.upload.onprogress = function(e) {

    e.loaded; // Nombre d'octets uploadés
    e.total;  // Total d'octets à uploader

};
```

Ainsi, il est facile de faire une barre de progression avec cet événement et la balise HTML5 <progress> :

```
<input id="file" type="file" />
<progress id="progress"></progress>
```

```
var fileInput = document.querySelector('#file'),
    progress = document.querySelector('#progress');

fileInput.onchange = function() {

    var xhr = new XMLHttpRequest();

    xhr.open('POST', 'http://exemple.com');

    xhr.upload.onprogress = function(e) {
        progress.value = e.loaded;
        progress.max = e.total;
    };

    xhr.onload = function() {
        alert('Upload terminé !');
    };

    var form = new FormData();
    form.append('file', fileInput.files[0]);

    xhr.send(form);

};
```

▷ Essayer ce code
Code web : 319865

Ici, utilisez plutôt un fichier de taille moyenne (environ 1 Mo) si vous voulez voir un affichage de la progression.

En résumé

- L'API File permet de manipuler les fichiers au travers d'un objet `File` qui hérite lui-même de l'objet `Blob`, conçu pour manipuler les données binaires.
- Il est maintenant possible de lire le contenu d'un fichier sans avoir à passer par un quelconque serveur.
- Les fichiers peuvent être utilisés au travers de plusieurs autres technologies telles que l'AJAX ou la balise `<canvas>`.

Chapitre 33

Le Drag & Drop

Difficulté :

Le drag and drop (plus communément écrit drag & drop, voire drag'n'drop) est l'un des principaux éléments d'une interface fonctionnelle. Cela se nomme le « glisser-déposer » en français, il s'agit d'une manière de gérer une interface en permettant le déplacement de certains éléments vers d'autres conteneurs. Ainsi, dans l'explorateur de fichiers d'un système d'exploitation quelconque, vous pouvez très bien faire glisser un fichier d'un dossier à un autre d'un simple déplacement de souris, ceci est possible grâce au concept du drag & drop.

Bien que le drag & drop ait longtemps existé sur les sites Web grâce au Javascript, jamais un vrai système standard n'avait encore vu le jour jusqu'à ce que le HTML5 n'arrive. Grâce au HTML5, il est maintenant possible de permettre un déplacement de texte, de fichier ou d'autres éléments depuis n'importe quelle application jusqu'à votre navigateur. Tout au long de ce chapitre nous allons tâcher de voir comment utiliser au mieux cette nouvelle API.

Aperçu de l'API

Comme à notre habitude, cette présentation de l'API Drag & Drop ne fait que survoler son fonctionnement, il s'agit d'une simple initiation. Cependant, soyez sûrs que vous y découvrirez les fonctionnalités les plus importantes, nous vous évitons ainsi d'étudier certains aspects qui ne vous seront que très peu utiles.

Rendre un élément déplaçable

En temps normal, un élément d'une page Web ne peut pas être déplacé. Vous pouvez toujours essayer, vous ne pourrez faire qu'une sélection du contenu. Certains éléments, comme les liens ou les images, peuvent être déplacés nativement, mais vous ne pouvez pas interagir avec ce mécanisme en Javascript sans passer par la nouvelle API disponible dans la spécification HTML5.

Afin de rendre un élément déplaçable, il vous suffit d'utiliser son attribut `draggable` et de le mettre à `true` (que ce soit en HTML ou en Javascript). À partir de là, vous pouvez essayer de déplacer l'élément sans problème.

Vous risquez probablement de rencontrer des problèmes avec Firefox. En effet, ce navigateur nécessite une information supplémentaire que nous vous présenterons plus loin. Quant aux autres navigateurs, il se peut qu'ils soient nombreux à ne pas réussir à exécuter correctement ce code, tout simplement parce qu'ils ne supportent pas encore le Drag & Drop.

Parmi les huit événements que l'API Drag & Drop fournit, l'élément déplaçable peut en utiliser deux : `dragstart` et `dragend`.

L'événement `dragstart` se déclenche, comme son nom l'indique, lorsque l'élément ciblé commence à être déplacé. Cet événement est particulièrement utile pour initialiser certains détails utilisés tout au long du processus de déplacement. Pour cela, il nous faudra utiliser l'objet `dataTransfer` que nous étudierons plus loin.

Quant à l'événement `dragend`, celui-ci permet de signaler à l'objet déplacé que son déplacement est terminé, que le résultat soit un succès ou non.

Initialiser un déplacement avec l'objet `dataTransfer`

L'objet `dataTransfer` est généralement utilisé au travers de deux événements : `drop` et `dragstart`. Il peut toutefois être utilisé avec d'autres événements spécifiques au Drag & Drop. Cet objet permet de définir et de récupérer les informations relatives au déplacement en cours d'exécution. Ici, nous n'allons aborder l'objet `dataTransfer` que dans le cadre de l'initialisation d'un déplacement, son utilisation pour la fin d'un processus de drag & drop sera étudiée plus tard.

L'objet `dataTransfer` permet de réaliser trois actions (toutes facultatives) :

- Sauvegarder une chaîne de caractères qui sera transmise à l'élément HTML qui accueillera l'élément déplacé. La méthode à utiliser est `setData()`.
- Définir une image utilisée lors du déplacement grâce à la méthode `setDragImage()`.
- Spécifier le type de déplacement autorisé avec la propriété `effectAllowed`. Cette propriété ayant un usage assez restreint, nous vous laissons vous documenter par vous-mêmes sur la manière dont elle doit être utilisée, nous ne l'aborderons pas et cela est aussi valable pour sa congénère `dropEffect`.

La méthode `setData()` prend deux arguments en paramètres. Le premier est le type MIME des données (sous forme de chaîne de caractères) que vous allez spécifier dans le deuxième argument. Précisons que le deuxième argument est obligatoirement une chaîne de caractères, ce qui signifie que le type MIME qui sera spécifié n'a que peu d'intérêt, vous utiliserez généralement le type `text/plain` pour des raisons de simplicité :

```
draggableElement.addEventListener('dragstart', function(e) {
    e.dataTransfer.setData('text/plain', "Ce texte sera transmis à l'élément HTML de réception");
}, false);
```

En temps normal, vous nous diriez probablement que cette méthode est inutile puisqu'il suffirait de stocker les données dans une variable plutôt que par le biais de `setData()`. Eh bien, en travaillant sur la même page oui, cependant le Drag & Drop en HTML5 possède la faculté de s'étendre bien au-delà de votre page Web actuelle et donc de faire un glisser-déposer d'une page à une autre, que ce soit d'un onglet à un autre ou bien même d'un navigateur à un autre ! Le transfert de données entre les pages Web n'étant pas possible (tout du moins pas sans « tricher »), il est utile d'utiliser la méthode `setData()`.

> Attention, l'utilisation de la méthode `setData()` est obligatoire avec Firefox ! Cela est stupide, car nous n'avons pas forcément quelque chose à y stocker, mais nous n'avons pas trop le choix. Utilisez donc le type MIME de votre choix et passez-lui une chaîne de caractères vide, comme ceci : `setData('text/plain', ");`.

La méthode `setDragImage()` est extrêmement utile pour qui souhaite personnaliser l'affichage de sa page Web ! Elle permet de définir une image qui se placera sous le curseur pendant le déplacement de l'élément concerné. La méthode prend trois arguments en paramètres. Le premier est un élément `<img>` contenant l'image souhaitée, le deuxième est la position horizontale de l'image et le troisième est la position verticale :

```
var dragImg = new Image(); // Il est conseillé de précharger l'image, sinon elle risque de ne pas s'afficher pendant le déplacement
    dragImg.src = 'drag_img.png';

document.querySelector('*[draggable="true"]').addEventListener('dragstart', function(e) {
```

```

    e.dataTransfer.setDragImage(dragImg, 40, 40); // Une
        position de 40x40 pixels centrera l'image (de 80x80
        pixels) sous le curseur

}, false);
```

Définir une zone de « drop »

Un élément en cours de déplacement ne peut pas être déposé n'importe où, il faut pour cela définir une zone de « drop » (zone qui va permettre de déposer des éléments) qui ne sera, au final, qu'un simple élément HTML.

Les zones de drop prennent généralement en charge quatre événements :

- `dragenter`, qui se déclenche lorsqu'un élément en cours de déplacement **entre** dans la zone de drop.
- `dragover`, qui se déclenche lorsqu'un élément en cours de déplacement **se déplace** dans la zone de drop.
- `dragleave`, qui se déclenche lorsqu'un élément en cours de déplacement **quitte** la zone de drop.
- `drop`, qui se déclenche lorsqu'un élément en cours de déplacement **est déposé** dans la zone de drop.

Par défaut, le navigateur interdit de déposer un quelconque élément où que ce soit dans la page Web. Notre but est donc d'annuler cette action par défaut, et qui dit « annulation d'une action par défaut », dit `preventDefault()` ! Cette méthode va devoir être utilisée au travers de l'événement `dragover`.

Prenons un exemple simple :

```
<div id="draggable" draggable="true">Je peux être déplacé !</
    div>
<div id="dropper">Je n'accepte pas les éléments déplacés !</div
    >
```

Comme vous pouvez le constater, cet exemple ne fonctionne pas, le navigateur affiche un curseur montrant une interdiction lorsque vous survolez le deuxième `<div>`. Afin d'autoriser cette action, il va vous falloir ajouter un code Javascript très simple :

```
document.querySelector('#dropper').addEventListener('dragover',
        function(e) {
    e.preventDefault(); // Annule l'interdiction de drop
}, false);
```

Avec ce code, le curseur n'affiche plus d'interdiction en survolant la zone de drop, cependant il ne se passe rien si nous relâchons notre élément sur la zone de drop. Cela est parfaitement normal, car c'est à nous de définir la manière dont la zone de drop doit gérer les éléments qu'elle reçoit.

Avant toute chose, pour agir suite à un drop d'élément, il nous faut détecter ce fameux drop, nous allons donc devoir utiliser l'événement **drop** (logique, n'est-ce pas ?), cela se fait de manière enfantine :

```
document.querySelector('#dropper').addEventListener('drop', function(e) {
    e.preventDefault(); // Cette méthode est toujours nécessaire pour éviter une éventuelle redirection inattendue
    alert('Vous avez bien déposé votre élément !');
}, false);
```

Tant que nous y sommes, essayons les événements **dragenter**, **dragleave** et un petit oublié qui se nomme **dragend** :

```
var dropper = document.querySelector('#dropper');

dropper.addEventListener('dragenter', function() {
    dropper.style.borderStyle = 'dashed';
}, false);

dropper.addEventListener('dragleave', function() {
    dropper.style.borderStyle = 'solid';
}, false);

// Cet événement détecte n'importe quel drag & drop qui se termine, autant le mettre sur « document » :
document.addEventListener('dragend', function() {
    alert("Un Drag & Drop vient de se terminer mais l'événement dragend ne sait pas si c'est un succès ou non.");
}, false);
```

Avant d'essayer ce code, il nous faut réfléchir à une chose : nous appliquons un style lorsque l'élément déplacé entre dans la zone de drop puis nous le retirons lorsqu'il en sort. Cependant, que se passe-t-il si nous relâchons notre élément dans la zone de drop ? Eh bien le style reste en place, car l'élément n'a pas déclenché l'événement **dragleave**. Il nous faut donc retirer le style en modifiant notre événement **drop** :

```
dropper.addEventListener('drop', function(e) {
    e.preventDefault(); // Cette méthode est toujours nécessaire pour éviter une éventuelle redirection inattendue
    alert('Vous avez bien déposé votre élément !');

    // Il est nécessaire d'ajouter cela car sinon le style appliqué par l'événement « dragenter » restera en place même après un drop :
    dropper.style.borderStyle = 'solid';
}, false);
```

Voilà tout, essayez donc maintenant de déplacer l'élément approprié à la fois **dans** la zone de drop et **en-dehors** de cette dernière.

▷ Essayer le code
Code web : 189839

Terminer un déplacement avec l'objet `dataTransfer`

L'objet `dataTransfer` a deux rôles importants lors de la fin d'un drag & drop. Le premier consiste à récupérer, grâce à la méthode `getData()`, le texte sauvegardé par `setData()` lors de l'initialisation du drag & drop.

Ici donc, rien de bien compliqué :

```
dropZone.addEventListener('drop', function(e) {
    alert(e.dataTransfer.getData('text/plain')); // Affiche le
        contenu du type MIME « text/plain »
}, false);
```

Quant au deuxième rôle, celui-ci consiste à récupérer les éventuels fichiers qui ont été déposés par l'utilisateur, car, oui, le drag & drop de fichiers est maintenant possible en HTML5 ! Cela fonctionne plus ou moins de la même manière qu'avec une balise `<input type="file" />`, il nous faut toujours accéder à une propriété `files`, sauf que celle-ci est accessible dans l'objet `dataTransfer` dans le cadre d'un drag & drop. Exemple :

```
dropZone.addEventListener('drop', function(e) {
    e.preventDefault();

    var files = e.dataTransfer.files,
        filesLen = files.length,
        filenames = "";

    for(var i = 0 ; i < filesLen ; i++) {
        filenames += '\n' + files[i].name;
    }

    alert(files.length + ' fichier(s) :\n' + filenames);
}, false);
```

▷ Essayer une adaptation de ce code
Code web : 310702

Imaginez maintenant ce qu'il est possible de faire avec ce que vous avez appris dans ce chapitre et le précédent ! Vous pouvez très bien créer un hébergeur de fichiers avec support du drag & drop, prévisualisation des images, upload des fichiers avec une barre de progression, etc. Les possibilités deviennent maintenant extrêmement nombreuses et ne sont pas forcément bien compliquées à mettre en place !

Mise en pratique

Nous allons faire une petite mise en pratique avant de terminer ce chapitre. Notre but ici est de créer une page Web avec deux zones de drop et quelques éléments que l'on peut déplacer d'une zone à l'autre.

Afin de vous éviter de perdre du temps pour pas grand-chose, voici le code HTML à utiliser et le CSS associé :

```html
<div class="dropper">

    <div class="draggable">#1</div>
    <div class="draggable">#2</div>

</div>

<div class="dropper">

    <div class="draggable">#3</div>
    <div class="draggable">#4</div>

</div>
```

```css
.dropper {
    margin: 50px 10px 10px 50px;
    width: 400px;
    height: 250px;
    background-color: #555;
    border: 1px solid #111;

    -moz-border-radius: 10px;
    border-radius: 10px;

    -moz-transition: all 200ms linear;
    -webkit-transition: all 200ms linear;
    -o-transition: all 200ms linear;
    transition: all 200ms linear;
}

.drop_hover {
    -moz-box-shadow: 0 0 30px rgba(0, 0, 0, 0.8) inset;
    box-shadow: 0 0 30px rgba(0, 0, 0, 0.8) inset;
}

.draggable {
    display: inline-block;
    margin: 20px 10px 10px 20px;
    padding-top: 20px;
    width: 80px;
    height: 60px;
    color: #3D110F;
```

```
    background-color: #822520;
    border: 4px solid #3D110F;
    text-align: center;
    font-size: 2em;
    cursor: move;

    -moz-transition: all 200ms linear;
    -webkit-transition: all 200ms linear;
    -o-transition: all 200ms linear;
    transition: all 200ms linear;

    -moz-user-select: none;
    -khtml-user-select: none;
    -webkit-user-select: none;
    user-select: none;
}
```

Rien de bien compliqué, le code HTML est extrêmement simple et la seule chose à comprendre au niveau du CSS est que la classe `.drop_hover` sera appliquée à une zone de drop lorsque celle-ci sera survolée par un élément HTML déplaçable.

Alors, par où commencer ? Il nous faut, avant toute chose, une structure pour notre code. Nous avons décidé de partir sur un code basé sur cette forme :

```
(function() {

    var dndHandler = {

        // Cet objet est conçu pour être un namespace et va
            contenir les méthodes que nous allons créer pour
            notre système de drag & drop

    };

    // Ici se trouvera le code qui utilisera les méthodes de
        notre namespace « dndHandler »

})();
```

Pour commencer à exploiter notre structure, il nous faut une méthode capable de donner la possibilité aux éléments concernés d'être déplacés. Les éléments concernés sont ceux qui possèdent une classe `.draggable`. Afin de les paramétrer, nous allons créer une méthode `applyDragEvents()` dans notre objet `dndHandler` :

```
var dndHandler = {

    applyDragEvents: function(element) {

        element.draggable = true;

    }
```

```

};
```

Ici, notre méthode s'occupe de rendre déplaçables tous les objets qui lui seront passés en paramètres. Cependant, cela ne suffit pas pour deux raisons :

- Nos zones de drop devront savoir quel est l'élément qui sera déposé, nous allons utiliser une propriété `draggedElement` pour sauvegarder ça.
- Firefox nécessite l'envoi de données avec `setData()` pour autoriser le déplacement d'éléments.

Ces deux ajouts ne sont pas bien compliqués à mettre en place :

```
var dndHandler = {

    draggedElement: null, // Propriété pointant vers l'élément
        en cours de déplacement

    applyDragEvents: function(element) {

        element.draggable = true;

        var dndHandler = this; // Cette variable est nécessaire
            pour que l'événement « dragstart » accède
            facilement au namespace « dndHandler »

        element.addEventListener('dragstart', function(e) {
            dndHandler.draggedElement = e.target; // On
                sauvegarde l'élément en cours de déplacement
            e.dataTransfer.setData('text/plain', ''); // Né
                cessaire pour Firefox
        }, false);

    }

};
```

Ainsi, nos zones de drop n'auront qu'à lire la propriété `draggedElement` pour savoir quel est l'élément qui a été déposé.

Passons maintenant à la création de la méthode `applyDropEvents()` qui, comme son nom l'indique, va se charger de gérer les événements des deux zones de drop. Nous allons commencer par gérer les deux événements les plus simples : `dragover` et `dragleave`.

```
var dndHandler = {

    // [...]

    applyDropEvents: function(dropper) {

        dropper.addEventListener('dragover', function(e) {
            e.preventDefault(); // On autorise le drop d'élé
                ments
```

```
                this.className = 'dropper drop_hover'; // Et on
                    applique le style adéquat à notre zone de drop
                    quand un élément la survole
            }, false);

            dropper.addEventListener('dragleave', function() {
                this.className = 'dropper'; // On revient au style
                    de base lorsque l'élément quitte la zone de drop
            });

        }

};
```

Notre but maintenant est de gérer le drop d'éléments. Notre système doit fonctionner de la manière suivante :

- Un élément est « droppé » ;
- Notre événement `drop` va alors récupérer l'élément concerné grâce à la propriété `draggedElement` ;
- L'élément déplacé est cloné ;
- Le clone est alors ajouté à la zone de drop concernée ;
- L'élément d'origine est supprimé ;
- Et pour terminer, le clone se voit réattribuer les événements qu'il aura perdus du fait que la méthode `cloneNode()` ne conserve pas les événements.

En soi, ce système n'est pas bien compliqué à réaliser, voici ce que nous vous proposons comme solution :

```
dropper.addEventListener('drop', function(e) {

    var target = e.target,
        draggedElement = dndHandler.draggedElement, // Récupé
            ration de l'élément concerné
        clonedElement = draggedElement.cloneNode(true); // On
            créé immédiatement le clone de cet élément

    target.className = 'dropper'; // Application du style par d
        éfaut

    clonedElement = target.appendChild(clonedElement); // Ajout
         de l'élément cloné à la zone de drop actuelle
    dndHandler.applyDragEvents(clonedElement); // Nouvelle
        application des événements qui ont été perdus lors du
        cloneNode()

    draggedElement.parentNode.removeChild(draggedElement); //
        Suppression de l'élément d'origine

});
```

Nos deux méthodes sont maintenant terminées, il ne nous reste plus qu'à les appliquer aux éléments concernés :

```
(function() {

    var dndHandler = {

        // [...]

    };

    var elements = document.querySelectorAll('.draggable'),
        elementsLen = elements.length;

    for(var i = 0 ; i < elementsLen ; i++) {
        dndHandler.applyDragEvents(elements[i]); // Application
            des paramètres nécessaires aux éléments déplaçables
    }

    var droppers = document.querySelectorAll('.dropper'),
        droppersLen = droppers.length;

    for(var i = 0 ; i < droppersLen ; i++) {
        dndHandler.applyDropEvents(droppers[i]); // Application
            des événements nécessaires aux zones de drop
    }

})();
```

▷ Essayer le code complet
Code web : 137970

Notre code est terminé, cependant il a un bug majeur que vous avez sûrement pu constater si vous avez essayé de déplacer un élément directement sur un autre élément plutôt que sur une zone de drop. Essayez par exemple de déplacer l'élément #1 sur l'élément #4, vous devriez alors voir quelque chose qui ressemble à la figure 33.1.

Cela s'explique par le simple fait que l'événement `drop` est hérité par les éléments enfants, ce qui signifie que les éléments possédant la classe `.draggable` se comportent alors comme des zones de drop !

Une solution serait d'appliquer un événement `drop` aux éléments déplaçables refusant tout élément HTML déposé, mais cela obligerait alors l'utilisateur à déposer son élément en faisant bien attention à ne pas se retrouver au-dessus d'un élément déplaçable. Essayez donc pour voir, vous allez rapidement constater que cela peut être vraiment pénible :

```
applyDragEvents: function(element) {

    // [...]

    element.addEventListener('drop', function(e) {
```

FIGURE 33.1 – Le code possède un bug majeur

```
        e.stopPropagation(); // On stoppe la propagation de l'événement pour empêcher la zone de drop d'agir
    }, false);

},
```

▷ Essayer une adaptation de ce code
Code web : 620464

Nous n'avions pas encore étudié la méthode `stopPropagation()`, car celle-ci nécessite un cas concret d'utilisation, et nous en avons justement un ici ! Cette méthode sert à stopper la propagation des événements. Souvenez-vous des phases de capture et de bouillonnement étudiées dans le chapitre sur les événements ! Dans une phase de bouillonnement, si un élément enfant possède un événement du même type qu'un de ses éléments parents, alors son événement se déclenchera en premier, puis viendra celui de l'élément parent. La méthode `stopPropagation()` sert à brider ce fonctionnement. Dans le cadre d'une phase de bouillonnement, en utilisant cette méthode dans l'événement de l'élément enfant, vous empêcherez alors l'élément parent d'exécuter son événement. Dans le cadre d'une phase de capture, en utilisant cette méthode sur l'élément parent, vous empêcherez alors l'élément enfant de déclencher son événement.

La solution la plus pratique pour l'utilisateur serait donc de faire en sorte de « remonter » les éléments parents (avec `parentNode`) jusqu'à tomber sur une zone de drop. Cela est très simple et se fait en trois lignes de code (lignes 7 à 9) :

```
1  dropper.addEventListener('drop', function(e) {
2
3      var target = e.target,
4          draggedElement = dndHandler.draggedElement, // Récupération de l'élément concerné
5          clonedElement = draggedElement.cloneNode(true); // On crée immédiatement le clone de cet élément
6
7      while(target.className.indexOf('dropper') == -1) { // Cette boucle permet de remonter jusqu'à la zone de drop parente
8          target = target.parentNode;
9      }
10
11     target.className = 'dropper'; // Application du style par défaut
12
13     clonedElement = target.appendChild(clonedElement); // Ajout de l'élément cloné à la zone de drop actuelle
14     dndHandler.applyDragEvents(clonedElement); // Nouvelle application des événements qui ont été perdus lors du
```

```
        cloneNode()

    draggedElement.parentNode.removeChild(draggedElement); // Suppression de l'élément d'origine

});
```

▷ Essayer le code complet
Code web : 271899

Si `target` (qui représente l'élément ayant reçu un élément déplaçable) ne possède pas la classe `.dropper`, alors la boucle va passer à l'élément parent et va continuer comme cela jusqu'à tomber sur une zone de drop. Vous pouvez d'ailleurs constater que cela fonctionne à merveille !

Voilà qui clôt notre mise en pratique du Drag & Drop, nous espérons qu'elle vous aura satisfait. Voici le code Javascript complet dans le cas où vous seriez un peu perdus :

```
(function() {

    var dndHandler = {

        draggedElement: null, // Propriété pointant vers l'élément en cours de déplacement

        applyDragEvents: function(element) {

            element.draggable = true;

            var dndHandler = this; // Cette variable est nécessaire pour que l'événement « dragstart » ci-dessous accède facilement au namespace « dndHandler »

            element.addEventListener('dragstart', function(e) {
                dndHandler.draggedElement = e.target; // On sauvegarde l'élément en cours de déplacement
                e.dataTransfer.setData('text/plain', ''); // Nécessaire pour Firefox
            }, false);

        },

        applyDropEvents: function(dropper) {

            dropper.addEventListener('dragover', function(e) {
                e.preventDefault(); // On autorise le drop d'éléments
                this.className = 'dropper drop_hover'; // Et on applique le style adéquat à notre zone de drop quand un élément la survole
```

```
            }, false);

            dropper.addEventListener('dragleave', function() {
                this.className = 'dropper'; // On revient au
                    style de base lorsque l'élément quitte la
                    zone de drop
            });

            var dndHandler = this; // Cette variable est né
                cessaire pour que l'événement « drop » ci-
                dessous accède facilement au namespace «
                dndHandler »

            dropper.addEventListener('drop', function(e) {

                var target = e.target,
                    draggedElement = dndHandler.draggedElement,
                        // Récupération de l'élément concerné
                    clonedElement = draggedElement.cloneNode(
                        true); // On créé immédiatement le clone
                        de cet élément

                while(target.className.indexOf('dropper') ==
                    -1) { // Cette boucle permet de remonter
                    jusqu'à la zone de drop parente
                    target = target.parentNode;
                }

                target.className = 'dropper'; // Application du
                    style par défaut

                clonedElement = target.appendChild(
                    clonedElement); // Ajout de l'élément cloné
                    à la zone de drop actuelle
                dndHandler.applyDragEvents(clonedElement); //
                    Nouvelle application des événements qui ont
                    été perdus lors du cloneNode()

                draggedElement.parentNode.removeChild(
                    draggedElement); // Suppression de l'élément
                    d'origine

            });

        }

    };

    var elements = document.querySelectorAll('.draggable'),
        elementsLen = elements.length;
```

```

    for(var i = 0 ; i < elementsLen ; i++) {
        dndHandler.applyDragEvents(elements[i]); // Application
            des paramètres nécessaires aux éléments déplaçables
    }

    var droppers = document.querySelectorAll('.dropper'),
        droppersLen = droppers.length;

    for(var i = 0 ; i < droppersLen ; i++) {
        dndHandler.applyDropEvents(droppers[i]); // Application
            des événements nécessaires aux zones de drop
    }

})();
```

En résumé

- Le Drag & Drop est une technologie conçue pour permettre un déplacement natif d'éléments en tous genres (texte, fichiers, etc.).
- Une action de drag & drop nécessite généralement un transfert de données entre l'élément émetteur et l'élément récepteur, cela se fait généralement par le biais de l'objet `dataTransfer`.
- Il est parfaitement possible de déplacer un élément depuis n'importe quel logiciel de votre système d'exploitation (par exemple, l'explorateur de fichiers) jusqu'à une zone d'une page Web prévue à cet effet.

Sixième partie

Annexes

Chapitre 34

Déboguer votre code

Difficulté :

Créer des scripts paraît facile au premier abord, mais on finit toujours par tomber sur le même problème : notre code ne fonctionne pas ! On peut alors dire qu'il y a un bug, en clair il y a une erreur dans le code qui fait qu'il s'exécute mal ou ne s'exécute tout simplement pas.

Dans ce chapitre annexe, nous allons donc étudier quels sont les différents bugs que l'on peut généralement rencontrer en Javascript et surtout comment les résoudre. Pour cela, nous allons avoir besoin de différents outils que vous allez découvrir tout au long de votre lecture.

Le débogage : qu'est-ce que c'est ?

Les bugs

Avant de parler de débogage, intéressons-nous d'abord aux bugs. Ces derniers sont des erreurs **humaines** que **vous** avez laissées dans votre code ; ils ne sont jamais le fruit du hasard. N'essayez pas de vous dire « Je n'en ferai pas », ce n'est pas possible de rester concentré au point de ne jamais vous tromper sur plusieurs centaines de lignes de code ! Et même si un code de 100 lignes fonctionne du premier coup, on finira au final par se dire que c'est trop beau pour être vrai et on va donc partir à la recherche de bugs qui n'existent au final peut-être pas.

Il existe deux types principaux de bugs : ceux que l'interpréteur Javascript saura vous signaler car ce sont des fautes de syntaxe, et ceux que l'interpréteur ne verra pas car ce sont des erreurs dans votre algorithme.

Pour faire simple, voici un bug syntaxique :

```
va myVar = 'test; // Le mot-clé « var » est mal orthographié et
    il manque une apostrophe
```

Et maintenant un bug algorithmique :

```
// On veut afficher la valeur 6 avec les nombres 3 et 2
var myVar = 3 + 2;
// Mais on obtient 5 au lieu de 6 car on a fait une addition au
    lieu d'une multiplication
```

Vous voyez la différence ? Du point de vue de l'interpréteur Javascript, le premier code est faux, car il est incapable de l'exécuter, tandis que le deuxième code est exécutable, mais on n'obtient pas la valeur escomptée.

Il faut bien se mettre en tête que l'interpréteur Javascript se fiche bien des valeurs retournées par votre code, il veut exécuter le code et c'est tout. Voici la différence entre le caractère syntaxique et algorithmique d'une erreur : la première empêche le code de s'exécuter, la seconde empêche le bon déroulement du script. Pourtant, les deux empêchent votre code de s'exécuter correctement.

Le débogage

Comme son nom l'indique, cette technique consiste à supprimer les bugs qui existent dans votre code. Pour chaque type de bug vous avez plusieurs solutions bien particulières.

Les bugs syntaxiques sont les plus simples à résoudre, car l'interpréteur Javascript vous signalera généralement l'endroit où l'erreur est apparue dans la console de votre navigateur. Vous verrez comment vous servir de ces consoles un peu plus loin.

En ce qui concerne les bugs algorithmiques, là il va falloir faire travailler votre cerveau et chercher par vous-mêmes où vous avez bien pu vous tromper. La méthode la plus simple consiste à remonter les couches de votre code pour trouver à quel endroit se produit l'erreur. Par exemple, si vous avez un calcul qui affiche une mauvaise valeur, vous allez immédiatement aller vérifier ce calcul. Si ce calcul n'est pas en cause mais qu'il fait appel à des variables, alors vous allez vérifier la valeur de chacune de ces variables, etc. De fil en aiguille vous allez parvenir à déboguer votre code.

Pour vérifier les valeurs de vos variables, calculs, etc., pensez bien à utiliser la fonction `alert()`, qui est redoutablement efficace pour le débogage !

Les consoles d'erreurs

Comme nous venons de le voir à l'instant, un script peut contenir des erreurs. Quand c'est le cas, l'interpréteur vous le fait savoir en vous affichant un message d'erreur qui s'affiche dans ce que l'on appelle la « console d'erreurs ».

Chaque navigateur possède sa propre console d'erreurs, nous allons donc faire le tour des différents navigateurs pour voir où elles se trouvent. Par la suite, si votre script ne fonctionne pas et que vous vous demandez pourquoi, ayez le bon réflexe : allez consulter la console d'erreurs !

Mozilla Firefox

Allez dans le menu `Outils` puis cliquez sur `Console d'erreurs`. Une fenêtre ressemblant à la figure 34.1 devrait apparaître.

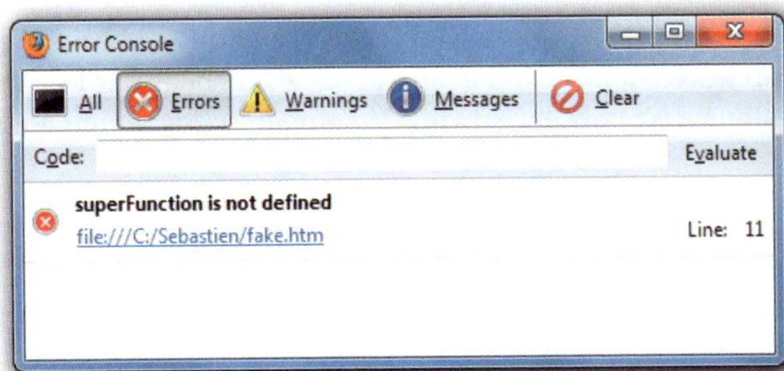

FIGURE 34.1 – La console d'erreurs de Firefox

On lit ici qu'une erreur « superFunction is not defined » est apparue à la ligne 11, dans le fichier `C:\Sebastien\fake.htm`. L'erreur décrite signifie que l'on a voulu exécuter la fonction `superFunction()` alors qu'elle n'existe pas.

Internet Explorer

Si une erreur survient, Internet Explorer (versions antérieures à la verion 9) le signale à gauche de la barre d'état, via un symbole représenté à la figure 34.2. Il vous suffit de double-cliquer dessus pour afficher le détail des erreurs survenues (voir figure 34.3).

FIGURE 34.2 – Internet Explorer signale une Erreur Javascript

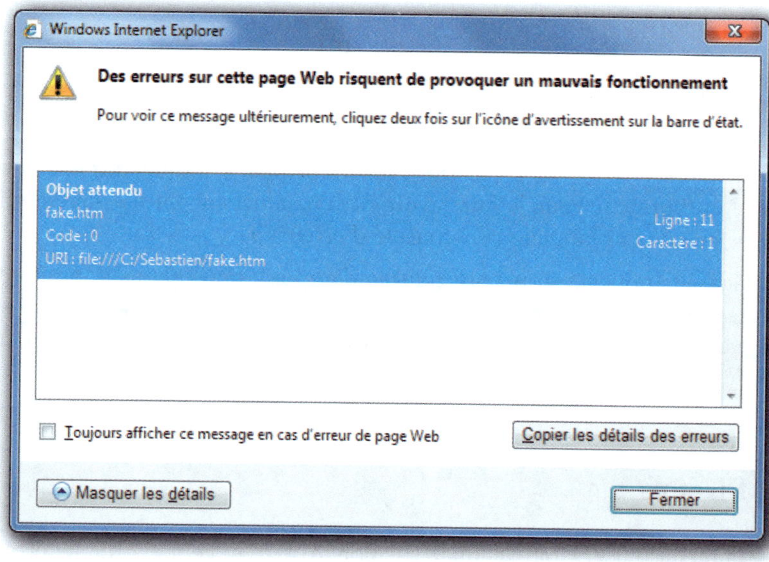

FIGURE 34.3 – La console d'erreurs d'Internet Explorer

Ici, on remarque que l'erreur est donnée en français, ce qui ne la rend pas spécialement plus simple à comprendre. Généralement, les erreurs affichées par les versions d'Internet Explorer 7 et 8 restent assez obscures. Heureusement cela s'arrange avec la version 9.

Opera

Dans le menu, cliquez sur `Page`, sur `Outils de développeur` et enfin sur `Console d'erreur`. Cela affiche la figure 34.4.

Ici le descriptif est assez précis et la portion de code incriminée est affichée.

Google Chrome

Cliquez sur l'icône `Outils` (voir figure 34.5) pour aller dans le menu `Outils`, puis cliquez sur `Console JavaScript`. Cliquez aussi sur l'onglet `Console` pour n'afficher

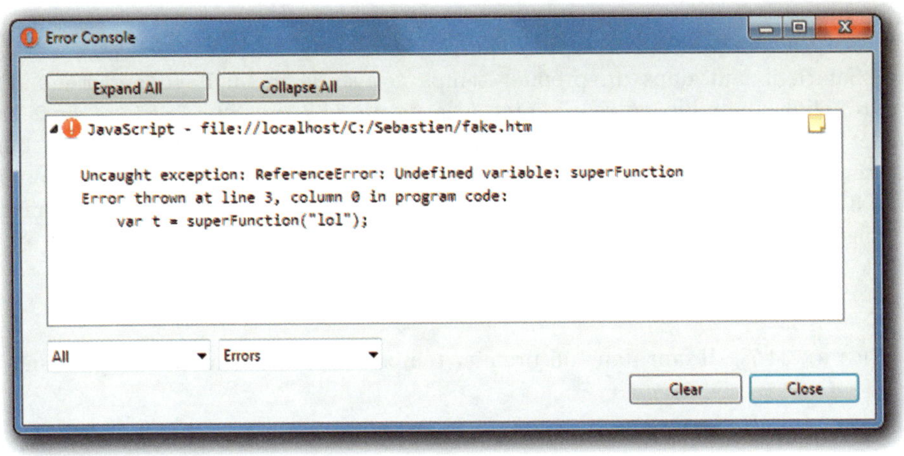

FIGURE 34.4 – La console d'erreurs d'Opera

que la console Javascript (voir figure 34.6).

FIGURE 34.5 – L'icône `Outils`

FIGURE 34.6 – La console d'erreurs de Google Chrome

Ici, l'erreur affichée est semblable à celle de Firefox, excepté que le type de l'erreur est mentionné : `ReferenceError`.

Safari

Dans Safari, il faut dans un premier temps activer le menu `Développement`. Pour ce faire, cliquez sur l'icône représentée à la figure 34.7 puis sur `Préférences`. Dans l'onglet `Avancées`, cochez la case `Afficher le menu Développement dans la barre des menus`. Quand c'est fait, pour ouvrir la console, cliquez sur le menu représenté à la figure 34.8 puis sur `Développement`, et enfin sur `Afficher la console des erreurs` (voir figure 34.9).

FIGURE 34.7 – Il faut dans un premier temps activer le menu `Développement`

FIGURE 34.8 – Ce menu permet d'ouvrir la console des erreurs

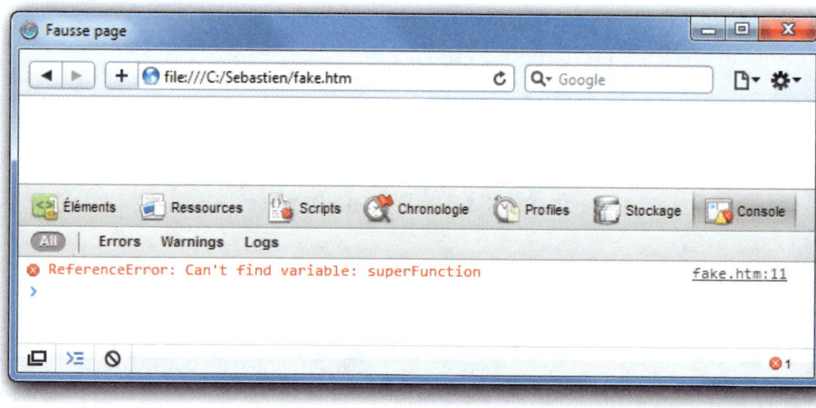

FIGURE 34.9 – La console d'erreurs de Safari

Les bugs les plus courants

Bien que les consoles d'erreurs soient très pratiques, certaines erreurs que vous ferez seront courantes et peuvent être résolues sans même vraiment rechercher d'où vient le problème. Voici quelques exemples d'erreurs (algorithmiques ou syntaxiques) que vous pourriez faire assez fréquemment :

Noms de variables et de fonctions mal orthographiés

Voici probablement l'erreur la plus courante : vous allez souvent vous tromper dans l'orthographe de vos variables ou de vos fonctions, ce qui devrait générer une erreur de type `undefined`. Autrement dit, votre fonction ou votre variable n'existe pas, ce qui est normal si vous avez tapé le mauvais nom. À noter que la confusion entre majuscules et minuscules est fréquente elle aussi, la casse est très importante !

Confusion entre les différents opérateurs

Il est fréquent de se tromper dans les différents types d'opérateurs qui existent, surtout dans les conditions. Voici les deux cas les plus courants :

- Écrire `if (a = b)` au lieu de `if (a == b)`. Ces deux codes s'exécutent mais n'ont pas la même signification. Le premier est une affectation, le deuxième est une comparaison.
- Confondre les opérateurs binaires (ex : `if(a & b | c)`) avec les opérateurs de comparaison (ex : `if(a && b || c)`). Si vous souhaitez faire des comparaisons logiques, pensez bien à doubler les caractères, sinon vous utiliserez les opérateurs binaires à la place.

Mauvaise syntaxe pour les tableaux et les objets

Créer un tableau ou un objet n'est pas bien compliqué, mais il est aussi facile de faire quelques petites erreurs, voici les plus fréquentes :

- Laisser une virgule en trop à la fin de la déclaration d'un objet ou d'un tableau : `var myArray = [1,2,3,];`. Oui, chaque item doit être séparé des autres par une virgule, mais le dernier d'entre eux ne doit pas en être suivi.
- Écrire `var object = { a = 1 };` au lieu de `var object = { a : 1 };`. Il faut toujours utiliser les deux points (:) pour assigner une valeur à la propriété d'un objet.

Créer une boucle infinie

Une boucle infinie ne prendra jamais fin et donc se répétera inlassablement. Ceci est un bug, et non pas une fonctionnalité comme dans d'autres langages tels que le C. Prenez donc garde à ne pas mettre une condition qui renvoie toujours une valeur équivalente à `true`, comme dans cet exemple :

```
var nb1 = 4, nb2 = 5;

while (nb1 < nb2) {
  // Etc.
}
```

Dans le cas où vous auriez créé une boucle infinie sans le vouloir, le navigateur n'exécutera probablement pas votre code et retournera une erreur.

Exécuter une fonction au lieu de la passer en référence à une variable

Cette erreur est très courante, notamment quand il s'agit d'attribuer une fonction à un évènement. Normalement, passer une fonction en référence à une variable consiste à faire ceci :

```
function function1() {
  // Code...
}

var function2 = function1; // On passe en référence la fonction « function1 » à la variable « function2 »

function2(); // En tentant d'exécuter « function2 » ce sera « function1 » qui sera exécutée à la place
```

Or, nombreuses sont les personnes qui écrivent ceci lors du passage en référence :

```
var function2 = function1();
```

Ce code est faux, car vous ne passez pas à `function2` la référence vers `function1()`, vous lui passez le retour de cette dernière puisque vous l'exécutez.

Les kits de développement

En plus des consoles d'erreurs, certains navigateurs intègrent de base un kit de développement Web. Ces kits vous permettent de déboguer bien plus efficacement des erreurs complexes.

Ces kits possèdent plusieurs outils. Pour la plupart, ils sont constitués :

- D'une console d'erreur ;
- D'un éditeur HTML dynamique qui vous permet de visualiser et d'éditer le code source de la page, qu'il ait été modifié par du Javascript ou non ;
- D'un éditeur CSS, vous permettant de désactiver/activer des styles à la volée ainsi que d'en ajouter ou en supprimer ;
- De différents systèmes d'analyse des performances client et réseau.

Chaque navigateur (quel qu'il soit) possède, dans sa dernière version, un kit de développement préintégré, la seule exception reste Firefox qui nécessite un module complémentaire nommé Firebug que vous pourrez trouver sur le site officiel.

▷ Télécharger Firebug
Code web : 338021

Concernant Internet Explorer, il existe un kit de développement uniquement depuis la version 8, pas avant. Pour l'afficher appuyez sur la touche `F12` de votre clavier ; ce raccourci clavier est aussi valable pour Firefox et Chrome.

Concrètement, à quoi peuvent réellement vous servir ces kits ? Il existe deux utilisations principales :

- Afficher le code HTML dynamique, afin de voir comment votre code Javascript a modifié le DOM et surtout s'il a été modifié correctement !
- Mettre des points d'arrêt dans votre code Javascript pour vérifier l'état de votre code à un moment donné.

Nous allons décrire ces deux utilisations, mais uniquement sous Firebug étant donné que c'est le plus utilisé et surtout qu'il possède une version *lite* compatible sur un grand nombre de navigateurs. Si vous utilisez le kit d'un autre navigateur, ne vous inquiétez pas, le fonctionnement devrait être sensiblement le même, il suffira juste de chercher un peu.

▷ Firebug *lite*
Code web : 316371

Éditer le code HTML dynamique

Pour afficher dynamiquement le code HTML, cliquez sur l'icône représenté à la figure 34.10 (raccourci clavier : `Ctrl` + `Maj` + `C`) et déplacez votre curseur sur la page Web. Chaque élément survolé sera encadré de bleu ; si vous cliquez sur l'un d'eux, vous verrez alors le code le concernant s'afficher comme à la figure 34.11.

FIGURE 34.10 – Cette icône permet d'afficher dynamiquement le code HTML d'une page

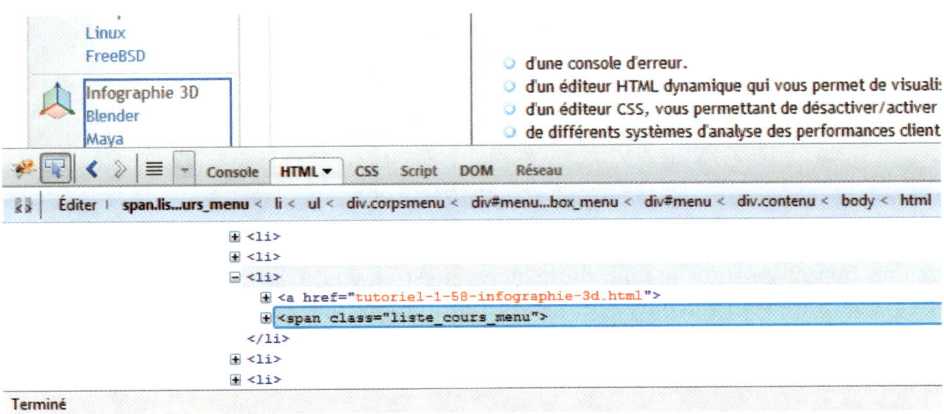

FIGURE 34.11 – Au survol d'un élément, son code HTML s'affiche dans Firebug

À partir de là, vous pouvez choisir de développer les éléments pour voir ce qu'ils contiennent, vous pouvez aussi les modifier, etc.

Utiliser les points d'arrêt

Concernant les points d'arrêt, activez tout d'abord le panneau de script de Firebug en cliquant sur la petite flèche de l'onglet `Script` (voir figure 34.12) puis en cliquant sur `Activé`.

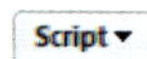

FIGURE 34.12 – L'onglet `Script` de Firebug

Concrètement, à quoi servent les points d'arrêt ?

À faire une pause sur une ligne d'un code Javascript et à afficher l'état complet des variables, méthodes, objets, etc. La quantité d'informations disponible est tout simplement immense, vous pouvez les retrouver dans le cadre de droite de Firebug dès qu'un point d'arrêt est atteint (voir figure 34.13).

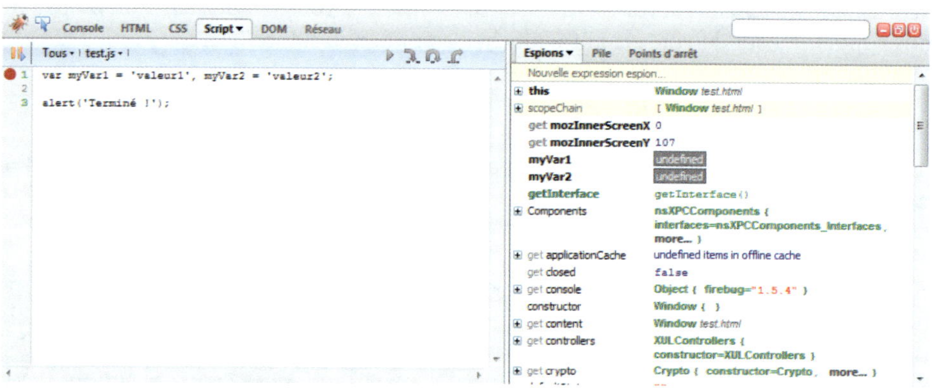

FIGURE 34.13 – Vous retrouvez les informations dans le cadre de droite de Firebug

Voyons la structure de ce panneau de débogage : à gauche vous avez le code Javascript avec un bouton portant le nom du fichier qui est en cours de visualisation (voir figure 34.14) ; à droite vous retrouvez toutes les informations obtenues dès qu'un point d'arrêt est atteint.

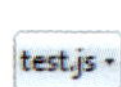

FIGURE 34.14 – Cette icône permet de voir de quel fichier provient le Javascript

Pour ajouter un nouveau point d'arrêt, il vous suffit de cliquer à gauche du numéro de la ligne de code à laquelle vous souhaitez attribuer un point d'arrêt, vous verrez alors un point rouge s'afficher, comme à la figure 34.15.

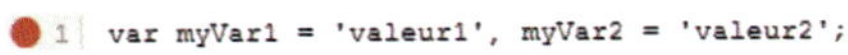

FIGURE 34.15 – Une icône indique le point d'arrêt

Notez bien que lorsque vous attribuez un point d'arrêt à une ligne de code, ce point d'arrêt mettra le code en pause **avant** l'exécution de la ligne en question.

Après avoir mis vos points d'arrêt, il ne vous reste plus qu'à recharger la page avec F5 et votre code sera mis en pause à chaque point d'arrêt rencontré. Firebug listera alors, dans le cadre de droite, l'état de toutes les propriétés de votre script. Pour passer au point d'arrêt suivant, vous n'aurez qu'à cliquer sur continuer (voir figure 34.16) jusqu'à ce que le code se termine.

FIGURE 34.16 – Cette icône permet de reprendre l'exécution du script après un point d'arrêt

Une alternative à `alert()` : `console.log()`

La fonction `alert()` est très utile en terme de débogage, car elle met le script en pause pendant l'affichage de la valeur que vous souhaitiez voir. Cependant, parfois nous souhaiterions que le script ne soit pas mis en pause. Il faut alors entreprendre des actions fastidieuses : créer un élément HTML pour recevoir les informations de débogage puis le remplir, bref, des actions dont nous nous passerions bien.

Heureusement, depuis quelques années, un objet commence à se démocratiser. Il se nomme `console` et est exclusivement conçu pour le débogage de vos scripts. Cet objet possède plusieurs méthodes, mais seule l'une d'entre elles vous sera vraiment utile : `log()`.

Le but de `log()` est tout simplement d'afficher la valeur que vous lui passez en paramètre, non pas dans une nouvelle fenêtre comme le ferait `alert()`, mais directement dans la console de débogage. Ainsi, le script n'est pas bloqué à chaque affichage de valeur et vous pouvez retrouver la liste complète des valeurs dans votre console. L'exemple suivant (voir figure 34.17) est réalisé avec la console Web de Firefox (Ctrl+Maj+K).

Cet objet est disponible sur tous les navigateurs récents et sur Internet Explorer 9.

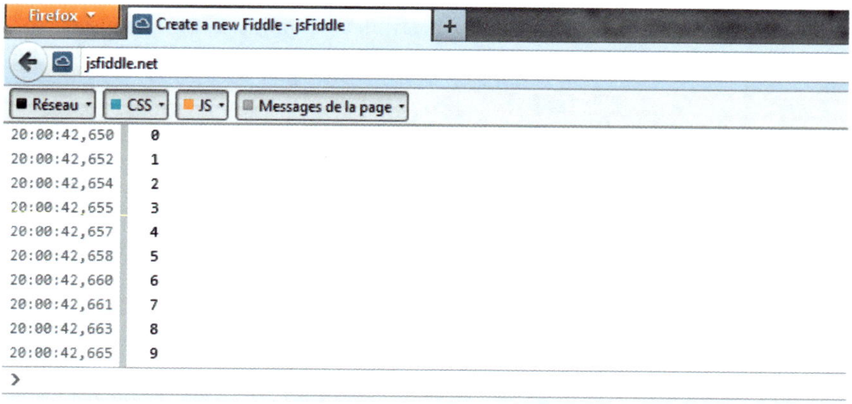

FIGURE 34.17 – Vous retrouvez la liste complète des valeurs dans votre console

En résumé

- On distingue deux types de bugs : les bugs syntaxiques et les bugs algorithmiques. Le premier type peut être facilement résolu grâce à la console d'erreurs de votre navigateur, le deuxième vous demandera en revanche bien plus de réflexion.
- Quasiment tous les navigateurs (quelle que soit leur version) possèdent une console d'erreurs capable de détecter les bugs syntaxiques de vos codes.
- Les navigateurs les plus récents vous offriront la possibilité d'utiliser un kit de développement Web permettant une analyse poussée de vos codes Javascript, mais aussi de tout ce qui est lié à votre page Web tel que le code HTML, le CSS ou encore le trafic réseau.

Chapitre 35

Les closures

Difficulté :

Au cours de la lecture de ce tutoriel, vous avez très probablement dû constater que les fonctions anonymes étaient très fréquemment utilisées pour diverses choses, comme les événements, les isolements de code, etc. Leurs utilisations sont nombreuses et variées, car elles sont très facilement adaptables à toutes les situations. Et s'il y a bien un domaine où les fonctions anonymes excellent, c'est bien les closures !

Les variables et leurs accès

Avant d'attaquer l'étude des closures, il est de bon ton d'étudier un peu plus en profondeur de quelle manière sont gérées les variables par le Javascript.

Commençons par ce code :

```
function area() {
    var myVar = 1;
}

area(); // On exécute la fonction, ce qui crée la variable «
    myVar »

alert(myVar);
```

Même sans l'exécuter, vous vous doutez sûrement du résultat que nous allons obtenir : une erreur. Ceci est normal, car `myVar` est déclarée dans une fonction tandis que nous essayons d'y accéder depuis l'espace global (en cas d'oubli, allez faire un tour à la page 6).

La seule fonction capable d'accéder à `myVar` est `area()`, car c'est elle qui l'a créée. Seulement, une fois l'exécution de la fonction terminée, la variable est supprimée et devient donc inaccessible.

Maintenant, si nous faisons ceci :

```
function area() {

    var myVar = 1;

    function show() {
        alert(myVar);
    }

}

area();

alert(myVar);
```

Le résultat est toujours le même, il est nul. Cependant, en plus de la fonction `area()`, la fonction `show()` est maintenant capable, elle aussi, d'accéder à `myVar` car elle a été créée dans le même espace que celui de `myVar`. Mais pour cela il faudrait l'exécuter.

Plutôt que de l'exécuter immédiatement, nous allons l'exécuter une seconde après l'exécution de notre fonction `area()`, ce qui devrait normalement retourner une erreur puisque `myVar` est censée être détruite une fois qu'`area()` a terminé son exécution.

```
function area() {

    var myVar = 1;

```

```
    function show() {
        alert(myVar);
    }

    setTimeout(show, 1000);

}

area();
```

Et, par miracle, cela fonctionne ! Vous n'êtes probablement pas surpris, cela fait déjà plusieurs fois que vous savez qu'il est possible d'accéder à une variable même après la disparition de l'espace dans lequel elle a été créée (ici, la fonction `area()`). Cependant, savez-vous pourquoi ?

> Tout ce qui suit est très théorique et ne reflète pas forcément la véritable manière dont les variables sont gérées. Cependant, le principe expliqué vous éclairera tout de même sur ce concept avancé.

Vous souvenez-vous de la formulation « passer une variable par référence » ? Cela signifie que vous permettez que la variable soit accessible par un autre nom que celui d'origine. Ainsi, si vous avez une variable `var1` et que vous la passez en référence à `var2`, alors `var1` et `var2` pointeront sur la même variable. Donc, en modifiant `var1`, cela affectera `var2`, et vice versa.

Tout cela nous amène à la constatation suivante : une variable peut posséder plusieurs références. Dans notre fonction `area()`, nous avons une première référence vers notre variable, car elle y est déclarée sous le nom `myVar`. Dans la fonction `show()`, nous avons une deuxième référence du même nom, `myVar`.

Quand une fonction termine son exécution, la référence vers la variable est détruite, rendant son accès impossible. C'est ce qui se produit avec notre fonction `area()`. La variable en elle-même continue à exister tant qu'il reste encore une référence qui est susceptible d'être utilisée. C'est aussi ce qui se produit avec la fonction `show()`. Puisque celle-ci possède une référence vers notre variable, cette dernière n'est pas détruite.

Ainsi, une variable peut très bien perdre dix de ses références, elle ne sera pas supprimée tant qu'il lui en restera au moins une. C'est ce qui explique que nous puissions accéder à la variable `myVar` dans la fonction `show()` malgré la fin de l'exécution de `area()`.

Comprendre le problème

Les closures n'existent pas simplement pour décorer, il existe des raisons bien particulières pour lesquelles elles ont été conçues. Les problèmes qu'elles sont supposées résoudre ne sont pas simples à comprendre, nous allons tâcher de vous expliquer cela au mieux.

Premier exemple

Commençons par un exemple simple qui vous donnera un aperçu de l'ampleur du problème :

```
var number = 1;

setTimeout(function() {
    alert(number);
}, 100);

number++;
```

Si vous avez essayé le code, alors vous avez sûrement remarqué le problème : la fonction alert() ne nous affiche pas la valeur 1 comme nous pourrions le penser, mais la valeur 2. Nous avons pourtant fait appel à setTimeout() avant le changement de valeur, alors comment se fait-il qu'il y ait ce problème ?

Eh bien, cela vient du fait que ce n'est **que** la fonction setTimeout() qui a été exécutée avant le changement de valeur. La fonction anonyme, elle, n'est exécutée que 100 millisecondes après l'exécution de setTimeout(), ce qui a largement laissé le temps à la valeur de number de changer.

Si cela vous semble étrange, c'est probablement parce que vous partez du principe que, lorsque nous déclarons notre fonction anonyme, celle-ci va directement récupérer les valeurs des variables utilisées. Que nenni ! Lorsque vous déclarez votre fonction en écrivant le nom d'une variable, vous passez une référence vers cette variable à votre fonction. Cette référence sera ensuite utilisée pour connaître la valeur de la variable, mais seulement une fois la fonction exécutée !

Maintenant que le problème est probablement plus clair dans votre tête, passons à un exemple plus concret !

Un cas concret

Admettons que vous souhaitiez faire apparaître une dizaine de balises <div> de manière progressive, les unes à la suite des autres. Voici le code que vous tenteriez probablement de faire dans l'état actuel de vos connaissances :

```
var divs = document.getElementsByTagName('div'),
    divsLen = divs.length;

for (var i = 0 ; i < divsLen ; i++) {

    setTimeout(function() {
        divs[i].style.display = 'block';
    }, 200 * i); // Le temps augmentera de 200 ms à chaque élément

}
```

Alors ? Le résultat n'est pas très concluant, n'est-ce pas ? Si vous jetez un coup d'œil à la console d'erreurs, vous constaterez qu'elle vous signale que la variable `divs[i]` est indéfinie, et ce dix fois de suite, ce qui correspond à nos dix itérations de boucle. Si nous regardons d'un peu plus près le problème, nous constatons alors que la variable `i` vaut toujours 10 à chaque fois qu'elle est utilisée dans les fonctions anonymes, ce qui correspond à sa valeur finale une fois que la boucle a terminé son exécution.

Ceci nous ramène au même problème : notre fonction anonyme ne prend en compte que la valeur finale de notre variable. Heureusement, il existe les closures, qui peuvent contourner ce désagrément !

Explorer les solutions

Tout d'abord, qu'est-ce qu'une **closure** ? En Javascript, il s'agit d'une fonction ayant pour but de capter des données susceptibles de changer au cours du temps, de les enregistrer dans son espace fonctionnel et de les fournir en cas de besoin.

Reprenons notre deuxième exemple et voyons comment lui créer une closure pour la variable `i`. Voici le code d'origine :

```
var divs = document.getElementsByTagName('div'),
    divsLen = divs.length;

for (var i = 0 ; i < divsLen ; i++) {

    setTimeout(function() {
        divs[i].style.display = 'block';
    }, 200 * i);

}
```

Actuellement, le problème se situe dans le fait que la variable `i` change de valeur avant même que nous n'ayons eu le temps d'agir. Le seul moyen serait donc d'enregistrer cette valeur quelque part. Essayons :

```
var divs = document.getElementsByTagName('div'),
    divsLen = divs.length;

for (var i = 0 ; i < divsLen ; i++) {

    var currentI = i; // Déclarer une variable DANS une boucle
        n'est pas conseillé, ici c'est juste pour l'exemple

    setTimeout(function() {
        divs[currentI].style.display = 'block';
    }, 200 * i);

}
```

Ligne 10, nous utilisons la variable `i`, car la fonction `setTimeout()` s'exécute immédiatement, la variable `i` n'a donc pas le temps de changer de valeur.

Malheureusement, cela ne fonctionne pas, car nous en revenons toujours au même : la variable `currentI` est réécrite à chaque tour de boucle, car le Javascript ne crée pas d'espace fonctionnel spécifique pour une boucle. Toute variable déclarée au sein d'une boucle est déclarée dans l'espace fonctionnel parent à la boucle. Cela nous empêche donc de converser avec la valeur écrite dans notre variable, car la variable est réécrite à chaque itération de la boucle.

Cependant, il est possible de contourner cette réécriture.

Actuellement, notre variable `currentI` est déclarée dans l'espace global de notre code. Que se passerait-il si nous la déclarions à l'intérieur d'une IEF[1] ? Eh bien, la variable serait déclarée dans l'espace de la fonction, rendant impossible sa réécriture depuis l'extérieur.

Oui, mais si l'accès à cette variable est impossible depuis l'extérieur, comment peut-on alors l'utiliser pour notre `setTimeout()` ?

La réponse est simple : en utilisant le `setTimeout()` **dans** la fonction contenant la variable ! Essayons :

```
1  var divs = document.getElementsByTagName('div'),
2      divsLen = divs.length;
3
4  for (var i = 0 ; i < divsLen ; i++) {
5
6      (function() {
7
8          var currentI = i;
9
10         setTimeout(function() {
11             divs[currentI].style.display = 'block';
12         }, 200 * i);
13
14     })();
15
16 }
```

Pratique, non ? Le fonctionnement peut paraître un peu absurde la première fois que l'on découvre ce concept, mais au final il est parfaitement logique.

Étudions le principe actuel de notre code : à chaque tour de boucle, une IEF est créée. À l'intérieur de cette dernière, une variable `currentI` est déclarée, puis nous lançons l'exécution différée d'une fonction anonyme faisant appel à cette même variable. Cette dernière fonction va utiliser la première (et la seule) variable `currentI` qu'elle connaît,

1. Immediately Executed Function (Fonction Immédiatement Exécutée)

celle déclarée dans **notre** IEF, car elle n'a pas accès aux autres variables `currentI` déclarées dans d'autres IEF.

Vous n'avez toujours pas oublié la première sous-partie de ce chapitre, n'est-ce pas ? Car, si nous avons traité le sujet des variables, c'est pour vous éviter une mauvaise compréhension à ce stade du chapitre. Ici nous avons un cas parfait de ce que nous avons étudié : `currentI` est déclarée dans une IEF, sa référence est donc détruite à la fin de l'exécution de l'IEF. Cependant, nous y avons toujours accès dans notre fonction anonyme exécutée en différé, car nous possédons une référence vers cette variable, ce qui évite sa suppression.

Dernière chose, vous risquerez de tomber assez fréquemment sur des closures plutôt écrites de cette manière :

```
1  var divs = document.getElementsByTagName('div'),
2      divsLen = divs.length;
3
4  for (var i = 0 ; i < divsLen ; i++) {
5
6      (function(currentI) {
7
8          setTimeout(function() {
9              divs[currentI].style.display = 'block';
10         }, 200 * i);
11
12     })(i);
13
14 }
```

Concrètement, qu'est-ce que l'on a fait ? Eh bien, nous avons tout simplement créé un argument `currentI` pour notre IEF et nous lui passons en paramètre la valeur de `i`. Cette modification fait gagner un peu d'espace (suppression de la ligne 8) et permet de mieux organiser le code, on distingue plus facilement ce qui constitue la closure ou non.

Tant que nous y sommes, nous pouvons nous permettre d'apporter une modification de plus à la ligne 6 :

```
1  var divs = document.getElementsByTagName('div'),
2      divsLen = divs.length;
3
4  for (var i = 0 ; i < divsLen ; i++) {
5
6      (function(i) {
7
8          setTimeout(function() {
9              divs[i].style.display = 'block';
10         }, 200 * i);
11
12     })(i);
13
14 }
```

Ainsi, même dans la closure, nous utilisons une variable nommée `i`. Cela est bien plus pratique à gérer et prête moins à confusion pour peu que l'on ait compris que dans la closure nous utilisons une variable `i` différente de celle située en-dehors de la closure.

Voilà, vous savez maintenant vous servir des closures dans leur cadre général. Bien qu'elles existent sous plusieurs formes et pour plusieurs cas d'utilisation, nous avons ici étudié le cas principal.

Une autre utilité, les variables statiques

Nous venons de voir **un** cas d'utilisation des closures. Cependant, leur utilisation ne se limite pas uniquement à ce cas de figure, elles permettent de résoudre de nombreux casse-têtes en Javascript. Un cas provoquant assez souvent quelques prises de tête dans ce langage est l'inexistence d'un système natif de variables statiques.

Si vous avez déjà codé avec quelques autres langages, vous avez probablement déjà étudié les variables statiques. En C, elles se présentent sous cette forme :

```
void myFunction() {
    static int myStatic = 0;
}
```

Ces variables particulières sont déclarées à la première exécution de la fonction, mais ne sont pas supprimées à la fin des exécutions. Elles sont conservées pour les prochaines utilisations de la fonction.

Ainsi, dans ce code en C, la variable `myStatic` est déclarée et initialisée à 0 lors de la première exécution de `myFunction()`. La prochaine exécution de la fonction ne déclarera pas de nouveau cette variable, mais la réutilisera avec la dernière valeur qui lui a été affectée.

En gros, c'est comme si vous déclariez une variable globale en Javascript et que vous l'utilisiez dans votre fonction : la variable et sa valeur ne seront jamais détruites. En revanche, la variable globale est accessible par toutes les fonctions, tandis qu'une variable statique n'est accessible que pour la fonction qui a fait sa déclaration.

En Javascript, nous pouvons faire ceci :

```
var myVar = 0;

function display(value) {

    if(typeof value != 'undefined') {
        myVar = value;
    }

    alert(myVar);

}

display();    // Affiche : 0
```

```
display(42); // Affiche : 42
display();   // Affiche : 42
```

Alors que nous voudrions arriver à ceci afin d'éviter l'accès à `myVar` par une fonction autre que `display()` :

```
function display(value) {

    static var myVar = 0;

    if(typeof value != 'undefined') {
        myVar = value;
    }

    alert(myVar);

}

display();   // Affiche : 0
display(42); // Affiche : 42
display();   // Affiche : 42
```

Je viens de voir que le mot-clé `static` existe en Javascript, pourquoi ne pas l'utiliser ?

Ah oui ! Il s'agit d'une petite incohérence (de plus) en Javascript. Il faut savoir que ce langage a réservé de nombreux mots-clés alors qu'ils lui sont inutiles. Le mot-clé `static` en fait partie. Autrement dit, il est réservé, mais ne sert à rien et n'a donc aucune influence sur votre code (mis à part le fait de générer une erreur).

La solution se trouve donc avec les closures. En respectant le schéma classique d'une closure, une IEF avec une fonction anonyme à l'intérieur, nous pouvons déclarer une variable dans l'IEF et ainsi elle ne sera utilisable que par la fonction anonyme et ne sera jamais supprimée :

```
(function() {

    var myVar = 0;

    function() {
        // Du code...
    }

})();
```

Cependant, comment accéder à notre fonction anonyme ? La solution est simple : en la retournant avec le mot-clé `return` et en passant sa référence à une variable :

```
var myFunction = (function() {
```

```

    var myVar = 0;

    return function() {
        // Du code...
    };

})();
```

Si nous reprenons notre exemple, mais adapté de manière à ce qu'il possède une variable statique, alors nous obtenons ceci :

```
var display = (function() {

    var myVar = 0; // Déclaration de la variable pseudo-
        statique

    return function(value) {

        if(typeof value != 'undefined') {
            myVar = value;
        }

        alert(myVar);

    };

})();

display();    // Affiche : 0
display(42);  // Affiche : 42
display();    // Affiche : 42
```

Et voilà une fonction avec une variable statique nommée `myVar` ! Cela pourra vous être utile par moments (bien que cela soit assez rare).

En résumé

- Une variable peut posséder plusieurs références. Elle ne sera jamais supprimée tant qu'elle possèdera encore une référence active.
- Les closures ont été inventées dans le but de répondre à plusieurs problématiques concernant la gestion de données.
- Une closure peut être écrite de plusieurs manières différentes, à vous de choisir celle qui convient le mieux à votre code.

Chapitre 36

Aller plus loin

Difficulté :

Vous venez de finir de lire le cours de Javascript ? Vous n'en avez toujours pas assez appris ? Alors ce chapitre est fait pour vous ! Nous abordons ici des notions plus ou moins ignorées dans la structure principale du cours.

Ainsi, après un rapide petit récapitulatif de certaines notions enseignées dans ce cours, nous étudierons ce que sont les bibliothèques et les frameworks et ce qu'ils peuvent vous apporter. Nous parlerons aussi des environnements (autres qu'un navigateur Web) qui sont capables d'exploiter une partie du potentiel du Javascript.

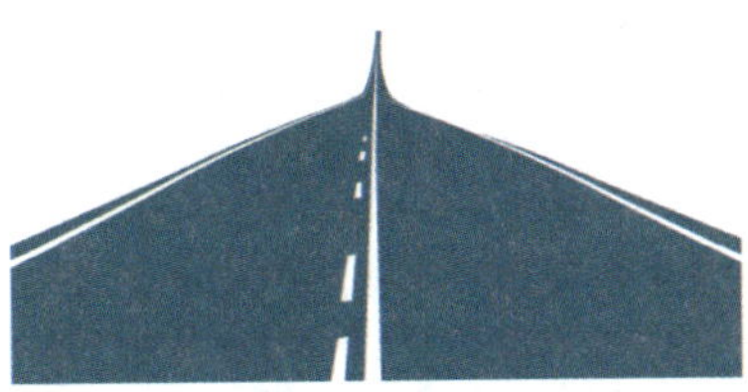

Récapitulatif express

Ce qu'il vous reste à faire

Avant de nous plonger dans de nouvelles possibilités offertes par le Javascript, ce serait bien de situer votre propre niveau, car vous n'êtes pas encore des pros, il vous manque l'expérience ! Si nous avions voulu couvrir toutes les particularités du Javascript, il aurait sûrement fallu un cours au moins deux fois plus long, ce qui n'est pas vraiment envisageable. Ces particularités, vous les découvrirez donc en programmant !

Il est important pour vous de programmer, de trouver quelques idées pour des projets un peu fous, il vous faut coder et rencontrer des problèmes pour pouvoir progresser ! Vous serez ainsi capables de résoudre par vous-mêmes vos propres codes, vous commencerez à éviter certaines erreurs autrefois habituelles, vous réfléchirez de manière différente et plus optimisée. Ce sont toutes ces petites choses qui feront de vous un programmeur hors pair en Javascript. Dans ce cours, nous n'avons fait que vous donner les outils pour que vous puissiez vous prendre en main, il ne tient qu'à vous de les utiliser à bon escient !

Puisque tout n'a pas été abordé dans ce cours, sachez maintenant que vous aurez dorénavant besoin de documentations afin de trouver votre bonheur. Nous avons tâché de vous fournir, quand l'occasion se présentait, des liens vers la documentation du MDN afin que vous commenciez dès le début à apprendre à bien vous en servir. À partir de maintenant, les documentations vous seront probablement indispensables, tâchez de bien vous en servir, elles sont précieusement utiles !

Ce que vous ne devez pas faire

L'obfuscation de code

Comme vous avez sûrement pu le constater à travers ce cours, le Javascript n'est pas un langage compilé, il est donc extrêmement simple pour quiconque de lire votre code. Ceci est inéluctable ! Cependant, il existe une méthode permettant de diminuer la lisibilité de votre code.

Cette méthode se nomme l'**obfuscation**, elle consiste à noyer une information au sein d'un flot inutile de données. Dans le cadre de la programmation, cela signifie que vous allez augmenter la taille de votre code pour y ajouter des instructions inutiles et ainsi perdre la personne qui voudra tenter de lire votre code. Cependant, l'obfuscation de code ne vous apportera vraiment rien mis à part une perte de performances, d'autant plus qu'un code Javascript pourra toujours être lu sans trop de problèmes grâce à divers outils (dont fait partie le site `jsbeautifier.org`).

En revanche, n'hésitez pas à utiliser des outils pour minifier vos codes afin d'éviter de faire télécharger de trop gros fichiers à vos utilisateurs. Le « compresseur » créé par Dean Edward est un très bon exemple de ce qui existe comme outils de minification. Vous pouvez utiliser ce genre d'outils sans modération, mais évitez toutefois de cocher la case « Base62 Encode » car votre code contiendra alors des appels vers la fonction `eval()`, ce qui est clairement à éviter.

▷ Le « compresseur »
Code web : 133066

Le Javascript intrusif

N'oubliez jamais ce que nous avons essayé de vous inculquer au travers de ce cours : ne faites pas de Javascript intrusif ! Partez du principe qu'une page Web doit pouvoir fonctionner sans vos codes Javascript ! Il y a quelques années, ce principe était de rigueur, car certains navigateurs ne savaient pas encore lire le Javascript, leurs utilisateurs étaient donc bloqués sur certaines pages. De nos jours, tous les navigateurs supportent le Javascript, mais il est quand même important de garder ce principe de base afin d'éviter des problèmes de ce genre :

```
<a href="#" onclick="if(confirm('«tes-vous sûr ?')) { location
    = 'http://sitelambda.com'; }">Lien</a>
```

Dans cet exemple, nous préférons demander confirmation avant que l'utilisateur ne soit redirigé. Tout naturellement, nous créons donc une condition faisant appel à la fonction `confirm()`. Dans le cas où l'utilisateur est d'accord, nous faisons la redirection avec l'objet `location` (vous ne savez pas quel est cet objet ? Allez faire un tour sur la documentation !). Mais cette redirection est gênante et ne devrait pas exister !

Et pourquoi ça ? Qu'est-ce qu'elle a de problématique ?

Connaissez-vous le raccourci `Ctrl` + clic gauche ? Il permet d'ouvrir le lien cliqué dans un nouvel onglet, ce qui n'est pas possible avec le code que nous venons de voir, car c'est le Javascript qui définit comment ouvrir la page. Voilà le problème d'un code Javascript intrusif ! Si vous étiez partis du principe que votre page Web devait fonctionner sans vos codes Javascript, alors vous n'auriez pas eu ce problème, car vous auriez probablement codé quelque chose de ce genre :

```
<a href="http://sitelambda.com" onclick="return confirm('«tes-
    vous sûr ?');">Lien</a>
```

Ici, le Javascript peut être désactivé sans empêcher le fonctionnement de la page Web. De plus, il ne perturbe pas les fonctionnalités natives du navigateur comme le `Ctrl` + clic gauche.

Bien entendu, il existe certains codes qui ne peuvent pas se passer du Javascript pour fonctionner (un jeu par exemple), il y aura donc certains cas où vous serez obligés de faire du Javascript intrusif. Essayez juste de faire le maximum pour éviter cela.

Ce qu'il faut retenir

Il vous faut coder afin d'adopter de bonnes habitudes, vous ferez des erreurs, mais celles-ci se corrigeront avec le temps à partir du moment où vous savez vous remettre en question et accepter que vous faites parfois des erreurs.

Étendre le Javascript

Ce cours n'a abordé, jusqu'à présent, que le Javascript dit « pur ». Pur dans le sens où vous aviez besoin de tout développer par vous-mêmes, ce qui peut rapidement se révéler fastidieux. Un bon exemple de ce qui est nécessaire de développer régulièrement : les animations ! Aussi incroyable que cela puisse paraître, le Javascript ne fournit aucune fonction capable de nous aider dans nos animations, il nous faut donc les développer par nous-mêmes.

Heureusement, le Javascript est un langage extrêmement utilisé et sa communauté est immense, il est donc très facile de trouver des scripts adaptés à vos besoins. Parmi ces scripts, nous trouvons deux types : les **frameworks** et les **bibliothèques**.

Les frameworks

Le terme « framework » est abusivement utilisé en Javascript. Ce que nous allons vous présenter ne sont pas des frameworks au sens propre du terme, mais il est courant de les nommer de cette manière.

Un framework a pour but de fournir une « surcouche » au Javascript afin de simplifier l'utilisation des domaines les plus utilisés de ce langage tout en facilitant la compatibilité de vos codes entre les navigateurs Web. Par exemple, quelques frameworks disposent d'une fonction `$()` s'utilisant de la même manière que la méthode `querySelector()`, et ce, sur tous les navigateurs Web, facilitant ainsi la sélection d'éléments HTML. Pour faire simple, un framework est une grosse boîte à outils contenant une multitude de fonctions permettant de subvenir aux besoins des développeurs !

L'atout numéro un d'un framework est sa capacité à s'adapter à toutes les utilisations du Javascript et à fournir un système performant de plugins afin qu'il puisse être étendu à des utilisations non envisagées par son système de base. Grâce à ces deux points, un framework permet de simplifier et d'accélérer considérablement le développement d'applications Web.

Il existe de nombreux frameworks en Javascript en raison de la pauvreté de ce langage en terme de fonctions natives, cependant nous n'allons présenter que les plus connus d'entre eux :

- **jQuery** : il s'agit du framework Javascript le plus connu. Réputé pour sa simplicité d'utilisation et sa communauté gigantesque, il est clairement incontournable et a l'avantage de ne peser que 30 Ko environ ! Cependant, il n'est pas toujours apprécié en raison de sa volonté de s'écarter de la syntaxe de base du Javascript grâce au chaînage de fonctions, que vous pouvez constater dans l'exemple qui suit : `$("p.neat").addClass("ohmy").show("slow");`.

- **MooTools** : un framework puissant et presque tout aussi connu que jQuery, bien que nettement moins utilisé. Il est réputé pour sa modularité et son approche différente plus proche de la syntaxe de base du Javascript. En revanche, bien que ce framework soit « segmentable » (vous ne téléchargez que ce dont vous avez besoin), il reste nettement plus lourd que jQuery.
- **Dojo** : connu pour sa capacité à permettre la conception d'interfaces Web extrêmement complètes, il possède des atouts indéniables face aux plus grands frameworks et tout particulièrement jQuery UI, une extension de jQuery conçue pour faire des interfaces Web. Ce framework est l'un des plus modulaires que l'on puisse trouver sur Internet, ce qui fera la joie des fans d'optimisation.
- **YUI** : il est souvent oublié par les développeurs Web, mais l'entreprise Yahoo! n'a pourtant pas dit son dernier mot avec des projets ambitieux parmi lesquels compte YUI. Ce framework est pour le moins complet, ne vous fiez pas aux fausses idées que vous pouvez avoir de Yahoo!, vous pourriez avoir bien des surprises en utilisant ce framework qui est modulable et relativement performant, bien qu'il bénéficie d'une communauté assez restreinte.
- **Prototype** : l'un des pionniers des frameworks Javascript ! Nous le citons seulement en tant qu'exemple, car, malgré ses qualités, il se fait vieux et la dernière mise à jour officielle date du 16 novembre 2010, autant dire qu'il est mort. Son déclin s'explique par le simple fait qu'il étendait les objets natifs liés au DOM, rendant le tout assez lent et peu compatible. Bref, vous ne vous en servirez jamais, mais au moins vous saurez de quoi veulent parler certaines personnes en parlant de « Prototype » avec un **P** majuscule.

Les bibliothèques

Contrairement aux frameworks, les bibliothèques (*libraries* en anglais) ont un but bien plus spécialisé.

? Quel est l'intérêt si un framework me fournit déjà tout ce dont j'ai besoin ?

L'intérêt se situe à la fois sur le poids du fichier Javascript à utiliser (une bibliothèque sera généralement plus légère qu'un framework) et sur la spécialisation des bibliothèques. Ces dernières ont souvent tendance à aller plus loin que les frameworks, vu qu'elles n'agissent que sur un domaine bien précis, ce qui simplifie d'autant plus votre développement dans le domaine concerné par la bibliothèque.

Et puis il existe un principe important dans le développement (Web ou logiciel) : l'optimisation. Utiliser un framework uniquement pour faire une malheureuse animation n'est vraiment pas conseillé, c'est un peu comme si vous cherchiez à tuer une mouche avec un tank... Préférez alors les bibliothèques, en voici d'ailleurs quelques-unes qui pourraient vous servir :

- **Sizzle** et **Qwery** : deux bibliothèques conçues pour fonctionner de la même manière que la méthode `querySelector()`, ce type de bibliothèques est d'ailleurs à l'origine de l'implémentation officielle de la méthode en question. La première est le moteur de sélection du framework jQuery mais est relativement lourde, la seconde a l'avantage d'être particulièrement légère et un poil plus rapide en terme d'exécution.
- **Popcorn.js** : une bibliothèque permettant une manipulation aisée des balises `<audio>` et `<video>`, il devient ainsi très simple d'interagir avec ces balises afin de mettre en place des sous-titres, des commentaires placés à un moment précis de la piste audio ou vidéo, etc.
- **Raphaël**, **CAKE** et **Three.js** : trois bibliothèques spécialisées dans le graphisme. La première fonctionne exclusivement avec les images SVG, la deuxième avec la balise `<canvas>` et la troisième s'est spécialisée dans la 3D et gère à la fois SVG, `<canvas>` et surtout la bibliothèque WebGL, qui sait tirer parti du moteur OpenGL !
- **Underscore.js** : cette bibliothèque est un *must-have* si vous souhaitez utiliser les fonctionnalités de l'ECMAScript 5 sur tous les navigateurs ! Son principe de fonctionnement n'est pas basé sur des polyfills, qui pourraient perturber le bon déroulement d'autres scripts, mais plutôt sur une collection de méthodes chargées d'accomplir les mêmes tâches que les méthodes prévues par l'ES 5.
- **Modernizr** : comme vous le savez si bien, les langages Web sont plus ou moins bien supportés selon les navigateurs, surtout quand il s'agit de fonctionnalités récentes ! Cette bibliothèque a pour but de vous aider à détecter la présence de telle ou telle fonctionnalité, il ne vous restera alors plus qu'à fournir un script résolvant ce problème (un polyfill) ou exploitant une solution alternative.

Il n'est malheureusement pas possible de vous faire une liste complète de tout ce qui existe en terme de bibliothèques, elles sont bien trop nombreuses. Toutefois, vous trouverez certains sites tels que `http://microjs.com` qui arrivent à lister une bonne partie des bibliothèques Javascript les plus intéressantes. Vous verrez, il y a de quoi faire !

Tant que nous y sommes, voici un site bien utile qui vous permettra de savoir quels navigateurs supportent telle ou telle fonctionnalité du HTML ou du Javascript : `http://caniuse.com`. À utiliser sans modération !

Diverses applications du Javascript

Comme son nom l'indique, le Javascript est un langage de script. Cela signifie qu'il s'agit d'un langage interprété (et non compilé) qui peut être exécuté dans divers environnements. Votre navigateur Web est un environnement, mais votre système d'exploitation aussi ! Ainsi, par exemple, Windows supporte l'exécution de fichiers Javascript au sein même de son système.

Ce que nous cherchons à vous faire comprendre, c'est que le Javascript est bien loin d'être limité au Web, bien qu'il s'agisse de sa principale utilisation. Ce langage se retrouve notamment dans le code des extensions des navigateurs Web tels que Firefox ou Chrome. Cela permet de coder facilement et rapidement des extensions basées sur le HTML et le Javascript avec des droits bien plus étendus que ceux d'une page Web classique. Vous pouvez, par exemple, gérer les onglets et les fenêtres grâce à une API fournie par le navigateur et utilisable en Javascript.

Si vous êtes intéressés par le développement d'extensions pour navigateurs, nous vous invitons à consulter le code web suivant, qui vous fournira des liens pour le développement sous Firefox et Chrome.

▷ Développement d'extensions pour navigateurs
Code web : 330392

Dans un tout autre domaine que le Web, la plateforme Adobe Air propose le développement d'applications sur de multiples environnements parmi lesquels nous retrouvons (à l'heure actuelle) Windows, Mac OS, Android, iOS et BlackBerry Tablet OS. L'avantage de cette plateforme est qu'elle supporte plusieurs ensembles de langages dont l'ensemble **HTML/CSS + Javascript** ! Ainsi, il vous est maintenant possible de développer des applications PC et mobiles simplement grâce à du HTML et du Javascript. Adobe Air est conçu de telle sorte que le Javascript utilisé au travers de cette plateforme bénéficiera d'API supplémentaires telles que celle permettant de manipuler les fichiers. N'hésitez pas à étudier comment tout cela fonctionne si vous êtes intéressés, ce n'est pas spécialement compliqué à utiliser, bien que cela soit un peu déroutant au premier abord.

Retour au domaine du Web, mais du côté des serveurs cette fois-ci ! Il se peut que vous ayez déjà entendu parler de **Node.js** durant votre apprentissage du Javascript, mais qu'est-ce que c'est exactement ? Il s'agit en fait d'une plateforme permettant l'exécution du langage Javascript côté serveur afin de remplacer ou venir en complément de langages serveur plus traditionnels tels que le PHP. L'intérêt de ce projet réside essentiellement dans son système non bloquant. Prenez le PHP par exemple, pour lire un fichier en entier, vous serez obligés d'attendre la lecture complète avant de pouvoir passer à la suite du code, tandis qu'avec Node.js vous utilisez un langage (le Javascript) conçu pour gérer tout ce qui est événementiel, vous n'êtes donc pas obligés d'attendre la fin de la lecture du fichier pour passer à autre chose. Ceci n'est pas le seul avantage du projet, nous vous conseillons de consulter le site officiel pour plus d'informations sur ce qui est possible ou non.

En résumé

- Il vous reste encore beaucoup à faire pour être réellement à l'aise en Javascript. Pour cela, vous allez devoir coder afin d'acquérir de l'expérience et gagner en assurance.
- Évitez au maximum toute obfsucation de code ou tout code intrusif. Cela ne vous amènera qu'à de mauvaises pratiques et n'aidera pas vos utilisateurs.
- Afin de travailler plus vite, vous trouverez de nombreux frameworks ou bibliothèques qui vous faciliteront la tâche lors de vos développements. Connaître un ou deux frameworks sera un avantage pour vous lors d'un entretien d'embauche.
- N'oubliez pas que le Javascript ne se résume pas à une simple utilisation au sein des

navigateurs Web, il existe bien d'autres plateformes qui s'en servent, tels que Adobe Air et Node.js présentés à la fin de ce chapitre.

Index

Notes

Notes

Dépôt légal : juin 2012
ISBN : 979-10-90085-04-6
Code éditeur : 979-10-90085
Imprimé en France

Achevé d'imprimer le 12 février 2014
sur les presses de Corlet Imprimeur (Condé-sur-Noireau)
Numéro imprimeur : 162182

IMPRIM'VERT
Votre imprimeur agit pour l'environnement

Mentions légales :
Conception couverture : Fan Jiyong
Illustrations chapitres : Fan Jiyong